Das große
Josef Eberle
Sebastian Blau
Lesebuch

Josef Eberle

Das große
Josef Eberle
Sebastian Blau
Lesebuch

Herausgegeben von

Eckart Frahm
Martin Hohnecker
Rolf Schorp
Wolfgang Urban
Edel Wetzel

Deutsche Verlags-Anstalt
Stuttgart München

Herausgeber und Verlag danken KPMG Fides
als Willensvollstreckerin im Nachlaß von Josef Eberle
für die Zustimmung zum Abdruck der Texte.

Dank gilt insbesondere folgenden Personen
und Institutionen für freundliche Untestützung:
Stuttgarter Zeitung
Erich-Schairer-Journalistenhilfe, Stuttgart
Prof. Dr. Walter Jäger, Tübingen
Kreissparkasse Tübingen/Rottenburg
Volksbank Herrenberg-Rottenburg
Stadt Rottenburg am Neckar
Wilfried Ensinger, Rottenburg
Ernst Fischer, Tübingen
Jürg Gaebele, Rottenburg
Omnibus Groß, Rottenburg
Alfred Buck, Bondorf
Herbert Tressel, Tübingen
Antiquariat und Buchhandlung J. J. Heckenhauer, Tübingen
Galvanotechnik, Sulz
Salon Schorp, Bieringen
team training, Tübingen
AOK Tübingen
Doris Digel, Renate Holzmann und Udo Schweizer

Ein Titeldatensatz für diese Publikation ist bei
Der Deutschen Bibliothek erhältlich

Lektorat: Ulrich Volz
Typographische Gestaltung: Brigitte Müller
Satz: Bembo (QuarkXPress) im Verlag
Reproduktionen: Die Repro GmbH, Tamm
Druck und Bindearbeiten: Friedrich Pustet, Regensburg
Diese Ausgabe wurde auf chlor- und säurefrei gebleichtem,
alterungsbeständigem Papier gedruckt.
Printed in Germany

ISBN 3-421-05550-5

INHALT

7 Vorwort

LITERARISCHE ANFÄNGE
»Tyll« und »Pickelhering« in der Sonntags-Zeitung

13 Edel Wetzel
»... ein Jüngling, der sich Tyll benennt«

SCHWABEN UND SCHWÄBISCHES
Der Mundartdichter Sebastian Blau

53 Rolf Schorp
Eine sprachmimische Begabung

DER POET AUF DEM HERAUSGEBERSTUHL
Josef Eberle und die Stuttgarter Zeitung

151 Martin Hohnecker
»Mei Zeidong«

POETA LAUREATUS
Die lateinischen Dichtungen des Iosephus Apellus

207 Wolfgang Urban
Lyra Latina oder die zweite Leier

»DICHTUNG IST ERINNERUNG«
Zueignungen

285 Eckart Frahm
Literarische Annäherungen

SCHWÄBISCHE HEIMATKUNDE
Aufbrechen, um heimzukehren

331 Eckart Frahm
Eine ideale Stadt zum Aufwachsen

363 NACHWORT
Der Wohllautmaler

379 Zur Textauswahl
383 Die Herausgeber
384 Bildnachweis

Das hätte dem jungen Rottenburger »Marktplatzjodler«, wie ihn sein Englischlehrer nannte, und dem alten Poeten Josef Eberle wohl gefallen: ihm zu Ehren ein Lesebuch mit Texten, die er sechs Jahrzehnte lang unter verschiedenen literarischen Masken veröffentlicht hat – also die frühen politisch-satirischen Verse und Glossen als »Tyll« aus den zwanziger Jahren; die schwäbischen Verse als »Sebastian Blau« ab den dreißiger Jahren, mit denen er sogar das »Schreibverbot« umgehen und sich eine neue poetische »Spielwiese« schaffen konnte; die lateinischen Werke als »Iosephus Apellus« ab den fünfziger Jahren; schließlich die Texte und Glossen als »Peter Squenz« und die altersmilden Verse als »der alte Wang«. Hinzu kommen noch die journalistischen Arbeiten als Herausgeber der *Stuttgarter Zeitung*, seine zahlreichen Zueignungen der von ihm geschätzten literarischen Kollegen und Vorbilder, seine Reiseberichte und nicht zuletzt die Erinnerungen an seine Geburts- und Heimatstadt Rottenburg.

Auch die Idee zu diesem Lesebuch wäre seinem spontanen Witz und seiner situationsbezogenen Formulierungsfreude keineswegs fremd gewesen: Nicht von langer Hand – etwa mit einem weit vorausschauenden Blick auf seinen hundertsten Geburtstag am 8. September 2001 – wurde dieses Lesebuch geplant; es verdankt sich vielmehr einem spontanen Einfall bei den Jubiläums-Vorbereitungen. Vor allem mit Blick auf die nicht mehr im Buchhandel erhältlichen Werke dieses so ungemein vielfältigen Schriftstellers entstand die Idee, den »ganzen« Josef Eberle in einem Lesebuch zu versammeln mit einer möglichst repräsentativen Auswahl aus seinen unterschiedlichen Texten.

Diesem spontanen Einfall folgte die nicht immer einfache Arbeit in Bibliotheken und Archiven, um zunächst einmal den umfangreichen Bestand an Eberle-Texten zu sichten und dann daraus die besten und typischen Stücke auszuwählen. Dieser

Autor hat sein Schreib-Leben lang immer wieder ausgewählte Texte – mitunter in leicht variierter Form – mehrfach, in verschiedenen Publikationen veröffentlicht; das erleichterte die Durchsicht seines umfangreichen Werkes nicht gerade. Dabei fanden sich jedoch keine Pläne oder Skizzen, aus denen geschlossen werden konnte, daß Josef Eberle vielleicht selbst einmal eine Ausgabe »letzter Hand« zusammenstellen wollte. Die Arbeit an diesem Lesebuch wurde so zu einer bisweilen zeitraubenden Suche; aber zugleich wurden die Herausgeber reichlich entschädigt, weil sie auch unbekannte Texte eines weitgehend bekannten Autors (wieder) fanden.

Das alles konnte in relativ kurzer Vorbereitungszeit nur gelingen, weil sich fünf Herausgeber zusammenfanden, die jeweils einen Aspekt des vielfältigen Schaffens von Josef Eberle überblickten oder ihn sich aneigneten. In der Einleitung des betreffenden Kapitels legen sie jeweils darüber Rechenschaft ab, was Eberle in einer bestimmten Zeit seines Lebens schuf, nach welchen Kriterien daraus eine Auswahl getroffen wurde, welche Akzente – etwa mit Blick auf weniger oder durchaus noch bekannte, auf leichter oder schwieriger zu beschaffende Texte – im folgenden gesetzt wurden. Und eingedenk der melancholisch stimmenden Einsicht in der letzten Zeile seines Grabspruchs (» ... und schon morgen vielleicht keiner Latein mehr verstehn«) wurde den lateinischen Texten von Iosephus Apellus eine deutsche Übertragung beigefügt, soweit Josef Eberle das bei den ausgewählten Texten nicht bereits selbst besorgt hatte.

Josef Eberle war gleichermaßen Weltbürger und Heimatdichter, und er hat bis heute ein ebenso vielfältiges, in unterschiedliche Gruppen »zersplittertes« Publikum, die zumeist nur einen einzigen Aspekts seines Werkes kennen und schätzen: Der *poeta laureatus* etwa ist den Freunden von »Sebastian Blau« nicht unbedingt und schon gar nicht in allem vertraut. Und wer sich an Eberle als einen ungemein gebildeten Zeitungs-Herausgeber in den sechziger Jahren erinnert, muß nicht zugleich auch ein Kenner seiner literarischen Würdigungen sein. Seine frühen politisch-satirischen Verse als »Tyll« kennen – aufgrund bestimmter Umstände, die in der Einleitung zum ersten Kapitel näher erläutert werden – heute ohnehin nur noch wenige.

Die ausgewählten Texte wurden in den Kapiteln im allgemei-

nen chronologisch geordnet. In einigen Fällen bot es sich allerdings an, die Leser auf andere Weise an die thematischen Aspekte
heranzuführen. Deshalb ist am Ende des ausgewählten Textes
eine Jahreszahl der Erstveröffentlichung angegeben. Am Schluß
dieses Lesebuchs findet sich dazu eine Liste all jener Titel, aus
denen die Texte ausgewählt wurden.

Josef Eberle dichtete als Sebastian Blau in Rottenburger Mundart; mit Rücksicht auf seine (auswärtigen) Leser hat er bereits in
seinem ersten schwäbischen Gedichtband von 1933 eine Liste
mit Worterläuterungen in den Anhang gestellt. Für unser Lesebuch haben wir am Schluß des zweiten Kapitels die Liste aus
Sebastian Blaus »Schwobespiagel« von 1981 übernommen. Die
originale Schreibweise des Autors wurde übernommen, ebenso
seine Anmerkungen; wo es für das Verständnis heute notwendig
erschien, finden sich zusätzliche Anmerkungen der Herausgeber.

Das Nachwort versucht abschließend, die in den sechs Kapitel-
Einleitungen entfalteten Aspekte zum Werk des Poeten und Journalisten Josef Eberle zusammenzuführen und dabei auch die biographischen Hintergründe des Werks ein wenig zu erhellen.

Rottenburg / Stuttgart, im Juni 2001   *Eckart Frahm,*
                                        Martin Hohnecker
                                        Rolf Schorp
                                        Wolfgang Urban und
                                        Edel Wetzel

—
— Der Dichter —

In affektiert elegischen Grimassen
Quält sich der blasse Mond am Firmament,
Was einen Jüngling, der sich Tyll benennt,
Bewegt, sich weiterhin damit zu befassen.

Gegeben sind als Fakta reiner Dichtung:
Der Mond, ein Traum u. eine Frühlingsnacht…
Ein junges Paar, das hübsch Staffage macht,
Gibt dem Poëm die seelisch tiefe Richtung. —

So baut er aus den alten Requisiten
Den Musen einen neugesprochenen Tempel. —
Und man darf ruhig sagen, Ihm genesen

Mit dem Kulissenbunten Exempel
Zuweilen manche zarte Dichtungsblüten —
Man nehme einmal die hier zum Exempel.

nen chronologisch geordnet. In einigen Fällen bot es sich allerdings an, die Leser auf andere Weise an die thematischen Aspekte heranzuführen. Deshalb ist am Ende des ausgewählten Textes eine Jahreszahl der Erstveröffentlichung angegeben. Am Schluß dieses Lesebuchs findet sich dazu eine Liste all jener Titel, aus denen die Texte ausgewählt wurden.

Josef Eberle dichtete als Sebastian Blau in Rottenburger Mundart; mit Rücksicht auf seine (auswärtigen) Leser hat er bereits in seinem ersten schwäbischen Gedichtband von 1933 eine Liste mit Worterläuterungen in den Anhang gestellt. Für unser Lesebuch haben wir am Schluß des zweiten Kapitels die Liste aus Sebastian Blaus »Schwobespiagel« von 1981 übernommen. Die originale Schreibweise des Autors wurde übernommen, ebenso seine Anmerkungen; wo es für das Verständnis heute notwendig erschien, finden sich zusätzliche Anmerkungen der Herausgeber.

Das Nachwort versucht abschließend, die in den sechs Kapitel-Einleitungen entfalteten Aspekte zum Werk des Poeten und Journalisten Josef Eberle zusammenzuführen und dabei auch die biographischen Hintergründe des Werks ein wenig zu erhellen.

Rottenburg/Stuttgart, im Juni 2001

Eckart Frahm,
Martin Hohnecker
Rolf Schorp
Wolfgang Urban und
Edel Wetzel

— Der Dichter —

In affektiert elegischen Grimassen
Quält sich der blasse Mond am Firmament,
Was einen Jüngling, der sich Tyll benennt,
Bewegt, sich weiters damit zu befassen.

Gegeben sind als Fakta seiner Dichtung:
Der Mond, ein Traum u. eine Frühlingsnacht...
Ein junges Paar, das hübsche Staffage macht,
Gibt dem Poëm die seelisch tiefe Richtung. —

So baut er aus den alten Requisiten
Den Musen einen sangesfrohen Tempel. —
Und man darf ruhig sagen, ihm genesen

Mit dem kulissenbunten Exempel
Zuweilen manche zarte Dichtungsblüten —
Man nehme einmal die hier zum Exempel.

»Tyll« und »Pickelhering« in der Sonntags-Zeitung

Ausgewählt und eingeleitet von
Edel Wetzel

»In affektiert elegischen Grimassen
Quält sich der blasse Mond am Firmament,
Was einen Jüngling, der sich Tyll benennt,
Bewegt, sich metrisch damit zu befassen.

Gegeben sind als Fakta seiner Dichtung:
Der Mond, ein Traum und eine Frühlingsnacht.
Ein junges Paar, das hübsch Staffage macht,
gibt dem Poëm die seelisch tiefe Richtung. —«

Josef Eberle, um 1924

*1928 veröffentlichte Josef Eberle unter dem Pseudonym »Tyll«
den Band »Mild und bekömmlich«.*

»… ein Jüngling, der sich Tyll benennt«

Gedichte, politische Glossen und Satiren

Sein erstes Buch, der Gedichtband »Mild und bekömmlich«, erscheint 1928. Josef Eberle ist 27 Jahre alt, seit zwei Jahren Mitarbeiter der in Stuttgart erscheinenden *Sonntags-Zeitung* und schreibt unter dem Pseudonym »Tyll«.

Mit einer »Ode an die Dummheit« setzte er einen poetischen Auftakt, an den sich der Herausgeber der *Sonntags-Zeitung*, Erich Schairer, zum 50. Geburtstag von Josef Eberle erinnert: Ein junger Buchhandlungsgehilfe habe sich Anfang 1926 aus Leipzig bei der *Sonntags-Zeitung* mit einem Manuskript beworben. »Ich sah sofort, daß er etwas konnte, was wenigen Schriftstellern gegönnt ist: die sogenannte kleine Form.«

Die in »Mild und bekömmlich« veröffentlichten Gedichte sind nur ein Teil der von »Tyll« in der *Sonntags-Zeitung* publizierten Texte. Neben Gedichten hat Eberle in den Jahren 1926 bis 1930 Satiren, Glossen, Kommentare, Rezensionen, Berichte und Meldungen verfaßt, von denen der größte Teil heute weitgehend unbekannt ist. Die »kleine Form«, so unterstreicht Eberle in einem Artikel vom 10. April 1927 die Auffassung des Kritikers Alfred Polgar, sei die »dem Tempo unserer Tage einzig angemessene Möglichkeit, schreibenderweise zu den Geschehnissen unseres Daseins Stellung zu nehmen«. Diese Möglichkeit nutzt »Tyll« in seinen bissig-satirischen Beiträgen und Gedichten, die in ihrer politischen Schärfe die herkömmlichen Gattungen des klassischen Feuilletons sprengen.

Die *Sonntags-Zeitung* bietet für seine ersten literarischen und journalistischen Erfahrungen ein anregendes Umfeld. Als »eines der lebendigsten Journale der Weimarer Zeit« bezeichnet sie der Historiker Gordon A. Craig: Herausgegeben von Erich Schairer, erschien sie zwischen 1920 und 1937 einmal wöchentlich, einem inseratenlosen Ideal folgend, im vierseitigen »Berliner Format« – ab 1933 jedoch von der politischen Zensur in ihrer Meinungsfreiheit und Organisation erheblich beschnitten.

In der ersten Ausgabe erläutert der Herausgeber das Programm der *Sonntags-Zeitung*: Sie diene dem Geist des Sozialismus und der Demokratie, der Rücksicht, Verständnis, Wohlwollen und

Gerechtigkeit bedeute. Sich gegen jede Autoritätsgläubigkeit auf-
lehnend, »opponiert [sie], kurz gesagt, gegen die herrschende
Richtung im gesamten öffentlichen Leben des Vaterlandes, in
Presse, Politik, Wirtschaft und sogenannter Kultur, die man unter
Schlagworten wie Nationalismus, Kapitalismus, Klerikalismus und
dergleichen zu verstehen pflegt«. Und sie kämpft – so eine Selbst-
anzeige zur Orientierung der Käufer und Leser – »für Geistesfreiheit, Gemeinwirtschaft, Gerechtigkeit und Frieden«.

Die Mitarbeiter der *Sonntags-Zeitung* verwendeten für ihre
Artikel oft eine ganze Reihe von Pseudonymen – eine in der
linken Zeitschriftenlandschaft der Weimarer Republik, etwa bei
der *Weltbühne* und dem *Simplizissimus*, sehr verbreitete Praxis, sei
es, um den Eindruck zu erwecken, eine große Zahl von Mit-
arbeitern sei hier tätig, sei es aus Lust an der Verstellung oder als
Schutz gegen persönliche Identifizierbarkeit und Strafverfolgung.

Eberle ist dieser Konvention nicht einfach gefolgt: Er hatte sein
Pseudonym »Tyll« schon vorher gewählt. In seinem Nachlaß im
Deutschen Literaturarchiv Marbach finden sich zwei handschriftliche, unveröffentlichte Bändchen; sie lassen sich durch eine ein-
gelegte Gedicht-Postkarte auf die Zeit um 1924, in der Eberle
in einem Baden-Badener Buchantiquariat arbeitete, datieren:
»Spleens« und »Meine Spieldose«, »Von einem jungen Mann, Tyll
genannt« enthalten eine kleine Auswahl von Aphorismen und
Gedichten. Ein paar dieser »zarten Dichtungsblüten«, die Schalk,
Bissigkeit und ironische Selbstbespiegelungen vereinen, sind
hier aufgenommen worden.

Eberle verwendet in der *Sonntags-Zeitung* neben »Tyll« noch
ein weiteres Pseudonym. Das ergibt sich beim Vergleich der im
Band »Mild und bekömmlich« versammelten Gedichte mit den
zuvor in der Zeitung veröffentlichten. Das Gedicht »Der Seifen-
sieder« findet sich bereits nahezu identisch am 24. Oktober 1926
in der *Sonntags-Zeitung*, gezeichnet mit dem Namen »Pickelhering«. So kann eine ganze Reihe weiterer Gedichte und Glossen
des Blattes ebenfalls dem Autor Josef Eberle zugeordnet werden.

Nicht nur Zuordnungsprobleme erschweren den zweifelsfreien
Zugang zu diesen frühen Beiträgen Eberles – die *Sonntags-Zeitung* selbst ist nur in wenigen, vom Zerfall bedrohten Exemplaren
erhalten. Auch das Gedichtbändchen »Mild und bekömmlich«
ist in öffentlich zugänglichen Bibliotheken eine Rarität, vor allem

deswegen, weil es zur Zeit des Nationalsozialismus verboten war, ebenso wie das von Erich Schairer zum zehnjährigen Jubiläum herausgegebene »Jahrbuch der Sonntags-Zeitung 1920-1929 – Mit andere Augen«, das einige Gedichte und Artikel von Tyll enthält.

Die folgende Auswahl der frühen Arbeiten Eberles macht aufmerksam auf weniger bekannte Seiten seiner literarischen Produktion, auf die ephemeren, kleinen Formen der Zeitungswelt wie Rezensionen, Reiseberichte, und tagesaktuelle satirische Glossen; diese – neu gelesen – geben durchaus zeitübergreifende Kritiken ab und gewinnen bisweilen verblüffende Aktualität. Sie sind zudem zeittypische Dokumente der von zunehmend antidemokratischen, willkürlichen und faschistischen Entwicklungen bedrohten Weimarer Republik Ende der zwanziger Jahre.

Im Mai 1930 beendet Eberle die Mitarbeit an der *Sonntags-Zeitung*. Bereits im Februar 1927 hatte er eine Stelle als Lektor und später als Leiter der Vortragsabteilung des »Süddeutschen Rundfunks« in Stuttgart angenommen, und im Herbst 1929 hatte er Else Lemberger, die Tochter eines jüdischen Viehhändlers aus Rexingen geheiratet.

Dieses Mal ist der Grund für das Verstummen »Tylls« nicht der ausbleibende Musenkuß, den Tyll am 29. Juli 1928 im Gedicht »An Mufti Bufti« beklagt. Eberle hat neue, einträglichere Ausdrucksformen für ein breiteres Publikum gefunden; er publiziert seit 1931 schwäbische Gedichte und trägt diese auch beim »Süddeutschen Rundfunk« und bei öffentlichen Veranstaltungen vor.

Die spitze Feder der ehemaligen Kollegen jedenfalls kommentiert die neuen, gar zu milde erscheinenden Töne mit einer satirisch-bösen Anzeige in der Fastnachtsausgabe der *Sonntags-Zeitung* 1931: »Einmaliges Angebot! Da ich der veränderten Umstände halber meinen rationell betrieb. Schriftstellerbetrieb auf *echte Heimattöne* umgestellt habe, biete ich Interessenten einen größeren Restposten schmissiger Großstadtlyrik (erotisch leicht gefärbt; Fabrikmarke Tüll) zu Selbstkostenpreisen an. ... Eilangebote an Josef Schweinerle, staatlich anerkannter Heimatdichter.«

Seit dieser Zeit scheint das Kapitel »Tyll« und »Pickelhering« für Eberle geschlossen; er ist im Lauf seines späteren Lebens nie wieder auf seine frühen Glossen und Gedichte zu sprechen gekommen. Das ist um so verblüffender, als die Arbeit bei der

Sonntags-Zeitung der Auftakt seiner schriftstellerischen und journalistischen Laufbahn gewesen ist, und viele der damaligen Kollegen später erneut seinen Berufsweg kreuzten. Es läßt sich nur vermuten, was zum Bruch mit der Vergangenheit geführt haben mag. Eine Glosse von »Tyll« (»Der Holzkopf«, *Sonntags-Zeitung*, 5. Mai 1929) hat ihm 1929 eine Anzeige eingebracht: »mit 50 Mark davongekommen«, wie Erich Schairer berichtet, verteidigt der Autor das Recht von Karikatur und Satire auf Einseitigkeit und deren Rolle als politische Waffe.

1933 jedoch helfen diese Waffen nicht mehr: Eberle erhält zum 20. März 1933 vom »Süddeutschen Rundfunk« Stuttgart die Kündigung seines Arbeitsverhältnisses »aus Gründen der politischen Betriebsumstellung«, wie es in seinem Zeugnis vom 30. Juni 1933 heißt. »Ich weiß, daß man mich auf Grund meiner vor fünf Jahren veröffentlichten und meist schon viel früher geschriebenen politisch-satirischen Gedichte beschuldigt, Kommunist zu sein«, schreibt er in einem Verteidigungsbrief am 20. April 1933 an den Staatskommissar beim »Süddeutschen Rundfunk«, »meine schwäbischen Gedichte legen meine Verbundenheit mit dem Volk und meiner Heimat besser Zeugnis ab als pathetische Worte. Seit Jahren habe ich keine anderen Gedichte mehr geschrieben...«.

Mitte Mai 1933 wird Eberle verhaftet und in das Schutzhaftlager KZ Heuberg gebracht. Eine Denunziation durch falsche Informationen scheint hinter dieser Festnahme zu stecken, und es ist anzunehmen, daß Eberle davon besonders getroffen war, weil sie aus dem weiteren Kreis seiner Familie stammte. Es ist nur schwer nachzuvollziehen, daß seine ältere Schwester eine »eidesstattliche Erklärung«, also aufklärende Aussagen zur Entlastung ihres Bruders, verweigerte.

Obwohl Eberle versucht, mit schwäbischer Heimatdichtung in schwieriger Zeit einigermaßen über die Runden zu kommen, kann er den Repressalien der nationalsozialistischen Zensur nicht entkommen. 1936 folgt das Schreibverbot der »Reichsschrifttumskammer«. Die politisch-satirischen Verse »Mild und bekömmlich« von »Tyll« haben so mehrfach Josef Eberles berufliche Karriere zerstört.

Traumatisiert von diesen Erlebnissen schreibt er am 26. März 1936 an seinen Kollegen Dr. Owlglass (Hans Erich Blaich): »Damit ist meine bescheidene Existenz, die ich mir mit Mühe und ohne

Anstoß zu erregen, aufzubauen versucht habe, futsch. Zum zweiten Mal innerhalb von drei Jahren stehe ich nun wieder vor der dunklen Frage: Was nun?«

Dieser unfreiwillige Schnitt trennt Eberle nicht nur von seinem jungen »Tyll«, sondern auch von dessen sozialistischer und radikaldemokratischer Auffassung, die nach dem Krieg, als Eberle Herausgeber der *Stuttgarter Zeitung* wird, in eine wesentlich gemäßigtere Haltung übergeht.

Zu seinem 80. Geburtstag blickt er in einem Selbstportrait (*Stuttgarter Zeitung* vom 5. September 1981) auf sein Leben und Schreiben zurück. Die ersten beiden Strophen lauten:

> *Er nannte sich »eins und doppelt«.*
> *Ich habe die eigene Art*
> *mit vielerlei Namen verkoppelt*
> *und dennoch mein Selbst bewahrt.*
>
> *Ich mag Peter Squentz mich nennen,*
> *Apellus, Blau oder Wang,*
> *man wird mich in allen erkennen:*
> *sie ziehen am gleichen Strang.*

Der jugendliche Dichter »Tyll« – der satirische Verseschmied und der kritische Feuilletonist – bleibt vergessen.

Das folgende Kapitel stellt diesen frühen – und nicht nur von ihm selbst vegessenen – Eberle als »Tyll« und »Pickelhering« vor.

Präludium

Verzeihen Sie, die Schuld liegt nicht an mir,
Dass in dem Räderwerk der Spieluhr hier
Die Feder abgesprungen. –
Ach Gott, einst hat sie mal ganz hübsch geklungen!

Jetzt kommt sie Ihnen schrill und klanglos vor!
Nun, stopfen Sie sich Watte in Ihr Ohr!
Ich will darauf doch tanzen!
Es lebe die Musik der Dissonanzen! –

um 1924

Der senile Mops

Einst warst Du stolz, Dich selbst auf tausend Bildern
Als bitterbösen, blutigroten Kläffer,
Wild zähnefletschend, scharf wie Pfeffer,
Und jeglichen Respekts bar, zu schildern.

Wie viele hoch- und höchstfeudale Hosen
Hast Du mit wahrer Herzenslust zerrissen!
In wie viel edle Hintere gebissen!
Zum Zwerchfellkitzel aller Mitleidslosen.

Jetzt bist Du alt und schwach, hängst Schwanz und Ohren;
Und da Du längst den letzten Zahn verloren,
Vergnügst Du Dich, mit graziösen Spässen
'nen toleranten Prellstein anzunässen …

Dem Simplizissimus!

um 1924

Othello

Gewiß, das alte Spiel vom tapfern Mohren,
der toll vor Eifersucht sein Weib erstickt,
ist hübsch, effektvoll, rührend und geschickt,
doch mit der Zeit ging die Moral verloren.

Neu inszeniert will sich das Stück nicht lohnen,
trotz Pathos, Lichteffekten und Tenor,
denn, käme heut selbst ein Othello vor,
wo fände dieser Edle Desdemonen?

Ja, die Kultur ist wacker fortgeschritten,
man ist nicht mehr Barbar,
liebt mildere Sitten und lächelt,
statt brutal sich zu empören.

Und trifft man seine Frau in fremdem Bett –,
zieht man den Hut, entflammt die Zigarette
und sagt diskret: Pardon, ich will nicht stören!

1924

Ode an die Dummheit [1]

Laß mich um deinen Sockel Kränze winden
aus Immortellen und aus Immergrün.
Nie wird die Allmacht deines Thrones schwinden,
und deiner Hand das Zepter zu entwinden,
ist heißes, doch vergebliches Bemühn!

Du blinzelst nicht wie Themis durch die Binde,
du unterscheidest weder Links noch Rechts;
dem Millionärs- und dem Proletenkinde
legst in die Windeln du dein Angebinde
ohn' Ansehn der Person und des Geschlechts.

Wie hehr, wenn du von Ochsen und Kamelen
umringt, an denen du in Liebe hängst,
Politikern und deutschen Generälen,
die deiner Gunst besonders sich empfehlen,
die volle Sonne deiner Gnade schenkst!

Heil ihm, den du mit segensreichen Händen
im Überschwang geruhst zu benedein.
Laut Bibel wird er einst im Himmel länden,
auf Erden sind die dicksten Dividenden
(Kartoffeln, wie man früher sagte) sein!

Noch nie gelang's, sich deiner zu erwehren,
dein Schild ist gegen Hieb und Stich gefeit,
Und könnte diese Welt dich denn entbehren?
O laß mich drum in Andacht dich verehren,
denn dein ist Reich und Macht und Herrlichkeit!

1928

---

1 Abweichend von einer früheren Fassung dieses Gedichts, veröffentlicht in der *Sonntags-Zeitung* vom 2. Mai 1926, ist dieser Version eine neue, zweite Strophe beigefügt. Die vorletzte Zeile der dritten Strophe lautete urprünglich »Und wotanstollen Hakenkreuzlerseelen«.

DIE AKADEMIE FÜR DICHTKUNST

»Ein deutscher Dichter war ehemals ein Mensch, der einen abge-
schabten, zerrissenen Rock trug, Kindstauf- und Hochzeits-
gedichte für einen Taler das Stück verfertigte, statt der guten
Gesellschaft, die ihn abwies, desto bessere Getränke genoß, auch
wohl des Abends betrunken in der Gosse lag, zärtlich geküßt von
Luna's gefühlvollen Strahlen ... « So sagte Heinrich Heine. Seitdem hat sich das aber gemacht. Heute ist so ein Individuum, vor-
ausgesetzt, daß es über 50 Jahre alt ist, sich rasiert und über ein
ordentliches Einkommen verfügt, durchaus gesellschaftsfähig.
Und nicht bloß das: der Staat sogar hält Versemachen und Roman-
schreiben für einen ordentlichen Beruf, indem er ein halbes Dutzend ihm für das deutsche Schrifttum repräsentativ scheinender
Dichter in eine zu gründende »Akademie der Dichtkunst« beruft.
Die Namen der Auserwählten sind: Thomas Mann, Gerhart Haupt-
mann, Arno Holz, Hermann Stehr und Ludwig Fulda.

Der Herr Minister hat sich dabei wohl die »Academie Fran-
çaise« mit ihren vierzig Unsterblichen zum Vorbild genommen,
dabei aber übersehen, daß die Dinge bei uns wesentlich anders
liegen als in Frankreich. Daß die französische Akademie kein reiner Parnaß ist, sondern eine Vereinigung repräsentativer »hom-
mes de lettre«, die alle durch das Mittel der Sprache wirken. Daß
die französischen Literaturen trotz aller verschiedenen Richtun-
gen streng an der Tradition ihres Schrifttums festhalten und daß
bei dem Formgefühl und der Toleranz der Franzosen Leute von
grundsätzlich verschiedener Weltanschauung persönlich sich doch
zu achten vermögen, ja sogar Freunde sein können.

Und bei uns? Eine literarische Richtung – um nicht zu sagen
Mode – verfolgt die andere bis aufs Messer und erklärt jeden für
einen Lumpen oder Idioten, wenn er nicht auf die eigene Lite-
raturpartei eingeschworen ist.

Ist es also wirklich eine Repräsentation des heutigen Standes
der deutschen Literatur, wenn ein preußischer Kultusminister
einige seriöse ältere Herren zu Akademikern ernennt? Selbst
wenn man von einer Wertung der rein dichterischen Kräfte dieser Erwählten absieht?

A propos Wertung: die »Literarische Welt« hat unter ihren Lesern
eine Abstimmung veranstaltet, welche Dichter in die Akademie

gehören. Dabei hat, neben anderen wesentlichen Unterschieden im Ergebnis, Herr Ludwig *Fulda* keine einzige Stimme erhalten.

Übrigens, was soll denn diese Akademie? Thomas Mann sprach von repräsentativer Gestaltung der Literatur. Soll das heißen, daß die Herren Akademiker offizielle Dinners, Tees und Bierabende dekorativer zu gestalten hätten? Denn daß man sie um Erlaubnis fragen wird, bevor ein Herr Staatsanwalt sich durch die Beschlagnahme irgend eines Buches von literarischem Wert eine Blamage holt, daran ist doch nicht zu denken! Und selbst, wenn sie es wollten, die Akademiker, sie könnten es nicht hindern, daß ihre Brüder in Apoll auch weiterhin ins Kittchen wandern müssen und ihre Bücher vom Henker verbrannt werden, sofern sie den Unwillen unserer sozusagen abgeschafften Zensur erregen. Denn so ein Staatsanwalt schert sich einen Dreck um Kunst und Literatur, er sieht vor allem auf stramme, schwarz-weiß-rote Gesinnung!

20. Juni 1926

DIE SCHRECKENSKAMMER

Haben Sie schon das Kalb mit den zwei Köpfen gesehen? Oder den Neger auf der Messe, der lebende Ratten frißt? Oder die stachlige Dame, die man auf der Burg zu Nürnberg zeigt, und deren Jungfernschaft unzerstörbar, weil aus Eisen, ist? Es hat Ihnen nicht gegruselt? Dann besuchen Sie das Landesgewerbemuseum in Stuttgart, Abteilung Geschmacksverirrungen. Sie werden das Gruseln lernen!

Herr Direktor Pazaurek führt Ihnen dort unter Glas, gut eingemottet, den Geist des totgesagten Mittelstandes der verflossenen 50 Jahre vor. Sie sehen dort, womit man in der kaiserlichen, der schrecklichen Zeit seinen hemmungslosen Drang nach Gemüts- und Wohnungskultur befriedigt hat, vom Patent-Closett-Sitz »Moralität« bis zum Zeppelinkopf als Faßhahn. Da stehen alle die süßen Dinge, lieblos und systematisch geordnet. »Reisepräsente«: Fliegenschwärme, Porzellanschweine und -kühe mit auf den Bauch gemalten Stadtpanoramen, Bierkrüge usw. »Gruß aus N.«

Es war eine Zeit des Aufstiegs, nach Siebzig. Die jungen Mädchen besuchten das Pensionat, häkelten Sofaschoner und Deck-

chen in rauhen Mengen, brandmalten den Trompeter von Säckin-
gen, stickten auf Stramin sinnige Sprüche (»Wo Glaube, da Liebe,
wo Liebe, da Frieda!«), die man gerahmt übers Ehebett hing,
oder, wenn draufstand »Frohes Erwachen ohne Sorgen – guten
Morgen!«, übern Waschtisch. Firm in der Kunst, malte man die
beiden Raffael-Engelchen auf Tabaksdosen, Teller, Messer, Gabel,
Scher' und Licht. Wo eben Platz war.

Man war auch fromm: ein auf die Kaffeetasse gepinseltes
Herz-Jesu-Bild machte, daß die Morgenbrühe noch einmal so
gut schmeckte. Die aufblühende Industrie unterstützte das Christentum, wo sie nur konnte, durch Massenproduktion von Schutz-
engeln, Lourdes-Madonnen, Weihwasserkesseln aus Porzellan, Gips
und Papiermaché. Billig und ganz dem religiösen Zug der Zeit
entsprechend.

Die täglichen Gebrauchsgegenstände enthob man ihrer nüch-
ternen Zweckmäßigkeit, indem man ihnen teils »scherzhafte«,
teils »künstlerische« Formen gab. Da gibt es Revolver als Brief-
beschwerer, Reitpeitschen als Thermometer, den obligaten Dackel-
hund aus den Fliegenden Blättern, der schlechtweg auf alles dres-
siert ist: Zigarrenspitzen abzuschneiden, Tante Paulas Spitzen-
bluse zu zieren und Postkartengrüße zu übermitteln. Aus Toten-
köpfen trank man einander Schmollis [Bruderschaft] oder strich
sich Senf auf die Wurst, W.-C. Anlagen mußten als Aschenbecher
dienen. Den Don-Juans, die das »savoir vivre« hatten, war schon
damals sublimiertere Erotik nicht fremd: sie benutzten als Zigar-
ren-Etuis zierliche Damenkorsetts und als Stiefelzieher eine lasziv
die Beine spreizende Dame aus Holz. Äußerst beliebt war eine
Nachbildung des Brüsseler »Manneken piß« als Likörflasche.
Prosit!

Dann kam die »große Zeit«. Der Patridiotismus machte sich
Luft. Auf Bierfilzen, Krügen, Schnupftüchern, Lebkuchen wur-
den, umkränzt von Eichenlaub, die Visagen unserer Landesväter
und Massenmörder verherrlicht. Zeppeline, U-Boote, die »dicke
Berta« prangten als Schmuck am treudeutschen Christbaum.
Und weil die Heimatkrieger doch auch etwas von der großen
Zeit haben wollten, machten sie aus Granaten Blumenvasen und
schifften auf schwarz-weiß-roten Bettvorlagen mit eingewebtem
E. K. in den Ehehafen, oder banden sich eine schwarz-weiß-rote
Bartbinde um. Der Kunsthonig »Eiserner Hindenburg« hatte so

durchschlagenden Erfolg, daß der Fabrikant des schwarz-weiß-roten »besten deutschen durchlochten Reinigungspapiers: Deutsche Eiche« mit Aufträgen überschüttet wurde.

Es war eine herrliche Zeit. Pazaurek nennt diese Kategorie seiner Sammlung »Hurra-Kitsch«.

Aber eines fehlt noch in diesem Milieu: die Mumie, für die das alles geschaffen wurde. Der Mann mit dem vorgebundenen Stärkebrettchen, mit Röllchen und Zugstiefeln, mit Speckwülsten im Hals und Berlocken auf dem Wanst, mit aufgezwirbeltem Schnurrbart, kraftvollem Hurrabaß und sämtlichen Jahrgängen der »Gartenlaube« und »Über Land und Meer«, Mitglied eines Dutzends Vereine, Vater zweier heiratsfähiger Töchter mit anständiger Aussteuer (Bettwäsche, Wärtikoh und Regulator), dito eines Korpsstudenten. Aber diese Kulturmumie kann Pazaurek seiner Kollektion nicht einverleiben: sie wird noch heute auf Amtsstuben, Büros und an Stammtischen benötigt!

1. August 1926

DER LEBENDE LEICHNAM

Man will in Deutschland wieder ein Denkmal errichten. Zu Ehren der Gefallenen, zu Nutz und Frommen der Lebenden. Zwar nicht zu dem der Witwen und Waisen jener Krieger, aber doch zum Wohl der Hoteliers und Verkehrsvereine. Von wegen gehobenen Fremdenverkehrs. Darum zankt man sich über die Stätte, wo der Ehrenhain gepflanzt werden soll. Die lustigen Rheinländer haben eine Rheininsel bei Lorch vorgeschlagen, sind aber damit ausgerutscht, und nun weidlich böse. So sehr, daß sie ihrem Ärger, was sage ich, ihrer höchsten Erregung in einem dringenden Telegramm an ihren Landsmann Marx Ausdruck gegeben haben. Hilft nichts, den Ehrenhain kriegen sie doch nicht.

Nun wollen sie Ersatz. Wenn schon nicht das Reichsehrenmal, dann wenigstens – Hindenburgs Grabstätte. Dermaleinst, wenn er tot ist, versteht sich. Erfüllt von unwandelbarer Verehrung für Hindenburg fordert solches die »Kölnische Volkszeitung«. Der Herr Reichspräsident lebt zwar noch und ist recht rüstig, aber sterben muß er schließlich doch einmal.

Jedoch auch diese Sache hat einen Haken. Die Ostpreußen nämlich wollen diese Ehrung des Generalfeldmarschalls, die für sie die Abzahlung einer Dankesschuld ihrem Retter gegenüber bedeutet, nicht so mir nichts – dir nichts nehmen lassen. Hindenburg muß in ostpreußischer Erde begraben werden. Von wegen, sagen darauf die hannoverschen Hindenbürger, unter uns hat Er gelebt und gewebt, sein Leichnam gehört uns. Es ist schon möglich, daß auch die Karlsruher und alle anderen Städte, in denen Er früher einmal in Garnison gestanden, ihre Ansprüche an die zukünftige Leiche geltend machen. Was dann?

»Niemand wird einwenden wollen, es sei nicht taktvoll, den noch Lebenden zum Gegenstand einer Diskussion zu machen, die am Ende auf den Toten hinauslaufe«, meint die »Kölnische Volkszeitung«. Nun, in Taktfragen sind wir auf der Linken bekanntlich nicht kompetent. Aber weil wir an der Angelegenheit sicherlich uninteressiert sind, können wir ganz objektiv einen Vorschlag machen: man teile »Ihn«. Das hat nichts Ehrenrühriges an sich; die größten, gerade die größten Heiligen mußten sich in frömmeren Zeiten diese nach erfolgtem Tod ja nicht mehr schmerzhafte Prozedur gefallen lassen, um den Reliquienbedarf der Gläubigen zu decken. So ein menschliches Skelett besteht aus etlichen hundert Knochen und Knöchelchen. Fast jede deutsche Stadt könnte somit eine Attraktion zur Hebung des Fremdenverkehrs und Patriotismus' billigst erwerben. Je nach Größe einen Kinnbacken, ein Rippenstückchen oder eine kleine Zehe. Niemand wird einwenden wollen, es sei nicht taktvoll …

Die Rheinländer dürften gegen unseren Vorschlag am wenigsten vorzubringen haben. Als guten Katholiken ist ihnen diese Art der Heiligenverehrung (pars pro toto) nicht fremd. Und dann besitzen sie bereits so viele Juwelen des deutschen Kulturgutes: das Niederwalddenkmal, das rheinische Mädchen beim rheinischen Wein, das Korps Borussia zu Bonn, den heiligen Rock zu Trier und den größten Dichter deutscher Tradition, Rudolf Herzog –, daß ihnen um mangelnden Fremdenbesuch nicht bange zu sein braucht.

8. August 1926

Tübingen

Hier ziert man seinen Grind mit bunter Kappe,
hier hält man fest an teutscher Art,
die sich in Stumpfsinn, Suff und großer Klappe
höchst vaterländisch offenbart.

Die Professoren mit verfilzten Bärten
sehn alle Adolf Bartels gleich.
Sie lehren heut noch, was sie immer lehrten:
mit Gott für Wilhelm und sein Reich!

Die ganze Stadt ist für den Landesvater,
die Republik in Bier-Verschiß.
Man lebt doch schließlich von der alma mater
und gibt nicht gerne Ärgernis …

Man sagt, daß Ludwig Uhland hier geboren.
Ein Monument bestätigt's schlicht.
Was hätte der in dieser Stadt verloren? –
Ich glaub es nicht.

22. August 1926

DAS FELD DER EHRE

Nicht jedem ward das große Glück, sein Leben auf dem Altar des Vaterlandes opfern zu dürfen; manche kamen nicht einmal dazu, das zähe Ringen um Deutschlands Größe aus der Nähe anzusehen. Das Geschäft, die Heereslieferungen konnte man doch nicht im Stich lassen. Nun wird auch diesen Zukurzgekommenen Gelegenheit geboten, das Feld der Ehe aus nächster Nähe zu begucken. Allerdings, diesmal kostets etwas: fünfunddreißig Mark, die Fahrt bis Metz nicht inbegriffen. Für diesen Betrag bietet das Reisebüro Ernst Hilbert in Wiesbaden (Vertretung auf der Stuttgarter Königstraße): Unterkunft im besten Hotel mit fließendem warmen und kalten Wasser, beste Verpflegung, Führer und Auto zur Fahrt über die Schlachtfelder von Verdun; auch die Trinkgelder sind bei diesem Preis dabei. Es wird gezeigt von 9 Uhr 30 bis abends 7 Uhr, unterbrochen vom Mittagessen (im besten Hotel): die Todesschlucht bei Douaumont, das Fort selbst (innen und außen), ein paar Schlachtfelder von anno Siebzig (als Dreingabe), die um Verdun, la tranchée des bajonnettes, das ist jener Graben, aus dem nur noch die Bajonette einer verschütteten sturmbereiten Kompagnie herausragen. Man hat diese Verschütteten nicht noch einmal extra begraben, schon der Sehenswürdigkeit wegen nicht. Um 7 Uhr beginnt das Souper (wieder im besten Hotel). Anschließend startet um 11 Uhr 45 die fünftägige Vergnügungsreise nach Paris.

Ja, das hat man uns damals auch versprochen: Paris. Aber es ist nichts daraus geworden. Die heutigen Schlachtfeldhyänen kommen schon hin und sie werden sich auf Montmartre, in den Cinémas vivants und den vornehmsten Puffs von den Strapazen ihrer Schachtfeldbesichtigung kurieren.

Es ist ein Irrtum zu glauben, unsere Helden seien für die Katz gefallen: man hat, als sie noch lebten, an ihnen verdient, und tut es noch heute an ihren Knochen.

1. Oktober 1926

Der Seifensieder

Oft geht er auf, man weiß nicht wie,
zum Beispiel auch in Thoiry.
Auch bei den Industriekartellen
ist der besagte festzustellen.

Jetzt predigt selbst die Hochfinanz
der Welt Vernunft und Toleranz.
Nur unsern nationalen Lämmern
wird diese Einsicht niemals dämmern.

Wofür wir lange schon plädiert,
wofür man uns mit Dreck beschmiert,
heut tönts aus jeder Winkelzeitung.
wir lächeln milde: lange Leitung.

Pickelhering, 24. Oktober 1926

JEDER DEUTSCHE HAT…

Das Maul zu halten, vor allem. Dann aber auch »das Recht, innerhalb der Schranken der allgemeinen Gesetze seine Meinung durch Wort, Schrift, Druck, Bild und in sonstiger Weise frei zu äußern. Niemand darf ihn benachteiligen, wenn er davon Gebrauch macht.« Für die Praxis gilt nur das mit dem Maulhalten; denn der Satz vom Recht der freien Meinungsäußerung steht in der Weimarer Verfassung (Artikel 118), deren freie und ideale Grundsätze im täglichen Leben anzuwenden, sie profanieren hieße. Man bleibt also lieber beim bewährten Alten, indem man alles verbietet, was noch nicht ganz so miserabel und faul ist wie unsere glorreiche Justiz.

Die »Vereinigung linksgerichteter Verleger« (Max Winkler, Berlin O. 34) hat sich die Mühe genommen, einige (es sind immerhin ein paar Dutzend) Musterfälle deutscher Rechtsprechung gegen linksgerichtete Literatur in einer Broschüre zusammenzustellen. Im Vorwort heißt es: »Wenn es auch nicht möglich war, eine selbst nur annähernd erschöpfende Aufzählung aller Fälle von Verfolgungen hier niederzulegen, so dürften doch die angeführten Beispiele zur allgemeinen Charakteristik der politischen Justiz ausreichen.« Das tun sie auch. Und wem sie nicht genügen, der hat ja täglich Gelegenheit, durch Zeitungslektüre das Material zu vervollständigen. In dieser Broschüre, die den Titel führt: »Jeder Deutsche hat das Recht …«, sind nicht nur die literarischen Fälle vertreten. Die juristischen Bilderstürmereien gegen Grosz, Dix, Arnold, Zille usw. haben noch keinen Historiker gefunden. Wahrscheinlich hat jeder vor der Fülle des Materials Angst.

Man glaubt sich in die Zeit des Vormärz zurückversetzt beim Lesen dieses Heftes, in die gute alte Zeit des Zensors, der mit Schere, Rotstift und einem beträchtlichen Quantum Dummheit alles kastrierte, beschnitt und unterdrückte, was über den Horizont eines ausgewachsenen Kretins hinausreichte. Seither sind 80 bis 90 Jahre vergangen. Aber leider muß man konstatieren, daß das Fassungsvermögen unserer Staatsanwälte seither nicht gewachsen ist. Die »freieste der Republiken« bereitet ein Gesetz zum Schutze der Jugend gegen Schmutz- und Schundliteratur vor, verbietet Filme und wütet mit so obstinater Wut, wie sie nur die Dummheit zu erzeugen imstande ist, gegen alle Kunst, die von links kommt. Für einen deutschen Schriftsteller von Rang ist es beinahe eine Beleidigung, noch nicht gesessen zu haben. Andererseits macht man Literatur-Akademien auf, die beweisen sollen, welche Wertschätzung die Kunst im Staate genießt. Welches Ansehen sie tatsächlich genießt, erfährt man aus den Urteilen, die in genannter Broschüre zitiert werden. Trotz allen sachverständigen Gutachten von staatlich anerkannten Poeten, die den künstlerischen Wert inkriminierter Druckschriften bezeugen, werden diese beschlagnahmt und verboten. »Der künstlerische Wert ist unmaßgeblich.« Und so weiter. So in den Fällen Kurt Kläber (»Barrikaden an der Ruhr«), Larissa Meißner (»Hamburg auf den Barrikaden«), Carl Einstein (»Die schlimme Botschaft«), Bruno Vogel (»Es lebe der Krieg«), Curt Corrinth – ach, man kann sie gar nicht alle aufzählen.

Im Jahre 1854 ist ein heute selten gewordenes Buch erschienen: »Anzeiger für die politische Polizei Deutschlands auf die Zeit vom 1. Januar 1848 bis zur Gegenwart. Ein Handbuch für jeden Polizeibeamten.« Auf 412 Seiten wird versucht: »Die Fertigung einer möglichst vollständigen Zusammenstellung aller Individuen, welche auf irgendeine Weise in der Zeit vom 1. Januar 1848 bis jetzt als Feinde der Regierungen, der Ruhe und Ordnung, wie als Träger der Ideen und Leidenschaften der Revolution sich auszeichneten, die an die Spitze desfallsiger Bewegungen sich stellten usw.« Unter diesen ungefähr 6300 Individuen, die »wegen Verbreitung aufrührerischer Schriften, Tumults, Erregung von Mißvergnügen, Majestätsbeleidigung, Aufforderung zum Fürstenmord, politischer Drohungen, Hoch- und Staatsverrats« der Polizei ein Dorn im Auge waren, finden sich Namen wie: Richard Wagner, Hoffmann von Fallersleben, (»Deutschland, Deutschland über alles...«, Gottfried Kinkel, Johanna Kinkel, Georg Büchner, Ludwig Uhland, Friedrich Theodor Vischer, David Friedrich Strauß, Johannes Scherr, Ferdinand Freiligrath, Theobald Kerner, Ferdinand Lassalle, Arnold Ruge, Julius Campe (Heines Verleger). Und so weiter.

Dieses Buch, das auf der Polizeiausstellung nicht zu sehen war, könnte leicht bis auf den heutigen Tag ergänzt werden, indem der Herr Oberstaatsanwalt sich das Jahrbuch der Literatur von Kürschner beschafft, worin er sie alle beisammen hat, die durch Kunst sein Mißvergnügen erregen. Die volle Adresse ist jeweils angegeben. Bitte bedienen Sie sich, Herr Staatsanwalt. Ich selber stehe noch nicht drin, aber sie können meine Adresse jederzeit auf der Redaktion der Sonntags-Zeitung erfahren.

7. November 1926

Offiziersball

Emilie, reich mir die Hurratüte
und heft den Christbaumschmuck mir an den Latz!
Heut sammelt sich von deutscher Männerblüte
der Bodensatz.

Und wenn auch die Novemberlinge spotten,
wir strahlen doch im alten Farbenglanz.
Ein deutscher Mann fühlt erst in scheckigen Klamotten
sich voll und ganz.

Was Not des Volkes? Arbeitslosenqualen?
Die Löhne klein, das Fressen schlecht und karg?
wenn die uns solche Pensionen zahlen,
ist's halb so arg!

Mit Gott! Laßt Blech in Wort und Ton erschallen:
und schwingt das Bein zur Militärmusik!
Und lacht und lebt und laßt die Pfropfen knallen
wie einst im Krieg!

(Wer zahlt den Kitt? Die Republik.)

19. Dezember 1926

PARISER RECHENSCHAFT

Auch ich bin in Paris gewesen. Ich weiß, es ist etwas passé,
Sehnsucht nach dieser Stadt zu haben. Seit man dort nämlich
nicht mehr ganz so billig leben kann wie im vergangenen
Sommer. Damals, ach Gott, damals pilgerten alle, die sonst ihre
drei Wochen Urlaub in Ditzenbach verbringen, an die Seine und
gefährdeten dadurch die deutsch-französische Annäherungspoli-
tik. Heute ist das nicht mehr so. Gott sei Dank. Ich bin nur wenigen Landsleuten begegnet. Und die wenigen waren beinahe
schon zuviel.

Überall, wo man gewesen sein muß, bin ich nicht gewesen. Ich
habe weder Versailles gesehen noch das Grab Napoleons. Ich habe
keinen Baedeker gehabt und habe nie ein Kunstpensum in Mu-

seen erledigt. Einzig in den Louvre bin ich gekommen, mehr aus Zufall, weil ich mit den zwei Francs, die mir noch geblieben waren, nichts besseres anzufangen wusste. Ich fand das tiefe, abgründige Lächeln der huch! so berühmten Mona Lisa dämlich und fad.

Dagegen habe ich mich in Vorstadtkabaretts, wo man sich über Monsieur Poincaré und den Gemüsehändler an der nächsten Ecke lustig macht, köstlich amüsiert, habe meinen Morgenkaffe »au Zink« genommen, für 9 Sous, und mich mit Chauffeuren und Arbeitern im Metro unterhalten; die Blumenverkäuferinnen und Zeitungsfrauen und sonst noch Verschiedenes fand ich ganz entzückend.

Ziehe ich das Resumé meines Pariser Aufenthalts, so lautet es: Man muß Paris lieben! Die Stadt ist schön, die Leute höflich und liebenswürdig, und das Leben billig.

*

Straßensänger an einem Carrefoure. Der eine singt, sein Kollege verkauft die Texte der selbstverfaßten Chansons, oft recht gepfefferte politische Satiren. Die Leute amüsieren sich über die Veräppelung ihrer Regierer. Ein Herr aus der Menge macht die beiden darauf aufmerksam, daß Schutzleute kämen. Sie packen ein und gehen. Als die beiden Schutzleute an mir vorüberkommen, fange ich aus ihrer Unterhaltung die Worte auf: »Warum die Dummköpfe bloß weggehen – wir hätten ihnen doch nichts getan!«

Glückliches Land, das solche Polizisten hat.

*

Place Clichy. Abends ¹⁄₂12 Uhr am Metroeingang. Ringsum brandet in rauschenden Wogen der Verkehr. Ein altes, häßliches, schmutziges Zeitungsweib bringt es dennoch fertig, die Geräusche des nächtlichen Boulevards zu überschreien. Mit schriller Stimme singt sie ihr: »L'Intran!« »Paris-soir. Troisième édition!« Dazu tanzt sie groteske Pas. Das Publikum lacht. *C'est rigolo …*

Die Konkurrenz kommt dazu. Ein etwa 13jähriger Bengel, den Arm voll Zeitungen, die Sportmütze keß überm linken Ohr, brüllt im selben Tonfall dieselben Zeitungstitel aus. Platzstreitigkeiten. »Mach, daß du weiter kommst, das ist mein Platz.« Der Bengel äfft sie nach: »L'Intran!« »Paris-soir. Troisième édition!«. Die Leute lachen. Jetzt wird sie wütend, fährt auf das Kerlchen los. »Salaud

(Sauhund)!« Der zieht mit elegantem Schwung die Mütze, verbeugt sich mit vollendeter Liebenswürdigkeit und flötet: »*Princesse!*« Alles feixt. Die Alte am meisten. *C'est rigolo …*

*

Heimweh kann einen in Paris nie überkommen. Man wähnt sich zu Hause, wenn man auf Firmenschildern, Geschäftsautos und an Hauseingängen die vielen deutschen Namen liest: Levi, Rosenbaum, Cohn, Meyer, Frank …

*

Ich sitze mit einer Freundin in einem kleinen Restaurant. Sie ist glücklich, ein Objekt gefunden zu haben, an dem sie ihre gute Erziehung demonstrieren kann. Sämtliche Phrasen ihrer deutschen Schulgrammatik läßt sie gegen mich los: der Knabe weint nicht … Mein Onkel hat einen Garten … Neben ihr sitzt einer mit roten Haaren, breitem, brutalem Gesicht, mit Flecken darin wie Sommersprossen, und unsympathischen kleinen Augen. Ein widerlicher Typ. Der könnte Mitglied der Deutschnationalen Volkspartei sein. Richtig zieht er auch bald die »Action Francaise«, das royalistische Blatt Daudets, aus der Tasche. Wie sie sich doch überall gleich sind, denke ich. Da wir, wie gesagt, deutsche Laute von uns geben, fühlt er sich bemüßigt auf die Boches zu schimpfen. Seinem Gegenüber, einem jungen, schmächtigen Franzosen, ist dies sichtlich unangenehm. Auch meine Kleine gerät in peinliche Verlegenheit und bittet mich mit zärtlichen Augen um Entschuldigung für diese Taktlosigkeit ihres Landsmannes. Wir sprechen englisch weiter. Obwohl er nichts versteht, schimpft er, mit boshaften Seitenblicken auf mich, weiter auf die Boches.

Dann faltet er sein Blatt zusammen und erhebt sich. Nicht ohne sich vorher mit liebenswürdig sein sollendem Lächeln an mich zu wenden: »Sie können ruhig Deutsch reden«, sagt er in der Sprache Gustavs und Goethes, »es tut Ihnen hier niemand was.« – »Danke, aber wollen Sie mir bitte nicht sagen, woher sie so gut Deutsch können?« – »Nun, ich bin doch Elsässer.«

Vermutlich heißt er Wetterlé. Bei uns heißen solche Bazille und Lejeune.

*

Ein bisschen Romantiker bin ich doch. Ich ging also meinen Landsmann Heinrich Heine besuchen. Er empfängt: Cimetière Montmartre, Avenue de la Cloche, 21. division, links. Sein Grabmal, aus weißem Marmor, ist 1901 von der »freisinnigen Stadt Wien« gestiftet worden. Eine rosenumkränzte Leier, Palmwedel und Ampeln schmücken es. Gekrönt ist das simple Monument von der Büste des Dichters. Nach unten geneigt, lächelt sein Gesicht, halb melancholisch, halb spöttisch. Rings auf der Einfassung ist eines seiner schönsten Gedichte eingemeißelt:

> *Wo wird einst des Wandermüden*
> *letzte Ruhestätte sein?*
> *Unter Palmen in dem Süden?*
> *Unter Linden an dem Rhein?*

Immer liegen frische Blumen auf dem Grab. Und Visitenkarten. Aus allen Erdteilen. Auf der linken Seite neben dem Stein erhebt sich halbmeterhoch eine Tafel, darauf steht in deutscher und französischer Sprache: »Es ist bei Strafe strengstens verboten, auf das Grabmal zu schreiben, dasselbe abzuzeichnen oder zu photographieren.«

Ein bißchen Romantiker bin ich doch. Und so habe auch ich meine Visitenkarte niedergelegt, mit den gutgemeinten Versen:

> *Heimatluft umschwebt den toten*
> *Dichter auch im fremden Land:*
> *Noch auf seines Grabes Rand*
> *wird bei Strafe was verboten.*

Anderntags war die Visitenkarte weg. Die andern lagen noch da. Sollte sich wer für Autogramme von mir interessieren?

*

Kann es eine mehr pariserische Atmosphäre geben in Paris als die auf Montmartre, um Moulin Rouge? Ich liebe diese Gegend mehr als die großen Boulevards, vielleicht bloß des Namens wegen: Montmartre. Lacht mich immerhin aus – ich bin nun mal so. Und eines Abends redet mich (Gott, die wievielte schon heute abend?) auf der Place Blanche eine jener entzückenden Kleinen an, die Paris in unerschöpflichen Mengen zu produzieren scheint: das Gesichtchen schmal, der gemalte kleine Mund herzförmig, die

Augen – aber reden wir Prosa, da eine weitere Beschreibung sowieso unter das Schmutz- und Schund-Gesetz fallen würde. Ich widerstehe der Anfechtung. »Ah, vous êtes Anglais?« – »Non, je suis Boche.« – »Ohlala! c'est vrai? Moi aussi!« Sie auch? Ich will es nicht glauben. Da entfliehen dem karminroten Mündchen, dem ich so etwas nie zugetraut hätte, sonderbare Laute: »Glaubet Se's, wenn e schwäbisch mit Ehne schwätz?« Und ich erfahre, daß sie seit Jahren in Paris lebt, daß die Geschäfte schlecht gehen und daß sie aus dem Oberamt Waiblingen gebürtig ist. *Ca c'est Paris!* singt die Mistinguett.

13. März 1927

Lenzlied

Und weil es wieder Frühling ist,
drum fühlt man sich verpflichtet,
daß man ihn hergebracht begrüßt,
indem man ihn bedichtet.

Zwar ist die Temperatur noch kühl,
(ich hab Katarrh und Schnupfen),
indes, man spürt ein Lenzgefühl
an allen Gliedern zupfen.

So warte ich im Kanapee
auf einen Kuß der Muse.
Und kommt sie nicht, Cäcilie[1],
ersetz einstweilen du se!

3. April 1927

ALFRED POLGAR

Alfred Polgar ist Theaterkritiker, einer der besten im deutschen Sprachgebiet. Seinem Metier bleibt er treu, auch wenn er das große Welttheater unter die Lupe nimmt. Er findet, es sei ein fürchterlicher Schmarren: lauter Fehlbesetzungen. Kleinbürger

---

1 In »Mild und bekömmlich« heißt Cäcilie: Emilie.

spielen Heroen, und dem Philosophen bleibt keine andere Rolle, als die der lustigen Person. Polgar nimmt die Komödie, von deren Regisseur es zweifelhaft ist, ob er sich mit ihr einen Witz hat machen wollen oder ob er bloß ein Stümper ist – Polgar nimmt die Komödie so, wie man eben eine Theaterangelegenheit nehmen muß: nicht gar so wichtig. Aber er findet in dem üblen Reißer doch so viele Kleinigkeiten, die gut gekonnt, witzig und amüsant sind, daß er um ihretwillen dem Autor und Regisseur verzeiht. Seine Kritik ist weder trocken, noch systematisch, noch rechthaberisch. Aber sie zieht die Quintessenz aus der Komödie des Daseins und vermerkt, mit dem wohlmeinenden Lächeln des engagierten Theaterfreunds, alle die kleinen Verlogenheiten, Eitelkeiten, Dummheiten, Gemeinheiten und Intriguen der Schauspieler. Die Bücher seiner Kritik nennt er »Orchester von oben« und »An den Rand geschrieben«.

Es geht einem mit diesen zwei Bändchen wie manchmal mit einem alten Buch: die Randglossen seines früheren Besitzers sind interessanter als ihr Anlaß. Es ist falsch, aus dem anspruchslosen Titel des einen Buches auf Bedeutungslosigkeiten, auf unwichtige Notizen eines Nörglers zu schließen. Man darf sich an der knappen Form der Geschichten nicht stoßen; es sind zwar Feuilletons und fast alle haben zuerst in Zeitungen gestanden, aber sie stellen sozusagen den Idealtypus des Feuilletons dar. Sind also unerreichbar. Polgar selbst hält seine »Kleine Form« für die dem Tempo unserer Tage einzig angemessene Möglichkeit, schreibenderweise zu den Geschehnissen unseres Daseins Stellung zu nehmen. Mit Recht. Man kann, besitzt man Polgars Bücher, auf die gesamte heutige Romanproduktion schmerzlos verzichten.

Gewiß, es sind lauter Kleinigkeiten, lauter Nichts, von denen er spricht. Aber wie er davon spricht! Ob er nun die Tauben von San Marco oder den Kinokter Felix oder die Synkope, einen Ochsen in Todesangst oder einen lyrischen Dichter, ein kleines Theatermädchen oder das gute Essen in den Kreis seiner Betrachtungen zieht, der Gegenstand ist ganz gleichgültig. Auch wenn er über eine Kaffeetasse schriebe, würde er ihre Beziehungen zum Leben aufdecken, man würde erfahren, wie ihr Besitzer aussieht, ob er Tennis spielt oder Stiefel wichst, was er von Buddha hält und ob er ein Anhänger der freien Liebe ist, wo bei ihm der dunkle Punkt sitzt und alles das, was immer einen Menschen am

Menschen interessieren kann. Polgar wertet nie. Er ist bei aller Subjektivität der Objektivste und verurteilt, nach seiner eigenen Maxime, keinen, ehe er ihm den Denkprozeß gemacht hat.

Sein Stil ist von einer Delikatesse und Eleganz, so graziös, prägnant und plastisch, daß man am liebsten »Sie« zu ihm sagen möchte. Die abgegriffensten Wörter poliert er neu auf, Metaphern, die ihren Sinn längst verloren haben, bekommen ihn bei ihm zurück. Seine Sprache ist von solcher Sinnlichkeit, daß man sieht, hört, riecht, schmeckt und tastet, was er beschreibt. Vielleicht ist er der größte Stilist, den heute die deutsche Sprache besitzt.

Polgar selbst hält zwar nicht viel von Büchern. Er meint, sie würden in Augenblicken der Not das tun, was sie, sehr bezeichnend, schon immer tun auf ihren Regalbrettern: sie würden einem den Rücken kehren. Aber die Bücher, die er schreibt, sind am wenigsten geeignet, uns von der Vorliebe für Gedrucktes zu kurieren.

10. April 1927

Verlag Jahoda u. Siegel, Wien.
In Halbpergament geb. 3,50 Mark.

DAS RENDEZVOUS IM ZOO
Von Mechtilde Lichnowsky

Es gibt nichts Langweiligeres als Liebesangelegenheiten fremder Leute. Sie werden auch nicht interessanter, wenn man sie druckt. Dieses Büchlein macht eine Ausnahme. Es scheint, als ob es in der Frauenliteratur nur zwei Pole gäbe, von denen der eine Courths-Mahler heißt und der andere Mechtilde Lichnowsky. Was dazwischen liegt, ist vom Übel. In dieser hübschen Geschichte passiert außer höchst banalen »Querelles d'amour« nichts. Trotzdem liest man sie wie einen Detektiv-Roman. Aller Charme, alle Grazie, alle Ironie dieser klugen Frau finden sich in dieser Novelle in subtilster Form. Und es gilt wahrhaftig, was auf dem Umschlag steht: man kann nur bedauern, daß das Wort »entzückend« so abgegriffen ist.

25. März 1928

An Mufti Bufti[*]

Die Muse soll ich wieder mal begatten?
Gewiß, der Auftrag ehrt mich einerseits.
Jedoch bei circa 30 Grad im Schatten
hat dies selbst anderweitig wenig Reiz.

Und außerdem: besagtes Mädchen ziert sich,
läßt sich mich mir auf nichts mehr ein und streikt.
Wo sind die Flitterwochen, da wir vierzig
bis fünfzig Kinder mühelos gezeugt?

Was hab ich meiner Muse (sozusagen
als Johimbin) nicht alles hingestellt:
die Reichsregierung, Nobiles plombierten Wagen,
Graf Keyserling und Herrn von Hünefeld.

Die stärksten Drogen sind bei dieser Hitze
umsonst; das Luder will halt einfach nicht!
Selbst Van de Velde's Buch ist nichts mehr nütze –
Beweis: hier dieses dämliche Gedicht!

29. Juli 1928

---

[*] Mit diesem Gedicht antwortet »Tyll« auf ein Gedicht von »Mufti Bufti« (Max Barth), das am 22. Juli in der *Sonntags-Zeitung* erschienen war.

Brief an Tyll

Lieber Tyll, was soll ich von dir denken,/da du schweigst, als wärst du ausgestorben?/Will nicht länger, die du heiß umworben,/deine Muse, ihre Gunst dir schenken?/Sonst tat sie doch, statt sich zu genieren,/gerne sich mit dir kompromittieren.

Nein, es will mir garnicht in den Schädel,/daß du das Verhältnis aufgegeben./Sei ein Mann, und männlich sei dein Streben:/rückerobre dir das wackre Mädel!/Zeig dich ohne finstre Unmutswolke/Arm in Arm mit ihr vor deinem Volke.

Lieber Tyll, laß nicht vergebens reimen/deinen Mufti und in diesen Spalten/täglich bettelnd seine Hände falten:/laß mich nicht allein beim Verseleimen./Auf, erinnre dich an deine Pflichten,/munter, Tyll, fang wieder an zu dichten!

Lessing
»Wir wollen weniger erhoben ...«

Ist Einer tot und lang genug begraben,
sodaß er sicher nicht mehr kratzt und beißt,
dann kommt der Tag, da man als Musterknaben
ihn aus der wohlverdienten Ruhe reißt.

Dann rast der Schmock, in tausend Leitartikeln
(pro Zeile zwanzig Pfennig Honorar!)
mit Schmalz und Schmus dem Leser zu entwickeln,
was Er uns sein wird, ist, und war.

Dann singen sie an seinem Denkmal Lieder,
und wer was gelten will, ist mit dabei.
Die Spitze der Behörden legt was nieder
und sagt uns, daß der Mann unsterblich sei.

Dann weiht das heimische Hotelgewerbe
dem großen Sohne einen Lorbeerkranz.
Das redet von der Väter heiligem Erbe
und sagt Kultur und meint Bilanz.

Wenn dann der Rummel ihre Sucht gestillt hat
in puncto Eitelkeit, Gemüt und Geld,
wird das Genie, das seinen Zweck erfüllt hat,
für ein Jahrhundert wieder weggestellt.

27. Januar 1929

WAS WIR WOLLEN

Ein wahrhaft teutscher Mann und großer Fürst hat einmal das
Wort geprägt: »Völker Europas, wahrt Eure heiligsten Güter!«
Das war damals, als schlitzäugige Gier ihre schmutzigen, gelben
Finger nach der Wiege aller Kultur auszustrecken sich vermaß, als
die östlichen Banden Timurs und Dschingiskhans Missionare
nach Europa sandten, Hamburg zu einem chinesischen Freihafen
machen und in der geheiligten Stadt des Großen Friedrich das
Schandmal einer 19stöckigen Pagode errichten wollten. Die

Gefahr ward gebannt, nicht zuletzt durch teutsche Tüchtigkeit und teutschen Kampfesmut. Und heute? Heute steht unser geliebtes teutsches Vaterland am Rand des kulturellen Abgrunds. Landfremde Elemente, unsere Erbfeinde und – Schmach, es sagen zu müssen – eigene irregeleitete Volksgenossen haben es mit teuflischer Verworfenheit auf die Vernichtung der teutschen Kultur abgesehen. Deutsche Mannen haben sich nun in dieser letzten Stunde der Gefahr zusammengetan, um einen Verein zu gründen.

Der »Schutzverein für die geistigen Güter Deutschlands (Schutzverein) e.V.«, Sitz Berlin, will retten, was von den großen geistigen Überlieferungen Deutschlands noch zu retten ist; er will dem *geistigen Wiederaufbau* dienen.

Was wir wollen? Die Not der Arbeits- und Wohnungslosen durch die Pflege geistiger Überlieferungen lindern, die Hungrigen mit Zitaten speisen und die Durstigen mit hundertprozentigem teutschen Geiste tränken.

Wir brauchen Geld! Helft darum Alle, die ihr noch ein Fünkchen Verantwortung in eurem deutschen Busen tragt! Gebt uns, was des Kaisers ist, und schöpft aus dem reichen Born des deutschen Schrifttums, soweit es im Verlag von August Scherl, Berlin, erschienen ist (Prospekte und Kataloge gratis). Besucht die deutschen Filme der Ufa, in denen blonde deutsche Fraulichkeit mit echter teutscher Manneskraft am Rhein sich züchtig paart, gedenket der armen Fürsten und tötet den Drachen der Glaubenslosigkeit.

Helft uns, die ihr Vertrauen zu uns habt. Und wer könnte zu uns keines haben?

Geheimrat Dr. Alfred Lugenberg, M.d.R., Vorsitzender –
Wirkl. Geheimer Rat W. von Bodenlos – *Bergassessor* von und zu Hammelstein – *Landgerichtsdirektor* Strohmann – *Pfarrer* D. G. Taub, München – *Professor* Dr. M. Schundt, Jena.

I. A.: der Schriftführer und Kassier:

Tyll

12. Februar 1929

Repräsentation

Die Herren in Frack und gestärkter Brust,
geschniegelt, gebügelt und selbstbewußt,
im Knopfloch die Chrysantheme.
Die Damen in Seide und Krepp-Sateng,
geschminkt und gepudert und, huch, so mongdäng –
mit einem Wort: Crême de la Crême!
Und es tanzen mal rechts und es tanzen mal links,
die Sorgen vergessen habend,
die Müllers, die Löbes, die Severings
auf dem parlamentarischen Abend.

    Die Konkurrenz aber erhebt ein Mordsgezeter:
    Seht eure sauberen Arbeitervertreter!
    Verräter sind es vom Scheitel zur Zeh –
    darum hinein in die K.P.D.!

Und wiederum schmeißt sich in Frack und in Lack
das prominente Berliner politische Pack,
denn man schätzt Krestinskis Empfänge.
Dort wird auf silbernen Tellern soupiert,
die mit Sichel und Hammer geschmackvoll verziert.
Und das Essen hat sieben Gänge.
Es hebt der Vertreter vom Sowjetstaat
sein Sektglas und ruft mit Emphase:
Es lebe das kämpfende Proletariat!
Und die Gäste nippen am Glase.

    Die Konkurrenz aber erhebt ein Mordsgezeter:
    Da habt ihr die Bolschewikenvertreter!
    So sieht sie aus, die Sowjet-Idee –
    darum hinein in die S.P.D.!

So tobt nun seit Wochen das Pressegeschrei.
Die eine beschimpft die andre Partei
mit gespielter Entrüstungspose.
Doch ob sich Krestinski auf Cocktails versteht,
und ob sich Herr Löbe im Walzertakt dreht,
das, scheint mir, ist Jacke wie Hose.

Denn die Bonzen sind sich überall gleich,
und zeigen das gleiche Bestreben
bei uns und im roten Sowjetreich:
auf dem Rücken der andern zu leben!

Warum also, Prolet, das wüste Gezeter?
Du hast sie gewählt, es sind deine Vertreter!
Und das nächstemal wählst du wie eh und je
wiederum S. oder K.P.D.!

3. März 1929

DIE RACHE

Man fand ihn bewußtlos in einer Blutlache liegend, drei Meter entfernt das gänzlich zertrümmerte Auto, und brachte ihn ins nächste Dorf. Erst als er auf dem Wachstuchsofa des Dorfwirtshauses lag, erkannte man in dem Verunglückten den Grafen Roß auf Rossenau. In der ganzen Umgebung war er als rücksichtsloser Rennfahrer berüchtigt, weshalb ihn die Bauern nicht liebten. Dazu kam, daß er, der rabiate Antisemit und Großgrundbesitzer, zwei Tage vorher als Abgeordneter der Nationalsozialisten in das Parlament gewählt worden war, während der bäuerliche Kandidat einen Sitz nicht hatte erhalten können.

Man telephonierte an das städtische Krankenhaus um schleunige Hilfe. Nach einer knappen halben Stunde erschien, in Ledermantel und Staubbrille, der Chefarzt, Sanitätsrat Dr. Fliegenschuh. Die Untersuchung ergab: Gehirnerschütterung, Herzschwäche infolge starken Blutverlusts und schwere äußere Verletzungen.

Dr. Fliegenschuh stellte fest, eine Überführung in das Krankenhaus sei nicht möglich; die Erschütterungen des Transports würden das Leben des Schwerverletzten gefährden. Er sah die einzige Möglichkeit zur Rettung in einer alsbald vorzunehmenden Bluttransfusion.

Wer war bereit, sein Blut für den Grafen herzugeben? Außer dem Bürgermeister und ein paar Gemeinderäten, die im Nebenzimmer mit dem Viehhändler Schmul Jeiteles die Anschaffung eines rassereinen Gemeindefarrens besprachen, war im ganzen Dorf niemand mehr wach. Dem Sanitätsrat blieb keine Wahl, als diesen späten Wirtshaushockern den Fall vorzutragen. Vielleicht fand sich unter ihnen ein hilfsbereiter Retter.

Die Bauern nahmen die Eröffnung des Arztes mit offensichtlichem Mißtrauen entgegen. Dr. Fliegenschuh bot seine ganze Überredungskunst auf, appellierte an ihr Herz, an ihr Gewissen und Christentum, versprach ihnen einen irdischen und himmlischen Lohn – umsonst. Jeder suchte und fand eine andere Ausrede, sich seiner Christenpflicht zu entziehen.

Da erhob sich Schmul Jeiteles. Zur größten Überraschung des Sanitätsrats erklärte der kleine kraushaarige Viehjude, er wolle den Grafen retten, sofern der Herr Doktor eben sein Blut brauchen könne. Das sagte er mit jenem unverkennbar östlichen Akzent, den der Volksmund gemeinhin mit Mauscheln bezeichnet.

Sanitätsrat Dr. Fliegenschuh sah sich plötzlich in einem fürchterlichen Dilemma. Konnte er die Verantwortung übernehmen, das durch eine Reihe von 37 Ahnen rasserein und arisch erhaltene blaue Blut des Grafen mit fremdstämmigem Orientalen-Blut zu vermischen? Und doch wußte er andererseits als Arzt genau, daß das Leben des Patienten verloren war, wenn die Operation nicht sofort vorgenommen würde.

Sein ärztliches Gewissen siegte über alle Bedenken. Nachdem er sämtliche Zeugen hinausgeschickt hatte, nahm er dem kleinen Schmul Jeiteles das heilige Versprechen ab, mit keinem Menschen über den Fall zu reden. Niemand, auch der Graf selbst nicht, durfte erfahren, wie und durch wen er gerettet worden war. Schmul Jeiteles beschwor seine Diskretion mit bilderreichen Schwüren.

Da die sofort vorgenommene Blutuntersuchung ergab, daß Schmul Jeiteles der gleichen Blutgruppe angehörte wie der Graf, wurde die Operation in derselben Nacht an dem noch immer bewußtlos daliegenden Verunglückten vorgenommen. Beide Beteiligte überstanden sie gut. Wie sich bald herausstellte, war das meisterhafte Experiment des Sanitätsrats von Erfolg gekrönt. Der Graf wurde wieder vollständig gesund. Nach zwei Wochen schimpfte er bereits wieder auf die Juden. Die Gehirnerschütterung hatte keinerlei sichtbare Spuren hinterlassen.

Als er aber zum ersten Mal auf der Rednertribüne des hohen Hauses stand und seine Jungfernrede gegen alles Fremdstämmige begann, kam es zu einem Eklat, wie ihn das hohe Haus noch nie erlebt hatte. Auf der Linken, in der Mitte, ja, bis tief in die Reihen der Rechten hinein brach ungeheure Heiterkeit und nichtendenwollendes Gelächter los. Der Präsident hatte alle Macht über das Haus verloren, ja er lachte selber schallend hinaus, denn Graf Roß auf Rossenau, der letzte Sproß von 37 blaublütigen arischen Ahnen, der Spitzenkandidat der Antisemiten stand da und – mauschelte.

So rächte der verachtete Viehjude Schmul Jeiteles sein Volk.

10. März 1929

Der Ministersessel

Manches Mannes sehnsuchtsvollster
Wunsch und seligstes Entzücken
ist es: mal auf dieses Polster
seinen Hinteren zu drücken.

Jeder will den Stuhl erreichen,
wie die letzte Zeit bewiesen,
und wer draufsitzt, will nicht weichen –
so entstehn Regierungskrisen.

Angesichts von solchen Fällen,
die den Drang zum Stuhl betonen,
bleibt uns nur noch festzustellen:
auch der Arsch hat Ambitionen!

10. März 1929

DER HOLZKOPF

Das Berliner 8-Uhr-Abendblatt erzählt in einer seiner letzten Ausgaben eine Geschichte, die jeden Vaterländisch-Gesinnten tief schmerzlich berühren muß. Es handelt sich um nichts weniger als um die vielfältigen Irrfahrten des göttlichen Dulders Hindenburg. Nicht des lebenden, sondern des eisernen, der in der großen Zeit auf dem heutigen »Platz der Republik« in Berlin aufgestellt war. Man durfte gegen entsprechendes Entgelt der »vielfach überlebensgroßen Figur« aus knorrigem deutschem Eichenholz zu Gunsten der Kriegsverletzten und Kriegshinterbliebenen eiserne und goldene Nägel in Brust und Nabel treiben. Je vernagelter, desto besser – so ist nun mal das Heldenideal unseres Volkes.

Dieser Hindenburg stand in Obhut des Luftfahrerdankes, der auch für die Verwaltung der eingenommenen Gelder verantwortlich war. Und wie das bei unseren gemeinnützigen und patriotischen Unternehmungen so üblich ist, geriet die Luftfahrerdank G.m.b.H. mit ihrem gesamten Vermögen in Konkurs. Man eröffnete ein Strafverfahren gegen den Geschäftsführer, das aus vaterländischen Motiven natürlich im Sand verlaufen mußte. Auch der eiserne Hindenburg geriet in die Konkursmasse und kam unter den Hammer. Die Konkursverwaltung wollte mit ihm keinen Gewinn erzielen, sie machte einigen vaterländischen Verbänden Offerte in dieser Branche, kam aber mit ihnen leider nicht ins Geschäft, da sie nicht einmal die Zerlegungs- und Transportkosten bezahlen wollten. Man bot den Hindenburg wahllos nach rechts und nach links an – umsonst: die Hindenburgkonjunktur war vorbei. An der Börse für nationale Werte herrschte durchgreifende Baisse.

Schließlich ließ man den Helden von der Firma Erich Butzke abbrechen. Herr Butzke bot ihn billigst zum dritten und letzten Mal an, diesmal den Ostpreußen, deren Land das lebende Original von den Russen befreit hatte. Aber die undankbaren Ostpreußen hatten keinen Bedarf.

Es blieb nach alledem nichts übrig, als das vernagelte Heldenideal, geviertelt und in lauter kleine Stücke zerschnitten, auf dem Lagerplatz der Berliner Hoch- und Tiefbaufirma Meyer (ausgerechnet Meyer!) in einem Schuppen unterzustellen. Man versuchte zwar, die Hindenburgklötzchen zu konservieren, aber es ist ein Naturgesetz, daß alles Veraltete, Unbrauchbare und Überlebte zu Staub zerfallen muß. Rost, Schwamm und Moder zerfrassen den mächtigen Heldenleib, und eines schönen Tages hat man die schimmligen und morschen Überreste pietätslos und ohne Trauerfeierlichkeiten verbrannt. Nicht einmal ein Regierungsvertreter war anwesend.

Nur der Holzkopf – ja, ja, ich weiß schon! – blieb erhalten. Allein seine Ausmaße müssen Respekt einflößen: hat er doch im Durchmesser an die zwei Meter. Was soll mit ihm geschehen? Wie man hört, soll ein reicher Amerikaner, der das Stück für sein

Raritätenkabinett erwerben möchte, bereits ein Angebot gemacht haben.

Können wir es länger mit ansehen, wie nationale Güter zu Spottpreisen verschleudert werden? Nein, unser Hindenburg muß uns erhalten bleiben. Ich schlage deshalb vor, einen »Verein zur Erhaltung des Holzkopfs« zu gründen. Mitgliedsbeiträge können eingesandt werden an

Tyll

5. Mai 1929

KANAKER

Watambu, der Kanaker, erfreute sich des höchsten Ansehens im Dorfe, denn er war reich. Seine Muschelschnur war dreimal länger als die seiner Mitkanaker. Wenn er im Glanz seiner Muscheln aus der Hütte trat und aufrechten Ganges, wie ihn das Bewusstsein großen Reichtums verleiht, über den Tanzplatz schritt, ruhten die braunen Augen der jungen Mädchen und auch mancher jungen Frau mit Wohlgefallen auf seiner stolzen Schönheit. Und Watambu teilte allnächtlich seine Matte mit den schönsten Mädchen und auch mit mancher jungen Frau, denn alle waren stolz darauf, die Matte mit einem Manne zu teilen, der dreimal mehr Muscheln besaß als alle anderen Männer des Dorfes.

Watambus Mitkanaker Oahu aber verfolgte dieses Treiben mit Mißgunst, und er warf begehrliche Blicke auf Watambus Muschelschnur. Und eines Tages vertrat er Watambu den Weg und sagte mit finsterem Blick. »Gib mir die Muschelschnur!« »Nein« sprach kurz und hochfahrend Watambu und ließ Oahu stehen.

Und als es Neumond war, verbarg sich Oahu hinter einer Tamariske am Rand des Tarofeldes. Watambu, den Arm um den Nacken des schönsten Mädchens, kam lachend des Weges. Da trat Oahu leise hinter der Tamariske hervor und schlug Watambu mit der Keule den Schädel ein. Und er nahm des Erschlagenen Muschelschnur und sagte zu dem schönen Mädchen: komm! Und das schöne Mädchen folgte Oahu stumm auf seine Matte. Von diesem Tage an aber erfreute sich Oahu des höchsten Ansehens im Dorfe, denn seine Muschelschnur war dreimal länger als die seiner Mitkanaker.

*

Am selben Tage, als sich auf der kleinen Insel im Pacific dieses begab, brachten die Abendblätter der großen Städte die Nachricht vom Selbstmord des Stahlkönigs X. Man erfuhr daraus, daß sich Herr X., zu dessen intimen Freunden die Schauspielerin Dolly D. zählte und dessen Name als van Gogh-Sammler weit über die Kreise der Wirtschaft hinaus bekannt war, infolge geschäftlicher Schwierigkeiten erschossen habe. Sein Vermögen wurde auf etliche hundert Millionen geschätzt. In der Finanzwelt löste der Tod des Herrn X. allgemeines Bedauern aus, wenn man auch nicht umhin konnte, dem großartigen Coup des Herrn Y., eines persönlichen Freundes des Verstorbenen, ehrliche Bewunderung zu zollen. Es war Herrn Y. gelungen, sich durch geschickte und überlegene Börsentransaktionen die Majorität der X-Aktien zu sichern und so das große X'sche Werk zum bedingungslosen Anschluß an seinen eigenen Konzern zu zwingen. Leider hatte sein Freund, Herr X., dies nicht überleben wollen.

Einige Tage darauf brachten die illustrierten Zeitungen Bilder vom pompösen Leichenbegängnis des Herrn X.; man sah die schöne Schauspielerin Dolly D. in tiefer Trauer und den bekannten Finanzmann Y., wie er, einen riesigen Immortellenkranz in der Hand, seinem Freunde warme Abschiedsworte ins Grab rief.

Und einige Monate später brachten die »Illustrierten« wieder andere Fotos. Auf ihnen sah man die schöne Schauspielerin Dolly D. und den bekannten Finanzmann Herrn Y. in seiner van Gogh-Sammlung.

In seinen Mußestunden aber befaßte sich Herr Y. mit der Erziehung seines Sohnes, und als der ihn einmal fragte: »Vati, was is'n Kanaker?« sagte er: »Kanaker? Ach, das sind so Menschenfresser. Weißt du, das is'n Stamm, der is auf der niedrigsten Kulturstufe stehengeblieben.«

3. November 1929

KARIKATUR UND SATIRE

Humor ist, wenn man trotzdem lacht, sagt Wilhelm Busch. Diese reifste Form der Weltbetrachtung beruht auf milder Resignation, auf Skepsis und tiefer Einsicht in die Unzulänglichkeit und Fragwürdigkeit alles Menschlichen, also auf überlegener Weisheit. Der Humor sieht immer beide Seiten, und da er ausgleichend und versöhnend wirkt, bietet er oft die letzte Lebensmöglichkeit, nämlich: sich mit dem Gegebenen, so wie es nun mal ist, abzufinden. Humor ist eine Alterserscheinung. Und überdies eine Rarität. Denn sabbern allein beweist noch keinen Humor.

Der Satiriker hat ihn nicht. Er will sich nicht abfinden, er ist keineswegs geneigt, das Gegebene als endgültig hinzunehmen. Er will es ändern. Und so verhält er sich vor allem einmal zu jeder Autorität, der er sich beugen soll, kritisch. Wehe, wenn sie, statt auf geistiger und sittlicher Überlegenheit zu beruhen, sich auf Äußerlichkeiten oder auf das Recht des Stärkeren stützt. Sie verfällt unfehlbar der Lächerlichkeit. Auslachen ist oft die einzige Waffe, einem an äußeren Machtmitteln überlegenen Gegner beizukommen. Denn man sagt, Lächerlichkeit töte.

Kein Wunder, daß Karikatur und Satire immer zu den schärfsten politischen Waffen gehört haben. Und stets war es die Opposition, die diese Waffen mit besonderer Virtuosität geführt hat. Das mag daran liegen, daß etwas bereits Bestehendes oder Verwirklichtes, wie es eine Gesellschaftsordnung, eine Regierungsform oder ein Regierungsprogramm ist, naturgemäß viel mehr Angriffsflächen bietet als eine Theorie, die noch nicht realisiert ist. So richten sich Karikatur und Satire der Opposition immer gegen das Bestehende, indem sie ihm den Schein des Unabänderlichen und Gottgewollten nehmen, es respektlos vivisezieren, seine Fundamente: Autoritätsglauben und Wert-Theorie untergraben, die Kehrseite der Medaille zeigen, kurz, es lächerlich machen. Und da sich die beiden an einen der elementarsten Triebe wenden, an die Lachlust, die ja die Menschen immer am liebsten auf Kosten anderer befriedigen, wirken diese politischen Kampfmittel viel unmittelbarer als alle sachlich-theoretischen Überzeugungsversuche.

Theorien und Systeme sind etwas Totes. Sie leben nur durch die Menschen, die sie vertreten oder verkörpern. Deshalb greift die Satire, wenn sie ein System oder eine Klasse treffen will, deren typische Vertreter an, zum Beispiel: den Offizier, den Richter, den Abgeordneten, den Pfarrer, den Literaten, den Bonzen, den Star, den Spießer oder den Polizeidiener. In allen diesen Typen soll weniger das menschlich meist uninteressante Individuum getroffen werden als vielmehr die Klasse oder Institution, deren bezeichnende Repräsentanten diese Figuren sind. Es ist wohl denkbar, daß auch das korrupteste System noch den oder jenen achtbaren Vertreter aufweisen kann, dem also Unrecht geschieht. Aber hier gilt: mitgegangen, mitgehangen! Objektivität ist noch nie die starke Seite der Satire gewesen. Sie ist bewußt einseitig, sie verallgemeinert, übertreibt und vergröbert, denn sie will möglichst sinnfällig sein, um von allen verstanden zu werden. Sie will Kritik wachrufen. Gerechtigkeit, landläufig genommen, darf man von ihr nicht erwarten, so wenig wie fotografische Ähnlichkeit von der Karikatur. Und doch sind die beiden in einem höheren Sinn sowohl gerecht wie ähnlich, denn sie geben das Wesentliche.

Häufig hört man von friedliebenden Leuten den Einwand: gewiß ist es so, aber so scharf darf man es nicht ausdrücken; das Persönliche sollte aus dem Spiel bleiben. Voilà – das berühmte Kalb mit den zwei Köpfen! Bei uns zerfällt der Mensch immer in das »Persönliche« und sonst noch was. Was heißt denn das: politisch ist er zwar ein Gauner, aber menschlich ist er ein anständiger Kerl? Also ist er doch ein Gauner. Und was bleibt, wenn man das »Persönliche« bei unsern Regierern aus dem Spiel läßt? Bestenfalls ein Titel und ein Parteibuch. Weil sie zum großen Teil persönlich Nullen sind, sind sie es auch politisch. Ein kleiner skatspielender Amtsrichter ist vom Standpunkt des Satirikers aus wirklich nicht besonders interessant. Aber wenn der kleine Amtsrichter plötzlich Staatspräsident wird, dann gewinnt auch sein »Persönliches« an Interesse für den Satiriker, der draus Schlüsse ziehen kann auf das Wesen seiner Klasse, die ihn gewählt hat und ihn gar als Ideal ansieht.

Getroffene Hunde bellen. Bei uns besonders laut. Denn unsere Angegriffenen sind meist weder so klug noch so humorvoll wie der verstorbene Stresemann, von dem man erzählt, daß er ein Sammler aller seine Person betreffenden Karikaturen gewesen sei. Im allgemeinen bieten sie gegen Spott und Witz den ganzen schwerfälligen Apparat ihrer Macht auf. Das hagelt nur so von

Geld- und Gefängnis-Strafen, von Verboten, Beschlagnahmun-
gen, Unterdrückungen und anderen Knüppelmaßnahmen. Was
einem den Verdacht nahebringt, daß die Herren ihrer Gottähn-
lichkeit selbst nicht trauen. Wahre, wirkliche Autorität leidet nicht
darunter, daß man zeigt, auch ihr sei nichts Menschliches fremd.

Im Übrigen sei bemerkt, daß die Art der Satire, die Möglichkeiten zu richterlichem Einschreiten bietet, nicht immer die
beste ist. Denn gerade das ist ja einer der Hauptreize für den
Satiriker, etwas zu sagen, ohne es eigentlich zu sagen. Und wenn
man ihm das Singen verbietet, so pfeift er. Das ist meist viel
weniger harmlos. Bosheiten hintenherum klingen immer gehäs-
siger, galliger und spitzer als in aller Öffentlichkeit ausgesprochene Spöttereien. Die Franzosen sind klüger. Sie wissen, daß das
öffentliche Durch-den-Kakao-ziehen der Regierenden ein harm-
loses Ventil für die Unzufriedenheit der Regierten ist. Gewalt-
same Verdrängung führt nach Freud stets zur Hysterie.

Satire muß sein, hat mir mein Herr Staatsanwalt versichert, als
er mich verknaxte. Und er muß ja wissen, was ihm nottut.
1929

Der Mundartdichter Sebastian Blau

Ausgewählt und eingeleitet von
Rolf Schorp

Dr Necker

»Iatz gucket ao des Wässerle,
wias aus em Bode' spritzt,
ond wia e' silbrigs Messerle
so blank ond sauber glitzt!
Wias pflätscheret ond strudlet
ond wuselet ond hudlet,
wias läbberet ond motzet
ond Kieselbatze' schlotzet!«

Bei einer Lesung in der Rottenburger Buchhandlung Bader, 1973.

Eine sprachmimische Begabung

Neue Maßstäbe für die Dialektliteratur

»Was kann als allgemein schwäbisch gelten, und was ist von Zeit und Erfahrung, von Milieu und Umgang, von Konfession und Lektüre bestimmt oder wenigstens gefärbt?« Diese Frage stellte sich Josef Eberle, als er von Otto Heuschele eingeladen war, einen Beitrag für dessen Anthologie »Schwäbisches Erbe« (erschienen 1976 unter dem Titel »Schwaben unter sich über sich«) zu schreiben. In seiner »Confessio Svebica« räumte er ein: »Die Frage nach dem Schwäbischen in mir [ist] leichter zu stellen als zu beantworten« und notierte dann: »Eines nur weiß ich gewiß: daß meine Sprache schwäbisch getönt ist, auch wenn ich nicht reine Mundart spreche und schreibe. Kein Schwabe kann, selbst wenn er wollte, seine Herkunft verleugnen. Sein erster gesprochener Satz verrät ihn. Ich mache da keine Ausnahme.«

Als Mundartdichter konstruiert Josef Eberle keine bäuerlichen Idyllen, sondern er geht – für ihn bezeichnend – von der kleinbürgerlich-handwerklich geprägten Atmosphäre seiner Heimatstadt Rottenburg aus. Sein Schwäbisch ist die bis zu seinen Tagen noch rein erhaltene und frischweg gesprochene Mundart der Rottenburger Bürger. Hier führt ein waschechter Einheimischer das Wort. Er kennt sich aus, er fixiert seine Nächsten durch die Brille des Humors, und ihre menschlichen Schwächen gibt er dem vergnügten Schmunzeln des Lesers preis, ohne zu kränken. Bei ihm ist die Verbindung des Schwäbischen mit einer weltmännischen Aufgeschlossenheit in ihrer gewinnendsten Form zu spüren.

Für die schwäbische Mundartdichtung hat Sebastian Blau mit dem liebevoll entworfenen Bild der Kleinstadt einen bis dahin neuen Themenkreis erschlossen und durch seinen sicheren Blick für typische Situationen sowie durch seine Kunst der Typenbeschreibung neue Maßstäbe gesetzt. Josef Eberle/Sebastian Blau bekannte: »Ich halte den Dialekt für eine lebendigere, blutvollere Sprache als das durch viele äußere Einflüsse raschelnd gewordene Papierdeutsch unserer Hochsprache.« Erstaunlich ist, wie bündig und prägnant Sebastian Blau zu formulieren versteht, wie bildhaft und drastisch, oft zupackend-derb er die Dinge benennt, wie er mit Vergleichen verblüfft und wie sich Spott, Witz und milder

Humor verbinden, so daß er zugleich das Herz rührt und den Verstand vergnügt.

Eine vorzügliche sprachmimische Begabung ließ ihn unterschiedliche Stilvarianten der Mundart so sicher treffen, daß der Leser die betreffenden Personen sofort zu hören meint – angefangen bei den Rottenburger Honoratioren der »Niedernauer Idylle« bis hin zu den mühsam schreibenden Hauptfiguren seines übermütigen Brief-Dialogs »Alois und Paula«. In diesen Versen wird der Versuch gemacht, einen Fehler vieler schwäbischer Mundartprodukte in eine Tugend umzuwandeln; das heißt: Schriftdeutschen Vorstellungen und Ausdrucksweisen wird nicht einfach eine mundartliche Lautform gegeben, sondern – umgekehrt – mundartlich Empfundenes und Gedachtes wird in Schriftdeutsch oder in Honoratiorenschwäbisch ausgedrückt. Ist das Ergebnis dort meist unfreiwillige, ja peinliche Komik, so ist hier die komische Wirkung beabsichtigt und Peinliches ins Heitere gewendet.

Was war nun die kreative Triebfeder für seine schwäbischen Gedichte, die er über sein Rottenburg, aber fernab von diesem Ort verfaßte? Heimweh ließ er dabei so wenig gelten wie Nostalgie. In einem Interview bekennt Josef Eberle 1976: »Es ist einfach die Freude an der Erinnerung, es ist das Aufbewahren eines – wenn ich einmal geschwollen sprechen will – eines köstlichen Erlebnisses, das nicht untergehen sollte. Zum Beispiel die Niedernauer Idyllen. Das ist ein Jugenderlebnis. Das ist einfach das Erlebte, das sich in der Erinnerung wohl schöner darstellt, als es in Wirklichkeit gewesen ist. Mich hat es gereizt, diese Kleinbürgergesellschaft, gegenübergestellt den Studenten und so weiter, darzustellen.«

Und wie kam Josef Eberle auf das Pseudonym *Sebastian Blau*? Der Vorname ist eine Reverenz an den Vater der schwäbischen Mundart-Dichtung, Sebastian Sailer, den er für den Größten im Schwäbischen hielt, und der Nachname zugleich ein Anklang an den geheimnisvollsten der schwäbischen Flüsse, der aus dem Blautopf entströmt, Mörikes Lieblingsfluß. In der historischen Realität von 1933 war die – durchaus taktische – Namenswahl weniger poetisch: Nachdem Josef Eberle im März 1933 vom Süddeutschen Rundfunk entlassen worden war und er wie einst der heilige Sebastian die Pfeile seiner (nazistischen) Gegner auf sich gezogen hatte, schlug der Verleger seines ersten Buchs mit schwäbischen Gedichten (Kugelfuhr, 1933) vor, als Nachnamen eine Farbe zu wählen. So kam man auf »Blau«.

Der Nichtschwabe wird sich mit dem Einlesen etwas schwer tun. Er wird aber bald merken, daß es mehr die bei der schriftlichen Wiedergabe jedes Dialekts problematische Schreibweise ist, die ihm Schwierigkeiten bereitet, als die Sprache selbst. *Hört* er sie nämlich von einem Schwaben aus Rottenburg, versteht er die Verse eher, denn das Wort in den schwäbischen Gedichten von Sebastian Blau entfaltet seine genußvolle Wirkung erst richtig durch den pointierten Vortrag über das Gehör. Die schriftliche Form des Dialekts, ein Notbehelf also, gleicht der Partitur für das Musizieren – das Gehörte ist entscheidend.

Nach dem Erscheinen der Bücher »Kugelfuhr« (1933), »Feierobed« (1934) und »Die schwäbischen Gedichte des Sebastian Blau« (1943 fertiggestellt, 1946 erschienen) blieb Sebastian Blaus schwäbische Muse stumm. 1955 hatte Josef Eberle lästige Frager nach Sebastian Blau abgewehrt mit einer gereimten Antwort in der *Stuttgarter Zeitung*:

> *Warum ich nicht mehr schwäbisch dichte*
> *en ao'sre süaße Na'setö?*
> *Erlaßt mir, Freunde, die Geschichte –*
> *s ist alles bloß e' Weile schö.*
> *Und überhaupt, schon Mörike*
> *sprach dazu das Gehörige:*
> *Gefragt, warum er denn so still,*
> *so untreu worden sei der Muse,*
> *versetzte dieser kühl: »Frog du se –*
> *wenn halt des Luader nemme will . . .«*

Und noch 1966 bekundete Josef Eberle in einem Rundfunk-Interview: »Sebastian Blau ist mir eine ziemlich fremd gewordene Person geworden. Ich kann die Gedichte lesen, als wären sie von einem anderen. Und sehe ihre Vorzüge und sehe ihre Schwächen wahrscheinlich genau so scharf wie ein x-beliebiger Kritiker. Manchmal habe ich eine Freude daran, manchmal kann ich sie nicht mehr hören. (...) Natürlich könnte ich noch schwäbische Gedichte machen –, das heißt, vielleicht ist das schon zuviel gesagt. Ich bin gar nicht so sicher, ob ich meines Rottenburger Dialekts heute noch so sicher wäre, wie ich's damals war, als ich aus der absoluten Fülle und Naivität heraus Gedichte gemacht habe.«

Erst mit dem Ruhestand und der Beschäftigung mit seinen Jugenderinnerungen »Aller Tage Morgen« (veröffentlicht 1974) kam die Befreiung. »Die alte Quelle sprudelt aufs neue«, wie er selber sagte. In rascher Folge erschienen – nach rund 25 Jahren Dialekt-Pause – rund zweihundert schwäbische Gedichte von Sebastian Blau, die in den Büchern »Schwäbischer Herbst« (1973), »Die trauten Laute« (1975), »Dr Has em Pfeffer« (1978) und »Die Arche Noah« (1989) veröffentlicht wurden. In die neuen Dialekt-Aktivitäten der siebziger Jahre hat sich Sebastian Blau nicht mehr einbeziehen lassen. Das Wiedererstarken der Mundart betrachtete er mit Skepsis. Zur »neuen Mundartdichtung« hatte Sebastian Blau kein Zutrauen. Für sich selbst hoffte er, daß es – »Be'-n-i mol nemme do« – heißen möge: »Wa hend er denn? Dear lebt doch noh – wenn ao en anderer Fasso'.«

Die Auswahl der Texte für dieses Kapitel folgt den Erscheinungsdaten; dadurch können die – scheinbar zeitlosen – Gedichte besser eingeordnet werden, denn Josef Eberle hat zeit seines Schreibens immer wieder alte Texte in neue Veröffentlichungen aufgenommen, gelegentlich auch mit kleineren oder größeren Veränderungen. Die ausgewählten Texte entsprechen nach Fassung und Schreibweise den letzten Veröffentlichungen, übernommen wurden gelegentliche Fußnoten, in denen Josef Eberle/ Sebastian Blau seinen Lesern (lokal-)historische Informationen zum besseren Verständnis gab. Das gilt auch für seine Liste von Wort- und Sacherklärungen, die er schon seinem ersten Gedichtband mit schwäbischen Versen beifügte. Die zum Schluß dieser Textauswahl abgedruckte Liste ist dem 1981 erschienenen Band »Schwobespiagel« entnommen.

Hoamet

Hopfeggääte', Wald ond Äcker,
Stoabrüch, Wenget, Wieseland
ond dezwischedur dr Necker –
älles schö' beinand.

Ond en Oat leit mittledenne',
wias noh viel so Öatlen geit:
usse' städtisch, bäurisch enne',
grad so send au d Leut.

Ond wenn d Sonn scheint, geits guat Wetter,
ond dr Wenter konnt, wenns schneit,
ond aus Buabe' wearet Vädder
ond aus Kender Leut.

Ja, Kotzblitz ond Heidedonders,
saget ihr, wa schwätzt denn dear,
wia wenn des so ebbes Bsonders
oder ebbes Extras wär?

Freilich, Leut, s ist nao e' Wöatle,
aber dodruf konnts halt a':
daß i eabe' zo deam Öatle
Hoamet sage' ka'…

1933

D Bürgerwach

Descht e Lebtag, descht e Gspaß,
älles ist maschugger!
A' de Feaster, uf dr Gaß
wuselets vor Gucker.
Auf, ihr Leut, ond d Fahne' raus:
D Bürgerwach,
   d Bürgerwach,
     d Bürgerwach ruckt aus!

Iatz kommet se noh glei oms Eck,
älls pfupfret uf de Stroße',
dr Polezei laicht de Buabe' weg
ond iatz! – iatz haöt ma's blose':

Do send se schao', devoanedraus
dr Tambor mit seim Stecke':
r streckt en nuf ond schwenkt en naus
ond fuchtlet rom ond fuchtlet nom –
r zwirbelet dean Stecke' rom,
ma' kriagt en ganze' Schrecke'.

Sechs Trommler kommet hennedrei',
dia hauet s Trommelfell schier nei'
ond gucket et kromm nom.
Des schetteret
ond wetteret
ond tuat oam en de Aohre' waih –
rompede – bompede – bom!

Dernoh lupfts d Leut schier vo' de Plätz:
mit raote Büsch ond raote Lätz
ond puterraote Gsichter
konnt d Musek vo' dr Bürgerwach
ond macht en donderschlächtige' Krach
mit ihre Messingtrichter.
Äll hondert Schritt macht oar e' Paus
ond dreht d Trompet em Bode' zua,
noh lauft am Mondstück d Spucke raus
ond tropfnet em uf d Schuah.

Ond dear, mo selle Trommel schlait,
dear hot de'-n-ärgste' Schlauch:
ma' woaß et, wa-n-r schwerer trait,
dia Trommel oder sein Bauch.

Uf oamol geits e Mordsgedruck
ond älles schreit: iatz könnt r, guck:
dr Hauptma', bolzegrad;
s ist oa' Gefonkel, oa' Geglitz
vom Helm bis ra zom Stiefelspitz –
e Muster vo' me' Soldat!

Wia dear sein blanke' Sarraß schwenkt,
ond wia-n-r schiergär d Füaß verrenkt
ond nemme woaß, was hist ond hott,
ond wa-n-r uf sei' schöne
Montur eest für en Krattel hot –
do hoaßts ao: Herr, wa be-n-e!
Dear stönd, des sieht ma'-n-aohne Brill,
am liebste' vor se selber still.

Dehennedrei' schloapft oaner d Fah',
r ka's schier et verschnaufe' …
Sell woaß e gwiß, dear stellt sein Ma' –
nochher beim Freibiersaufe'!

Ond noh maschieret se deher
em Stechschritt ond mit alte Gwehr;
aus dene
hot mei' Ähne
schao' Anno Tubak gschosse'.

Se seahnet äll enander gleich
mit ihre Schnauzbärt, ihre Bäuch
ond ihre graoße Bosse'.
So dappet se verbei
ond gucket drei' wia bsesse',
als hett e jeder heut schao' drei
Franzose' nüachtern gfresse'.

Ganz letzte' zottlet noh oar mit,
dean schlaucht e' jeder Meter,
r knappet ond hot falsche' Tritt –
des ist dr Sanitäter …

Aus ist d Kirbe, leer ist d Gaß,
d Weibsleut gehnd a's Koche',
ond em »Engel« wuud e' Faß
Doppelbock agstoche' …
Gehnd iatz hoam, ihr jonge Buuscht,
d Bürgerwach,
    d Bürgerwach,
        d Bürgerwach hot Duuscht!   1933

Em Frühjohr

Wenn dr Ähne hentrem Ofe'
sein Zaehe' reibt ond ächzge' muaß,
wenn r sait, r könn et schlofe'
r speir wied ander Wetter em Fuaß ...

Wenn ber Naacht wied d Rälling senget,
uf em Gräch omenander sprenget,
wenn se aozget,
wenn se maozget,
daß ma'-n-en dr Hitz ond Raasch
d Schlapper kheit noch dear Bagasch ...

Wenn dr Saft en d Wiede' schiaßt,
ond d Schwalbe' gaigelet rom,
wenn d Mädle' älleweil lache' müaßt,
ond wisset et morom...

Ond wenn s jong War vor Übermuat
nonz as Lompereie' tuat:
jedes Mädle klemme' möchte,
jeden wüaste' Fledre'wisch
glei en Arm nei'nemme' möchte ...

Noh woaß e Hells, dass Frühjohr isch!

1933

Dr Gsangverei'

Täufe, Haohzich oder Leich –
wa ma' feiret, sell ist gleich,
d Hauptsach ist ond bleibt debei
neabem Pfarr dr Gsangverei'!

Becke, Metzger, Schuaster, Schneider,
dicke Wiit ond Hongerleider,
Apotheker ond Kanditer,
Leichesäger, Haohzichbitter,

Küafer, Ipser, Kemmigfeager,
Feadrefuchser, Heiligepfleager,
Stadtakziser, Fleischbeschauer,
Kupferschmied ond Feilehauer,
Wengeter ond Kappemacher,
jonge Spritzer, alte Kracher,
älles ist em Gsangverei' –
so muaß sei'!

D Hauptsach aber konnt am End:
ao dr schö'gst Verei', wa wär r
aohne reachte' Dirigent,
aohne de' Herr Lehrer?

So e Ma' konnt et zom Gruabe',
dear ist überlengt s ganz Johr:
tagsüb haut r d Schulerbuabe',
obneds hot r Kirchechor,
Gsangverei' ond Geigestonda',
sonntigs orgle' en dr Kerch –
narr des Gschäft macht ao en Gsonde'
rabiat ond überzwerch.

Älle standet uf me' Haufe',
jeder huastet nohmal gschwend,
aber wenn dr Dirigent
mit em Taktstock s Zeiche' geit,
guck, noh traut se koar maih z schnaufe'–
passet uf, iatz isch soweit:

Wia fahret dia Mäuler sperrangelweit uf,
wia juzget dia Manne' ond kommet et nuf!
Vo' onne' ruf brommlet wia aus me' Faß
ganz tiaf ond hohl e Bierbrauersbaß.

Dr Dirigent ist ganz verboge',
es platzt em schier sei' Brotesrock,
r schleglet mit de Eleboge'
ond fuchtlet mit seim Stock.

Iatz leget se laos, iatz ist enes gleich:
wia zittret dia Schnauzbärt, wia wacklet dia Bäuch!

Se senget so schö' ond se senget so laut,
se senget vom Rehlein ond »Wers uns getraut«
ond machet ganz spitzige Mäule';

se klagnet, se habe koa' Schätzele maih,
ond s wuud ene' selber ganz wend ond waih
ond am liabste' tätet se heule' ...

So e' Gsang goht oam ufs Gmüat.
Aber was ist s End vom Liad?
Daß se duustig send ond müad.

Dorom täts em Gsangverei'
deane Manne et so gfalle',
käm et noh dehennedrei',
ällemol e Balle'.

1933

Dr Kunde

Vom Frühjohr bis en Spotherbst nei'
do loht r s Schaffe' Schaffe' sei,
do putzt r et viel Klenke',
do schwitisiert r omenand
vom Schwaazwald bis ens Onterland
ond trait en haoh, de' Zenke'.

Ond mo-n-ems gfällt, do macht r Halt,
oft leit r stondelang am Wald
ond schloft ond loht se sonne'.
Ehm lauft jo d Arbet et devo',
ond s wär en seim Fall sowiaso
mit Hudle' et viel gwonne'.

So klopft dear Donder d Landstroß a
ond gucket stolz uf d Baure' ra;
verkonnt em oar, deam geit r
koa' »Grüaßgott« ond koa' »Bhüatdegott«
weil ears em Sommer et naötig hot,
r pfeift ond dipplet weiter.

Em Wenter, waat, du Schendersknoch,
do pfeifts wied aus me'-n-andre' Loch,
do kennst du wieder d Baure'!
Do bist om jedes Süpple fraoh –
i sieh de heut schao' dusse' staoh'
verhongret ond verfraore' ...

Bis seit na', denkt r, isch noh weit! –
Solangs et renget ond et schneit,
do hot r s Herreleabe'.
Nao oas, sait oaser Vagebond:
Landjäger, Duust ond baöse Hond,
dia Landplog sotts et geabe'!

1933

Vom Karle Hank

Dr Karle Hank, sell ist oar gsei',
sotte geits heut koane maih.

Hot ma' früher ebbnets gheiret,
täufet, ta'zet, Kirbe gfeiret
oder sust e' Festerei,
no host Gift druf nemme' könne',
überal demittledenne'
ist dr Hanke-Karle gsei'.

Des sei, so hot r gsait,
sei' Pflicht ond Schuldigkeit
als Christ
ond Zenkenist.

Älls was reacht ist, wenn r ao
nia koa' Lust zom Schaffe' ghet hot,
aber öfters, als ma' sott,
dodefür en Affe' ghet hot -
ufgspielt hot r flott,
sell muaß ao dr Feind em lao'!

Heut noh haör-e s Klarinettle,
heut noh siehn-en, wia-n-r schwitzt,
wia-n-r hentrem Noteblättle
noch de jonge Mädlen spitzt.

Karle, Karle, laß des goah',
neamed ka' beim Flötlesspiele'
ao noh noch de Mädlen schiele',
sust ist glei daneabe' griffe'
ond de' muaßt dr sage' lao':
gfengerlet ist et pfiffe'!

Oamol hot r gspielt wia bsesse',
Polka, Schottisch, wia de's hao' witt,
ond vor lauter Laß-me-ao-mit
hot r s Trenke' schier vergesse'.
Herr, wia hend dia Füaß sich gregt,
ond dia Röck de' Bode gfegt!
So e' Musek loht ma' gelte',
sotte Triller haört ma' selte',
dorom hend se, wia ses ghaört,
ao de' Musikante' gaehrt:
do e' Viertele, doot en Schoppe',
selt e' Gläsle, do en Schluck!
Karle, laß de nao et foppe',

weis mr nao dean Wei' et zruck!
Do kennst de' Hanke-Karle schleacht,
so paßt ems ond so ist ems reacht.

Aber älls mit Maß ond Ziel;
schätzwohl, noch me' guate' Dutzed
Viertelen hot r s Maul aputzet,
ond ma' merkt, iatz wuuds em z viel.
O wia des de' Karle gheit,
daß r et noh maih vertrait!
»Karle, komm doch, noh dean Stompe'
Karle, laß de doch et lompe' …«

Dodruf ka'-n-r nao noh sa:
»O des ist e' baöse Klemme,
o ihr Herre', i ka' nemme –
schüttets über me na!«   1933

Noh oa's vom Karle Hanck

Sist so e' Sach mit ao'srem Wei'
ihr brauchet et glei mit mr zerfe':
r kö'tt e' bißle besser sei',
des wurd ma'-n-ao noh sage' därfe'.
Uf älle Fäll ist, des stoht fest,
em Säresbeck dr sei' dr Best.

Drsell, dear treibt ehm d Säure naus,
de' ganze' Tag stoht dear em Kear,
loht a, füllt om ond schweaflet aus
ond putzt ehn uf ond riicht ehn hear.
Ond, därfst mrs ao'bseah' glaube'
wemms sei' muaß, narr, noh macht dr dear
aus Wadelbire' Traube' …

Etz a' me' schöne' Tägle mol
ists ao'srem Karle Hanck wied z wohl!

Beim Säresbeck wurd Wei' nagschlaucht,
ond d Kellertür stoht offe',
ond weil dr Hanck en Domme' braucht,
drom sait r: grad gschickt troffe'!
Wa tuat dr Lomp? r stoht ganz bhäb
vor d Kellertür ond gucket na,
as wenn's dodonne' wonderwa
zom seah' ond gucke' gäb.
Et oms Verrecke' goht r weg
ond loht koa' Aug vom Säresbeck.

Glei stoht e' Haufe' Leut drom rom,
Oa's froget s Ander: wia, wa geits?
Do wurd dr Hanck uf oa'mol fromm:
r ziagt de' Huat ond macht es Kreuz,
ond neamed woaß morom.

Se hend ehn a'guckt, zemlich domm,
ond gfroget, wie-n-r dozua komm?
Des ghaört se, hot r gsait, fürn Christ,
wenn doch dohonne' Wandlong ist …

1933

65

Sülche' *

So, iatz temmer d Kappe' ra –
et so laut, send ruhig etze':
uf em Gottesacker därf
außrem Mesmer neamed schwätze'!

Reih om Reih ond Grab om Grab,
jedem ist sei' Platz zuagmesse'.
Manche hend noh frische Kränz,
manche send schao' lang vergesse'.

Dean ond sellen hao'-n-e kennt,
dear hots ao schao' überstande'?
Seis noh om e' Weile, noh
wemmer ao deneabe' lande'.

Wenn dr s Leabe' noh so gfällt,
zletzte' konnt halt doch dr Butze':
a' me' schöne' Tägle gilts,
noh muaßt d Platte' putze' ...

s Haierle hot reacht, wenns sait:
»Was sind Ehre, Ruhm und Namen?« –
s hots noh koaner weiter brocht
als bis Sülche'...
                              Amen.

                                        1933

Spotherbst

Em Herbst, vor Kirbe a' bis om Martene,
do konnts nohmol dr Sonn,
do tuat se noh emol e' Bene;
noh hocket se em Gaate' donn
stoabhäb beinander danne',
dia alte Spittelmanne'.

* Friedhof der Rottenburger, halbwegs zur Wurmlinger Kapelle.

s ist koar e' heurigs Häsle maih,
s macht koar maih graoße Spröng,
s tuat jedem ebbnets anderst waih,
ond älle hend so eng …
Ond ab ond zua für Baßleta'
probierts oar mit em Laufe' –
r konnt et weit, noch feif, sechs Schritt
sitzt aoser Ma' wied guatig na'
ond sait, r müaß so schnaufe',
d Füaß täre nemme mit.

s wuud et viel gschwätzt: »Jo«, sait dr Oa',
dr Ander brommt, wenns haohkonnt, »Noa«,
se lend de Jonge s Lärme';
se hüastelet dezwischenei'
ond wend vom Leabe' nemme maih,
als sich e' bißle gwärme'.

Manchmol, es geit se oft so d Red,
brengt oar de alte Zeite'-n-ufs Tapet.
Noh wachet se uf, dia Vetter:
zu ihre Zeite' häb se ao
noh mit de Leut Staat mache' lao',
Herr, do häbs ao noh Kerlen ghet –
iatz heut sei d Welt jo ganz verdreht,
des merk' ma schao' am Wetter.
Sie seie noh vom alte' Schlag,
ond so geabs wenig heutzutag.

So ebbes goht oam ei' wia Öl,
se müaßet se selber lobe'.
So hocket se, oa' Heaz ond Seel,
ond stenket mit de Globe'.

Wenn aber oaner sait, r glaub,
r wears et lang maih treibe',
noh ist de ganz Karona taub:
»Wia? Wa host gsait? Vom Sterbe' schwätzst?
Sell lohst mr du fei' bleibe',
sell hebe-mr uf bis zletscht!«

1933

67

Aosterputzete

D Aosterwoche' mua-ma' nutze',
s Usser ond ao s Enner z putze'.
Do bleibt jeder Ma' seim Weib
besser hondert Schritt vom Leib!

O was hend se für e' Wease'
mit de Strupfer, Wischer, Bease'!
Vo' dr Behne bis en Kear
send se henter jedem Fleckle,
send se henter jedem Dreckle
mit em nasse' Lompe' her.

O wia send se überlengt!
Do wuud gwischt ond gfeagt ond gschwenkt,
agstaubt, büüstet, gschmirglet, gschruppet,
et a' Soaf ond Wasser gruppet:
eimerweis, daß nao so patscht,
wuuds uf alle Böde' pflatscht.

O wa hend se für e Gschiß!
Ond se knublet uf em Bode'
ond se rutschet uf de Knui
henter d Käste'-n-ond Kommode',
ond se gent et nore bis
älles blitzt wia nagelnui.

So mit ploge'-n-ond mit schende'
goht dr Dreck weg vome' Johr.
Herr, dia Weibsleut – isch et wohr? –
büaßet herb an ihre Sende'!

D Mannsleut, dia hend do en leichte'
Stand ond bsondre Gnade':
narr, dia brauchet nao ge beichte'
ond wenns haohkonnt, noh ge bade'!

1934

Januar

Iatz wend d Täg schao' wieder länger,
iatz hot d Sonn schao' wieder Kraft.
Kriagt ma'-n-ao noh klamme Fenger,
wemma' schäfflet oder schafft.

Muaß ma'-n-ao noh s Liacht verbrenne',
iatzet gohts mit jedem Tag
fürsche, iatz hoaßts waate' könne',
s Leabe' kriagt en nuie' Schlag.

Send ao d Äcker, send ao d Felder
tiaf vergrabe' noh em Schnai –
en zwee Monet oder bälder
wuuds gaoh wieder anderst sei'.

1934

Februar

Dusse' hots noh Schnai ond Eis,
Schleifetse' ond Schlittebahne',
aber hentrem Ofe' d Ahne'
klagnet über Reißmattheis.

s Behnelädle, sait se, häb
heut de ganz Naacht wieder gschlage' –
o sie kö'ts bigott vertrage',
wenns bald ander Wetter gäb.

D Ahne' speirts, drom naus vors Haus,
heut noh Schlitte' gfahre', Kender!
Moane' morge' lauft dr Wenter
schao' vielleicht zom Kehner naus ...

1934

März

Meezeschnai, Meezeschnai
tut oam en de Auge' waih!
A' de Roa' ond en de Gräbe'
wehrt r se ond will noh lebe'.

s hilft em nonz, s ist a' dr Zeit,
mo doch bald dr Guggugg schreit,
mo-s doch schao' a' warme Plätzlen
Veigelen geit ond Palmekätzlen!

Dorom hao-n-e heut de letscht
Schnaibaal an en Boom na'bätscht.
Iatz ka' d Sonn dean wüaste', nasse'
Schnai vo' mir aus vollzger schasse'!

1934

April

Dear hot älls em gleiche' Säckle:
lache', heule', warm ond kalt.
Wemma' moa't, iatz müaß noh bald
s Frühjohr komme' sait r: Dreckle,
i halt mi a' koan Kalender,
iatz mach i zom Posse' Wenter!

Ond dr Petrus, dear ka' lache',
dear hot d Luse em April;
weil r do beim Wettermache'
toa' ond lao' ka', wa-n-r will.

1934

Mai

S ganz Oat em Bluast vergrabe',
dr Hemmel durna blo
ond d Wiese' voll Bagenge',
onds s Lüftle lend ond lo.

Uf jedem Boom e Haohzich,
e Fest uf jedem Zweig,
dr Emeritz bloset s Flötle,
ond d Grille' spielet Geig.

Ond Ziache', Schüüz ond Hemmeder,
dia pfluderet frisch gwäscht
vo' alle Zäu' ond Stotze'
wia Fahne' bei me' Fest!

1934

Juni

Laufet, Kender, hollet Sträuß!
Uf dr Wies blüaht älles zemme':
geal ond raot ond blo ond weiß –
därfets nao grad nemme'.

Aber tapfer! sust geits Heu,
ond dean Salbei ond dean Esper
ond dia Wicke' ond dean Klai
frißt en Ochs zom Vesper!

1934

Juli

S ist et ganz sauber, s sticht so d Sonn,
ond s zittret so dia Blätter,
ond d Schwalbe fliaget so weit honn,
i glaub, es konnt e' Wetter ...

Koa' Wonder, so e' Beckehitz
hot müasse'-n-ebbes brenge'.
Do! hend-rs gseah: ganz blo, e' Blitz!
Ond do – schao' fangts a' renge'.

Ond noh brichts laos: s tuat Schlag uf Schlag,
s verreißt oam schiergär d Aohre',
ma' moa't, iatz komm dr Jöngste Tag
mit Blitze'-n-ond mit Daore'.

Des krachet, zuckt ond schleecht gaoh ei'
ond schüttet wia mit Kübel –
s hot könne' et viel ärger sei'
ber Sentflut en dr Bibel.

Ond grad so schnell, wias komme'n-ist,
so hot ses wied verzoge',
dr Hemmel ist wied sauber gwischt
ond hot en Reageboge'.

1934

August

s Barometer stoht uf »bständig«,
d Sonn brennt donderschlächtig hoaß,
d Auge tend oam waih vor Helle,
ond ma' trialet ganz vor Schwoaß.

s Städtle doßlet ganz verschlofe',
weit ond broat koa' Menscheseel ...
Ond en älle Gasse' stenkts noch
Karresalb und Bremse'-n-öl.

Nonz verregt se uf em Märkplatz,
überal send d Läde' zua,
s Wasser pflätschret aus em Bronne' –
descht e Stille, descht e Ruah!

D Mucke' somset, faul ond meahlig
gähnet en dr Tür dr Beck,
zmol mit Garre', Hüh! ond Knelle'
konnt e' Garbewag oms Eck ...

1934

September

Dr Mo' konnt ruf, ganz fuirig raot,
ond Neabel hanget en de Büsch.
Wias herbstelet! s tät beinoh naot,
ma' brenn schao' wieder ei', so frisch
isch obneds em September.

Ond zwische' Tag ond Siehst-nix-maih
gehnd d Kender mit de La'pio',
ond lang, lang garret d Fuhrwerk noh,
wenns donkel ist, vom Acker rei'
mit Rüabe'-n-ond Burgonder.

Ond noh wuuds mäuslesstill; dr Mo'
schlupft henter d Bööm ond s Schuredach,
ond neaneds ist maih ebber wach –
nao en dr Kelter romplets noh
vo' Kübel ond vo' Gelte' …

1934

Oktober

Dr Neabel fällt ond d Sonn schlupft raus,
beim Schnaufe' geits en Hauch,
ond s Gwülk am Hemmel dob sieht aus
wia Dubakspfeiferauch.

Ond d Schlaihe' a' de Büsch send blo
ond d Hägebutze' raot,
ond uf em Feld stoht hia ond do
noh ebbes Köhl ond Kraut.

Ond uf de Obstbööm gilbet s Laub,
ond mo frisch gackret ist,
do schmeckt dr Bode' – mit Verlaub –
noch Gülle'n-ond noch Mist.

1934

November

Descht e' naßkalts Sudelwetter!
Vo' de Bööm wehts dürre Blätter,
ond dr Hemmel, katzegro,
hanget wia naß Lei'tuach do.

Haörsch de' Luft oms Hauseck feage',
siehst dean feine' Schnürlesreage'?
D Wetterfah' grillt uf em Dach,
ond dr Kehner lauft wia Bach.

Descht e' Musek zom Senniere':
schao' November ... s wuud bald gfriere',
noh konnt Weihnacht, noh hots bald ...
d Zeit vergoht, so wuud ma'-n-alt.

Ond ma' doßet neabem Ofe',
ond ma' gucket ganz verschlofe',
wia dr Rauch zur Pfeif raus zuht
ond wias dusse' Obed wuud ...

1934

Dezember

Gucket ao, wias dusse' schneit –
iatz ist s Christkend nemme weit!

Überal wuud grührt ond gwoge',
nei'glangt bis zom Eleboge',

überal wuud knaatscht ond bache',
schmeckts noch taused guate Sache':

Schnitzbrot, Zemmtstean, Bäretätzlen,
Sprengerlen ond Anisplätzlen ...

Ond des Gschmäckle ond des Düftle
ond des kalt Dezemberlüftle

brengt e jedem wied e Stuck
vo' de Kenderzeite' zruck.

1934

D Nähre

Wia ist ao dia Nähre so fleißig ond geschickt:
se stichlet ond knuppret ond wieflet ond flickt.

Ond wia re'-s vor Ha'd goht, so flenk ond so gschwend:
eest gests hot se gnäht, was se heut wied vertrennt!

Se rädlet ond fädlet, macht Spickel ond Blätz,
se raatschet ond baatschet ond woaß jedes Gschwätz.

Des mua'-ma' fei' könne', des mua'-ma' verstaoh':
e Maul voler Glufe' so schnäddere' lao'!

Ond wemma' se froget: wa geit des, wa wuuds?
Noh sait se: e Kload velleicht oder e Schuuz –

so gnau wiß ses et, s wear schao' ebbes gea',
ond zletzte' beim bögle', do wear ma' jo seah' …

Ond hot ses verschnitte ond hot ses verpfuscht,
noh sait se, se komm s nächstmol defür omesust!

1934

Dr Necker

1

Ta'z ond Musek ghaöt zur Kirbe,
ond dr Haohzichstrauß zur Braut,
ond zur Fasnet ghaöret mürbe
Küachlen, wia dr Speck ens Kraut.

Ond zur Täufete ghaöt s Kendle
zom Gaigel ghaöt dr Trompf,
ond dr Necker ghaöt ens Ländle
als sei' Heazstuck ond Triompf!

2

Sei' Erbtoal kriegt r halb ond halb
vom Schwaazwald ond vor Rauhe'-n-Alb.
Drom ist r ao toals zart, toals grob,
grad wia sei'Vatter ond sei' Muater;
mit oam Woat gsait: r ist e' guater
ond regelreachter Schwob.

3

Iatz gucket ao des Wässerle,
wias aus em Bode' spritzt,
ond wia e' silbrigs Messerle
so blank ond sauber glitzt!
Wias pflätscheret ond strudlet
ond wuselet ond hudlet,
wias läbberet ond motzet
ond Kieselbatze' schlotzet!
Sott ma's glaube', schla mes Blechle,
daß des wenzig, wonzig Bächle
mol en Necker geit?
Freilich, freilich geit es des,
narr, aus Bibberlen wearet Gä's
ond aus Kender Leut!

4

Des ist doch en alte Sach:
eest viel Wässerlen gent en Bach.
So isch grad beim Necker ao –
ond en Rottweil macht r schao'
a' dr eeste' Mühlebruck
als Athlet sei' Gsellestuck.

5

Iatz schwitisiert r s Täle ra,
iatz ist r uf dr Walz,
ond wenn r kö't, noh feng r a'
ond säng aus volem Hals!

r waalet en de Wiese' rom
ond babblet mit de Büsch,
r lachet alle Städtlen a'
ond schnalzget mit de Fisch.

r karessiert mit Berg ond Wald
ond schmeichlet mit em Moos,
tuat Fangetles mit dr Eisebah'
ond Schlupfetles mit dr Stroß …

Koa' Wonder, daß en s Täle ma',
ond daß ems so flattiert
ond lenks ond reachts de' ganze' Weag
mit Tannereis verziert!

6
Ond r reckt se,
ond r streckt se
ond braucht zmol en Haufe' Platz;
Stoa' ond Felse'-n-überschwemmt r
ond de haögste Stauwuhr nemmt r
spielend mit me' Satz.

So isch reacht, so ka'-n-r bleibe!
Iatzet muaß r na' a's Britt,
iatzet hoaßts uf Schritt ond Tritt:
Mühle'-n-ond Fabrike' treibe',
Geite' hüate', Wendle' wäsche',
onter jede Bruck sich ducke'
ond dezuana' Dreck und Äsche',
Abfäll, Gschnipf ond Kutter schlucke' …
Ist r schliaßlich noch em Schaffe'
obneds wieder glatt ond ebe',
muaß r noh em Mo', deam Affe',
stondelang de' Spiagel hebe'…

Aber moast, de' Necker gheis?
Männdle, do bist et reacht briicht:
noa', iatz zeigt r eest mit Fleiß
überal e' freundlichs Gsiicht!

7

Freilich müaßt r bald verlechne',
kö't r et uf Zuaschuß rechne'.
Haörsch! do plätschrets schao' em Schilf!
Ond vo' älle Seite' sprenget
Wässerlen ond Bäch ond brenget
aosrem Necker Hilf:
Fils ond Rems ond Murr ond Enz,
Zaber, Sulm ond Jagst ond Kocher –
isch e' Wonder, wenn r nocher
vo' Heilbronn bis na a' d Grenz
wia e' Herr deherstolziert
ond mit Woaze', Obst ond Wei'
ond mit Dampfschiff renommiert,
grad als wär des älles sei'?

8

Iatz ist r stark, iatz ist r graoß,
iatz goht en anders Leabe' laos,
iatz muaß r naus en d Fremde!
(Wer wuud ao heule', schämm de!).

r hot uf seire' Wanderschaft
en A'seah' kriagt ond Bärekraft,
r hot vom Leaba' manches gseah',
hot manches könne' haöre',
ond was noh fehlt, seil wuud se gea',
seil wuud en d Fremde laehre'. –
So, do ist d Grenz. Adje!

Soweit wär alles reacht ond schö'.
Was aber tuat dear Stromer?
r lauft schnurstracks ens Badisch nei'
ond selt – vor lauter Jomer –
versäuft r se em Rhei'!

1934

78

Dr Schäfer

En schwaaze' Schäferskittel a',
e' Schipp, daß r sich hebe' ka'.

En Schlapphut uf, en Reng em Aohr,
de' Messergriff em Stiefelraohr.

So stoht r onter seine Schof
ond regt se et, ma' moat, r schlof.

r naget a'me' Grashalm ond
pfeift dronternei' emol seim Hond.

So still isch, wenn dersell et bellt,
als sei sust neamed uf dr Welt,

nao ear, dr Schäfer, ganz alloa'
mit Wolke', Schof ond Gras ond Stoa'...

1934

Feierobed

Leis verhaalet s Obedläute',
ond dr Tag mit seire' Hatz
legt es Gschäft ond s Gschirr uf d Seite',
macht em Feierobed Platz.

Ond ma' hocket noh e Stöndle
uf dr Gaß duß vor em Haus
mit de Nochber uf em Schrändle,
macht en Schwätz und gruabet aus.

Hots vo' deam ond hots vo' sellem,
was halt so em Städtle geit:
s Gschäft ond s Wetter ond vor ällem
schwätzt ma' bißle über d Leut.

Ond ma' hocket bis dr Globe'
nemme zuht ond nemme brennt,
ond am Obedhemmel dobe'
d Naacht de'n-eeste' Stean a'zendt.

1934

79

Gschwätz

De' halbe' Morge' sieh-n-e schao'
dia drui selt bei enander staoh'.
Se kommet scheints vo' sellem Eck
vor lauter baatsche' nemme weg.

... Des, sait de Oa', des geab en Krach,
narr, d Spatze' pfeife-s schao' vom Dach,
ond s schwätze älle Leut dra' na' –
sie häbs vo' ihrem Tochterma',
ond seller häbs vo' seire'
Groaßmuater ihre Schwiegerleut,
ond deane häbs e' Vetter gsait,
ond dear häbs sage' haöre' ...

De Ander zuht am gleiche' Tromm:
des sei' koa' Wonder, wenns so komm,
so ebbes nemm sein gweiste' Gang,
des täar koan guat, sie sags schao' lang.
Do komm se a' de lätz Adreß,
sie wöll nao seah', was des noh gäb,
ma' sag et zom e' Küahle Bleß,
wenns et e' Steanle häb...

So lupfet se dr Dritte' d Zong,
dia giefet laos: Dia Krott, dia jong!
De Alt sei schao' koa' Reachte gsei',
ond s Kälble schla halt noch dr Kuah.
Se guck deam Deng schao' Weile zua,
iatz aber sag se gar nonz maih,
sust komm se noh en ebbes nei' ...

So goht des Deng ond nemmt koa' End.
Mit Maul ond Arm ond all zwee Händ
wuud diesemet ond gschwätzt ond baatscht
ond ausgriicht, goschet, gschempft ond graatscht
ond zemmegloge', wa noh fehlt ...
Ond wean se en dr Barre hend,
desell ist büüst ond gstrählt!

1934

Noch Johr ond Tag

Descht ebbes Gspäßigs, kennst des ao:
noch Johr ond Tag vor Fremde rei'
mol wieder en dr Hoamet sei' –
ond doch noh Jomer hao' …?

s stoht älles noh am alte' Fleck,
ma' lauft dur d Stroße' wia em Troom,
kennt jedes Haus ond jedes Eck
ond jeden Zwetschgeboom.

Ond en dr Märkgaß a' me' Haus
blüahts älleweil noh raot ond blo –
nao s Mädle gucket nemme raus,
des wohnt scheints nemme do …

Do denkts vo' selber en oam zruck,
ond s konnt aom zmol so vor, als sei
dr Kirchetuun ond d Neckerbruck
frühr viel, viel graößer gsei'.

Ond s Städtle sag iatz gege' frühr
stätt »Du« uf oamol »Sie« zo oam,
ond manchmol – o do isch oam schier,
ma' sei gar et dehoam …

O Leut, des ist e' bsonders Waih:
dehoam sei' ond doch Jomer hao' –
ma sott halt nohmol vierzeah' sei',
noh täts velleicht vergaoh'.

1934

St. Nepomuk

En Raoteburg stoht uf dr Bruck
e' Heiliger Sankt Nepomuk.
Komm, so pressant hosch-s ete',
mr wend gschwend zua-n-em bette':

»O Heiliger Sankt Nepomuk,
bewahr me ao vor Schade'
beim Schwemme-n-ond beim Bade';
gib uf de' Necker acht ond guck,
daß dren koa' Ga's ond Geit versauft,
ond daß r jo et überlauft,
et daß r mit seim Wasser
de' Weag en d Stadt ond d Häuser nemmt,
ond aos de' Wei' em Kear rom schwemmt.
O Heiliger Sankt Nepomuk,
do tätest aos en baöse' Duck!

Ond loht se halt
mit aller Gwalt
s Hochwasser et verklemme',
noh hao' en Ei'seah', guater Ma'
ond fang mit überschwemme'
e bißle weiter donne' a':
dia Goge' nemmets et so gnau,
en deane ihren saure' Wei'
därf wohl e' bißle Wasser nei'
– ond evangelisch send se ao …«

1934

DREIERLEI SCHWÄBISCH

Auch im Schwäbischen macht der Ton die Musik. Ein Germanist hat einmal gesagt, der Schwabe spreche, wie wenn er erst gestern auf die Welt gekommen wäre, im Tone eines fortschreitenden Erstaunens.

Diese Sprachmelodie und seine schlaffe Artikulierung verraten ihn meist auch dann noch, wenn er die heimischen Doppellaute ei und au abgelegt hat, bereits ein spitzes st spricht und der überreiche Schatz seiner Nasenlaute nur noch in der Silbe »an« kümmerlich bei ihm *ahn*klingt. Übrigens wird bei ihm die »Entschwäbung«, wie Schiller sie nennt, selten so weit gehen, daß er zwischen zwei heißen Eisen und drei beißenden Eißen (Furunkeln), zwischen einer Taube und einer Tauben keinen Unterschied mehr macht; jene wird er gräulich finden, das Unglück dieser aber greulich.

Dem Zwang im allgemeinen und im besonderen dem, schriftdeutsch zu sprechen, unterwirft er sich nur, wenn's nicht anders geht. Es käme ihm geschraubt vor, das Schwäbische seiner Redeweise zu unterdrücken, und unter Landsleuten würde er bei einem solchen Versuch ausgelacht werden. Ein schwäbisches Sprichwort sagt von einem, der allzu dialektfrei spricht: Dem sei' Red hôt koa' Hoamet.

Dieses Mißtrauen gegen eine Aussprache ohne schwäbischen Akzent ging in den Verfassungskämpfen des Vormärz einmal so weit, daß ein Redner im Landtag, mit Anspielung auf den unbeliebten, »reingeschmeckten« Minister von Wangenheim, den König vor den Gefahren »eines wohlklingenden fremden Dialekts« warnte.

Auch die größten Schwaben sind zeit ihres Lebens dieser Neigung zum Schwäbeln treu geblieben, und der größte schwäbelte nicht nur mündlich und in Prosa, sondern auch gedruckt und in Versen: Schiller. Als er in Mannheim den Schauspielern seinen »Fiesko« vorlas, liefen sie ihm davon, weil, wie es heißt, seine übertriebene Deklamation und seine schwäbische Mundart unerträglich waren. Seine Schwägerin Karoline schreibt in einem Brief: »Don Carlos wird gut werden, mein' ich, wenn er seine Sprache nur ein wenig vom Schwabenland reinigte.« – »Ja, sehet Se«, sagte er selbst einmal zu einer Schauspielerin, »i bin halt e' kurioser Kauz ... «

Man hat ihm vorgeworfen, er reime Sträuche auf Teiche, König auf untertänig, scheiden auf Freuden und wimmern auf dämmern. Man muß diese Reime nur richtig schwäbisch aussprechen, dann klingen sie ganz »rein«. In dem Jugendgedicht »Leichenphantasie« reimt er sogar:

> *Mutig sprang er im Gewühle der Menschen,*
> *wie auf Gebirgen ein jugendlich Reh;*
> *Himmel umflog er in schweifenden Wünschen*
> *hoch, wie ein Adler in wolkiger Höh'…*

Das hat ihm das bissige Epigramm von A. W. Schlegel eingetragen:

> *Wenn jemand Schooße reimt auf Rose,*
> *auf Menschen wünschen, und in Prose*
> *und Versen schillert: Freunde, wißt,*
> *daß seine Heimat Schwaben ist.*

Wir Schwaben empfinden das auch nicht schlimmer als Goethes frankfurterisches »Ach neige, du Schmerzenreiche … «

Der Tübinger Sprachforscher und Mundartdichter Moritz Rapp, ein typisch schwäbisches Original, von dem noch zu reden sein wird, schrieb 1856: »Als Hegel und Schelling (wir dürfen ruhig auch den dritten Namen beifügen: Hölderlin) zusammen auf einer Stube des Tübinger Stifts studierten und verkehrten, glaubt ihr denn, sie haben anders als schwäbisch gesprochen? Ich habe beide Männer, da sie auf dem Gipfel ihres literarischen Ruhmes standen, gekannt und viel sprechen hören, und sie haben auch im Alter zwar nicht mehr gemeines Schwäbisch gesprochen, aber ihre Heimat gleichwohl in keiner Silbe verleugnet. Und so war es mit Uhland … und mit allen anderen schwäbischen Talenten … «

Für Mörike bestätigt Theodor Storm das gleiche: »In meiner Heimat, wo das Plattdeutsche sich schärfer von der Schriftsprache scheidet, ist man nicht gewöhnt, einen derartigen Anflug von Dialekt in der Unterhaltung zu hören; auch Mörikes Gedichte, hatte ich sie nun laut oder leise gelesen, waren mir stets nur in meiner eigenen Sprache dagewesen. Nun hörte ich den Dichter selber in behaglichster Weise sich in der Sprache seiner schwäbischen Heimat ergehen, insbesondere beim Mittagstische im Gespräch mit seinem Jugendfreunde Hartlaub. Als ich ihm meine Gedanken darüber kundtat, legte er zutraulich die Hand auf meinen Arm und sagte lächelnd: ›Wisse' Se was? Ich möchts doch net misse‹.«

Daß der Dichter des »Stuttgarter Hutzelmännleins« sogar schwäbische Mundartgedichte machte, verriet er seinem Freund Storm nicht, und selbst seine Landsleute kennen im allgemeinen nur jenes eine im »Hutzelmännlein«: »Ufam Kirchhof, am Chor …« Es gibt aber noch mehr von ihm. Ein glücklicher Zufall hat mich eines dieser vergessenen Mundartgedichte in einer vergilbten Zeitschrift aus dem Jahre 1854 finden lassen. Mörikes Wunsch gemäß hat man es nicht in seine Werke aufgenommen, in einem seiner Schreibbücher aus dem Jahre 1844 steht nämlich die Notiz dabei: »Nie in die Sammlung aufzunehmen.« Hier aber soll es für Mörikes Schwabentum zeugen.

Der Schäfer und sein Mädchen

Sie:

Mir ist mei' Herz so schwer,
des treibt mi zua dr her.

Er:

Mädle, gang waidle heim!
D Nacht ist so kalt;
meine Lamm schlôfet scho'
und i au bald.

Sie:

I gang et furt heut Nacht,
bis d mr hôst Friede' gmacht.

Er:

Mädle, mei' scharfer Hund
brummt und wurd wild:
er leidt kein Wolf und au
kei' falsch Weibsbild.

Sie:

Mond und Stern rüaf i a',
wer mi sell zeihe' ka'.

Er:

Mond und Liab hent bei euch
einerlei Rang:
heut ist r voll und klar –
aber wia lang?

Sie:

Schwör i beim liabe' Gott, –
machst mr den au zu Spott?

Er:

Der schaut in euer Herz,
aber i et.
Mädle, jetzt gang und flenn
liaber im Bett.

Sie:

Witt du's et anderst han,
Schatz, und so scheid i dann.

Er:

Andl, pressier et so!
Mädle, tu stät!
Andl, s' könnt sei', daß i
dir Ua'recht tät.

Sie:

I ka' nix sage' meh,
als daß i ganz dei' be.

Er:

Schau, i glaub dr 's und verzeih mr du mein Sparre',
Schätzle, mi plôgt ebe' d Eifersucht e' weng,
dia macht iabott jô au 's wäckerst Bluat zum Narre' –
d Liab ist halt e' heikels Deng.

Beide:

Komm a' des treulich Herz
und vergiß alle' Schmerz!
Uf Sturm und Rege'zeit
fallt Sonne'schei',
d Liab hô halt Leid wia Freud,
und so muaß sei'!

Damals freilich, bei dem Besuch Storms, wird Mörike, schon aus
Rücksicht auf seinen norddeutschen Gast, kaum dieses Schwäbisch gesprochen haben. Und auch Hegel und Schelling durften
auf ihren Berliner Kathedern ihren Hörern nicht zu breit kommen, sollten sie ihnen nicht genauso untreu werden wie dem
schwäbischen Minnesänger Hugo von Werenwag seine Fraue,
von der er klagt:

Mîn rede ist ir unbekannt:
sost (so ist) ouch daz mîn ungelinge (Unglück),
s waz ich ir in Swaben singe,
daz git (gibt) sî eime in Franken lant.

Nein, was alle diese Großen gesprochen haben, war die sogenannte schwäbische Hochsprache. Solltest du, lieber Leser, einmal ins Ländle kommen (was ich deinet- und unseretwegen
wünsche!), so wirst du bald merken, daß es eines ist, wenn dir im
Stuttgarter Bahnhof ein Beamter in schwäbischem Hochdeutsch
Auskunft gibt; und ein anderes, was etwa in einer Weinstube vom
Honoratiorentisch zu dir herüberklingt; und ein drittes, was du
bei einem Ausflug aufs Land bei den Bauern hörst. Erst dieses
dritte ist die eigentliche Mundart. Sie wird dir, je nach dem Grad
der Entfernung deiner Heimat vom Ländle, fast verständlich bis
ganz chinesisch vorkommen.

Das schwäbische Hochdeutsch der Gebildeten bei feierlichen
Anlässen kennzeichnet klassisch der bekannte Ausspruch des
Tübinger Professors Köstlin: »Das Schenschte in der blaschti-
schen Kunscht ischt der Bruschtkaschten der Fenus von Milo.«
Nur um darzutun, daß das Schwäbische – nehmt alles nur in
allem! – vor keinem Gesellschaftskreis haltmacht, und um den
Irrtum zu widerlegen, wir Schwaben wüßten zwischen »ist« und

»ißt« nicht zu unterscheiden, stehe hier eine kleine Geschichte vom »Soldaten« Wundt, einem beliebten alten General. Im Ersten Weltkrieg hatte ein Kriegsfreiwilliger eines preußischen Regiments im Park von Thiepval Wache. Er war jung, noch nicht lange an der Front, und dunkel war's auch. Da hörte er hinter sich im Gebüsch ein Knacken und Rascheln; er riß das Gewehr herunter und starrte ins Dunkel. »Ist hier jemand?« rief er mit halblauter Stimme und dem scharfen st der Norddeutschen Tiefebene. Aber beruhigend klang ein gemütlicher Baß aus den Büschen: »Em Gege'toil, hier scheißt der Genral Wundt.«

Zwischen der »Hochsprache« und der bäuerlichen Mundart steht das Honoratioren-Schwäbisch, wie wir es nennen. Es ist die Sprache der städtischen Schwaben. So redet man am Wirtstisch und in den Läden, bei Behörden und in der Familie, und im Tübinger Stift diskutiert man darin sogar die heikelsten philosophischen Probleme. Es ist ein wunderliches Gemisch. Das ganze Material der Bildung und der Buchsprache wird unverkümmert und unbekümmert übernommen, nur erhalten alle Ausdrücke schwäbische Lautform, auch die gelehrtesten Fremdwörter und Fachausdrücke. Hart daneben stehen, wie erratische Blöcke, Wörter und Redensarten aus dem Bereich der unverfälschten Bauernmundart, deren klobige Formen nur leicht abgeschliffen sind.

Auf einen Fremden mag dieser Halbdialekt zuweilen einen komischen Eindruck machen. Was soll er denken, wenn er zwei gesetzte Mannen vor einem Viertele Roten mit »dr Fene'mene'logie vom Hegel ond em ›Deng an sich‹ oder deam ganze' phile'sophische' Lohkäs om sich schmeiße'« hört?

Die meisten Kennzeichen des Schwäbischen überhaupt finden sich bereits in dieser schön »durchwachsenen« Sprache der schwäbischen Städter. Da wäre die Neigung, das auslaufende e der Endungen abzuwerfen (Leut, Aff, Gäns); dann die Vorliebe für das Hilfszeitwort »tun«. Man tut bei uns schlechthin alles: ma' tuat schaffe', ma' tuat esse', und es ist nur logisch, daß bei einem so tätigen Schlag sogar das Nichtstun ein Tun ist: ma' tuat au faulenze'. Ein guter Rat lautet: des tät i net toa', woraus zu entnehmen, daß auch der Konjunktiv (die Möglichkeitsform) häufig mit »tun« gebildet wird.

Auch die Freude an übertreibenden Ausdrücken macht sich

schon bemerkbar. »Schwätze'« ist nicht schwatzen, sondern einfach reden; wenn andere gehen, so laufen wir bereits, kommen jene ins Laufen, so springen wir schon, und wo es zu springen gilt, hüpfen wir. In Stuttgart hörte ich einmal einen biederen Bürgersmann, als er aus einem Uhrmacherladen herauskam, zu seiner Frau sagen: »Der Lomp hôt die Uhr noh' net fertig.« Eine Beschimpfung des ehrbaren Handwerkers war damit keineswegs beabsichtigt; der Mann wollte nur feststellen, so was sei eine kleine Schlamperei. Und in einer Wirtschaft vernahm ich, wie ein selbst nicht mehr jugendlicher Rechtsanwalt im Gespräch über einen abwesenden Bekannten äußerte: »Ha, des muaß jetzt au scho' en alter Dackel sei'.« Auch hier konnte von einer Beleidigung nicht die Rede sein; es sollte lediglich das gesetzte Alter des Betreffenden und die damit verbundene Abnahme der geistigen und leiblichen Kräfte verdeutlicht werden.

Vielleicht das auffälligste Merkmal unserer Mundart ist ihre schlaffe Artikulierung, das heißt, ihre weitgehende Schonung der Sprechwerkzeuge. Herb und derb gesagt: die Maulfaulheit als gestaltendes Prinzip unserer Sprache! Auf ihr Konto kommen die bequemen Nasenlaute, die selbst in Wörtern auftreten, wo für ihre Existenz kein zureichender Grund zu finden ist, wie in Na's (Nase), ma'g (mag) usw. Dieser Maulfaulheit wegen schenken wir uns das e in der Vorsilbe ge-, und manchmal sogar diese ganz, und sagen: gsprunge', ghalte', bliebe'. Auch der Verlust von ö und ü (heflich, Glick), die Quetschung von u vor m, n, ng zu o (Hond, stomm), von ä, i, ö und ü vor den gleichen Nasalen zu e haben diese Ursache. Es klingen demnach im Schwäbischen Lämple und Lümple, Hämmel und Himmel, Ständle und Stündle, Rinder und Ränder gleich. Nicht ganz zu Unrecht foppt man uns darum, wir sagten: »Machs Finster zu, s wird fenster!«

Die Höchstleistung aber erreicht dieser Hang zur Bequemlichkeit bei den hochdeutsch so übermäßig langen Wörtern ja und nein. Dafür sagt der Schwabe, wenn er zustimmt: a'ha', und wenn er ablehnt, umgedreht: ha'a'. Wem auch das noch zu umständlich ist, der macht bloß mhm und hm'm – dazu braucht er dann nicht einmal den Mund aufzutun.

Ob nun dieses Honoratioren-Schwäbisch schön klingt, das möchte ich nicht beurteilen. Praktisch ist es gewiß. In der Buntheit der lokalen Abarten unserer Mundart stellt es immerhin eine gewisse allgemeingültige Einheit dar. Es kann sozusagen für das Esperanto Württembergs gelten. Stuttgart und Tübingen, das eine als Hauptstadt und Verwaltungsmittelpunkt, das andere als Quelle der Bildung, haben es weitgehend geformt. Es verschlägt dieser Einheit nichts, daß gerade in ihr, sowenig man sonst von einem protestantischen oder katholischen Schwäbisch reden kann, die konfessionellen Unterschiede sich ausdrücken. Wen dies bei seiner schwäbischen Bekanntschaft interessiert, der braucht ihr nur den Satz aufzugeben: der Lehrer geht. Sagt sie: der Lährer geht, dann schwört sie auf Luther; sagt sie aber: der Lehrer gäht, auf den Papst. Der verstorbene Tübinger Germanist und beste Kenner unserer Mundart, Hermann Fischer, führt den Unterschied darauf zurück, daß die eine Konfession ein anderes schriftsprachliches Vorbild habe als die andere; das protestantische offene e (= ä) ginge demnach auf die sächsisch-thüringischen Prediger der Reformation zurück.

Literaturfähig hat diesen Gebildeten-Dialekt Fr. Th. Vischer mit seinem Lustspiel »Nicht I a« gemacht. Als Probe setze ich eine Stelle her; es ist der tragische Monolog eines verliebten schwäbischen Vikars, dem soeben sein Luisle den Laufpaß gegeben hat.

»Also aus isch! Matthäi am letzte'! Und so behandelt mi des Mädle, wo i grad ihr Haus, i darf sage' mannhaft, gege' gfährliche Feind verteidigt han – Adje! – Schöne Tag sinds e' Zeitlang gwese' in dere' Liabe. O, wie sie mi s erstmôl kußt hat in dr Garte'laub! Wie nôh dr Pfarrer obe' im Dachlade' mit eme' große Perspektiv erschiene', hats aufgschrauft, runterspioniert, aber z spät. – Alle dia selige Stonde'! O!« (seine Stimme bricht) »Aus für emmer! Nie wieder!« (weinend) »Nei', i zweng me nemme länger – O! O! Und sie ist erst noh' so e', so e' –« (laut schluchzend) »saumäßig netts Mädle!« Das ist leicht zu verstehen? Und so groß scheint der Abstand vom Schriftdeutschen nicht zu sein? Der Schein trügt, es sieht nur so aus. Es sieht nur geschrieben so aus. Vischer hat es seinen Lesern leicht gemacht, indem er das hochdeutsche Schriftbild fast beibehielt. Bei seinem Schwäbisch ließ sich das machen, obwohl auch hier der schwäbische Leser vieles aus eigenem dazutun muß, soll der Text richtig klingen.

Immerhin, der häufige Gebrauch des Auslassungszeichens muß auffallen. Es steht hier nicht für irgendeinen weggefallenen Buchstaben, sondern soll den Nasenlaut andeuten. Wir werden es nachher, wenn wir miteinander in die Geheimnisse der eigentlichen Mundart eindringen, noch oft, fast zu oft, zu setzen haben. Dann wird sich leider auch das schriftdeutsche Wortbild nicht mehr überall halten lassen. Denn dort orgelt und näselt und brauset und zischt es von Lauten und Tönen, für deren Wiedergabe die armseligen fünfundzwanzig Buchstaben des Alphabets kaum mehr ausreichen wollen.

Inzwischen mag, wer es nötig hat, vorbereitend seine Zunge schleifen und »ganz hurtig nacheinander ohne Tadel« hersagen:

s leit e' Klötzle Blei glei bei Blaubeure',
glei bei Blaubeure' leit e' Klötzle Blei!

Oder:
Schellet Se et a' sellere' Schell, selle Schell schellt et,
Schellet Se a' sellere' Schell, selle Schell schellt!

1936

Descht älles dei' ...

Gucks a', des Land em Sonneschei':
Fruuchtfelder, Wiese', Berg ond Wald
ond Wenget a' dr Sommerhald –
descht älles dei'!

Haösch? Haalet selle hoalich Sproch
vom Necker donn am Mühlewuhr
ond vo' dr alte' Kirche'-n-Uhr
et en dr noch?

Ond schmeckst dean Schmack vo' Haaz ond Holz,
vo' Tannenodle' ond vo' Heu,
vo' reifem Koan ond Obst ond Wei'?
Bist et druf stolz?

Sag, regt se ebbes en dr denn?
Speirsch, wia drs warm oms Heaz rom wuud
ond wias de zo deam Bode' zuht
mit älle Senn?

91

s ka' gar et anderst sei' als so,
bist selber jo e' Stuck devo' ...
Ond später legt ma' de drei' nei' –
noh bist wied sei' ...

1946

Baurehaus

So ghaöt ses für e Baurehaus:
aus lauter Bööm ond Laub
streckts naseweis de' Giebel raus
ond s Dach als raote Haub.

E gottsallmächtigs Schuretor,
e Gäätle, wonzig klei',
am Behnelädle dob dr Gstor
ond a' dr Wa'd nuf Wei'.

Ond Kirbse'n-uf em Feasterbritt
ond Häfelen mit Milch,
ond dronterdann e Soale mit
verwäschnem Zeug ond Zwilch.

Em Hof e Schöpfle voler Glomp
ond Beige' buches Holz,
ond vor dr Stalltür d Güllepomp
ond d Miste, s Baure' Stolz.

1946

s Fräule Zitz

Rüschle', Mäschle', Sametbändel
ond am Rock e' Beselitz
ond e' Düftle vo' Lawendel
om se - des ist s Fräule Zitz!

92

O sie sei – net übertriebe' –
s schönste Mädle gwea' vo' r Stadt;
daß se aber ledig bliebe',
sell steh auf me'-n-andre' Blatt.

Dutzedweis hab sie Verehrer
ghabt - an jedem Fenger oin:
Obersekretär ond Lehrer –
aber gnomme' hab se koin.

Auf de Knie' sei mancher glege'
ond hab gheult – e' gstandner Ma!
Oir hab gseufzget: ihretwege'
tär er sich noh ebbes a' …

Koin vo' älle hab se wölle',
außer oim – se sag net: wean …
Aber der – no, mit derselle'
hab er jetz, was er verdean …

So sagt s Fräule Zitz. Doch wenn dr
Herr Revisor, wias oft goht,
ihr verkommt mit Frau ond Kender,
wird se heut noh puterrot.

1946

Zigeuner

Zigeuner kommet! Des hot gfehlt!
Iatz semmer aber büüst ond gstrählt …
Se fahret schao' de' Flecke rei' –
tend s Sach eweg, s wuud besser sei',
s kött ebbes leicht verschwende' –
dia hend en Schick em »Fende« …

Mit Kend ond Kegel, Hab ond Guat
gutschiert se s Sträßle ruf, dia Bruat:
koan ganze' Schuah, koan heile' Rock,
e' Düftle om se trotz me' Bock,
ond d Kender halbe' näckig
ond barefuaß ond dreckig.

93

E' Gäule hend se, spendeldürr,
des hanget nao so dren Gschirr,
ond en deam Karre, liabe Zeit,
wenn do dr Dreck et Juhe schreit!
Ond dronter lauft e' weißer,
halbräudiger Bullebeißer.

Ond eest sell schlampig Weiberchor
mit Aohrereng ond Schmotz em Hoor,
mit alte Schirm ond Fältlesröck!
Se schiaket dur de'-n-ärgste' Dreck,
ond oane trait, ui jegerle,
e Kendle, schwaaz wia Negerle!

So fahret se de' Flecke nuf
ond wirblet ganze Wolke' uf,
ond send se noh am Omrank dob,
noh schnauft ma'-n-uf ond sait: gottlob!
Ond d Buabe schreiet nore:
Zigeuner, Zigeuner, Zigore …

1946

D Stuegeter

Schöne Kloader, seidne Strömpf,
Räuch em Kopf ond noble Krämpf,
brennte Hoor ond glatte Gsiichtlen,
ond en Lebtag ond e Gschwanz,
daß ma' se vor deane Früüchtlen
vorkonnt wia e' Landpomranz.

Ond en Allmachtskrattel hend se,
ond es Maul vol nemme' tend se:
Henter Stueget – host en Zweifel? –
konnt zeest nonz ond noh Pfuiteufel!
Konnst dr schiergär vor deam Chor
wia dr hell Gärneamed vor.

Älls was reacht ist, aber s geit
henter Stuaget ao noh Leut!
Sell send ao et lauter Schlurger.
Freilich, i gstand offe'-n-ei':
wär-e et e' Raoteburger,
möcht-e schier vo' Stueget sei'!

1946

Gaigel

Drei Manne' ond drui Tubakspfeife',
des geit e Luft – ma' ka' se greife'.
Se hocket do mit raote Köpf
ond gaiglet om paar Hoseknöpf.

Se hebet a ond gent ond mischet
ond gucket daß se Trömpf vertwischet,
se streichet d Schnauzbärt, machet Sprüch
ond streitet om en jede' Stich.

Dr Oa' sait: »Sell war nohmal schöner!«
ond fuchtlet mit em Schippezehner;
ond wia-n-r uf de' Tisch nei' drischt –
nao guat, daß dear vo' Oache ist.

Dr Ander sait: »Nao gstät, nao waate',
narr, ander Leut hend au noh Kaate' –
bacht, Alterle, dir stopf-e d Gosch ...«
Ond meldet Vierzge – so, do hosch!

Dr Dritt sait: »Nao koa' lange Predig!
Em bloe'-n-Affe'-n-en Venedig
do spielt ma' heazhaft, aber rauh –
des stich i mit dr Schellesau.«

Ond so gohts fott, se schreiet, händlet
ond bscheißet, wenns koar sieht, ond schwendlet
ond saufet grüabig dronternei'
em Adlerwiit sein Most für Wei' ...

1946

Dr Schereschleifer

»Kender, froget uire Leut,
obs et ebbes z schleifet geit:
Beile', Hope', Schere', Messer –
brengets nao, je maih, je besser,
daß des Gschäft ao ebbes trait«,
hot dr Schereschleifer gsait.

Hot de' Huat en Anke' gruckt
ond en d Händ en Blanke' gspuckt,
aus dr Bühs en Schmalzler gnomme'
ond en nufgschnupft mit em Domme'.
»Sodele, iatz wärs so weit!«
Hot dr Schereschleifer gsait.

Ond hot trette', drillt ond gwetzt,
s Rädle hot ganz grillt ond kretzt,
ond ehm selber ist sei' Zwiebel
gloffe' wia e Schleiferskübel.
»So e' Gschäft ist ao e' Freud!«
Hot dr Schereschleifer gsait.

Huat ab! sage, vor me' Ma',
mo wia dear sei' Handwerk ka'
ond mo's treibt mit so me'-n-Eifer!
Isch e Wonder, daß ehns gheit,
wenn e' jeder Schereschleifer
zom e' jede' Schereschleifer
Schereschleifer sait?

1946

Wochemärkt

Guate' Morge', Frau Direkter!
– Ei, grüß Gott, Frau Sekretär!
Ao scho' auf, Frau Postenspekter?
– So, Frau Stadtrat, hend Se schwer?
D Frau Notar ist ao scho' monter ...? –

Ond d Frau Ober- ond d Frau Onter-
Oberamtsgerichtskanzlist
hend e' Gschnader ond e' Gschetter,
daß e' Ga's- ond Hennegätter
heller Dreck degege'-n-ist.

Ond mit broate Hentertoal
hocket d Baureleut vom Land
bhäb wia d Häsläus ufenand
ond hend Oar ond Butter foal.
Ond ma' ka' vor Sack ond Krätte'
kaum maih uf de' Bode' trette',
ond vor lauter Obst ond Gmüas
bricht ma' beinoh d Füaß.

Älles, älles, ka' ma' hao':
Zuckerbire', Goldpermener –
»Gucket Se, s ist oaner schöner
als dr ander, liabe Frau!« –
Rätich, Blookraut, Bohnekrättlen,
Zwieble', Karfiol, Karöttlen,
Zellriewuuzle', Schnittlauchstöck …
Ond de' Wirscheng ond Andife
ziaget d Gä's schao' dur de' Dreck.

Iatz d Frau Deng, e' bsonders wife
(älles ist re' z klei' ond z reng),
handlet noh beim Peterleng
vo' drei Pfennig zwee eweg.
Andre wied hend jonge Göckel,
maste Kerlen, feste Bröckel,
oder Geite' oder Gä's,
ond des Ziefer streckt de' Möckel
hofreacht raus zom Krattedeckel.
Waatet nao, ihr domme Bachel,
wenn er en dr Broteskachel
pfuzget, noh vergeht ui des!

Ond d Frau Dokter ond Frau Rekter,
d Frau Verwalter, d Frau Enspekter
ond d Frau Oberamtsgrichtsrat
hend e' Gschetter ond Gsalbader,
ond en Lebtag ond e Gschnader
om e' Häuptle Kopfsalat –
ach, mr ist ja soo nerfös –
wia ses ghaöt für bessre Gä's.

1946

s Wegge'taler Kripple

1

Es ist am Heilig Obed gsei',
dr Luft hot grausig blose',
soweit ma' gseah' hot – Eis ond Schnai,
ond wia ausgstorbe' d Stroße'.

Paar Schäfer hocket steif ond kromm
mit pfanne'bloe Aohre'
bei ihrem Pferch oms Fuier rom –
se send schao' halb verfraore'.

Em Städtle dob, en Bethlehem,
ist älles still ond fei'ster ...
»Wenn iatz«, sait Oar, »s Christkendle käm
ond froge' tät: wa waö'scht dr?«

»I möcht en ganze' Maltersack
vol Kreuzer, tät e sage'.«
– »Ond i e' Päckle Schnupftabak
ond ebbes Warms en Mage'.« –

»I wött e' warme Pudelkapp.«
– »Ond i en Speck, en fette' ...« –
En Alter bruttlet: »Schwätz koan Papp,
zo arme Leut konnts ete'.«

Uf oamol sprenget d Schof durnand
ond drucket se en d Ecke',
ond d Hond send außer Rand ond Band
ond stellet d Hoor vor Schrecke'.

Ällsomer glitzget zmol dr Schnai,
ond d Steane' kriaget älle
en weiße' Hof wia-n Heilge'schei',
ond s ist e' graoße Helle.

Dia arme Schäfer schüttlets ganz
– s send sust heazhafte Manne' –,
koa' Wonder: s stoht en volem Glanz
en Engel vor ne' danne'!

Der Engel sait: »Verschrecket et,
s ist Ui e' Glück a'gange':
s Christkendle hot en Ei'seah' ghett,
s loht arme Leut et hange'.«

Ond glei druf haalet übers Feld
en Orgle' ond e Senge' –
vo' älle Kirche'chör der Welt
täts koar so fetigbrenge'.

Dia Schäfer send noh ganz eweg:
s ist also doch noh komme'!
Noh nemmet se ihre Dudelsäck
ond lend se ghörig bromme'.

Ond stolperet durch Schnai ond Wend
ond suachet noch em Kendle
ond brenget ehm mit steife Händ.
so guat s halt goht, e' Ständle.

2

E' Schofstall so ärmlich, so eng ond so klei',
mit Naot goht en Ochs ond en Esele nei'.

Em hülzerne' Kripple uf Heu ond uf Straoh,
do leit es ond strablet ond lachet so fraoh.

Maria sitzt bei-n-em ond wiagets en d Ruah
ond deckts mit me' bowüllene' Kopftüachle zua.

Dr Josef schleecht Fuier mit stärrige Händ
ond kochet e' Süpple, e' Breile em Kend.

Ond d Naacht ist so still, ond neamed ist wach,
nao d Steane' am Hemmel glitzget durchs Dach

wia Christboom so hell ond so klar wia Kristall –
iatz knublet vors Kripple: s ist Weihnächt em Stall ...

3

De Heilige Drui König aus Morgeland,
dr Kasper, dr Melcher, dr Baltes,
hend Roß ond Kamel ond en Elefant
mit me' Glöckle am Rüassel – dear gfallt es!

Mo goht dr Weag ge Bethlehem nom?
Se froget Stadtleut ond Baure',
se froget em ganze' Ländle rom,
se könnet oan währle daure'.

Se froget sogar beim König a',
beim Judekönig Herodes.
Dear stellt ehne' altbachene Sprengerlen na',
e' Krüagle Most ond en Brotes.

Se wölle en Bsuach mache' z Bethlehem
ond häbe de' Weag verlaore'.
»Ond darf ma' froge', ihr Herre', bei wem?«
Dr König Herodes spitzt d Aohre'.

De Heilige Drui König lend d Katz aus em Sack,
de aoschuldige Kender müaßts büaße' ...
Ond katzefreundlich sait dear Schlawack,
se solle ao z Bethlehem grüaße'.

Se saget Adje ond ladet wied uf,
de' Weihrauch ond s Gold ond d Myrrhe'.
Ond zmol schreit dr Baltes: dr Stean, gucket nuf!
Iatz ka' ma' se nemme verirre' …

De Heilige Drui König folget seim Schei',
dear Stean hot ebbes z bedeute'!
Se machet et Halt ond se kehret et ei'
ond juzget ond senget em reite'.

Zmol über me' Stall vergruabet dr Stean,
se freuet se schao' wia Kender …
En alter Ma' mit re' Stall-Latean
konnt raus ond froget: »Wa wend r?«

»Mir send dia Drui König, dr Stean hat aos gsait,
do henne' tätet mrs fende' …«
– »So«, sait dear Ma', »descht aber e' Freud,
iatz kommet nao rei', i will zende'.«

Se fendet e' nackets Kendle em Straoh,
s hot etemol reachte Wendle',
sei' Muater, e' bildschöne jonge Frau,
sitzt bei-n-em ond gwärmet em d Händle'.

Ond ist ao des Kendle noh so arm
ond muaß eme' Schofstall wohne' –
de Heilige Drui König wud s Heaz ganz warm
se lupfet ganz fromm ihre Krone'.

Ond leget ens Kripple nei' ihre Präsent,
ond s Öchsle und s Esele brommet.
De Heilige Drui König faltet d Händ
ond senget »Ihr Kinderlein, kommet«.

4
s hot et lang ghebt, des Glück em Stall:
paar Täg druf hoaßt es Knall ond Fall,
se müaße samt em Kendle
schnell fott ond aus em Ländle.

Deam Judekönig sei des Kend
e' Doan em Aug ond wenn rs fend –
Gnad Gott noh Kend ond Muater!
Herodes sei koa' Guater ...

Ist des en Elend ond e' Kreuz,
iatz müaßt se fott, ond dusse' schneits!
Se packet guatig zsemme',
viel hend se et zom nemme'.

Maria uf em Esel dob
(s Kend ontrem Ma'tel schloft gottlob),
dr Josef a' me' Stecke' –
so gehnd se naus zom Flecke'.

Se wattet tapfer dur de' Schnai
berguf, berga ond querfeldei';
dezua'na', daß se frieret,
konnt d Angst, de' Weag z verlieret.

So kommet se a' d badisch Grenz.
Dr Josef schnaufet uf: »Mr hends!«
Maria aber lachet:
»Pst! daß mrs et verwachet!«

Arms Würmle, o wia wuud drs ao
bei selle fremde Mensche' gaoh'?
Komm wieder gsond ond lebig,
Herodes lebt et ebig ...

1946

Wir reisen

Eine Fahrt durchs Schwabenländle

Unte' fließt durch Wies und Äcker
unser lieber alter Necker.
Von seim Berg rab glänzt ins Tal
s Käpele im Sonnenstrahl.
Wißt ihr wo? Noh saget's schnell!
Ja, descht d'Wurmlinger Kapell.

Send d Schäfer sonst au net so flenk,
an Barthelmä do schmieret se d Glenk:
vo'r Alb rab ond vom Necker rauf
pressieret se zum Schäferlauf.
Des ist e'Konst, des muass me könne':
gaz barfuß über d Stopple renne'.
Ond wer der Schnellst ist, kriagt zum Loh'
en Hammel ond e' Messing-Kro'.

So ists Brauch bei älle Schwobe'.
sei's am Necker oder drobe'
auf der Alb – wenns an der Zeit,
daß es reife Äpfel geit,
wird en jedre Kelter gmostet –
dass es Gürgele net verrostet.

Hörsch des Juzge', hörsch des Lache'?
Hörsch des lustig Böllerkrache'
en de Wengert überal?
Aelles ist beim Traubelese',
ond em ganze' Neckertal
steckt e jedes Baurehaus
morge' scho' de' grüne' Bese'
über sei're Haustür naus.

1946

Dr Kurgast[1]

Em Sommer ist noch Niedernau
äll Johr e' Kurgast komme',
e' noble Dam, e' bessre Frau,
ond hot selt Bäder gnomme'.

Em Chaisle ist se rond ond fett
äll Tag spaziere' gfahre' –
morom au et? se hots jo ghett
ond hot et müasse' spare'.

Se sitzt em Polster steif wia Dock
ond loht Brillante' glitze',
se hot sogar am Onterrock
noh Falbele' ond Spitze'.

Ond s Personal bugsiert se rom
mit He! ond Fengerschnalze':
mol ist e' Gabelzenke' kromm,
noh wieder d Suppversalze'.

Ond wia se schwätzt! o heidenei',
des ka'-n-e gar et schildre':
des tuat so nobel ond so fei'
wias Hochdeutsch vo' de Fildre'.

Ond wer et »Frau Tirekter« sait,
zwanzgmol am Tag, beim Grüaße',
dean loht ses voler Schadefreud
am Trenkgeld bitter büaße'.

Vo' ihre' haört ma' nia' en To',
moher se-n hot, dean Titel,
moher se hot dia groaß Pensio' …
ond descht e' nuis Kapitel:

1 Bei der Erstveröffentlichung in »Schwäbischer Herbst« (1973)
erschien dieses Gedicht unter dem Titel »Niedernauer Idylle Nr. 2«.

No jo, se ist halt Denstmagd gsei'
ond hot me' reiche'-n alte'
Direkter vo' re' Brauerei
sei' Haus en Oadnong ghalte'.

Se hot em kochet, hot en pflegt
ond nia d Geduld verlaore',
ond sich als Bettfläsch zua-n-em glegt –
au, wenns en gar et gfraore'.

Ond schliaßlich hot se-n soweit ghett,
mona' se lang schao' gsteuret:
r hot se uf em Taotebett
am End sogar noh gheiret …

Ond dorom fährt se wia e' Protz
seit sellem graoße' Rutscher
durs Bad, als sei se d Gräfin Rotz,
zwoaspännig ond mit Gutscher.

1973

E' Wonder

»Gang, Büable, hol en Zehner Bier,
i schneid derweil de' Rätig,
bei deare Hitz verschmacht e schier –
bis d konnst, ists Vesper feetig.«

D Lammwiite sait: »Gibs Krüagle her!«
ond lohts am Hahne' schomme'.
Ond d Wiitschaft ist noh lotterleer –
wer wuud ao iatz schao' komme'?

Dr oa'zig Gast am Tisch em Eck
hot Duust – ma' haörts am Zische' –
ond kaum ist so e' Schoppe' weg,
noh bstellt r glei en frische'.

Ond sengt ond sengt aus volem Hals
oa' Liadle noch em andre',
r sengt vom »Jäger aus Kurpfalz«,
vom »Rehlein« ond vom »Wandre'«.

r seng, sait d Wiite, schao' e' Stond,
sei' Bierglas bhäb deneabe',
ond sag, r häb koan bsondre' Grond,
nao Duust ond Freud am Leabe'.

»Iatz, Büable, lauf! sotts ebbes gea',
ond will dei' Muater schelte',
noh saist, de' häbst en Zfriedne' gseah',
ond Wonder seie selte'.«

1973

Am Nebetisch

eme' Stuageter Café

»Daß i *Sie* mal wieder troffe',
dest mr jetz en arge Freud.
Alles gsund? Mr wollets hoffe'…
Net? des tuat mr aber leid …

Da kommt s Fräulein – mir e' Teele!
Wißt Se, was mei' Mann als secht:
Ha noh läscht halt dei' Kaffeele,
wenns dei' Mägle net vertrecht …

Habet *Sie* e netts Kostümle!
Was, so billich? Ausverkauf?
Bloß des Muster mit dem Blümle,
gel, des trecht e' bißle auf …

Zwei Merenke', Fräulein! – Sole.
Gucket Se mal, dia em' Eck,
dere' sieht mrs ganz Popole –
i trag keine Miniröck …

Mit em Ding isch arg schnell gange' –
ja, des war e' gute Sääl.
No, d Pensio' wird ihre' lange' –
Noi', viel mähr, da sind Se fehl …

Daß mei' Rösle sich verlobt hat –
ja, da gabs e' klei's Malhär:
weil sie's vorher mit ehm probt hat,
paßt re' scho' kei' Röckle mähr …

Lasse mrs! I les da neulich
paar Gedichtle' vo' dem Blau –
o des Schwäbisch ist abscheulich,
so fulgär, mei' Mann sechts au …

Noi', dr Willy net, des weiß e,
der spricht sähr gewählt und fei',
selbst des wüste Wörtle ›Schaiße‹
klingt beim Willy bühne'rei' …

Dämpfet Sie beim saure' Sößle
mit em Mehle d Zwieble' mit?
Hoffentlich gibts bei mei'm Rösle
net au noh en Kaiserschnitt …

Ja, i nimm noh so e' Küchle,
aber nachher muß i geh.
Gel, Sie machet bald e' Bsüchle,
daß mr schwätze' kann. Adje!«

1973

107

Dr letzt Schwob

Älle Völker ka' ma' haöre',
Leut vo' älle Stemm ond Städt,
älle Sproche' – außer mei're':
Schwäbisch haört ma' z Stuaget et.

Jugoslafisch, Italienisch,
Spanisch, Türkisch weit ond broat,
ond Arabisch, Griachisch, Jenisch,
aber Schwäbisch? et e' Woat.

Pommrisch, Böhmisch, Plattdeutsch, Schlesisch,
ond Berlinisch überlaut,
s wuud en Bälde mit Chinesisch
s Schwäbisch vollzger ganz versaut.

Ond natürlich haört ma' Preußisch,
aber Schwäbisch? kaum vom Klett,
höchstens Honrazjore'-Heussisch,
aber des machts Kraut et fett.

S wuud sogar uf Suaheli
ond uf Bantu kauderwelscht –
aber morom führ ond zehl i
älles uf, was d Sproch verfälscht,

wemma' schao', was Send ond Schad isch,
dobe', mo ma'-n-aos regiert,
nemme schwäbisch, nao noh badisch
mitenander dischkeriert?

Ist denn ao'ser Sproch verbotte'
oder s Schwäbisch so verstaubt
alt ond rostig zom Verschrotte'?
Geits noh Schwobe' überhaupt?

s treibt me drom schao' lang d Idee om:
beißt dr Blau emol ens Gras,
stellt ma'-n ausbälgt ens Museum
als de' letzte' – henter Glas.

1973

Ha wa, mir!

Vom Ländle hend ses ghet ond graoße Name'
vo' Landsleut ufzehlt voler Stolz.
Dr Schultes sait: »Was des betrifft, do ka' ma'
nao sage': s leit bei aos em Holz.«

Dr Lehrer sait: »Daß die em Land gebore',
bestreit ich net, das kann ja sei',
blos send se alle drauße' erst was wore',
denn für Schenies ist s Ländle z klei'.

Sogar dr Schiller hat en d Fremde müsse'
ond hat sich dort sein Name' gmacht;
em Ländle hetts dr Schiller trotz seim Wisse'
sein Lebtag net zom Schiller bracht.«

E' Dritter sait: »s ist ebbes dra', do henne'
sitzt leibhaft s Beispiel – gucket her:
was hett aus ao'srem Lehrer weare' könne',
wenn dear beizeite' gange' wär ...«

1973

Aufklärung

»O Mamme', mo kommet denn d Kenderlen her?« –
»I hao' drs doch gsait: vom Storch, dommer Bua'.« –
»Sell schao', aber sag mr, moher hots noh dear?« –
»Vo' s Haierles Gaate' – iatz laß me en Ruah!« –

»Vo' s Haierles Gaate'?« – »Ha jo, en dr Näh
do hot r doch s Nest uf em Bischofspalais.
Ond selt ist em Gaate' dr Kendlesbronne',
do holet rs ruf vo' ganz tiaf donne'
ond fischet se raus mit seim spitzige' Schnabel,
ond doher hend Kender e' Löchle em Nabel.
Noh brengt rs dr Mamme' ond beißt se en Fuaß
so daß se e' Weile ens Bett liege' muaß.
Ond wenn de' vom Storch mol e' Brüaderle witt,
muaßt Zucker nauslege' ufs Fea'sterbritt ...«

Ihr lachet – wer glaubt noh a sottige Märlen?
Ma' konnt doch dehenter em Lauf vo' de Jährlen . .
Wenns so ist, noh ka'-n-e jo mittoa' beim Lache':
ihr glaubet doch oft noh ganz andere Sache'.

1973

Noch dr Kirbe

Em Alter, sait ma', tärs en Ruck
mit oa'm en d Kenderzeite' zruck.
Descht wohr, nao hot se s Blättle dreht,
seit daß dr Luft dur d Stupfle' weht:
guck, mo dr Bua' vom übervole'
Renetteboom hot Äpfel gstohle',
do bleibt, ka'st jomere' ond bräagle',
do bleibt em Alte', nao noh s Späagle'.

1973

Die Sex-Welle

Se hend e' Gschiß, de' kö'test moane',
ma' häb eest heutzutag dean kloane',
uralte' Onterschied entdeckt,
mo en de Röck ond Hose' steckt.

Ond weil des so e' graoßer Fond ist,
zeigt jede, was an ihre' rond ist
vom Heaz bis na zom Hauptquattier,
ond biatets aus wia sauers Bier.

Ma' gwöhnt se dra' ond sait: »Kotzdonders,
ist dees vielleicht noh ebbes Bsonders?«
Se brenget oan demit oms Best –
wer fendt noh ebbes Nuis em Nest?

Dear ›Sex‹ – des ist e' modischs Übel,
wer woaß denn noh, daß noch dr Bibel
dr Adam eest de' Brote' gschmeckt hot,
mo d Eva s Müatterlich verdeckt hot?

1973

Stondeleut

Schwaaz dr Huat ond schwaaz es Fräckle,
ond s Gehabe gsalbet fromm,
ond e' gottergeabes Gschmäckle
om de' ganze' Ranze' rom.

Besser sei' als andre Mensche',
oder toa', wia wenns so wär,
ond em Neabebruader wensche',
daß er au vollkomme' wear …

Ond dr baöse' Welt em Zweifel
mit dr Schrift en Dämpfer gea',
s Glüst veraachte' ond em Teufel
scharf uf d Sendefenger seah'.

Gopfersprich en Onterhose'
mit seim Weib ge schlofe' gaoh'
ond em Naotfall s Liacht ausblose',
sott ses et verhebe' lao'.

Und vo' Bibelstelle' bständig
triale' od uf Erde' schao'
vom HErr JEsus oagehändig,
s Freibillett en Hemmel hao …

Glaubsch mrs, daß vor sotte Denger
s Kreuz sogar dr Teufel schleecht
ond ob deane Stondegänger
schier katholisch weare' möcht?

1973

Am Hemmelstörle

Meim Namenspatro' Sebastian Sailer z Ehre'

»Wa ist denn iatz schao' wieder laos?«
Gottvatter saits ond schleecht sei' graoß
Gebetbuach vole'-n-Ärger zua.
»Iatz lend me doch emol en Ruah
ond mei' Brevier volls feetig bette' –
i ka' iatz et ond will au ete'.«

Dr Petrus bruttlet: »s stoh Oar dusse'
ond sait, r sei et weit vom Busse'
vierzg Johr lang Pfarr ond Pater gsei',
r hoff, Gottvatter laß en rei'.
Ihr seie, sag e, überlenkt;
druf sait r nao', r häb ses denkt,
noh waat r halt, r häb jo Zeit,
ond doderweage' gäbs koan Streit.« –

»Wia hoaßt r ond wia sieht r aus?
Ma' fällt de Leut et nao ens Haus«,
sait Gott dr Herr, »ond überhaupt,
hot dear en A'spruch, wia-n-r glaubt?«

»r hot e' weiße Kutte'-n-a'
ond s scheint e' reacht kommoder Ma':
r lachet gearn ond ist et domm,
koa' Frömmler, ehnder hoa'lich fromm,
ond manchmol au e' Grobian
ond schreibt se ›P. Sebastian‹
Des hemmr doch schao' oan, i moa',
em Hemmel täts au oar alloa' …« –
»Gang, Petrus«, sait dr Herr, »ond suach
noch seine guate Werk em Buach.« –

»r hot«, sait Petrus, »neamed gschädigt,
nao Messe' glease', Beicht ghaört, predigt
ond neabeher, so be'-n-e briichtet,
für Bassleta' e' bissle diichtet.« –
Dr Herr sait: »No, s ist grad koa' Send,
solangs dia Buuscht et drucke' lend.

Wa hot r gschriebe'?« – »Dees ists grad,
Herr, sieh-n-ems noch en dei're Gnad:
Komödene' vo' fromme' Sache'
uf Oberschwäbisch ond zom Lache':
vom Luzifer – do sag e wenig –
ond vo' de Heilige Drui König.
Ond s Ällerärgst: en zwee devo'
send Ihr, Gottvatter, d Hauptperso' –
e' Schand, wia dear Ui schelte' loht,
weil d Eva Ui a' d Epfel goht!
Was soll e mache', liaber Gott:
ehn rei'lao' oder schick en fott?«
Gottvatter schmonzlet: »So, descht dear!
Mach tapfer uf ond hol mrn her,
der darf mr et uf Höllefahrt.«
r streicht sein lange' weiße' Bart:
»Ond saist em glei, r sei willkomme',
i häbs em et en übel gnomme',
ond sei-n-em schao' e' Plätzle griicht –
wa machst denn für e' sauers Gsiicht?
Narr, wemmr nao noh maih so hettet:
fromm glachet ist so guat wie bettet.«

Dr Petrus mao'zt: »Descht au e' Grond!«
ond rasslet mit seim Schlüsselbond:
»Noh ebbes, vor en rei'lass, Herr,
i glaub, des geit e' baös Geplärr
z Tübenge' bei dr Fakultät –
dia hend doch Händel mit em ghet ...« –
»Laß schreie'«, sait Gottvatter, »s Gscherr
ist äwel gscheiter wia dr Herr ...«

1973

Alte Storre'

Wia ists do hobe' weit ond hell:
selt dübe' uf em Berg d Kapell,
dr Necker en de Wiese' donn
ond d Albberg en dr Morgesonn.

Ond do, am gähe' Stoabruchrand,
was flattret do denn omenand?
E' Schwalbeschwanz – daß dees no geit!
Do hobe' loht se d Zeit noh Zeit.

s ist älles no wia sellemol,
mo mir mit Pfeil ond Luftpistol
em Wäldle als Old-Shatterhand
ond Winnetou uf Kondschaft send.

Ond wia-n-e vor me na'sennier,
do haör e zmol bhäb henter mir
em Wäldle Axthieb ond e' Säag,
ond glei druf leit e' Tann em Weag.

Mir geits en Stich bei jedem Schlag.
Ond i stand uf, gang nom ond sag:
»Dia schöne Tanne', keezegrad!
Muaß dees denn sei'? s ist Send ond Schad.«

»Jo«, sait en Alter, »dees muaß sei',
dia Storre' gehnd jo doch bald ei',
de jonge Tännlen brauchet Platz.«
Ond schao' tuats wieder ritz ond ratz ...

Do be'-n-e still ond gang mein Weag,
haör aber lang no selle Säag
ond länger no deam Ma' sein Satz:
»s muaß sei', de Jonge brauchet Platz.«

1975

Am Haohzigstag

»Was ist en *di* nei' gfahre', sag:
am helle' Weatig Kuache' bache'!« –
»Ja, därf i denn am Haohzigstag
meim Ma' koa' Freud maih mache'?«

»Was, Haohzigstag? I taube Nuß
hett könne' selber ao dra' de'ke' …« –
»Gang, gib mr wenigstens en Kuß,
noh muaßt nonz anders sche'ke'.«

r geit re' oan, dear macht re' hoaß,
se spitzt es Maul wia noch Zibebe',
ganz selig ist se, weil se woaß:
dear muaß e' Johr lang hebe' …

1975

D Leut saget …

Dr Pfarrer häb – i hao's et gseah',
i ka' des Gschwätz nao' weitergea',
ond s konnt mr bißle gspäßig vor,
vielleicht ist ao nao' d Hälfte wohr …

Dr Pfarrer häb do neulich, hoaßts –
obs aber wohr ist? neamed woaßts.
I halt dia Gschiicht für oberfaul,
am beste' hieltet d Leut ihr Maul …

Dr Pfarrer häb em Gaate' donn,
ond dees bei glockeheller Sonn –
i selber mach dodruf koa' Wett,
ond nonz Gwiieß woaß ma'-n-eabe' et …

Dr Pfarrer also häb dia Tag
em Gaate' hentrem Buachehaag
dr Pfarrersköche uf seim Schoß –
ist dees ihr Platz? ma' sait jo bloß …

115

Ond kuuz ond guat, dr Pfarrer häb,
mo s Gaatehäusle Schatte' gäb
– i ka's et glaube', vor e s gseah'
– dr Hausere de' Seage' gea' …

1975

St. Grobian

Sankt Ulrich[*] ist als frömmster Soh'
vo' aosrem Stamm sei' Schutzpatro'.
Et ganz so heilig ist sei' Gspan
als Ober-Schwob: Sankt Grobian.
Ond doch geits weit ond broat koan Schwob
mo deam Patro' e' milde Gob
et Tag für Tag als Opfer brengt –
ond hett rs nao' em Stille' denkt.
Natürlich paßt des Wöatle ›mild‹
nao' so wia d Faust ufs Aug ens Bild;
em Gegetoal, mei' Litanei
ist grob; drom, Leasere, verzeih,
wenn manches drenstoht, ao noh druckt,
was, wer uf A'stand hält, verschluckt.
Ond trotzdeam ist se nao' e' Prob
vo' ällem, was bei aos e' Klob
em Spaß ond Gspött, em Zoan ond Streit
a' Sonntigsnäme vo' se' geit.
Do nickt Sankt Grobian mit em Kopf:
»Nao' raus demit, sust geits en Kropf!«

Do bratzlets mit me' Donderskrach
wia Schlooße' uf e' bleches Dach
vo' Dackel, Dubbel, Trialer, Lalle,
vo' Lohle, Drallewatsch ond Galle,

---

[*] Bischof Ulrich von Augsburg (890-973) aus urschwäbischem
Geschlecht gilt als Patron der Schwaben.

vo' Tagdiab, Trüableng, Trodler, Dibbel,
vo' Grüftel, Kopper, Grupper, Krüppel,
vo' Balla, Bajass, Lompepack,
vo' Schlurger, Klob, Galott, Schlawak,
vo' Lahmarsch, Loam- ond Soafesiader,
vo' Kaffer, Schnapslomp, Dovesbrüader,
vo' Glufemichel, Griffelspitzer,
vo' Gispel, Sempel, Soacher, Spritzer,
vo' Schnalletreiber, Schlamper, Tropf,
vo' Rauhbautz, Stoffel, Semreskopf,
vo' Scheurepuuzler ond Krakeeler,
vo' Klammhok ond vo' Erbsezähler,
vo' Waihtag, Siach ond Herrgotsblitz,
vo' Fetz, Finassel, Malefiz,
vo' Schereschleifer, Bullebeißer,
vo' Hemmed-, Bett- ond Hosescheißer,
vo' Krattemacher, Beck ond Büffel,
vo' Narrebatle, Kog ond Süffel,
vo' Sparefantel, Schendersknoch –
ond vo' me' ganz bestemmte' Loch …
Ao s letzt Woat sag e et express,
nao': Bapp- ond Schof- ond Lompe'-S …
Halt! ebbes no, i trags gschwend noch:
ma' ka' fast älls en aosrer Sproch
– ond wer se leane' will, solls merke' –
mit Sau- ond Mords- ond Gra'- verstärke'.

Des wäre d Mannsleut; schier noh schlemmer
send d Näme' vo' de Frauezemmer.
Do hots verblöamle' et viel Zweck,
ma' hoaßt se frisch vo'r Leaber weg:
e' Denge, Luader, Ga's ond Aas,
e' Batschere ond Kaffeebas,
e' Bompel, Bomsel, Baik ond Bull,
e' Bähmull ond e' bhäbe Mull,
e' Riaster, Ripp, e' Räff, Ragall,
e' Mensch, e' Schlutt, e' Schäaf, e' Schnall,
e' Bautschel, Botzel, Kosel, Hättel,
e' Bloter, Dotsch, Schartek ond Vettel,

e' Grombir, Knausbir ond Zibeb,
e' Raffel, wia's koa' zwoate gäb,
e' Schenderluader, Kuchebuddel,
e' Schlampere ond wüaste Zuttel,
e' Lompedock ond Lompetier,
e' Schlappergosch, e' toage Bir,
e' Grustel, Schachtel, Kachel, Schell,
e' Hex, Karfreitigsrätsch, Lompell,
e' Trutschel, Trampel, Miste, Dull,
en Schlitte', Hafe' ond Schatull,
e' Schendmähr, Geitefüdle', Zott,
e' Rotzna's ond e' freche Krott …

Ma' sieht ond haört, deescht et dr Oat
fürs gmüatlich ›-le‹ a jedem Woat.
I kö't noh ganze Seite' fülle',
ond jede wär e' Schapf vol Gülle',
ond dorom laß e s liaber weg.
Gang, rudle selber rom em Dreck
ond heb dr d Na's ond d Aohre' zua'!
Mi aber, Leaser, laß en Ruah',
weil i des Zuig, des wüast, jo nao'
em Volk vom Maul aglease' hao'.

1975

Humor

Humor hot, wer en ao verstoht,
obwohl r uf oan selber goht,
s ist onter gscheite Leut sogar
Humor vo' dear Art freilich rar.

De meiste Mensche' send verschnupft,
sobald ma's en de' Hentre' stupft,
ond selte' haörst: »Des tuat mr wohl,
gang, nemm dei' Gluf ond stupf nohmol!«

1975

Mo ist dr ferndig Schnai?

Wer gestets no e' Graöße gsei',
dean gheit ma' heut zom alte' Grempel;
am Necker ond en Bonn am Rhei'
geits dófür dutzedweis Exempel.
    Mo ist dr ferndig Schnai?

Schenies? des hots bei aos wia Heu:
s brengt jeder Tag en nuie' Schiller;
ond grad en Tag lang hebt des Gschrei,
ond noh ists wieder om en stiller.
    Mo ist dr ferndig Schnai?

Ond d Liabe, schleecht se om en d Aih –
mo blieb se noh e' Gschleck vo' Honig?
Dr süffigst Most, dr süaßest Wei'
wuud räß ond lauft em Alter konig.
    Mo ist dr ferndig Schnai?

Ond guck e en de' Spiagel nei',
noh gucket raus en alter Denger
ond sait: Bist ao mol schöner gsei',
zwar dömmer, aber dofür jönger.
    Mo ist dr ferndig Schnai?

Ond tuat mr mol koa' Zäh' maih waih,
ond liest ma' nooh noh, wa-n-e geschriebe'
uf Schwäbisch oder uf Latei',
noh wär r länger liege' bliebe'
    als sust, dr ferndig Schnai ...

1975

Mei' Bua' studiert ...

Mei' Bua' studiert; r sait, uf Germanistik.
»Ha'?« sag e, »ha'? sags nóhmol, aber gnau.«
Ond frog en aus, e' bißle henterlistig –
ma' will doch, was ma' zahle' muaß, verstaoh'.

Des Deng sei so: do gangs, was jo bekannt sei,
om d Sproch, om Dichter ond om d Litratur,
soweit se sozilogisch relefant sei –
se häbe grad de' Goethe en dr Kur.

Do wear sei' ›Heiderösle‹ mit em Messer
dr Analyse gmetzget ond verrupft,
ond progressif ond kritisch vom Professer
vo' Goethes Hiin ond Heaz dr Deckel glupft.

Ao mit em ›Faust‹ tärs, sait r, nemme stemme',
weam gang denn heutzutag dia Gschiicht noh nooh?
E' ledigs Mädle könn jo d Pille nemme',
ond naotfalls sei noh s Sozialamt do.

So boan ma' älle aus, de' Schiller, Lessing,
de' Uhland wia e' standebliebne Uhr,
do stell ses raus: was glitzt häb, sei nao' Messing
ond äll des Zuig, des alt, sei Maklatur.

De dickste Büacher liest r ond kapiert r
ond tuat mit fremde Ausdrück vor mr dick,
so daß e nemme woaß, uf was studiert r,
uf Lehrer, Dokter oder Boletik.

I sag: »O Bua', dia Wisseschaft, i sieh se
als ebbes Gspäßigs a' – mo will des naus?
Studier se halt! – nao' selle Anneliese,
des sag dr glei, dia konnt mr et ens Haus!«

1975

De alt Tann

Ma' hot se gseah' vo' älle Seite':
oa'zecht ond stolz uf ihrer Haöh,
so, wia se schao' zo Ähnes Zeite'
selt gstande'-n-ist bei Hitz ond Schnai.

Iatz muaß se weg, dr Nuizeit weage',
ond für dia Tann konnt als Ersatz
e' Hochhaus na'... Schao' haört ma' Säage'
ond Axthieb uf deam schöne' Platz.

Zwee Manne' sends, mo selt hantieret,
vo' deane jeder s Gschäft verstoht,
so daß bald älle Äst verspüret,
daß iatz dr Tann a's Leabe' goht.

Dr Stamm bis nuf zom Gipfel zittret
bei jedem Hieb; zmol tuats en Krach
ond geits e' Rausche' wia vors gwittret –
r gäget, fällt ond ächzget »Ach!«

Noh leit se do, vo' älle Tanne'
de schö'gst ond ältest em Vergleich,
ond schier verleage' tend dia Manne'
de' Huat ra vor der noble' Leich.

1975

Die trauten Laute

> »Sprich, wie sie sprechen, in den trauten,
> von Urzeit angestammten Lauten ...«
>
> Friedrich Theodor Vischer

A' d Schwobe'-n-ist dia Mahnong griicht –
wia wenns bei oas so ebbes brüücht!
Vo' aos ka' koar aus seire' Haut,
ma' bleibt bei seine ›traute Laut‹.

Was feng de schwäbisch Eisebah'
mit ›Waichen‹ statt mit Weiche'-n-a' ?
En Ölscheich ond e'Vogelschaich
send nao' z Berlin enander ›glaich‹.
Et jede ›Taub‹ bei aos ist ›taob‹,
ond Käs koa' ›Keese‹, mit Verlaub.
Ond wer statt Oa ond Oi sait ›Ei‹,
machts Fremde noch wia Bapegei.
Für ›ö‹ ond ›ü‹ ist aoser Maul,
des muaß e zuagea', oa'fach z faul.
Ond saist zo oare ›Gans‹ statt Ga's,
noh tuats viel schlemmer wia dur d Na's.
Ond was oar ›ißt‹ ond was oar ›ist‹,
des hot noh nia' e' Schwob vermischt.

Ao wenn r no so s Maul verrenkt
ond d Zong zom Hochdeutsch-Schwätze' zwengt,
mi' haört em doch, ao wenn rs ka',
uf hondert Schritt de' Schwobe'-n-a'.
Ond tuat em Land oar domit graoß,
goht henterom e' Glächter laos.

Wenn omkehrt aosre ›traute Laut‹
e' fremds ond ao'gschickts Maul versaut,
noh wend mr narret ond verschnupft,
weils wia e' Gluf em Kisse stupft,
ond s ist e' Schand, daß überhaupt
so ebbes d Bolezei erlaubt.

1975

In eigener Sache

Sotte hots ond s hot ao Sotte,
s ist et anders aosrerseits:
Feine, Grobe ond Bigotte
ond ao ebbes Domme geits.

Mir, mir kennet aosre Fehler,
kratzet selber, mo s aos beißt,
mir, mir brauchet koan Krakeeler,
mo se drüber s Maul verreißt.

s geit jo Mensche', dia send schneller
mit em Maul als mit em Hiin,
aber – send se dorom heller,
selle Sachse'-n-aus Berlin?

Jeder schilt vo' deane Koge'
über d Spätzlen, d Leut ond d Sproch,
ond des Gschwätzwerk, des verloge',
schwätzt dr oa' em andre' noch.

Wenn oar konnt, deam aoser Schwäbisch
zwider ist vo' A bis Zet,
gäb ma'm gearn, ao wemma' bhäb ischt,
s Geld für sei' Retuhrbillett.

Lobe' mua' ma' d Schwobe', lobe'
wemma' d Wohret haöre' will:
Schao' reacht, aber s gäb ao Klobe',
ond ma' fend se aohne Brill.

Aosre Mödelen ond Mucke'
seie koam e' Freudequell;
s müaß e' Fremder manches schlucke',
wenn r mit aos gschirre' wöll …

Mir als Schwobe' därfets sage',
aber wenns en Andrer sait,
noh riskiert r Kopf ond Krage' …
Hoch de schwäbisch Gmüatlichkeit!

1975

Dr Kauter

Vorm Fea'sterglas am Hennestall
stoht voler Stolz e' Kauter:
»Koa' Wonder, daß i mir so gfall!«
r saits ond gurret lauter.

r loht vom oagne' Bild koan Blick
ond pfluderet ond bläht se
ond gschwillt ond wuud nohmól so dick
ond träppelet ond dreht se.

r wuud ganz raot ond blo devo'
ond balzet ond ruckuset,
als sei-n-r d Haohfahrt en Perso',
mo mit se selber schmuset ...

s ist schad, daß kaum maih Kauter geit,
so domm wia schö' ond rassig ...
De' witt oan seah'? Gang onter d Leut,
do geits noh Kauter - massig!

1975

Vor em Hennegatter

»Guck ao dia schöne Henne' a'!«
sait sui ond zeigt se ihrem Ma'.
Dear zählts: e' Dutzed oder maih,
ond s tuat oam d Wahl bei jedre' waih.
Dr Gockeler em Paradeschritt
stolziert drom rom ond sitzt älltritt
uf oane nuf, loht Kräher naus
ond bläht se uf als Herr em Haus.
Se siehts ond sait: »Schao' s drittmol, guck!
Respekt, Respekt, deam geits e' Stuck ...«
Ihr schiafs Geguck vo'r Seite' her
sait älls, was sust noh z saget wär ...
Ihr Alter aber reibt se d Na's
ond sait: »Schao' reacht, dear Kerle ka's;
nao' daß de' d Hauptsach ganz vergißt:
daß jedesmol en andre ist.'«

1975

Mir selber zom Geburtstag

Will mei' Bächle bald verlechne'?
Machts e' Weile no sein Weg?
Soll e mitenand verrechne'
guate Täg ond baöse Täg?

Soll e ›jo‹ ond ›Dankschö‹ sage'
oder über manche' Buff,
mo-n-e kriagt hao', mi beklage'?
Goht em Ganze' d Rechnong uf?

Möcht e s anders ond verschiede',
wenn e s nohmol z machet hett?
Seis wias wöll, i be' jo zfriede' –
aber nohmol? Liaber et …

1975

So ka's oam gaoh' …

I hao' mr vo' me' Herr Professer
e' Lehrbuach übers Schwäbisch kauft,
vielleicht, daß mirs dernoch no besser
vom Maul ond aus dr Feader lauft.

I hao's studiert vo' voan bis hente',
i hao' me fest dehenter klemmt –
ond iatz? iatz schmeckt mr älls noch Tente',
i breng koan Satz maih raus, mo stemmt.

I komm mr vor wia Kellerassel,
nao' daß desell, trotz hondert Füaß,
bei koam Professer – o Schlamassel! –
studiert hot, wia ma' laufe' müaß?

1975

Raoteburger Sonntig

Am Morge' weckt de, ehs noh hell,
es Früahmeßglöckle mit Geschell;
des hots pressant, des gilft ond schrillt
wia alte Jongfer, wenn se schilt,
ganz hell ond schnell,
    ganz hell ond schnell.

Ond bald konnt übern Necker rom
vo'r Egner Kirch e' Glocke'gsomm;
des gilt dr oagene' Adress:
»Auf, auf, ihr ›Gspähn‹*, s ist Zeit en d Mess!
Drom, Frommer, komm!
    Drom, Frommer, komm!«

Ond noh, daß neamed s Amt versoom,
goht zmol en aosrem Necker-Rom
e gottsallmächtigs Läute' laos
mit älle Glocke', klei' ond graoß,
wia z Rom, vom Dom.
    wia z Rom, vom Dom.

Ganz zletzte' rüaft mit Bimbambom
noh s ander Evangeliom;
uf dia Weis haört dr liabe Gott,
daß ao noh ebbes ›Höanlen‹** hot,
mo grad so fromm send, grad so fromm –
    nao' andersrom.

        1975

---

* Egne' = Ehingen, der jenseits des Neckars gelegene Rottenburger
Stadtteil, dessen Bewohnern der Name »Gspähn« (Spatzen) anhaftet.
** Höanlen (Hörnlein) = Spitzname für die Evangelischen, nach den
Hirschstangen im Wappen des protestantischen Alt-Württemberg.

Kleine Ballade

Koa' Schuuz, koa' Rock ist vor em sicher gsei'.
Iatz ist r taot. Ond trotz em Leicheschei'
hot s Weib deam Schwerenöter noh et traut –
ma' woaß jo nia bei so re' leichte' Haut …
Des Grab muaß nohmol uf! Se geit koa' Ruah.
Ma' tuats, se stoht debei ond gucket zua.
Ma' fendt de' Sarg, zwoa Meter tiaf o'gefähr,
ond lupft de' Deckel: Do! Dr Sarg ist leer!
Nao uf em Bode' leit e' Blatt Papier,
ond dodruff stoht – de Alt verzwazzlet schier:
»I be' drui Gräber weiter
beim Fräule Seiter.«   1978

Brief ans Finanzamt

Werthe Herren!

Habe euren
ohnferschemten Schrieb erhalten,
wo drin stet, daß ich an Steuren
taused Mark, und zwar an alten,
blächen sol auf Monetsend.
Dieß rumohrt mir so em Bauch,
daß ihr euch ja denken könt,
wo für ich den Wisch jetz brauch.

O ihr Bürograthenseelen,
moher nemmen ond et stelen?
Pfui! wenn ihr es soweit treibt,
daß eim kaum das Hemmed bleibt
ond sogar der ehrlichst Ma'
s stelen kaum verheben ka'.

Ist denn net scho heut im Staat
jeder zweit ein Bürograth?
Frühr hat einer ganz allei
zom regieren glangt, der König,

aber heut send – mus das sein?
dofür honderttausend zwenig!!!
Nemmet denen Steurenfresser
d Stempel weg ond Tentenfässer,
des hett Senn ond des hieß gspart!

Ond derweil e scho en Fahrt:
mus denn jeder Bua studieren
ond statt lerne randalieren,
bloß damit er en seim Alter
Marken ausgeit ame Schalter?
So vil Dockter brauchz em besten
Postamt nicht auf onsre Kösten.

Ond milliohneweis wirz Geld,
wo man ons hat wegbeschißen,
z Bonn zom Fenster naußgeschmißen,
weil man ons für Sempel helt!

Mir stehz Wasser biß an Kragen,
wenn ich jetz noch en pahr Tagen
zalen sol – wie hoch ich dann,
meine Herrn! noch brunzen kan,
kan Herr Morlock Ehnen sagen.
Melket also lieber einen
andren Oxen als wie mich!
Damit wär der Fall em reinen,
schad om jeden Fedrenstrich,
basta! Euer ganzer Laden
ist von mir auf d Kirbe gladen.
Nix für ogut!
Achtungsvoll
euer Johann Baptist Knoll.

1978

Zur Umtaufe

der mittleren Neckarbrücke zu Rottenburg
auf den Namen des Verfassers anläßlich
dessen 75. Geburtstags

O heiliger Sankt Nepomuk,
i hao' vo' dir mol gsonge' –
iatz guck, wia weit e s bronge':
mir zwee mitnand a' *oare'* Bruck
zom Gä's- ond Geitehüate!
Be'-n-i für di e' Gegestuck,
ka'-n-i dir s Wasser biate'«?
Bedank de schö' beim Gmeinderat
für so en Bruckekamerad!

O heiliger Sankt Nepomuk,
i komm jo selber schier en Druck,
denn du - du bist e' Heiliger,
ond i, vo' gegeteiliger
Statur, wur dees mei' Leabtag et,
ond wenn e grad oar weare' wött ...

Iatz ist s halt so, Sankt Nepomuk:
dia Raoteburger lend et luck,
ond du ka'st s et vermeide',
ond i - i weis dia Ehr et zruck.
Drom gib dr selber ao en Ruck –
iatz muaßt me eabe' leide'.

1978

Keeze'-Weihe

O heiliger Sankt Nepomuk
du stohst so lang a' deare' Bruck,
do sottest raoteburgisch könne'.
Drom bitt e, haör mol gschwend do her:
dia Wachskeez do, drui Kilo schwer,
dia soll vor dir heut obed brenne'.
Behüat dia Bruck, daß nonz passiert –
sust semmer älle zwee blamiert.

1978

Em Wenter ...

Em Wenter hao'-n-e mol en Schnai
– so jong noh be'n-e domols gsei' –
de' Name' vo' meim Schatz nei'kretzt
ond dronterna' e' Heazle gsetzt.

Iatz wia-n-es später em April
am Roale wieder fende' will:
koa' Name ond koa' Heazle maih –
mo ist r na', dr ferndig Schnai?

1978

D Erbsönd

So oft e dia Gschiicht en dr Bibel älls lies
vo' Adam ond Eva em Paredies,
ond wenn e debei a' de' Söndefall komm,
noh wur e ganz irr ond frog me, morom
dr Herrgott des aoschuldig Pärle wia d Affe'
ganz blutt ond pudelnacket hot gschaffe',
a'statt r ne' glei e' Feigeblatt gea' hett,
daß koas selle Sächlen beim andere' gseah' hett?
Koa' Wonder: e' Ma' ond e' knusperigs Weible,
er aohne Badhos ond sie aohne Leible,

130

nonz z schaffet ond jong ond em Gaate'-n-alloa' –
was hettet se anders denn solle'-n-ao toa'?
Ond so ists halt komme', wia s komme' hot müasse'
ond *mir*, mir müaßt den Geburtsfehler büaße' ...

1978

Morom so pressant?

Vo' Stuaget uf Amerika
ist s heutzutag e' Hopser;
s goht schneller wia uf Cannstatt na,
wenn i am Hohe' Bopser
en Omsteigfahrschei' lös.

Ond ao beim Autofahre' gilt:
je schneller, omso besser.
Dr Schnell geit Gas, dr Schneller schilt –
dia Kilometerfresser
send älle glei nerfös.

I frog me oft, was fanget d Leut,
mo äwel Zeit wend spare',
blos a' mit ihrer gsparte' Zeit?
Am End müaßt älle fahre'
mit sellre' schwaaze' Chais' –

ganz grüabig ond em Schritt.
Mo ist iatz der Profit?

1978

»Obe'-n-ohne«

»Hosts ghaört: es hot en Wechsel gea',
iatz goht se wieder, d ›Krone‹.
De nui Bedeanong sottest seah':
mei' Liaber! Obe'-n-ohne!!!«

Ganz em Vertraue' hot s dr Oa'
em Andre' gsait ond zwenkret:
»Do muaßt mol na', ond zwar alloa',
vor älles drüber stenkret.«

Ma' braucht se, so wia d Mannsleut send,
wahrhaftig et lang schucke',
ond jeder sait, ma' wear schier blend,
ma' könns schier et vergucke' …

So gang ao i ond bsieh dia Nui:
o je! en alte Kosel
mit Doppelke' ond Wasserknui –
ist dees dia sexy Rosel?

Ja freilich, gloge' hot es et,
des übermüatig Ziefer:
Se hot koan gozzige' Zah' maih ghett
en ihrem Oberkiefer.

1978

Vo' de Filesofe'

Se fahret schao' johrtausedlang
em Neabel rom mit ihrer Stang,
e' jeder möcht noch seine Mucke'
em liabe Gott en d Kaate' gucke'.
Ond trotzdeam wuud s ond wuud s et hell,
dr Neabel loht se et vertreibe',
ond s langet en de beste Fäll
ihr Liachtle grad zom Büacherschreibe',
ond send dia Büacher noh so gscheit –
s wuud neabliger mit jedre' Seit.

1978

Tübenge

Köpf ond überhirnte Tüftler
geits noh gnuag, will sage' »Stiftler«;
aber suach emol en Goge' –
noh ka'st lang ond ebig froge'.
Dodefür geits maih Professer
(d Hälfte wäret gnuag ond besser)
ond Studente' maih wia Platz!
Aber deescht doch koa Ersatz:
wer denn hot dr Stadt en Name'
en dr Welt gmacht, zwar koan zahme',
aber oan vol Schmack ond Saft –
d Goge' oder d Wisseschaft?

                                    1978

Vo' de Lehrer

Möchtest du e' Lehrer sei?
Wer s et hot, kriagt Gallestei':
Dreißg so Bankert en dr Klass,
älle vo' dr gleiche' Rass,
Buabe', Mädlen - lauter Koge'
voler O'fürm ond verzoge'.

Koan Respekt maih, fahrig, faul,
frech ond vorlaut mit em Maul.
Omesust ist, was de' schwätzst –
s Learne' konnt bei deane zletzt.
Gege' Fuaßball, Fernseah', Schlager
wuud dr Lehrer zom Versager.

Klagst de Alte, ihre' Bua'
sei e' Tropf ond domm dezua',
noh konnst a' de lätz Adress:
»Was, dr mei'? Des konnt vom Schtreß,
Sie verlangst z viel, sust wär er
Eester - s fehlt am reachte' Lehrer.

Ao em A'stand sei–n–r schwach?
Deescht, Herr Lehrer, Ihre' Sach!
Was mr selber dovo' hend,
langet et ao noh fürs Kend,
überhaupt, zom Geldverdeane'
braucht ma' koan, des sag i Eahne...«

Kuuzom, was a' so re' Krott
d Kenderstub versomet hot,
soll dr Lehrer weleweg
feetig brenge'- aohne Schläg!
Möchtest du e' Lehrer sei'? –
Noa', i hao' schao' Gallestei ...

1978

»Da reuete es Ihn ...«

O Herr, s scheint wieder a' dr Zeit,
daß Di Dei' Menschemachwerk reut –
muaßt nohmol d Sentflut komme' lao'?
O liaber Gott, i kö't s verstaoh':
Was heutzutag dia Menschheit treibt,
goht über älls, was d Bibel schreibt,
ond s Schlemmst: je schärfer ihr Verstand,
je maih nemmt d Bosheit überhand.
Vor lauter Gscheitheit ist se domm
ond brengt se blendlengs selber om
wenn heut noh et, velleicht schao' moan ...
Drom, lieber Gott, verheb Dein Zoan,
se haöret doch et uf Dein Spruch!
Koa' Sentflut braucht s, koan Wolkebruch,
de brauchst De et noh lang vertoa',
dia schaffet s von e-ganz-alloa' ...

Mei' Schätzle

Noch dr Saló'-Baure'-Weis
vom letzte' Johrhondert

Mei' Schätzle ist e' Dockele,
so goldig, liab und schö',
und secht es: komm, mei' Jockele!
noh schlupf i an es he'.

Zwei Bäckle' hat s wia gmolet
und Zäh' wia Marmelstoi',
und Äugle' hat s, dia strohlet
oin a' mit liabem Schoi'.

Am Herzle vo' mei'm Schätzle
trag i mein Jomer z Grab,
das ist es schönste Plätzle,
wo ich auf Erden hab.

Und Obends auf em Schrändle
sitzt d Liab mit ons em Hof,
mer haltet ons am Händle
und senget Stroph om Stroph …

E' Düftle, gar so liable,
so hrzhaft und so gsond,
weht s her vom Güllegrüable –
descht onser schönste Stond.

1978

Schwäbisches Liebespaar

Sell Pärle sitzt - es scheint vom Land –
bocksteif am Tisch wia drechslet;
se hend schao' seit re' Stond mitnand
koa' Sterbetswöatle gwechslet.

Se aachtet et uf andre Gäst,
se haöret et uf d Musik,
se gucket nao enander fest
en d Auge' – lang ond schmusig.

Er tätschlet s Händle, sie verzuht
uf dees na' ihre' Mäule,
ond deescht bis iatz dr ganz Dischbut,
ond dobei bleibts e Weile.

Noh schobbet s-em e Gabel vol
vo' ihrem Zwetschgekuache'
ens Maul ond wuud zom eestemol
schier gsprächig: »Zom Versuache'!«

»Mm!« macht r, »mm! noh warm ond frisch«,
ond gautschet uf seim Stüahle,
als suach r ebbes ontrem Tisch,
ond tritt re' gschwend ufs Schüahle ...

Reacht so! Ma' konnt ao so a' s Ziel
ond ka' se et verhasple' –
ma' lugt jo sowiaso viel z viel
bei sellem Süaßholzrasple'.

1978

E' Gmüatsmensch

I moa', mit aosrer Muatersproch
gangs hente' hott – was konnt dernoch?
Mir Alte sterbet aus, was konnt,
ist Kauderwälsch ond Konterbont.

I sag wia seller Bauredoktor,
e' gschickter, aber ganz verhockter;
mo dear emol e' leibarms Weib
hot ontersuacht, sait dear zom Ma'
(ond s Weib deneabe' haörts mit a'):
»s hot et viel wert, was i verschreib,
dia Sach nemmt ihren gweiste' Gang –
a' deare' hend Se nemme lang.«

1981

Vorspruch

Liaber Leaser, gang ond suach,
ob de selber fendst em Buach.
Reachts ond lenks em Spiagelglas
send verkehrt, sust stemmet d Maß.

Schöner wia dr liabe Gott
aos als Schwobe' gschaffe' hot
– übergscheit bis et ganz bache' –
ka's mei' Spiagel ao et mache'.
Bhilf de drüber weg mit Lache'!

1981

Zua mir selber

Haör iatz uf mit deim Gedudel
uf dr Mondharmonika,
machst de jo zur Gaudenudel
uf em Weag noch Sülche'* na!

Wohr isch, uf mein Goschehobel
ist em Hemmel neamed scharf;
iatz probier e, fromm ond nobel,
s Halleluja uf dr Harf ...

D Engel *senget* s Halleluja,
koar, mo krächzet, kräht ond grillt;
s mei' goht selte'-n-aohne Pfui! a –
Konststück, selle send druf drillt!

1981

A' dia, mo s a'goht ...

D Lehrer ka' ma'-n-et vermeide',
übral send se voane' dra';
manche'n Lehrer muaß ma' leide',
wemma'n ao et leide' ka'.

Heut so fuierraot wia Mennig,
gestets brau' wia Kendlesdreck;
ehrekäsig, bhäb ond spennig
ond, mo warm rauskonnt, wia Zeck.

Sott dr Wend wied anders wehe',
gleich moher ond gleich mona',
muaß es schnell gaoh', denn em Drehe'
gehnd se übre' Wetterfah'.

1981

---

* Friedhof der Rottenburger, halbwegs zur Wurmlinger Kapelle.

Adjee!

Be'-n-i mol nemme do, ihr Leut
– noch Salomo hot älls sei' Zeit –
wärs schö', wenn Oane sage' tät:
»Iatz merk es, was e an em ghet.«

Velleicht sait mancherao am End,
mein ›Schwobespiagel‹ en de Händ:
»Wa hend er denn? dear lebt doch noh –
wenn ao en anderer Fasso'.«
1981

Die Arche Noah

Die Geschichte der Sintflut

s hot Ärger gea' vo' A'fang a'
mit Eva ond mit ihrem Ma'
vo' weage' sellem Äpfelsteahle',
des därf ond ka' ma'-n et verheahle'.
Ond noch em Krach em Paradies
– ond d Bibel brächts et, wärs et gwieß –
hot ihre' Bruat noh übler ghauset
ond et nao Goldpermener gmauset.

Ond mo-n-er gseah' hot, wia ses treibet,
ond so em Teufel d Seel verschreibet,
do hots en greut, de' liabe' Gott,
daß Er de' Mensche' gschaffe' hot:
»Deam will e gao' de' Pfipfes nemme'!
I müaßt me vor mer selber schemme',
ließ I des Deng so weiter gaoh'.«
Ond hot de' Noah komme' lao'.

»Du bist vo'r ganze' Menschebruat
der oazig, mo noh fromm ond guat,
on dorom, Noah, em Vertraue':
I breng e' Sentfluat über d Welt,
der älls, was leabt zom Opfer fällt,

139

ond du, du muaßt en Arche baue'.
Wie lang, wia broat, wia haoh' se sei,
des sait der später mei' Kanzlei.
I will, daß neamed übrig bleib,
nao, Noah, du mit Kend ond Weib.
Ond weils ao nochher Tier muaß gea',
wenn d Welt wied trocke'-n ist ond grea',
so nemmst en deare' Arch uf d Fahrt
e' Päärle mit vo' jedre' Art.
Ond nemm mer jo gnuag Fuater mit
sust geits a' jedem Tag e' Gstritt,
denn wenns oms Fuater goht, ist gwöhnlich
ao s zahmste Tierle menscheähnlich.
Des wärs. Iatz gang ond sei et faul,
ond halt mer vorsichtshalber s Maul,
et daß ses merket *vor* der Zeit,
se wends schao' spüre', wenns soweit.«

Der Noah, mo se brav dra' hält,
nemmt Säg ond Axt ond Beil ond fällt
de stärkste Böm, er hoblet, hämmret
ond schwitzt ond spuckt en d Händ ond zemmret
dean ›Allmachtskaste‹ schliaßlich zemme',
macht älle Fuage' wasserdicht,
endem ers fest mit Pech verpicht.
»So«, sait er, »so, iatzt ka' se schwemme'.«

Am schwerste' fällt em s Tiereifange'
mit Falle', Netz ond Soal ond Stange';
am leichteste' send d Flaöh: sei' Weib
ond er hends uf em oagne Leib.
Ond eest dia Tiger, Büffel, Affe'
ond Krokodil en d Arche schaffe'!
Des kost Kurasche, Kraft ond Glück –
wia schnell bricht oam en Eisbär s Gnick!
Natürlich geits e' Kuddelmuddel,
weil alles brüllt ond beißt ond faucht.
Der Noah freilich hot dia Kuttel,
dia so en Arbet will ond braucht.
Er schaffets ond verrieglet d Tür. –
Iatzt, liaber Gott, ist d Reih a' dir!

Der Hemmel färbt se katzegroo
hot weit ond broat koan Stich ens Bloo,
ond d Wolke' hanget ganz tiaf honn,
ma' sieht koan Stearn, koan Mo', koa' Sonn,
denn schwaarz wie d Naacht ist ao der Tag,
ond s blitzt ond donnret Schlag uf Schlag.
Ond s giaßt ond schüttet wia mit Kübel
vierzg Tag lang hentrenand, sait d Bibel.
Ond d Bäch' ond d Flüss' send übergloffe',
ond älls, was gleabt hot, ist versoffe',
nao d Fisch et, dia send weiter gschwomme'
ond doch et an e Ufer komme'.

So arg hend d Welle' ond der Wend
dia Holzkist omenandergheit,
daß älle seekrank wore' send –
e' Wonder, wenn oar do et speit!
Ond d Luft, noch beinoh siebe' Woche',
hot ao et grad noch Veigelen groche'.
»O Gott, wia lang denn daurets noh«,
sait Noah, »i hett gnuag devo.«

Er loht e' Taub zom Guckloch naus,
velleicht fendt dia e' Plätzle raus…
Se konnt pätschnaß noch zwoa, drei Stonde'
zur Arche zruck – se hot koas gfonde'.
Seim zwoate' Täuble gohts et besser,
ao dees konnt zruck, sogar noh nässer.
Der Noah aber loht et: luck –
velleicht tuats deesmol doch en Ruck…
Allmählich wuurd der Hemmel klar,
ond ao der Reage' macht se rar,
ond d Sonn konnt raus ond brengt guat Wetter.
Ond selt – was steigt doort aus em Meer?
Der Ararat, massiv ond schwer!

Ond glei druf konnt sel Täuble wieder,
ond deesmol mit me' trockne Gfieder,
ond hot ganz aoverhofft em Schnabel
(so wenigstens verzehlts aos d Fabel)

en Zweig mit frische Olbaumblätter.
Dr Noah jublet:»Aoser Retter!«
Ond nemmt, wenn ao noh sterbensmatt,
de' Kurs schnurstracks zom Ararat.
Selt gohts a' Land, ond en der Tür
geits augeblicks e Mordsgedruck,
denn Noahs ganze Menaschrie
vom Reagewurm bis nuf zom Vieh
druckt naus zom Loch mit Ao'gebühr:
der Stärker staoßt de' Schwächre' zruck...
Et älle hend des überlebt,
weils sust noh Dinosaurier gäbt.

Ond d Welt sieht: aus wia nagelnui.
Do bettet Noah uf de Knui:
»O Herr, Vergeltsgott für dei' Gnad!«
Gottvatter aber als Kamrad
spannt friedlich über Land ond Meer
zom Zeiche', daß sei' Zoarn verfloge'
ond daß ao Ehm d Sentflut e' Lehr,
mit oagne Händ en Reageboge',
ond Noahs Söh' ond Enkelkender
hend's Naötig tao', so schnell, wias goht,
daß uf der Welt en älle Länder
e' nuier Menscheschlag entstoht.

Schao reacht – nao frog e neabebei,
ob seither d Menschheit besser sei?
O Herr, verleih aos maih Verstand,
sust nemmt der Irrsenn überhand,
ond d Mensche machet taub ond blend,
wia selle vor paar taused Johr,
sich selber samt der Welt en End.
O Herr, bewahr aos do devor!

Stuttgarter Zeitung, 31.12.1984
eigenständige Publikation 1989

WORTERKLÄRUNGEN

A
a'hébe' = allmählich, endlich
Ahsel = Achsel
Aih = Ehe
ällbott = alle Augenblicke
ällsomer = rings umher
ane = vor sich hin
Anke' = Nacken
anttun = Heimweh haben,
 leidtun
Ao'muass = Unruhe
ao'selig = unruhig, nervös
ao'zge' = ächzen
Äschesupp = Erbsensuppe
äwel = alleweil, immer

B
baale' = Ballspielen
baatsche' = schwätzen
babble' = plappern
bäffe' = bellen, kläffen
Bagenge' = Schlüsselblumen
Balle' = Rausch
Baassleta' = Zeitvertreib
Beete' = viereckige Kuchen
befzge', befze' = laut maulen
auf Beit = auf Borg
bhäb = dicht, eng, knauserig
Bibberlen = junge Gänse
Bir = Birne
Blaihe = Blahe
Blätz = Flicklappen
Bless = Rind mit Stirnfleck
bockle' = poltern, rumpeln
Bosse' = Bauernhalbstiefel
bosse' = gebüßt

bowülle = baumwollen
bräagle' = vor sich hinbrutteln
Buabespitz = Schupfnudeln
Bühs = Büchse
buit = bietet
Burlen = Possen
Burgunder = rote Rüben
 (Viehfutter)
Butelle = kleines Weingefäß
 aus Glas

D
dachtle' = auf den Kopf hauen
daibe' = kauen, wiederkäuen
Dämpfer (einen geben) =
 einen mit Worten ducken
Deetz = Kopf
Denge = weibliche Form von
 Ding, verächtlich für eine
 Frau
denne' = darin, drinnen
dieseme' = flüstern
Dippel = dummer Kerl
dipple' = gehen, wandern
Dock = Kinderpuppe
döbe' = toben
Domme' = Daumen
dommle' = taumeln
Dope' = Pfoten
dosse', döse' = schläfrig sein
Dötte, Dotte' = Pate, Patin
Dotsch = Pfannkuchen
Drallewatsch = ungeschickter,
 langsamer Mensch
drille' = drehen, bohren
Duck = bösartiger Streich

dudle' = blasen, auch trinken
Dull = Dohle, verächtlich für
geschwätziges Weibsbild
dusma' = sacht, leise
duss, dusse' = draußen

E
ebber, ebbes, ebbnets =
jemand, etwas, irgendwo
ehnder = eher
Esper = Esparsette, span. Klee

F
fearnd, fearndig = vorjährig
fra'schma' = freiweg, unge-
niert
Fra'see = (Français)
Kontretanz
Füdle' = das Hinterteil

G
gäble' = reizen, foppen
Gäder = Handgelenk
gäge' = etwas neigen
Galle = Dummkopf, Simpel,
Narr
garre' = knarren
gattig = hübsch
gautsche' = schaukeln
Gebäbber = leeres Geschwätz
Gebäfzg = Geschimpfe
geist = gibst
Geit = Ente
Gerstle = Geld, Vermögen
gests, gestets = gestern
gheie' = werfen, reuen, sich
ärgern
giefe' = keifen
gilfze' = schrill schreien

Gispel = überspannter,
eingebildeter Mensch
glitze' = glänzen, glitzern
Glufemichel = kleinlicher
Mensch, Pedant
Gluste' = Gelüste
Goge' = Tübinger
Weingärtner
Gölt = großes Holzgefäß
Gompe' = tiefe Wasserstelle,
tiefe Schüsseln
gotzig = einzig
Gra' = (grand) verstärkende
Vorsilbe
gräabe' = bekümmern
Gräch = Raum unterm
Dachfirst
grattle' = mühsam gehen
Grend = Kopf
gruabe', vergruabe' = ausruhen
Grüftel = Schimpfwort für
kleinen schwächlichen
Menschen
gruppe' = kleinlich sparen
Grust = wertloser Kram
Grustel = altes Frauenzimmer
Gschleck = Küsserei
Gschnas = Geschwätz
Gschur = Schererei, mühsame
Arbeit
Gstor = Star
guatig = hurtig
Guck = Papiertüte
Gugommer = Gurke
Güh = Grillen, Hirngespinste,
Hochmut
Gülle' = Jauche
Gutslen = Weihnachtsgebäck
Gwülk = Gewölke

H

Haierle (Herrle) = kathol.
    Pfarrer

haögst = höchst

Häs = Kleidung

Hättel = junge Ziege, leibarme
    Weibsperson

heats ond deats = hier und
    dort

Hedschig = Handschuhe

hehlenge' = heimlich

Hemmel = tragbarer Balda-
    chin bei Prozessionen

hiache' = tönen, schallen

hoalich = heimlich

honne' = hier unten

hudle' = übereilt, oberfläch-
    lich etwas tun

husse' = außen, heraus

I, J

iatz, iatzet = jetzt

Ipser = Gipser

Jäst = Aufregung, Eile, Zorn

Jomer = (Jammer) Heimweh

K

Kaff = verächtlich für Dorf

Kanzel (vo' dr Kanzel gheie')
    = das kirchliche Aufgebot

karre' = miteinander auskommen

Kauter = Truthahn

Kear = Keller

Kehner = Dachrinne

Kemmigfeager = Kamin-
    kehrer

kiddere' = leise lachen

Kirchedusler = Aufpasser in
    der Kirche

Kirchesteiperer = Mitglied des
    Kirchengemeinderats

Klag (en dr Klag laufe') =
    Trauerbrauch der Ange-
    hörigen hinter dem Sarg

Klenke' putze' = betteln

Klob = unhöflicher, grober Kerl

Klobe' = Tabakspfeife

Klompe' = Bonbons

klöpfe' = knallen

Klufe' = Stecknadeln

knaizle = etwas mit
    Widerwillen essen

knuble' = knien

knupple', knopple' = an etwas
    herumfingern

knütz = abgeschlagen, durch-
    trieben, pfiffig

Kog = Aas, Schimpfwort für
    Männer

konig = sauer, zu Essig
    gewordener Most und Wein

Kopper = eigentl. Aufstoßen,
    Rülpsen; Armenhäusler

Kosel = Muttersau, Schimpf-
    wort

Krangel = (Gerangel)
    Umtrieb

Krattemacher = Korbmacher,
    Schimpfwort

Kratzete = Eierhaber

Krengel = (Geringel) Kreis

Kromets = Jahrmarktspfennig

Krott = aufgewecktes kleines
    Kind

Kuchebuddel = Küchenmagd

Kugelfuhr = ausgelassenes,
    mutwilliges Treiben

Kürbs = Kürbis

L
lenze' = nach etwas hinschielen
leschär = (leger) umgänglich,
　leutselig
läbbere' = langsam laufen von
　Flüssigkeiten, mit Wasser
　spielen
laiche' = verjagen
lätz = falsch, unrecht
Leichesäger = Leichenbitter
losne' = lauschen, horchen
luck = los
Luppel = aufgeworfenes Maul
Luse = Freiheit, Lust zu etwas

M
Maidia = scherzhaftes
　Schimpfwort für abgeschla-
　genen Menschen
mampfe' = mit vollen Backen
　kauen
maoze', maozge' = lamentie-
　ren, jammern
maschugger = meschugge
migge' = das Fuhrwerk
　bremsen
moane' morge' = morgen früh
Möckel = dicker, harter Kopf
Mose' = Flecken
motze' = im oder mit Wasser
　panschen
muschber = munter, lebhaft

N
Neaber = Eber
nonz = nichts
neamed, neaneds = niemand,
　nirgends
Naube' = Nacken

O
Oale = Verkleinerungsform
　von Ei

P
paffe' = rauchen
päppe' = kleben
Pfetschekendle = Kind im
　Tragkissen
Pfipfes = eigentl.
　Zungenkrebs bei Hühnern;
　den P. nehmen: den Über-
　mut austreiben
pfloatsche' = sich faul oder
　müde hinfallen lassen
Pflädder = Fladen
Pflomm = Pflaume
pfludere' = flattern
pfupfere' = auf etwas gespannt
　sein
pfuzge' = aufzischen
plärre' = heulen, schreien
Potere' = Perlen am
　Rosenkranz
prästiere' = aushalten, leiden
　können

R
Raasch = Zorn, Wut
raatsche' = viel reden,
　schwätzen
Ragall = böses Weib
Rahne' = rote Rüben, rote
　Beete
Rälling = Kater
räs = herb, sauer, scharf
Rauhbautz = Grobian
Reff = böses Weib
reng = gering

renge' = regnen

Riebel = Rest des Brotlaibs

ripse' = schrillen, leisen hellen
Ton hervorbringen

rösch = knusprig

rudle' = in etwas herumrüh-
ren

rugge = Schwarzbrot, auch
trockenes Brot

S, Sch, St

Sarras = schwerer Säbel

secht = (stuttgarterisch) sagt

Semere = württ. Hohlmaß,
Korb

Siach = starkes Schimpfwort
für Männer und Sachen

siag = alte Konjunktivform
für ich oder er würde sagen

sole, sodele =
Verkleinerungsform von so

späagle' = nach der Kirchweih
noch hängendes Obst holen
dürfen

spachtle' = sozusagen mit der
Spachtel essen

Sparrefantel = spinneter, ver-
schrobener Mensch

Spickel = Zwickel aus Stoff

Spritzer = junger vorlauter
Mensch

sust = sonst

Schäaf = liederliche
Weibsperson

schaiche' = scheuchen

schaluh = aus dem Häuschen,
aufgeregt sein

Schapf = Schöpfgefäß, auch
Schimpfwort für Weibsleute

schasse' = verjagen

Schell = kleine Glocke;
geschwätzige Weibsperson

schiake' = schief gehen, die
Absätze krumm treten

Schick = Geschicklichkeit

Schlappergosch = Klatschmaul

Schlawak = (Slowake) unor-
dentlicher, hergelaufener
Mensch

schleecht = schlägt

schlotze' = etwas im Mund
zergehen lassen

Schlurger = schlampiger Kerl

Schlutt = liederliches
Weibsbild

Schmack = Geschmack und
Geruch

schmatzge' = schmatzen

Schnall = liederliches
Weibsstück

Schomm = Schaum

schobbe' = etwas hinein-
schieben

Schöpfle = kleiner Schuppen

Schrändle = kleine Sitzbank

Schuh = (Jus) Bratensoße

Schur = Scheuer

schurebuzle' = sich über-
schlagen, Possen treiben

Schwittjeh = Windbeutel

schwittisiere' = sich leichtsin-
nigem Bummeln hingeben

Stapfel = Staffel, Stufe

statzge' = stottern, stecken-
bleiben

Stefzge' = Stift, kleiner Nagel

Stömpfle = kleiner Stumpf,
Stummel

Storre' = krumme alte Bäume
Stupfle' = Stoppeln

T

Tafel, Tafle' = eingerahmte
  Heiligenbilder
toagig, toage = teigig
triale' = etwas aus dem Mund
  tropfen lassen
Tschode, Schaude, Schode =
  überspannter Mensch,
  Halbnarr
Tuun = Turm

U

überlengt = überbeschäftigt
überzwerch = überquer
ui, uier = euch, euer
usse' = außen

V

verkopfe' = sich den Kopf
  zerbrechen
verbobbere' = vor Ungeduld
  vergehen
verlechne', verlechere' =
  rinnen, leck werden
versome' = versäumen
vollzger, volls, vols = vollends

W

waale' = sich wälzen, kollern
Wadelbire' = saure
  Obstbirnen
wahse' = wachsen

Waihtag = Fluch,
  Schimpfwort für Männer
War (s jong War) = junge
  Leute, Kinder
Waschlafor = Waschbecken
weifle' = schwanken,
  besonders im Rausch
weleweag = auf jeden Fall
wemmer = wollen wir
wiefle' = flicken, stopfen
Wonderfitz = Neugierde
wött = Konjunktiv von
  wollen, ich, er, sie würde
  wollen
wuahle' = wühlen, ohne
  Unterlaß arbeiten
Wuhr = Wehr im Fluß
wusele' = sich flink nahe am
  Boden bewegen

Z

zemme' = zusammen
Zenke' = Nase
Zibeb = getrocknete
  Weinbeere, Schimpfwort für
  ältliches Frauenzimmer
Zott = Haarbüschel;
  Schimpfwort für schlampi-
  ges Frauenzimmer
zozzge' = schmerzhaft reißen
Zuttel = unreinliches
  Frauenzimmer
Zweter = Sweater, Pullover
zwilche' = Piepslaute von
  sich geben wie ein Spatz

1981

DER POET AUF DEM HERAUSGEBERSTUHL

Josef Eberle und die Stuttgarter Zeitung

Ausgewählt und eingeleitet von
Martin Hohnecker

»Freiheit, Gerechtigkeit, Menschlichkeit,
Duldsamkeit, SeIbstachtung und Achtung
des Mitmenschen, Ehrfurcht vor Gott und
dem Leben sollen uns keine bespöttelten
Phrasen mehr sein, sondern bedeutungsvolle Gesetze, deren Erfüllung den
Menschen erst zum Menschen macht und
ihm seine Würde verleiht.«

Josef Eberle ist seit 1964 alleiniger Herausgeber
der Stuttgarter Zeitung.
Karikatur von Fritz Meinhard, 31. Dezember 1971.

»Mei Zeidong«

Es war einmal: Stuttgart, Tagblatt-Turm, erster Stock, 12 Uhr. Die Redakteure haben am Hufeisentisch des Konferenzsaales Platz genommen, plaudern, lesen. Da geht an der rückwärtigen Wand eine Tür auf. Ein grauhaariger, eher kurzgewachsener Mann wieselt linksseits nach vorn, öffnet an der Frontseite eine Doppeltür, wäscht sich in dem dahinter verborgenen Becken die Hände, trocknet sie ab, schließt die Tür, wendet sich nach rechts, läßt sich in den einzigen Stuhl mit erhöhter Lehne fallen, nickt dem Chefredakteur, links, und dem Chef vom Dienst, rechts, zu, läßt die Arme auf den Tisch fallen und ruft: »Was machet mr morga?« Er ist erschienen, der Herr Professor – für die Altgedienten der »Herr Eberle«, für die Schwaben »dr Josef«, aber für alle: der Herausgeber der *Stuttgarter Zeitung.* Das Tagwerk kann beginnen.

Dieser Josef Eberle hat nicht gejubelt, als ihm der amerikanische Presseoffizier John Boxer im Sommer 1945 die Lizenz für die erste Zeitung Württembergs anbot. Denn eigentlich wollte er, der die letzten Kriegswochen mit seiner jüdischen Frau in Stuttgarts Wäldern versteckt überlebt hatte, seine Rundfunkkarriere wieder aufnehmen. Ehe die Nazis ihn 1933 verjagt hatten, war er der Leiter der Vortragsabteilung bei Radio Stuttgart gewesen – mit Kontakt zu vielen Autoren, mit Zeit für das eigene Schreiben. Nach dem Berufsverbot (1936) hatte er zeitweise Unterschlupf als Mitarbeiter des amerikanischen Generalkonsulats gefunden.

Weshalb er dann doch einwilligte, gemeinsam mit dem Nationalliberalen Henry Bernhard und dem Kommunisten Karl Ackermann die neue Zeitung zu leiten, ist nicht präzise überliefert. Seine Frau habe ihm klargemacht, daß ihm dann der Tagblatt-Turm gehöre, hieß es. Aber das ist eine von vielen Eberle-Legenden. Jedenfalls verkörperte der kleine, damals noch spitznäsige Mann mit den knitzen Augen plötzlich ein Drittel des Führungstrios von US-Gnaden.

Mit diesem rechnerischen Drittel hat sich Eberle nie begnügt. Rasch entwickelte er ein besitzergreifendes Verhältnis zum Blatt, nein, »zu meiner Zeitung«. Die beiden Generationen seiner Mitherausgeber überlebte er publizistisch oder einfach physisch; die Wiedereinsetzung der Familie Robert Bosch als Miteigen-

tümer der Goldgrube *Stuttgarter Zeitung* akzeptierte er zähne-
knirschend; die ihm später von Bosch-Beratern beigesellten
Aufpasser schüttelte er souverän ab. Sein manchmal verschmitz-
ter, manchmal auch lustvoll-hemdsärmeliger Machtinstinkt duldete keine anderen Götter. Er war der Chef im Ring, er ent-
schied, ob das, was »meine Redagdeer« geschrieben hatten, »ebbes
G'scheits« war – oder bloß »saudummer Galimathias«, mit dem
sie seinen Albtraum verwirklichen wollten: »Ihr machet no mei
Zeidong hee.« Notfalls entließ er auch einmal die komplette
Kulturredaktion, nahm allerdings klaglos hin, daß die Herren am
nächsten Morgen wieder zur Konferenz erschienen. Seine
sprichwörtliche Liberalität erklärte er beim 25. Geburtstag des
Blattes, nun altersweise, so:

> *Und was ich selbst gelernt? Die weise Lehre,*
> *vor unseres Handwerks eingefleischten Tücken*
> *bald eins, bald beide Augen zuzudrücken.*
> *Das schaffe Murks? Nein, gute Atmosphäre!*

Die Kultur, das Feuilleton, das war sein Feld; die Politik erst in
zweiter Linie, und dann vor allem, wenn es darum ging, die
faschistische Vergangenheit aufzuarbeiten, für Freiheit und
Demokratie einzustehen. Oder wenn es galt, die Regierenden in
Bonn und Stuttgart im Duett mit dem kongenialen Zeichner
Fritz Meinhard karikierend durch den Kakao zu ziehen. Über-
haupt war dieser Herausgeber vor allem Autor, Anreger, Glossist,
weniger Verleger. Wen er als originellen Kopf akzeptierte, der
hatte bei ihm Zukunft – und jede Freiheit, auch gegenüber den
Mächtigen im Land. Namen wie Hermann Schreiber, Hellmuth
Karasek, Oliver Storz, Siegfried Melchinger, Hans Blickensdörfer,
Reinhard Appel und viele andere bezeugen das. Ob aber das
Layout mit seinen vier behäbigen Spalten noch zeitgemäß sei,
ob Fotos auf die Seite eins gehörten, ob es an der Zeit wäre, die
Druckerei zu modernisieren: das interessierte ihn weniger.

Wieso auch? Erstens lief das Geschäft wie geschmiert, zweitens
erfreute sich das liberale Blatt eines bundesweit glänzenden Rufs;
und drittens waren solche technischen Details für das »Huma-
num« unerheblich – weshalb der diensthabende Redakteur vom
4. Oktober 1957 ein Lob kassierte, weil er im Nachtdienst dem
Start des russischen Sputniks, dieses seelenlosen Eisenklumpens,

nur eine Kurzmeldung im letzten Andruck eingeräumt hatte. Gerügt wurden dagegen Kollegen, die »Junge« schrieben statt »Bub« und »Fleischer« statt »Metzger«. Oder die sich weigerten, lateinische Verse im Original zu lesen oder die schwäbischen Kutteln in der Kantine zu goutieren. Das grenzte an Vaterlandsverrat.

Als seine »beste Leistung« hat Eberle den Kauf des Cottaschen Nachlasses 1952 und dessen spätere Schenkung an das Deutsche Literaturarchiv in Marbach bezeichnet. Dieser damals zweihunderttausend Mark teure Akt trug ihm zu Recht Ruhm und Ehre ein; schade nur, daß dabei ein wenig unterging, welch wichtigen Anteil sein Mitherausgeber Erich Schairer und sein Verlagsleiter Erwin Epple an dieser Großtat hatten. Doch das war längst vergessen, als der Herausgeber am 1. April 1969 der eiligst zusammengetrommelten Redaktion verkünden mußte, die Familie Bosch habe sich von ihren Anteilen an der *Stuttgarter Zeitung* getrennt. Seine hörbare Sorge über die ungewisse Zukunft des Blattes wich homerischem Gelächter, als ein Ressortleiter vorschlug, alle Kollegen sollten Kredite aufnehmen und Anteile erwerben, um Springer oder Augstein abzuwehren. »Ihr? D'Zeidong kaufa? Ihr hend doch koi Geld«, platzte es aus dem Patriarchen heraus, und viele mit oder unter ihm gealterte Journalisten senkten die Köpfe. Der Mann, selbst längst Millionär, hatte leider recht.

Später, nach seinem Ausscheiden 1971, hat Eberle die überfällige Modernisierung des Blattes mit Groll begleitet. In einem gereimten »Gruß aus Pontresina«, seinem Urlaubsdomizil, dokumentierte der kantige Poet seine Distanz zu den Nachfolgern. Alles verschlechtere sich, auch das Wetter, das Barometer falle, das Licht werde trüber, »scharfer Wind aus Nord-Nordost, bläst zur Vorbereitung – und da bringt auch schon die Post, mir die Heimatzeitung . . .«

Was ihn aber bis hinüber auf den Rottenburger Sülchenfriedhof freuen würde: Sein streitbarer, stets eigen-sinniger Geist leuchtet nach wie vor aus vielen Winkeln der *Stuttgarter Zeitung*. Der Leitartikel und die Karikatur stehen noch immer auf Seite eins, die »Brücke zur Welt« ist nicht einsturzgefährdet; der Fleischer heißt noch immer Metzger, und der Sonnabend Samstag, so wie es sich gehört. Ein wenig, so könnte unser Josephus getrost im Dichterhimmel verkünden, sei sie noch immer, was sie einstmals war: »Mei Zeidong«.

SIEG DES GEISTES!

Es war ein Symbol, als im Frühjahr 1933 überall in Deutschland die Bücherstöße aufflammten, ein Symbol für den Kampf gegen den Geist, den das Dritte Reich zu führen begann und den es mit instinktsicherem Haß für das ihm Wesensfremde durchgefochten hat bis zu seinem eigenen Untergang.

Von keinem anderen Sieg der Weltgeschichte kann man daher mit gleicher Bestimmtheit sagen, daß der Geist auf seiten des Siegers gestanden, ja, daß er die entscheidende Waffe bei der Erringung des Sieges gewesen sei. Denn noch nie hat ein Volk es sich so wie das deutsche in den letzten zwölf Jahren gefallen lassen, daß sein besseres Wesen, seine Geschichte und seine geistige Tradition von seinen frei gewählten Machthabern so schamlos verleugnet, verfälscht und mißbraucht wurde. Kein anderes Regime hat je durch seinen Größenwahn, seine Gewalttaten und seine Verbrechen die ganze gesittete Welt so gegen sich aufgebracht, wie das des Dritten Reiches. Und kein anderes hat jemals seinen Feinden den Anspruch, sie führten den Kampf als einen Akt der Notwehr gegen geistfeindliche Barbarei und Weltbedrohung, so in den Mund gelegt und diesen Anspruch durch die eigenen Untaten so gerechtfertigt. Der Sieg über das Dritte Reich ist wirklich ein Sieg des Geistes; die mehr in die Augen fallenden Faktoren, wie die zahlenmäßige Überlegenheit an Menschen und Material, spielten dabei lediglich die Rolle der Exekutive.

Was hier unter Geist verstanden wird, ist freilich etwas anderes, als was die Giftküche Goebbels' dafür ausgab. Dort meinte man den Goldgehalt des Wortes zu entwerten, wenn man den Geist als »Intellektualismus« und seine Träger als »Intellekt-Bestien« beschimpfte; wenn man jeden, dem Kleingehirn und kleinen Gehirn eines Blockleiters nicht leicht eingängigen Versuch, Welt und Leben in neue künstlerische Formen zu fassen, als »Kultur-Bolschewismus« verschrie; wenn man Humanität als Schwäche, Toleranz als Dummheit, Ehrfurcht als altmodisch und Wissen und Bildung als Nebensächlichkeiten, kurz, alle Äußerungen des Geistes verächtlich abtat oder gar zu Todsünden stempelte, wie zum Beispiel Vernunft und Urteilsfähigkeit. Den Humor aber, diese mildeste Frucht vom Baum der Erkenntnis, empfand man dort geradezu als Angriff und ahndete ihn als Staatsverbrechen.

Und wie sprangen sie mit dem edelsten Instrument des Geistes, mit der Sprache um! Der Ley traf den Nagel auf den Kopf, als er 1933 hier in Stuttgart in einer Versammlung ausrief: »Vierzehn Jahre lang haben wir einen Kampf mit der Sprache des kleinen Mannes geführt.« Sie haben ihn die letzten zwölf Jahre mit der ihnen eigenen Sturheit weitergeführt, diesen Kampf gegen unsere Muttersprache, wofür jede Hitler-Rede Belege genug liefert.

Es bleibt eine brennende Schande für unser Volk, daß sich seine politischen Kinder jedes wahlfähigen Alters von der mißtönenden Propagandaflöte jenes Rattenfängers von Rheydt in den Abgrund des Ungeistes locken ließen. Daß es sich, freilich seit alters an Ersatz gewöhnt, Goebbels' glatte Zungenfertigkeit und die raffinierte Mache seiner Propaganda als »Geist« andrehen ließ. Daß es das gute Erbe seiner Besten wegwarf, wie ein verzogenes Kind sein teures Spielzeug wegwirft für ein Jahrmarktsbläschen. Daß es sich die Frucht einer langen geistigen Tradition, nämlich den Maßstab für Wert und Unwert, ohne Gegenwehr von Schwindlern entwinden ließ und viertrangige Werte wie Organisationstalent, äußerliche Disziplin und den trübseligen Ordnungssinn der Kaserne, ja die platte Gerissenheit für geistige Dinge nahm.

Nachdem so die inneren Beziehungen unseres Volkes zu den weltgültigen Idealen seiner Vergangenheit gelockert und gelöst waren und die wehrlosen toten Größen, soweit sie dafür brauchbar schienen, nur noch zur Drapierung der ungeistigsten aller Weltanschauungen hervorgeholt wurden, ging man daran, uns auch noch vom geistigen Geschehen der übrigen Welt abzuschließen. Damit gab es kein Vergleichen, kein Empfangen von Anregungen, kein Wetteifern mehr. Wir genügten uns selbst, verloren den Sinn für geistige Leistung und wurden in der Stickluft unserer zeitlichen und räumlichen Isolierung, die keineswegs glänzend war, geistig steril.

'Gewiß gab es innerhalb des Dritten Reiches noch gewichtige geistige Erscheinungen. Aber erfreulicher wird das Bild durch die Feststellung dieser Tatsache nicht. Die Besten schwiegen, andre flüchteten sich in lebensferne Abseitigkeit, wieder andere, deren Charakterstärke ihrem Talent nicht gleichkam, ließen sich, teils sich selbst belügend, mißbrauchen und entwerteten dadurch ihre Gaben selbst. Und die Wissenschaft diente dem befohlenen Zweck.

Dies alles wird nicht gesagt, um zu verletzen und zu kränken. Wir sind alle Sünder vor dem Geiste. Aber wo neu gebaut werden soll, muß zuerst der Bauplatz freigelegt werden. Und daß unser geistiges Leben neu aufgebaut werden muß, ist heute wohl auch dem Gleichgültigsten klar geworden. Wir haben guten Willen, Mut und Zuversicht zu diesem schweren Werk. Vor allem haben wir das wichtigste, ohne das der Geist nicht bestehen kann, wiedergewonnen: unsere Freiheit. Anknüpfend an die große Tradition unseres geistigen Lebens, wollen wir die Rangordnung der Werte wieder aufrichten und ihre zwar besudelten, aber unvergänglichen Ideale zur Richtschnur nehmen auf dem Weg zu unserem besseren Selbst. Freiheit, Gerechtigkeit, Menschlichkeit, Duldsamkeit, Selbstachtung und Achtung des Mitmenschen, Ehrfurcht vor Gott und dem Leben sollen uns keine bespöttelten Phrasen mehr sein, sondern bedeutungsvolle Gesetze, deren Erfüllung den Menschen erst zum Menschen macht und ihm seine Würde verleiht. Dann wird auch der in sträflichem Wahnsinn künstlich geschaffene Zwiespalt zwischen Deutsch-sein und Mensch-sein sich schließen, und dann werden wir den andern nicht mehr unverständlich sein, so wenig wie sie uns.

18. September 1945

Mal herhören, Herr Leutnant!

Mit Achtzehn Leutnant, mit Zwanzig Major,
E.K. und Nahkampfspange...
Du kamst dir wie der Herrgott vor, –
und warst's auch – viel zu lange.
Du hattest Moneten, du hattest Schnaps
und Macht über bärtige Männer.
Das steigt zu Kopf, man kriegt einen Klaps,
Megalomanie nennt's der Kenner.

Sie hatten dich von der Schulbank geholt
und dir vom Front-Erlebnis
als besserer Schule was vorgekohlt –
jetzt weißt du als ganzes Ergebnis:
Daß Tod und Vernichtung Hauptwörter sind,
und zerstören, töten und sterben
– ein seltsames Pensum für ein Kind! –
die regelmäßigsten Verben.

Das ist zu viel und zu wenig, mein Sohn.
mit dem ist kein Staat zu machen.
Und Katzenjammer, das weißt du ja schon,
ist immer ein übles Erwachen.

Du fühlst dich enttäuscht, du fühlst dich entkernt?
Warum am Vergangenen kleben?
Du hast für Hitler zu sterben gelernt,
nun lerne für Deutschland zu leben!

15. Dezember 1945

Lob der Zeitung

Mit der Zeitung steht es so:
Jedermann ist herzlich froh,
wenn er so ein Blatt bekommt,
weil es vielen Zwecken frommt:

Erstens läßt das Zeitungsblatt
leicht sich auseinanderstückeln,
um das Vesper einzuwickeln
(– falls man was zum wickeln hat).

Zweitens tut das Zeitungsblatt
schon am Morgen beim Erwachen
guten Dienst beim Feuermachen
(– falls man Holz und Kohlen hat).

Drittens pflegt das Zeitungsblatt
auch die Hausfrau zu benutzen
beispielsweis' zum Fensterputzen
(– falls sie Fensterscheiben hat).

Viertens kann man mit dem Blatt
– pflegt man's vorher aufzuweichen –
Risse in der Wand verstreichen
(die wohl heute jeder hat).

Fünftens dient das Zeitungsblatt
Gipsern, Malern und so weiter
als Ersatzhut auf der Leiter
(– falls man einen Gipser hat).

Sechstens kann man in dem Blatt,
wie schon Wilhelm Busch sagt, lesen,
wo und wann was los gewesen
(falls man Bildungstriebe hat).

Siebtens kann man auf das Blatt
und die Redakteure schimpfen
oder auch die Nase rümpfen
(– falls man sich geärgert hat).

> Achtens löst das Zeitungsblatt
> solcher Art die innre Stauung
> und befördert die Verdauung
> (– falls man was zu dauen hat).

> Schließlich leiht das brave Blatt
> dir auch dann noch seine Dienste,
> weil gedruckte Hirngespinste,
> griffig sind und weich und glatt ...

> *Peter Squenz*
>
> 02. März 1946

NATIONALGEFÜHL – JA! NATIONALISMUS – NEIN!

Was würden sie von einem Menschen halten, der bei jeder passenden und unpassenden Gelegenheit sich und seine Familie als die klügsten, fleißigsten, anständigsten, tapfersten, tüchtigsten, saubersten, kurz als die besten und anständigsten Leute der Stadt austrompetete? Jeder Vernünftige und Wohlerzogene würde ihn einen größenwahnsinnigen Schwadroneur und arroganten Bramarbas heißen und seinen Umgang nach Möglichkeit meiden. Soweit sind wir wohl alle einig?

Tritt aber eine Gemeinschaft von etlichen -zig Millionen mit diesen anmaßenden Ansprüchen auf, dann bekommt die Sache ein anderes Gesicht, und mit unserer Einigkeit ist es aus. Denn damit verliert jene Narretei ihren ehrlichen Namen und wird zur nationalistischen Mystik, die ihren Bereich gegen das unbefugte Eindringen von Kritik und gesundem Menschenverstand mit Tabu-geboten »nationale Würde«, »nationale Ehre«, »Nationalstolz« umzäunt.

Der Nationalismus, welche Farben er auch tragen möge, neigt überall zu dieser Überheblichkeit – nein, Nationalismus *ist* Überheblichkeit. Mag er Historikern als entwicklungsgeschichtliche Epoche eines Volkes erklärlich, mag er Psychologen unter gewissen Umständen verständlich sein, solche Erkenntnisse ändern nichts an der Tatsache, daß er in der heutigen Welt der Atombombe ein Anachronismus ist und keine Zukunft mehr hat.

Einem geschlagenen, so total besiegten Volk wie dem deutschen fällt es freilich schwer, den Versuchungen nationalistischen Denkens zu widerstehen – aus äußeren und inneren Gründen. Da es nicht in unserer Hand liegt, die äußeren Ursachen aufzuheben, müssen wir um so mehr darauf bedacht sein, die inneren zu erkennen und zu beseitigen. Es ist ja so bequem und so entlastend, für die bitteren Konsequenzen der Niederlage die Sieger verantwortlich zu machen. Und es ist noch viel bequemer und auch ungefährlicher, die eigenen Mitbürger, die einem klarzumachen suchen, daß die Niederlage selbst nur eine Konsequenz von etwas anderem ist als Landesverräter, als Beschmutzer des eigenen Nestes, als des deutschen Namens Unwürdige zu beschimpfen – vorerst, um sie dann später einmal... Dieses »Später« ist die große Hoffnung unserer Nationalisten, mit diesem Später beginnt ihr Denken sich im alten Kreis zu drehen, denn sie vergessen ganz, daß dieses Später nie eintreten wird, solange sie so denken.

Versuchen wir es doch einmal anders herum. Die Niederlage ist eine Konsequenz – von was? Von der Antwort auf diese Frage hängt es ab, ob man aus dem fehlerhaften Kreislauf des Denkens herausfindet oder nicht. Bedarf es wirklich eines Übermaßes an Intelligenz um einzusehen, daß eine Politik, die uns zweimal während einer Generation in namenloses Unglück gestürzt hat, künftig zu lassen sei? Selbst in Gedanken zu lassen sei, weil ein dritter Versuch in dieser Richtung nicht einmal mehr nationalistisch, sondern schlankweg nihilistisch wäre? Ganz abgesehen davon, daß uns die Möglichkeiten dazu genommen sind. Hoffnungen und Wünsche ohne reale Basis und ohne die geringste Aussicht auf Erfüllung können nur Wundergläubige hegen, und auch vom Wunderglauben sollten uns die Geschichten der letzten Jahre endgültig geheilt haben.

Wenn also die Wiederholung einer ähnlichen Politik weder möglich, noch wünschbar und schon gar nicht wünschenswert ist, dann muß man konsequenterweise auch ihre geistige Voraussetzung abbauen: die nationalistische Ideologie.

Es ist zuzugeben, daß die operative Entfernung des nationalistischen Geschwürs für manche Leute besonders schmerzhaft ist, weil sie ohne Betäubung geschehen muß, und weil sie an jener Stelle ohnedies überempfindlich sind. Ist das nicht allein schon ein Symptom der Erkrankung? Ein Organ, das man spürt, pflegt nicht in Ordnung zu sein. Die »nationale Würde« und das »nationale Ehrgefühl« jener hatten schon immer ein viel zu dünnes Häutchen. Und wie es bei Kranken oft so ist: sie sagen, es sei das Herz, während der geschulte Diagnostiker feststellt, daß es der Magen ist. So nahe liegen die Organe, liegen manchmal »Ehre« und »Interesse« beieinander.

Um Mißdeutungen zu vermeiden: Nationalismus ist die Karikatur von Nationalgefühl. Das Nationale versteht sich von selbst. Wir müssen endlich davon abkommen, in jedem Mit-Bürger einen »Verräter« zu sehen, nur weil er über die Mittel und Wege zum Glücklichwerden unseres Volkes anderer Ansicht ist. So viel freilich dürfen die Nazigegner, ohne sich in den kindischen Wettbewerb deutsch, deutscher, am deutschesten einzulassen, von sich sagen, daß jeder von ihnen mehr Instinkt und mehr Gefühl für nationale Würde, Ehre und Verantwortung bewiesen habe als alle ihre nationalistischen Verfolger zusammen, die die unbequemen Warner Staats- und Volksfeinde geschimpft, eingesperrt, gemartert und gemordet haben. Denn was wollten sie denn anders, als ihrem Volke das ersparen, was dann jene so prompt und über alles Erwarten ausgiebig über es gebracht haben?

Und der Nationalismus »der andern«? Natürlich gibt es überall Nationalisten, wie es in jedem Volk Kurzsichtige und Schwerhörige und Zurückgebliebene und Egoisten gibt. Aber in welchem Land der Erde ist der Nationalismus jemals so ausschließlich Staatsreligion und Grundlage der Moral gewesen wie im Dritten Reich? Auf jeden Fall steht so viel fest: uns hat der unsrige ruiniert! Im übrigen kommt es uns Nationalisten am wenigsten zu, den Nationalismus der »andern« anzuprangern, den ihr eigener größter erst provoziert hat, so er besteht. Es wäre klüger, für sie und heilsamer für uns alle, darüber nachzudenken, wie sich die Unsrigen als Sieger gegenüber den Besiegten verhalten haben und wie sie sich erst bei einem totalen Sieg benommen haben würden. Hätten sie wohl auch die Inlandsrationen ihres eigenen Volkes beschränkt, um den Besiegten Lebensmittel zu liefern? Carepakete zugelassen? Hilfsorganisationen errichtet?

Wer je Gelegenheit gehabt hat, amerikanische oder englische Zeitschriften oder Zeitungen zu lesen, wird erstaunt gewesen sein, über das Maß von Selbstkritik, das diese Nationen üben, ohne sich in ihrer nationalen Würde auch nur geschrammt zu fühlen. Im Gegenteil: es ist ihr Stolz und ihre Ehre, frei und ungehemmt die Wahrheit über sich sagen und anhören zu können, auch wenn sie beißt und brennt! Kritik an Regierung und Behörden und an dem uns Heiligsten, dem Militär, wie sie dort, nach dem Sieg, an der Tagesordnung ist, ist bei uns gerade ein paar Jahre nach der Niederlage von 1918 möglich gewesen, in der »gefestigten« Republik schon nicht mehr. Und haben wir denn vergessen, daß Goebbels und die Seinen ihr Propagandamaterial gegen die »verrottete plutodemokratischbolschewistische Welt«, sofern es einmal der Wahrheit entsprach, aus amerikanischen, englischen, russischen und französischen Blättern selbst bezogen haben? Sie nahmen in ihrer Verblendung als Zeichen der Schwäche und des Zerfalls, was die Stärke der Demokratien ist: die Freiheit der Kritik, das Recht der Meinungsäußerung. Nach dieser Logik gab es freilich im Dritten Reich weder Korruption, noch Skandale, noch Verbrechen – es stand ja nichts in der Zeitung davon!

Etwas von dieser Propaganda-Logik haftet auch heute noch in den Gehirnen vieler unserer Landsleute. Sie halten es noch immer für ein Verbrechen gegen die Nationalehre, die Schänder des deutschen Namens Mörder und Verbrecher, einen Hitler-General einen Militaristen und den neuen deutschen Nationalismus eine lebensgefährliche Dummheit zu nennen. Unbewußt identifizieren sie sich immer noch mit den Verderbern ihres Vaterlandes, wenn sie sagen: »Ich bin zwar nie Nazi gewesen, aber ...« Hier gilt kein aber, hier gilt auszufressen, was jene uns eingebrockt haben. Weder Anfang, noch Mitte, noch Ende des Dritten Reiches bieten einem wahrhaften Stolz bekömmliche Nahrung, und eine Nation, die sich die in ihrem Namen begangenen Untaten zur Ehre anrechnen würde, könnte niemals eine Nation von ehrbaren Leuten sein. Also, Strich drunter!

Setzen wir unseren Stolz und unsere Ehre vielmehr darein, daß eben dieser Stolz und diese Ehre nie wieder in Gegensatz zu Wahrheit und Recht, zu Freiheit und Selbstachtung geraten! Dazu bedarf es des Mutes zur Selbstkritik, zu Selbsterkenntnis und zu innerer Wandlung – um unseretwillen, nicht um »der anderen« willen. Diesen Mut zu wecken, diese Wandlung zu för-

dern ist eine der wichtigsten Aufgaben der deutschen Presse, die
ja weder von »den andern« noch für »die andern« geschrieben
wird. Wie weit die *Stuttgarter Zeitung* in dem Jahr ihres Bestehens
dieser Aufgabe gerecht geworden ist, mögen die Leser entscheiden.

18. September 1946

»HEUTE« WIE GESTERN

Zweimal wird im letzten Heft der Zeitschrift »Heute« (Nr. 28 vom
15. Januar 1947) die Behauptung von Millionen fassungslos vor
den enthüllten Greueln der KZ stehenden Deutschen, sie hätten
nichts davon gewußt, ironisiert oder zwischen bezweifelnde An-
führungszeichen gesetzt. Wenn damit das Gewissen der noch
immer oder schon wieder allzu vielen Deutschen, die vor diesen
fürchterlichen Dingen absichtlich Augen und Ohren verschlie-
ßen, wachgerüttelt werden soll, so ist dieser Versuch zwar lobens-
wert, aber mit falschen Mitteln unternommen.

Wird damit nicht allen denen die aus Mangel an Wahrheitsmut
und Selbsterkenntnis aus falschen Ehrbegriffen oder um ihrer
Seelenruhe willen nicht gesonnen sind, mit diesen Ungeheuer-
lichkeiten fertig zu werden und aus dieser Reinigung die moralischen und politischen Konsequenzen zu ziehen – wird nicht
allen diesen damit eine begierig ergriffene Möglichkeit zur Rechtfertigung vor sich selbst geboten? Denn tatsächlich können sich
die meisten Deutschen von der Beschuldigung, »es gewußt zu
haben«, guten Gewissens freisprechen. Aber liegt denn die Schuld
im damaligen »Wissen« von diesen Dingen? Ja, sagt der strenge
Moralist; denn das Wissen ist die Voraussetzung zum rechten Tun.
Dieses rechte Tun aber hätte in Auflehnung, Widerstand, Revolution bestehen müssen: Wenn »die Deutschen« also behaupten,
sie hätten »es nicht gewußt«, so ist das nur eine Ausrede für ihr
Versagen.

Das ist logisch, aber nicht psychologisch gedacht. Erfahrungen
der Psychologie gelten nicht wie in der Mathematik unter allen
Umständen. Es ist unmöglich – es sei denn mit beträchtlichem
Aufwand an Pharisäertum – psychologische »Gesetze«, die für das
Verhalten der Menschen unter normalen Verhältnissen gelten, für

allgemein gültig auch dort zu erklären, wo die Menschen unter anormalen, ja unmenschlichen Verhältnissen zu leben gezwungen sind. Dafür sind die Aufzeichnungen früherer KZ-Häftlinge der beste Beweis; die barbarischen Lebensverhältnisse in den Lagern haben auf die Menschen individuell verschieden, aber unabhängig von Nationalität, Rasse und Klasse gewirkt.

Wer das nazistische Terrorsystem erlebt hat – und man muß es erlebt haben, um mitreden zu können – weiß, daß auch das genaueste Wissen dessen, was vorging, nichts anderes hätte hervorbringen können als Verzeiflung über die völlige Ohnmacht und Wehrlosigkeit des einzelnen – und wir waren lauter einzelne, wenn auch millionenweise; darin bestand ja der Haupteffekt des Terrors. Es gab sogar viele, die »es wußten«; aber gerade *weil* sie wußten, was ihnen bevorstand, wenn sie nicht schwiegen, schwiegen sie. Auch ich habe beispielsweise von vielem gewußt: von den Morden an den Geisteskranken, von der nie endenden Malträtierung der Juden und ihrer schließlichen Verschleppung nach Osten. Hier wußte ich sogar ganz genau Bescheid, weil Dutzende von jüdischen Familienangehörigen und Freunden davon betroffen wurden. Und was ich nicht genau wußte, das ahnte ich und vernahm ich, zwar nur gerüchtweise, aber doch glaubhaft; denn ich hörte nie wieder von ihnen. Hätte ich nun auf die Straße gehen und »Nieder mit Hitler!« schreien sollen? Man darf mir glauben, der Gedanke an Selbstmord lag unter diesen Umständen mir und meiner jüdischen Frau gewiß nicht fern; aber einer *dieser* Art hätte all die andern, die in ähnlicher Lage waren wie wir, mit uns Freiheit und Leben gekostet.

Daß es freilich so weit mit uns kommen konnte, steht auf einem andern Blatt, nämlich auf dem *politischen* Schuldkonto, das mit einem viel früheren Datum beginnt als das unserer moralischen »Kollektivschuld«. Was uns dort angekreidet ist, mußten und müssen wir bezahlen. Das ist ein klagbarer Posten in der Buchführung der Geschichte. Problematisch wird die Sache aber, wenn die Kollektivschuld *der* Deutschen als moralischer Vorwurf erhoben wird. Es ist eine Frage der Gewissenserforschung jedes einzelnen, ob und wie er sich hier schuldig gemacht habe. Spricht man schon von einer Kollektivschuld, dann darf dieses Kollektiv auf keinen Fall alle jene mit umfassen, die lange die einzigen Gegner und Opfer des Systems gewesen sind. Man bringt alle Deutschen, die vor sich selbst gestehen dürfen, daß sie die moralische Bewährungsprobe des Dritten Reichs bestanden haben, mit der sogenannten Kollektivschuld in schweren seelischen Zwiespalt: wenn *alle* Deutschen schuldig sind, dann sind's auch sie; können sie aber vor Gott und ihrem Gewissen sich freisprechen, dann müssen sie sich von ihrem verworfenen Volk lossagen, an das sie trotz allem glauben, glauben wollen und glauben müssen, wenn sie mithelfen wollen, eine bessere Zukunft heraufzuführen. Und das erwartet man doch von ihnen.

Es ist zuzugeben, die Deutschen *dieser* Art sind empfindlich, vielleicht überempfindlich geworden in solchen Dingen. Aber gerade weil ihr Verantwortungsbewußtsein geschärft ist, akzeptieren sie den Begriff der Kollektivschuld. Nur verläuft ihrer Meinung nach die Trennungslinie zwischen schuldig und nichtschuldig keineswegs den nationalen Grenzen entlang. Die Welt wußte viel mehr und viel Genaueres über die Nazigreuel als wir. Das meiste, was wir davon wußten, haben wir – unter Lebensgefahr – durch ihre Radiosender erfahren. Ist die Welt deshalb der Nazi-Olympiade ferngeblieben? Hat sie deshalb die Beziehungen mit dem Massenmörder Hitler, der er schon *vor* dem Krieg war, abgebrochen? Haben nicht prominente Staatsmänner die gleiche Hand geschüttelt, die Juden, Kommunisten, Sozialisten und überzeugungstreue Christen erwürgte?

Und heute? Weiß die Welt nichts von den Verbrechen, die Franco und seine faschistische Bande am spanischen Volk noch immer begeht? Es ist eine bittere Vision, das spanische Volk eines Tages vor dem Weltgericht auf der Anklagebank sitzen und auch »kollektivschuldig« gesprochen zu sehen, weil es seine Bedrücker nicht abgeschüttelt habe.   22. Januar 1947

BEI REINHOLD NÄGELE IN NEW YORK

Mit Herzklopfen wählte ich die Nummer, die ich in dem halb-zentnerschweren New Yorker Adreßbuch festgestellt hatte. Es knackte im Apparat, dann summte es, und dann meldete sich, sachlich und spannungslos, die vertraute, seit fast zehn Jahren von mir nicht mehr gehörte Stimme. Es war jedesmal dasselbe erregende Abenteuer, wenn man drüben alte Freunde anrief, um ihnen zu sagen, daß man im Lande sei. Klang und Tonfall der Freundesstimme war wie das Hors d'oeuvre zu dem Festdinner des Wiedersehens. So auch hier. Ich solle sobald wie möglich kommen: »Passen Sie auf: Sie nehmen die Subway, fahren bis...« usw.

In der Halle des großen neuen Mietshauses fand ich in den langen Reihen nichtssagender oder unaussprechlicher Namen als einzig vernünftig klingenden den seinen: Reinhold Nägele. Noch suchte ich oben im Gang an den Türen nach seiner Wohnungs-nummer, da kam er mir schon selbst entgegen. Ganz der alte! Nur das früher schwarze Lockengestrüpp über der hohen Stirn war jetzt grau. Und dicker war er auch geworden. Ein Fremder hätte unserer Begegnung kaum entnehmen können, daß wir ein-ander seit neun Jahren – und was für Jahren! – nicht mehr gesehen hatten, so schwäbisch-scheu gab sie sich. Sein erstes Wort, glaube ich, war: »Habe' Se scho' gesse?« Sein Schwäbisch hatte er also nicht verlernt. Auch Frau Alice schwäbelte noch recht fließend, und auch sie war noch ganz die alte – oder galanter und richti-ger gesagt: die junge, so wie ich sie in Erinnerung gehabt hatte, mit dem raschen Wetterwechsel ihres Mienenspiels von amüsiert-verschmitzt zu schmerzlich-gekränkt.

Wie es so geht bei solchen Wiedersehen: das gegenseitige Erzäh-len überstürzte sich in einem Durcheinander der Chronologie wie der Stimmen; jeder meinte, seine Erlebnisse von zehn Jahren in zehn Minuten herausprudeln zu müssen. Dutzende von Namen alter Freunde und Feinde fielen, erschütternde Schicksalsberichte mischten sich mit Anekdotischem, mit Erinnerungen, mit Poli-tischem und mit Persönlichem: denn hinter allem stand die nie erschöpfend genug zu beantwortende Frage: Und wie habt ihrs überstanden?

Für New York war es ein rechter Weltuntergang: innerhalb

einer Viertelstunde war es spurlos versunken, obwohl sein Himmel, sein Lärm und seine Hitze durch die Fenster drangen. Es kostete die Phantasie nicht die geringste Mühe, mich zu überzeugen, ich sitze wie einst bei Nägeles in Murrhardt oder in Stuttgart. Dazu das ganze Milieu, das gar nicht amerikanisch anmutete und die Atmosphäre, die von den vielen Bildern an den Wänden ausstrahlte – neuen, zuvor nie gesehenen und doch in ihrer Art wohlvertrauten Bildern.

Das brachte mich auf die Kernfrage, die ich freilich nicht direkt zu stellen wagte, und die seither so viele seiner alten Freunde an mich gerichtet haben: Hat dieser Ur- und Erzschwabe Nägele drüben wirklich Wurzeln geschlagen? Hat er sich in New York eingelebt? Fühlt er sich wohl in Amerika? Ich weiß es nicht. Ich weiß nur, daß er auf die Sondierung unseres ehemaligen Kultministers Dr. Heuss, ob er nicht zurückkommen wolle, freundlich aber ablehnend erwidert hat. »Nein«, sagte er mir drüben, indem er auf seine Wanderung über England nach Amerika anspielte, »nein, ich hab jetzt Koffer genug gepackt in meinem Leben.« So versuchte ich, mir die nicht gestellte Frage von seinen Bildern beantworten zu lassen. Was erwartete ich zu sehen? Das grandiose Erlebnis New York mit den Kuben und Waben seiner Wolkenkratzer, mit seinem Gewirr von Straßen, Hochbahnen, Schienen und Quais, mit seinem phantastischen abendlichen Lichterspiel, mit seinem Sammelsurium von Typen und Käuzen aller Farben und Nationalitäten, mit der faszinierenden Welt der Subway, der Warenhäuser, des kitschig-schönen Rummels des nächtlichen Times Squares, alles erfaßt mit seinem scharfen Blick, gestaltet aus seiner Phantasie, in der Danteskes mit skurrilem Humor sich seltsam mischt und wiedergegeben mit der Akribie seines Pinsels. Und was sah ich? Wundervolle Landschaftsbilder aus Vermont, einem Staat im Nordosten, gemalt mit der ganzen Hingabe eines Natursüchtigen und mit jener eigenartigen Meisterschaft, die jedes Nägele-Bild sofort erkennbar aus Hunderten anderer heraushebt. Es waren bewaldete Hügel, Schluchten, Wiesentäler, Felsen, Fernblicke über dunstige Berge hinweg, und seltsam: irgendwie erinnerte das alles an die heimische Landschaft, an schwäbisches Land.

War dies die Antwort auf jene Frage? Und war es die richtige? Der Meister selbst wich jedesmal aus, wenn ich ihn fragte, ob

denn New York mit seinen unerhört malerischen Aspekten ihm
Auge und Hand nicht reize? »Wo soll man sich denn in diesem
Trubel zum Malen hinstellen?« wehrte er ab. Das sei alles nicht
so einfach. Nein, einfach ist es wohl überhaupt nicht, Maler zu
sein in diesem New York, besonders nicht für einen von solcher
Eigenwilligkeit wie Reinhold Nägele, dessen Kunst weder nach
Markt noch Mode fragt. Und doch bin ich überzeugt, er bedürfte nur eines »Entdeckers« oder, im Stil der Stadt zu sprechen,
eines »Managers«, um seinem Werk unter den seriösen Kunst-
freunden New Yorks viele Liebhaber zu gewinnen.

Sei dem, wie ihm wolle; ich freue mich seiner neuerwachten
Schaffenskraft, die jetzt, da er auf dem amerikanischen Boden
Fuß gefaßt hat, sich wieder freier auswirken kann. An Lust und
Mut zu neuen Versuchen, sowohl hinsichtlich der Gestaltung wie
der Technik, fehlt es ihm offenbar nicht; manches Neuartige an
der Wand und in seinen Mappen bewies es.

Und nun ist Reinhold Nägele 65 geworden. Möge er in der
neuen Heimat jederzeit ohne Groll und ohne Bitterkeit dessen
gedenken, was einst in der alten seinem Herzen nahestand: der
treuen Freunde und der vielen Bewunderer seiner Kunst, der
unbefleckt gebliebenen Landschaft und des guten Geistes dieses
Landes, der auch ihn geprägt und gesegnet hat.

20. August 1948

Das Problem

Heut nacht im Traum erschien mir ein Gespenst,
so dürr und mager wie ein Fragezeichen.
»Ich nehme an«, so sprach's, »daß du mich kennst ...«
und machte ohne Rücksicht und dergleichen
es sich auf meiner Brust bequem.
»Ich bin (Verbeugung) das Problem.
Nicht irgendeines, sondern schlechthin, ›das‹.
Du darfst dich nicht an meinem Äußern stoßen;
einst war ich der Vertraute aller Großen
und habe nur mit Geistigen verkehrt,
die Besten haben sich um mich verzehrt –
doch jede Zeit besitzt ihr eignes Maß.«

Und bitter fuhr es fort: »Gewiß, noch leb' ich,
jedoch mit einst verglichen ziemlich schäbig.
Denn jeder Leitartikel
packt mich beim Wickel,
und jeder Schwätzer, jeder blöde,
streut mich als Salz auf seine Rede,
und jede Katechismusfrage
wird zum Problema heutzutage.
Ach, wüßtest du, wie mich die Plattitüden,
die man mir in die Schuhe schiebt, ermüden!«

Das klang so hohl, so trostlos und so schaurig –
ich wachte auf und war unsagbar traurig,
und zwar von eben wegen dem.
Den ganzen Morgen lag's auf mir so schwer,
das brennende Problem:
wo krieg' ich heute Zigaretten her?

11. Januar 1949

Redend mit viel schönen Preußen...

Nach bekannter Melodie

Redend mit viel schönen Preußen
von der Städte Wert und Zahl,
saß der Eberhard mit Heussen
jüngst zu Bonn im Bundessaal.

»Herrlich«, sprach ein Herr aus Hessen,
»schmeckt der Kassler Rippenspeer,
und es stehen viele Trümmer
für den Bund in Kassel leer.«

»Seht in Bonn die üppge Fülle«,
sprach Herr Adenau vom Rhein.
»Viele Kirchen, viele Wähler,
in den Kellern edler Wein!«

»Wirtschaftsrat und I.G. Farben«,
Goethes später Landsmann sprach,
»schaffen, daß an Bürokraten
Frankfurt keiner Stadt steht nach.«

Eberhard, der mit dem Bärtchen,
ein auch sonst beliebter Herr,
sprach: »In Stuttgart gibt's zwar Schwaben,
freilich nicht sehr viele mehr.

Doch ein Kleinod hält's verborgen:
seinen Klett, im Wahne groß,
der als Oberhaupt kann legen
hundert Mann pro Erdgeschoß.«

Und es rief der Herr aus Sachsen,
Der von Schleswig, der vom Rhein:
»Arnulf Klett, Ihr seid der Rechte,
Euer Stuttgart soll es sein!«

12. Februar 1949

Die Thronprätendenten

Spiegelein, Spiegelein an der Wand,
Wer wird der Höchste in Westdeutschland?

Wer wird am Bonner Bauwerk die Spitze;
Sei es als Ableiter zuckender Blitze,
Sei es als Zierat und Gockelhahn
Oder als blecherne Wetterfahn'?

Spiegelein, Spiegelein an der Wand,
Wer ist der Stärkste in Westdeutschland?

Schwarz ist die Nacht, und schwarz ist die Trauer,
Schwarz die Couleur des Herrn Adenauer.
Böse Kinder und »Schwarzer Mann«
Bilden seit alters ein Zwiegespann.

Spiegelein, Spiegelein an der Wand,
Wer ist der Dickste in Westdeutschland?

Ist es nicht Carlo als Marquis Posa?
Wenn auch nicht rot, so ist er doch rosa.
Symbolisiert nicht sein dreifaches Kinn
Machtvoll Trizoniens Einheit und Sinn?

Spiegelein, Spiegelein an der Wand,
Wer ist der Schlankste in Westdeutschland?

Ist's nicht der goldige, joviale,
Deutschdemokratischnationalliberale,
Biographierende, trotz einem Preuß'
Redegewandte Theodor Heuss?

Spiegelein, Spiegelein an der Wand,
Wer ist der Schönste in Westdeutschland?

7. Mai 1949

»BIS AUF WEITERES...«

Im allgemeinen ist der Fahrplan keine sehr aufregende Lektüre. Einzelne Sätze in dem unseren sind es aber doch. Lesen Sie im amtlichen Taschenfahrplan von Württemberg und Nordbaden und im Reichsbahn-Kursbuch für die amerikanische Besatzungszone nach, was die »Allgemeinen Bestimmungen für Reisende« gleich im ersten Absatz feststellen: »Bis auf weiteres haben Zivilreisende keinen Anspruch auf Beförderung.« Dieser Satz, so darf man wohl annehmen, sei aus dem Jahre 1945 versehentlich bis heute mitgeschleppt worden. Indessen wäre es jetzt an der Zeit, ihn bis auf weiteres zu streichen. Erstens, weil er heute überflüssig ist. Und zweitens, weil er peinlich an ein Regime erinnert, in dem der Zivilist ein Mensch zweiter Klasse war. Und jetzt, viereinhalb Jahre nach dem Zusammenbruch des deutschen Militarismus, soll der Zivilist noch nicht einmal Anspruch auf Beförderung in der dritten Klasse haben?

12. Juli 1949

DIE UNTERBLIEBENE GESTE

Vor einigen Tagen hat sich Thomas Mann für die »gut gemeinte Geste«, wie er die Verleihung des Goethepreises an ihn in einem Interview genannt hat, in der Frankfurter Paulskirche mit einer großen humanitären Rede feierlichst bedankt. Von Frankfurt aus besuchte er gestern auf der Reise nach München incognito unser Stuttgart, und von München aus wird er sich zu einer weiteren Goethefeier nach Weimar begeben. In nächster Nähe der Goethestadt Weimar, auf einem Gelände, das sozusagen noch Spuren von Goethes Erdenwandel trägt, lag und liegt noch immer das KZ Buchenwald – heute wie gestern eine Verhöhnung Goethescher Humanität. Die »Kampfgruppe gegen Unmenschlichkeit« hatte nun Thomas Mann als den im Namen des Meisters berufenen Vorkämpfer menschlicher Gesittung und persönlicher Freiheit aufgefordert, bei seinem Weimarer Besuch auch das KZ Buchenwald zu besichtigen. Thomas Mann hat abgelehnt. Er könne im Rahmen seines Besuches in Weimar keine Forderungen stellen, die die einladenden deutschen Behörden zu erfüllen nicht in der Lage seien. Die Gründe für seinen Besuch Weimars habe er bereits auseinandergesetzt. Es schiene ihm unschön, sich von der Bevölkerung der Ostzone fernzuhalten, sie gewissermaßen links liegen zu lassen. Der Besuch Buchenwalds sei offensichtlich unmöglich, und die interpellierende Gesellschaft wisse das so gut wie er. So sagte Thomas Mann. Nun darf man bezweifeln, ob Thomas Mann vom wirklichen Lagerleben und -sterben viel zu sehen bekommen hätte, selbst wenn er hätte hinein dürfen. Man weiß ja aus Erfahrung, wie die Lager für prominente Besucher präpariert und wie alle Steine eines möglichen Anstoßes rechtzeitig aus dem Weg geräumt werden. Immerhin hätte auch dann noch ein Besuch Thomas Manns in Buchenwald als gut gemeinte Geste Eindruck gemacht. Ja, sogar der Versuch, von den Russen die Erlaubnis zur Besichtigung zu erwirken, wäre eine gut gemeinte Geste im Geiste der Humanität gewesen. Thomas Mann hat leider nicht einmal diesen Versuch riskiert. Was will er darauf antworten, wenn jetzt die vielen, die seiner Person gegenüber ohnedies starke Vorbehalte haben, sagen, seine Rede über Humanität und menschliche Würde sei eben auch nichts mehr als eine gut gemeinte Geste?

29. Juli 1949

DAS GLÜCKLICHE »I«

Wie beglückt den Abc-Schützen der Stolz, wenn ihm auf seiner Schiefertafel zum erstenmal ein »i« geglückt ist! Daß aber das kleine, unscheinbare »i« selber glücklich sein, also Glück empfinden und dieses Glücksgefühl durch den Mund eines begnadeten Dichters ausdrücken könne – dieser wahrhaft Morgensternsche Einfall ist dem Christian leider nicht gekommen; das Gedicht vom kleinen »i« wäre vielleicht das schönste seiner Galgenlieder geworden und hätte etwa so angefangen:

> *Es war einmal ein kleines »i«,*
> *das traurig war, dieweil es nie*
> *zu einem großen »I« gedieh;*
> *es war und blieb ein armer Schächer,*
> *da kam der große I. R. Becher ...*

Jawohl, kein Geringerer kam als der Stalin-Hymniker, der Stachanow des Byzantinismus, der Seelen-Hennecke der Sowjetzone und entdeckte die Würde – was sage ich: das Glück des kleinen »i«. Man höre, wie er das gemacht hat: »*Glücklich das kleine ›i‹, weil es einen Buchstaben in Lenins Namen bilden darf.*« Aber warum preist er gerade das »i« und nicht etwas das »L« oder das »e« oder das »n«? Eine Frage richtig stellen, Genossen, heißt sie auch schon richtig beantworten. Hier also kann die Antwort nur so lauten: Weil das »i« außer im Namen Lenins auch in dem Stalins und als großes »I« zudem in des Dichters eigenem Vornamen vorkommt. Und in »Idiotie« kommt es sogar dreimal vor.

9. September 1950

GRUSS INS JENSEITS

Lieber Dr. Owlglass! Morgen sind es auf den Tag fünf Jahre, seit Sie uns verlassen haben. Und wahrlich, wir wären es, wenn uns in dieser, in jeder Hinsicht immer rascher erkaltenden Welt nicht die Erinnerung an dahingegangene liebe Freunde das Herz warmhielte.

Erst neulich kamen mir wieder Ihre Briefe in die Hand, ein ganzer Stoß, schon äußerlich unverwechselbar mit jeder anderen Korrespondenz: die roten Umschläge, das sattgelbe Papier und die steilen, klaren Schriftzüge Ihrer Hand. Seltsam, heute, da die große Sintflut sich verlaufen hat, tun diese alten Briefe beim Wiederlesen noch immer dieselbe tröstliche Wirkung wie damals, als ich sie aus dem Briefkasten holte. Nicht, als ob sie viel Tröstliches enthielen – wo gab es dies in jener Zeit? Im Gegenteil: sie sind voll Untröstlichkeit über die Zeitläufe und über die ahnungsvolle Gewißheit eines schlimmen Ausgangs. Aber gerade darin lag ihre aufmunternde Kraft. War denn nicht jeder allein? Und war es nicht schon viel, irgendwo jemanden zu wissen, der ähnlich empfand, ähnlich dachte, im gleichen Rhythmus mit seinen Ketten rasselte wie man selbst? Jemanden, der die gleichen Vorstellungen von Recht und Unrecht, Menschlichkeit und Barbarei, Vernunft und Wahnsinn hegte und pflegte, der mit derselben Verachtung, demselben, ach, so ohnmächtigen Zorn, derselben hilflosen Ironie auf die leider nur zu mächtigen Zerstörer aller ererbten und erworbenen Werte hinabsah? Ich wundere mich heute, wie deutlich Sie in jener Zeit der Bespitzelung, der Sklavensprache und der nur Freunden verständlichen Geheimcodes Ihren Ansichten Ausdruck gaben. Schon im Sommer 1930 schrieben Sie: »Lassen Sie sich … den schwäbischen Sommer wohl bekommen; der altbayrische wäre auch nicht übel, wenn bloß die Hitler-Leute nicht in allen Sümpfen quarrten wie die Maifrösche.« Als dann die Maifrösche zu ausgewachsenen Ochsenfröschen mit Tigermanieren geworden waren, hofften Sie mit leiser Skepsis auf einen »Tag wie Damaskus mit anschließendem Schuppenfall von den Augen« und wünschten mir »einen guten Urlaubsabschluß und uns allen … nun ja, Sie wissen's schon.« Ein andermal hieß es ungeduldig: »Wie lange noch? Wie lange noch?« Oder: Warten wir also weiter ab, was die Götter zusammenköcheln und erlaben wir uns inzwischen an so hübschen Delikatessen, wie z. B. der gestrigen Goebbels'schen Führer-Apotheose.« Oder: »Als anno Dazumal, an Pfingsten, der Heilige Geist sich herabbemühte und die bekannte Vielsprachigkeit anhub, steckte das Publikum die Köpfe zusammen und raunte: ›Was will das werden?‹ Ich raune mit!« Und ganz unmißverständlich im Sommer 1944: »Es fällt mir schwer, mir vorzustellen wie überhaupt in absehbarer Zeit weiterexistiert werden soll. Wir Mediziner nennen so was Agonie – mögen andere Leute andere Namen dafür vorschieben …«

Warum ich diese abgetanen Ängste wieder aufleben lasse? Weil ich Ihnen heute noch dankbar dafür bin, daß Sie, mit leidend und mitleidend, Ihren Freunden geholfen haben, sie zu überstehen. Und weil Ihre dichterische Hinterlassenschaft uns in den heutigen Nöten und Sorgen ebenso hilft, ein tröstliches Refugium zu bauen, in dem man sich von dem Lärm, der Unvernunft und der Barbarei, die ja auch in unseren Tagen noch lange nicht verschwunden sind, erholen kann.

Sie selbst, als Arzt von Beruf und als Dichter aus Berufung, haben uns zwei Wege dazu gewiesen: den des Lachens über die ewige Unzulänglichkeit alles Menschenwesens und -unwesens, und den der stillen Freude am unvergänglich Schönen, das es ja in dieser süßsauren Welt trotz allem auch gibt. Diese zwei Wege laufen nicht nebeneinander her und führen nicht auseinander. Sie vereinen sich, so schwer dies unsern Deutschen mit ihrem ewigen Entweder-Oder in den dicken Schädel will, an der Stelle, die da heißt: Menschlichkeit. Mit allem, was dazu gehört. Es war wohl der Schwabe in Ihnen, der zwischen dem exaltierten Der-Mensch-ist-gut-Geschrei und der biblischen Warnung »Der Mensch ist böse von Anbeginn« den praktikablen Kompromiß gefunden hat, daß der Mensch vor allem einmal dumm ist. Es ist also nur eine Frage der jeweiligen Stimmung, ob wir uns auf dem geselligen Weg des lachenden Zeitsatirikers Ratatöskr ergehen wollen, oder ob wir uns von dem stillen, männlich herben Lyriker Dr. Owlglass den versponnenen Pfad geleiten lassen, der nach innen führt.

Sie sehen, lieber Dr. Owlglass, Sie sind nicht vergessen. Und bis zu einem gewissen Grad haben Sie jetzt schon erreicht, was Ihnen vorschwebte:

> *Unsterblichkeit? Ich schätz' sie hoch*
> *wird sie nur recht verstanden:*
> *Man lebt so weiter und ist doch*
> *gottlob nicht mehr vorhanden ...*

Von uns ist nicht viel zu berichten. Wir haben wieder einmal eine Republik, wir haben wieder Parteien, und bald werden wir auch wieder Militär haben – eigenes, versteht sich. Somit ist alles beim alten geblieben, vor allem unsere Politiker. Ihnen kann das ja nur recht sein, lieber Freund, denn Ihren politisch-satirischen Gedichten ist damit noch auf unabsehbare Zeit hin ihre Aktualität gesichert. Aber lassen wir das; damit müssen wir schon selbst fertig werden.

Sie freilich, Sie haben es gut: sitzen da oben auf warmen, weichen Wolkenkissen, tun sich an Nektar und Ambrosia gütlich, langen dazwischen in die unerschöpfliche Dose, aus der auch Ihr Prinzipal seine lange Tubakspfeife stopft, und drehen sich eine mit den feinen, lebenslang geübten Fingern. Dazwischen halten Sie einen kleinen Schwatz am Stammtisch mit lieben Kollegen, als da sind: der Herr Professor Lichtenberg aus Göttingen, der in seinen Bart lachende Wilhelm Busch aus Wiedensahl, Herr Wilhelm Raabe aus Braunschweig, der Pfarrer Mörike, der kleine Herr Stadtschreiber Keller von Zürich und Seine Hochwürden P. Sebastian Sailer aus Untermarchtal. Und jeden Abend Hauskonzert im Sternensaal unter Stabführung von Mozart und Bach, Händel und Haydn! So läßt sich die Ewigkeit schon aushalten. Gelegentlich kann es dann vorkommen, daß man sein eigenes Schweigen nicht mehr hört vor lauter Krach, der von da unten heraufdröhnt. Dann erheben Sie sich wohl, treten ans Wolkenfenster, zu sehen, was es da unten wieder gebe, und murmeln dann halb ärgerlich, halb amüsiert: »Mein Gott, wenn jeder Stern so einen Krawall vollführen wollte, es wäre ja nicht zum Aushalten im All!« Worauf Sie den Wolkenvorhang zuziehen und, hinabdeutend, Ihre olympischen Stammtischfreunde fragen: »Haben wir je gelebt? Und wozu?« Es könnte dann sein, daß einer Ihrer Freunde, Sie selbst zitierend, antwortete:

> *Kein Menschensohn und keine Menschentochter*
> *läßt Phrasen laufen . . .*
> *Hier, alter Esel, zeitgeistunterjochter,*
> *kannst du verschnaufen.*

In diesem Sinne Ihnen, lieber Dr. Owlglass, eine angenehme Ewigkeit wünschend, grüße ich Sie im Namen aller Ihrer Freunde und verbleibe

Ihr Josef Eberle

28. Oktober 1950

»UNTERWEGS«

Auf dem Schreibtisch steht ein Krüglein mit schwäbischem Rotwein, warm fällt der Schein der Lampe auf das Blatt Papier unter meiner Hand und bricht sich im Rubinrot des Glases. Und um mich ist die Stille der Nacht. Die äußeren Umstände, sich besinnlich mit einem neuen Buch zu beschäftigen, könnten also nicht günstiger sein, zumal da es sich um die Erlebnisse und Begegnungen eines Fünfundsiebzigjährigen handelt. Wie aber steht es mit den inneren Voraussetzungen?

Nicht ganz so einfach. Es bedurfte beim Schreiber dieser Zeilen etlicher Anläufe, um über den Zwiespalt seiner Gefühle hinweg und zu dem zu kommen, was er hier sagen möchte.

Kurz, um den Greis beim Namen zu nennen, es handelt sich um Lebenserinnerungen des schwäbischen Dichters August

Lämmle. Mir, dem Herausgeber der »Schwäbischen Gedichte des Sebastian Blau« und dessen Freund, wird man eine gewisse und gewiß nicht unberechtigte Voreingenommenheit diesem andern Namen gegenüber zugute halten. Es ist unter Schwaben ja kein Geheimnis, daß es zwischen den beiden nicht immer ganz gestimmt hat. Und man weiß auch, daß der eine während einer gewissen Zeit weniger als nichts zu sagen und zu schreiben, aber allerlei sich zu denken hatte, indessen der andere den umgekehrten Weg zu gehen vorzog ...

Aber lassen wir das, halten wir uns an den Titel des neuen Buches von August Lämmle: »Unterwegs«. Der Verfasser meint ihn wohl hintergründig metaphysisch, aber er gibt auch Sinn, wenn man ihn rational auffaßt: als die Strecke seiner Lebenswanderung zwischen einem Woher und einem Wohin auf dieser Erde. Das Woher ist schnell bestimmt: von der absolut gesicherten und doch eifersüchtig gehüteten Position des Altmeisters der schwäbischen Mundartdichtung unserer Zeit aus. Und jetzt nach der Lektüre dieser Erinnerungen ist auch das Wohin zu beantworten: zu der milden Lebensweisheit eines im guten alten Sinn des Wortes frommen Greises, der mit der Frische der Jugend und mit der Gelassenheit des Alters zugleich sich selber zum Exempel nimmt, daran zu demonstrieren, wieviel doch an Allzuschwäbischem, Allzumenschlichem in uns allen steckt. Diese Projektion vom Individuellen ins Allgemeingültige ist ihm mit Humor und Herzenswärme meisterhaft gelungen, ohne daß sein Buch darüber den Reiz des ganz Persönlichen eingebüßt hätte.

Einen lückenlosen Lebensbericht oder gar eine Lebensbeichte freilich darf man nicht erwarten; das entspräche auch nicht dem Titel. »Unterwegs« – das heißt: auch mal abschweifen ins Gebüsch des Anekdotischen, heißt, ein Hohl-, meinetwegen auch ein Holzweglein gehen, so daß man den Wanderer eine Zeitlang aus den Augen verliert. Schadet nichts, er findet schon wieder auf die Hauptstraße zurück. Und so findet der Leser doch das Wesentliche von all dem in dem Buch, was der Verfasser »unterwegs« gesehen, gehört, erlebt und empfunden hat, was er liebt und was er nicht leiden kann. Und zwischenhinein singt er sich ein's, wie sich's gehört auf einer Wanderung, teils im schwäbischen Volkston und teils in der besinnlichen Weise des Alters.

Es ist ein bedeutsames Wort, das den Leser schon beim Eintritt in das Buch begrüßt, wie ein guter Spruch über einer Haustür, auch wenn es nur still und bescheiden in einem Relativsätzlein auf der Rückseite des Titels steht, das Wort, daß Leben und schriftstellerische Arbeit nicht zu trennen seien. Anders gesagt: Mann und Werk müssen aus *einem* Guß sein. Ich glaube, das Buch kann dieser höchsten und letzten Forderung, vor der bare Gescheitheit, Kunstverstand, Weltweite, Wissen und Bildung hinter dem Kriterium der Echtheit, der Einheit von Herz und Verstand zurücktreten müssen, standhalten. Kann man aber von einem Buch sagen – und man kann es hier –, es sei gütig, weise und menschlich, dann scheint es mir damit mehr gelobt, als wenn man seine Einzelvorzüge, in diesem Fall seinen Sach- und Sprachverstand, seine Kenntnis von Land, Leuten und Geschichte unserer Heimat, seinen schwäbisch knützen Witz und seine lautere, gediegene Kunst des Erzählens herausstreicht.

Und weil dem Schreiber dieser Zeilen bei aller Vorliebe für das Schwäbische dieses nur etwas gilt als die ihm vertrauteste und trauteste Variation des Menschlichen überhaupt, darum verneigt er sich in Verehrung vor dem Dichter August Lämmle und gratuliert dem Fünfundsiebzigjährigen mit versöhnlich hingestreckter Hand aufrichtig und herzlich zu dem schönen Geburtstagsgeschenk, das er uns mit diesem Buch seines Lebens gemacht hat.

13. November 1952

HERR GLOBKE!

Wie oft sind Sie schon gebeten, aufgefordert, gedrängt, beschworen worden, Ihre exponierte, um nicht zu sagen provokante Stellung als Staatssekretär des Bundeskanzleramtes aufzugeben und sich in das tolerante Dunkel des Privatlebens zurückzuziehen! Und zwar von Bürgern, die sich um das moralische und außenpolitische Prestige unserer Bundesrepublik ernsthaft Sorge machen, solange der Kommentator der barbarischen Nürnberger Rassegesetze an höchster politischer Stelle Einfluß hat. Auch von uns, der *Stuttgarter Zeitung*, sind schon oft Bedenken gegen Sie geäußert worden, nicht weil uns oder Ihren anderen Widersachern ihre Nase nicht gefällt, denn das hieße ja die Anschauungen und

Argumente Ihres Kommentars zu den schandbaren Nürnberger Rassegesetzen nachahmen, sondern weil Sie, Herr Globke, schlicht gesagt, eine Belastung für die deutsche Außenpolitik sind, auch wenn die höflichen Diplomaten dies Ihrem Chef oder Ihnen selbst nicht ins Gesicht sagen, und weil Ihre Person, Herr Globke, es allen Bundesbürgern, die Sinn für Anstand, Recht und Menschlichkeit haben, unendlich schwer macht, an die Ehrlichkeit eines Sinneswandels der deutschen Politik zu glauben, solange Sie darauf Einfluß haben. Die Bundesrepublik zahlt Milliarden Wiedergutmachung an Israel und an die Opfer der Rassegesetzgebung, die Sie, Herr Globke, kommentiert haben. Aber Sie, Herr Globke, ein Mitverantwortlicher für das namenlose Unheil, das wir wiedergutzumachen versuchen, Sie kleben mit einer Dickfelligkeit, die einem Elefanten Ehre machen würde, an Ihrem Posten, der Sie doch täglich und stündlich in Gewissenskonflikte bringen müßte. Niemand anders als Sie selber, Herr Globke, kann Ihrem Chef, dem Sie meinetwegen gute Hilfsdienste leisten mögen, nachdrücklicher den Widerspruch klarmachen zwischen dem offiziellen Willen der Bundesregierung, das Unrecht an den Juden wiedergutzumachen, und Ihrer Person in dieser Stellung. Es bedürfte sicherlich nur einer kurzen Unterredung unter vier Augen, um dem alten Herrn diese absurde Widersprüchlichkeit darzulegen. Wir wollen alles Moralische, alle Fragen menschlichen Anstandes außer acht lassen, Herr Globke, wir appellieren lediglich an Ihren Patriotismus, den Sie im Dritten Reich mit Ihrem Kommentar doch so tatkräftig bewiesen haben: Sie können Ihrem Vaterland, so wie die Dinge gelaufen sind und stehen, keinen besseren Dienst erweisen, als wenn Sie morgen zurücktreten. Sprechen Sie mit Ihrem Chef, Herr Globke, wir Optimisten sind überzeugt, er wird nach reiflicher Erwägung des Für und Wider Ihr Rücktrittsgesuch annehmen.

16. März 1956

REISEN

Reisen und reisen ist zweierlei. So wie ein Goethe, ein Uhland, ein Gregorovius gereist sind, auf so gemächliche und beschauliche Art zu reisen, ist uns Heutigen nicht mehr gegeben. Aus äußeren Gründen nicht und fast noch weniger – und das ist das Verhängnisvolle – aus inneren Gründen. Zur reinen Erholung pflegte man früher kaum zu reisen, höchstens zur Kur an einen bestimmten heilkräftigen Ort; für eine Erholung, waren die Strapazen des Reisens viel zu groß. Für uns jedoch scheint die Strapaze selbst eine Erholung zu sein. Zugegeben: eine Reise im eigenen Wagen, im FD-Zug oder im Omnibus, zu schweigen vom Flugzeug, ist, verglichen mit den Umständlichkeiten und Unbequemlichkeiten einer Reise in der langsamen und rumpelnden Postkutsche, ein Kinderspiel. Die technischen Möglichkeiten von heute haben es uns leicht gemacht; aber hat die innere Bereitschaft der Reisenden, die Fremde oder das Fremde aufzunehmen, zu verarbeiten, in eine Relation mit dem Bekannten und Gewohnten zu bringen, mit einem Wort: hat die Erlebnisfähigkeit mit der technischen Entwicklung Schritt gehalten? Ich fürchte: nein.

Von Geschäftsreisen soll hier so wenig die Rede sein wie von Bildungsreisen. Erholung – was heißt das? Wir wollen weg vom Einerlei des Alltags, des Berufs, der häuslichen Routine, weg in eine andere Welt, die es uns für ein paar Wochen gestattet, der zu sein, der wir das ganze Jahr über nicht sein dürfen: unabhängig von Pflichten und von Vorgesetzten, frei von dem gewohnten Zwang und der Nötigung des Stundenschlags; wir wollen spazierengehen, wenn uns danach ist, nach Herzenslust faulenzen und mehr oder weniger gedankenvoll vor uns hindösen, lesen, was wir schon lange lesen möchten, und jeden Abend von keiner anderen Sorge beschwert ins Bett gehen als von der: wie wird morgen das Wetter sein? Daß zu alldem ein Ortswechsel, also eine Reise, nicht nur empfehlenswert, sondern auch notwendig ist, versteht sich von selbst. Was aber verstehen wir heutigen Menschen unter einer Erholungsreise?

Ich habe kürzlich einen jungen Mann von etwa sechzehn Jahren in die Stadt herunter mitgenommen. Er hatte, außer einem Rucksack, kein Gepäck, kam aber, wie er mir erzählte, vom Süden, hatte über Innsbruck, Bozen, Verona, Mailand, Genua, Monaco, Nizza, Grenoble, Genf, Bern, Zürich eine Erholungsreise gemacht, alles per Anhalter, und wollte nun zurück in seine Heimat bei Hamburg. Ein ordentlicher, sympathischer junger Mann. Von all den Gegenden und Städten, die er durchfahren, wußte er weiter nichts zu erzählen, als daß er da einen gefälligen Fahrer gefunden habe und dort einen anderen. Von seinen Eindrücken von Menschen, Landschaft, Sitten, von Klima und Architektur, von Kunst und vom Essen war keine Rede. Als ich ihn, von der Höhe kommend, auf die schöne Lage Stuttgarts aufmerksam machte, sagte er höflich »ja«, ohne mehr als einen kurzen Blick auf die im Sonnenschein unter uns liegende Stadt zu werfen. Er hatte, das sah man ihm an, nichts anderes im Kopf als die Frage: Wie finde ich nun einen, der mich von Stuttgart weiter mitnimmt Richtung Frankfurt? Man täte dem jungen Mann wahrscheinlich Unrecht, nähme man ihn für einen Sonderfall. Er ist es auch nicht unter den Jugendlichen. Die Älteren sind freilich keineswegs gescheiter. Sie reisen für acht oder zehn Tage nach Mallorca, nach Neapel, nach der Costa Brava, nach Griechenland, nach Italien, billig, aber doch teurer als der junge Mann, und im übrigen aus den gleichen Gründen wie jener, ja, aus noch viel oberflächlicheren, weil sie es, altershalber, besser wissen müßten. Renommiersucht – da und da bin ich auch gewesen – spielt dabei nicht die kleinste Rolle. Verdächtiger noch ist die Ruhelosigkeit, die ihnen nicht erlaubt, auch nur eine Woche an ein und demselben Ort zu bleiben. Man möchte alles auf einmal haben, Erholung und den ganzen Baedeker in natura dazu. Natürlich rechtfertigt man sich vor sich selber mit Zeitmangel und Bildungsbeflissenheit. Man »macht« die Uffizien in Florenz in einem halben Vormittag, und ganz Rom in zwei Tagen und ist höchst zufrieden, wenn die Bestandsaufnahme ergibt, daß alles da und am rechten Ort ist, was der gute alte Baedeker mit einem Sternchen versehen hat. Man reist, womöglich in Massen, an die Adria, ist tief bekümmert, wenn einem dort keine Spätzle' serviert werden, aber schnell wieder besänftigt, wenn ein »Bunter deutscher Abend« steigt oder Wiener Schrammeln musizieren. Wozu reisen die Leute eigentlich?

Ich fürchte, der tiefere Grund für all diese bedauernswerten Erscheinungen ist, außer der Renommiersucht, das Bedürfnis, sich selbst zu entfliehen. Ruhe, die einen zu sich selbst führen könnte, ist lästig, man sucht den Betrieb, um sich von sich selbst abzulenken. Noch gibt es Menschen mit der inneren Freiheit, die vierzehn Tage oder drei Wochen lang in einem kleinen Dorf bleiben können, sei es nun im Schwarzwald oder am Tyrrhenischen Meer, aus keinem anderen Grund, als weil ihnen die Landschaft gefällt und die Menschen ihnen zusagen. Es ist wohl nicht die Mehrheit der Erholungsuchenden.

Sich richtig zu erholen ist eine Kunst, die wir verlernt haben und wieder lernen sollten. Einen Sonnenuntergang, einen Waldweg, ein Frühstück auf besonnter Terrasse, ein besinnliches Glas Wein am Abend, ein Gespräch mit einem einfachen Menschen der Gegend, ein Buch im Liegestuhl – dies voll auskosten zu können, darauf kommt es an! Seid doch während der vierzehn Tage oder vier Wochen, die es euch erlauben, endlich mal die, die ihr wirklich seid, und spielt nicht die lächerliche Rolle jener nach, die euch dumme Bücher und verlogene Filme als Ideale gehobenen Lebensstils vorsetzen! Der verstorbene Dr. Owlglass hat einmal gedichtet, »zehntausend Meilen sind verloren, wenn du nicht zu dir selber find'st!« Freilich, um etwas zu finden, muß man etwas verloren haben. Wir haben uns selbst verloren.

27. Juli 1957

EHRENRETTUNG EINES WORTES

Es gibt nicht nur eine Abwertung des Geldes, es gibt auch eine der Wörter. Seit einiger Zeit ist es in gewissen Kreisen der Bundesrepublik Mode geworden, dem altehrwürdigen Wort Abendland seinen guten Klang zu nehmen. Seine Ableitung vollends, die Abendländer, womit die Menschen gemeint sind, die sich bewußt zu den traditionellen Werten des Abendlandes bekennen, kommt aus dem Munde dieser Leute nur noch als Spottwort für Reaktionäre, Faschisten und romantische Schwärmer.

Auch Wörter können herunterkommen, aber nur dann, wenn ihr Sinngehalt selbst sich verflüchtigt oder degeneriert. Müßte man nun aus der vorbedachten Rangminderung der Wörter Abendland und Abendländer schließen, auch die Begriffe, für die sie stehen, seien nur noch der billigen Ironie der Gänsefüßchen wert, dann lohnte es sich nicht einmal mehr, diese Betrachtungen hier aufzuschreiben, dann wären wir mit unserem Latein wirklich am Ende.

Muß man das? Darf man das? Zunächst eine Feststellung: Eben weil so viel Abendländisches Allgemeingut der zivilisierten Welt geworden ist, eben deshalb vergißt man zu leicht, daß die Wurzeln dieser Entwicklung im Mutterboden des Abendlandes gewachsen sind. Ohne jede Wertung gesagt: das Gesicht der modernen Welt ist im Guten wie im Schlimmen hauptsächlich vom Abendland geprägt, auch da wo sich Teile dieser Welt gegen es wenden; denn die Impulse und Möglichkeiten dazu verdanken sie dem Westen. Diese Feststellung hat nichts mit nationaler oder gar rassischer Überheblichkeit zu tun, sie wird auch von der Tatsache der machtpolitischen Einbuße, die das abendländische Kernstück, nämlich Europa, in der Welt erlitten hat, nicht abgeschwächt. Von Überheblichkeit kann schon deshalb nicht die Rede sein, weil jeder weiß, daß der ewig ruhelose, kritische, forschende, experimentierende, schaffende und riskierende Geist des Abendlandes uns selbst und der ganzen Welt nicht eitel Glück und Segen gebracht hat. Aber ist das Gesetz, nach dem er angetreten, zum erstenmal in den alten Griechen, aufhebbar? Das mag Verhängnis, mag Tragik sein, zu ändern wäre es nur um den Preis der Selbstaufgabe unseres Wesens.

Manche scheinen zu glauben, man könne dieses Gesetz modifizieren, das heißt: das Positive der abendländischen Geistesart beibehalten und perfektionieren, ihre negativen Auswirkungen aber unterdrücken oder gar ganz vermeiden. Auch dieser Glaube, so wenig er auf die Unzulänglichkeit alles Menschlichen Rücksicht nimmt, ist noch typisch abendländisch, denn er beruht auf dem Vertrauen in die Allmacht des erkennenden Geistes, auf der Selbstherrlichkeit des Willens und auf der Ueberzeugung von der naturgesetzlichen Notwendigkeit des menschlichen Fortschritts hin zu den ersten und letzten Zielen unseres Wesens: zu Freiheit und Humanität. Jawohl, auch Karl Marx, dessen Lehre aus dieser Tradition erwachsen ist, und seine Jünger, sofern sie in seiner Ideologie noch mehr zu erblicken vermögen als nur eine Anweisung zur Eroberung der Macht um dieser selbst oder um einer Klasse willen, sind Abendländer.

Um so grotesker, daß gerade in diesem Lager die Wörter Abendland und Abendländer zu Schimpfwörtern geworden sind. Die Antwort auf die Frage, auf wen sie denn gemünzt seien, mindert zwar das Groteske der Sache nicht viel, macht es aber einigermaßen verständlich. Es gibt nämlich betriebsame und einflußreiche Kreise in Europa, die das Wort Abendland für ein Reich nach ihrer Façon und Ordnung annektieren möchten: Auf dieses Phantasiereich arbeiten sie hin, laut und noch rühriger im Stillen, und dieses ihr »Abendland« freilich wäre ein Anachronismus, ein Rückfall, eine Verleugnung von etlichen Jahrhunderten europäischer Geschichte. Die Sehnsucht nach diesem vierten Reich mit seiner monarchistischen, autoritären, feudal und klerikal gebundenen Ordnung mag utopisch sein, aber sie ist für die Entwicklung unserer freiheitlichen Staats- und Lebensformen nicht ungefährlich. Auch dann nicht, wenn man die Hinneigung vieler Deutscher zu politischer Romantik, zur guten alten Zeit unter einem Kaiser oder König und zu »innerer Ordnung« auch auf Kosten des Rechts und der Freiheit nicht überschätzt – auch dann sind die Propagandisten eines solchen »Abendlandes« nicht ungefährlich, denn sie tragen klangvolle Namen, haben hohe Stellungen und besitzen Einfluß und Macht.

Gegen die Anmaßung solcher Abendländerei muß man sich wirklich zur Wehr setzen, weil sie Zustände wiederherstellen möchte, wie sie vor einigen Jahrhunderten bestanden. Aber heißt es nicht das Kind mit dem Bad ausschütten, wenn man diesen Leuten Wort und Begriff Abendland zum eigenen Mißbrauch kampflos überläßt? Das sollte man nicht tun. Für alle, die der Überzeugung sind, der Untergang des Abendlandes sei noch keine im Rat der Götter endgültig beschlossene Sache, weil alte Formen absterben und sich neue noch nicht klar und deutlich zeigen, hat das Wort noch immer zukunftsträchtigen und verpflichtenden Klang.

Europa ist ein geographischer, bestenfalls politischer Begriff. Das Abendland ist mehr, es ist weder national noch rassisch beschränkt. Wer sich zu ihm bekennt, und das heißt: wer in seiner Geschichte, seinen Traditionen, seiner Bildung und seiner Zivilisation lebt, also sich diese Dinge nicht nur mechanisch zunutze macht, der bekennt sich zwangsläufig auch zu seinen immanenten, unveräußerlichen Ideen: Freiheit und Humanität, wie immer er diese auch begründen mag, theologisch, philosophisch oder nur historisch.

Die in den vergangenen zwei Jahrtausenden gesuchten und beschrittenen Wege, Umwege und Irrwege zur Erfüllung der Postulate Freiheit und Humanität sind die eigentliche Geschichte des Abendlandes. In der Suche nach neuen Wegen zu ihnen liegt seine Zukunft.

10. Mai 1958

GRUSS AN THEODOR HEUSS

Heute, am 75. Geburtstag des Bundespräsidenten, mag sich einem Nachdenklichen beim Rückblick auf die zwei Amtsperioden von Theodor Heuss die Frage stellen: Hat das Amt den Mann geprägt oder der Mann das Amt? Die Antwort fällt uns, die wir die Figur vor Augen haben, leicht. Es ist Theodor Heuss gelungen, das Paragraphengespinst der Grundgesetzbestimmungen zum Amt des Bundespräsidenten mit einem Menschentum zu füllen, wie er selbst sich ausdrückt – so sehr, daß Amt und Persönlichkeit in der allgemeinen Vorstellung zu einer fast selbstverständlichen Einheit zusammengewachsen sind.

Es war ein Glücksfall für die entstehende Bundesrepublik, daß sie einen Mann zur Verfügung hatte, in den sie das Vertrauen setzen durfte, er werde kraft seiner Persönlichkeit einer noch unerprobten verfassungsrechtlichen Konstruktion Fleisch und Blut verleihen und dem Amt des ersten Bürgers im Staat Gehalt und Gestalt geben. Aus Trümmern und Asche, aus Not und Verzweiflung, aus der Bedrückung durch eine ungeheuerliche Vergangenheit den Lebensfunken der Hoffnung auf ein menschlich und national würdiges Dasein herauszuschlagen – das vermochte kein noch so gut gezimmertes Grundgesetz, keine Institution, kein Titel. Dazu bedurfte es des guten Willens aller Bürger, die bereit waren, Hand anzulegen, damit es nach dem Zusammenbruch bei uns anders und besser werde. Sie aber wiederum bedurften eines Repräsentanten ihres guten Willens, eines Vorbilds, in dem sich an höchster Stelle all das verkörpern sollte, was in ihnen selbst lebte an humaner Gesinnung und an Freiheitswillen. In dieser Stunde schenkte uns das Schicksal Theodor Heuss als Bundespräsidenten.

Parteiarithmetik hin oder her: es wäre eine Versündigung am Sinn der Geschichte, die es zuweilen sogar mit denen gut meint, die diesen Sinn in Unsinn zu verkehren bestrebt sind, wollte man die Wahl Theodor Heuss' zum Präsidenten der Bundesrepublik etwa so vordergründig deuten. Der Lauf der Dinge hat bewiesen, daß die Männer und Frauen der Bundesversammlung, die Theodor Heuss zweimal mit dem höchsten Staatsamt betraut haben, gut beraten und sich ihrer Verantwortung wohl bewußt gewesen sind.

Das Amt verleiht wenig staatliche und politische Macht, seine Autorität beruht einzig auf dem Vertrauen, das die Delegierten des Volkes und der Länder mit ihrer Stimmabgabe jenem Bürger bekunden, in dem sie den würdigsten, den am meisten geeigneten Repräsentanten von Staat und Volk erblicken. In normalen Zeiten und bei geordneten Verhältnissen mag diese institutionelle Autorität ausreichen, dem hohen Amt und seinem Inhaber Achtung und Würde zu verschaffen. Aber reicht sie auch aus, wenn der Staat selbst noch tastend und unsicher seine Form sucht, wenn seine eigene Autorität noch nicht als freiwillige Selbstverständlichkeit von seinen Bürgern anerkannt wird? Eben das war ja der Glücksfall für uns, daß diese Frage damals gar nicht akut geworden ist – dank der persönlichen Autorität, die Theodor Heuss auf Grund seines Charakters, seiner Leistung, seiner Erfahrung im öffentlichen Leben in das Amt bereits mitbrachte.

Ein Modell für das Amt des Bundespräsidenten gab es nicht. Wohl war auch 1918 aus dem Zusammenbruch des alten Staates ein neuer entstanden, aber ein so chaotisches Trümmerfeld wie der zweite verlorene Weltkrieg hatte der erste nicht geschaffen. Und vor allem: Deutschland war nicht geteilt worden. Das vom ersten Reichspräsidenten der Weimarer Republik, dem hoch zu verehrenden Friedrich Ebert, für das höchste Staatsamt gesetzte Maß durfte leider nicht Tradition werden; schon nach seinem allzu frühen Tod galt es nicht mehr. Auf bewährte Muster konnte Theodor Heuss bei seinem Amtsantritt also nicht zurückgreifen. Wenn es ihm dennoch gelungen ist, den Präsidenten der Bundesrepublik Deutschland im Lande selbst und draußen in der Welt zu einem Symbol all dessen werden zu lassen, was uns unsere Selbstachtung wiedergeben und die Achtung der anderen zurückgewinnen kann, so ist das seiner Persönlichkeit zu danken, seinem Sinn für Freiheit und Gerechtigkeit, Menschlichkeit und Ausgleich.

Einen Einwand freilich könnte ein Nachdenklicher vorbringen: Theodor Heuss habe das Maß für den Bundespräsidenten so hoch gesteckt, daß sich seine Nachfolger einmal schwer täten, es zu erreichen. Daran ist etwas Wahres. Aber darf man mit dem Glück rechten? Man hat noch nie davon gehört, daß einer zweimal das große Los gezogen habe; das passiert auch Völkern und Staaten kaum. So bleiben uns nur der Wunsch und die Hoffnung, es möge für Deutschland so kommen, daß das von Theodor Heuss mit soviel Würde und soviel moralischem und geistigem Prestige, mit so begründetem Anspruch auf Respekt und Zuneigung ausgestattete hohe Amt imstande ist, seine künftigen Inhaber zu prägen.

Man wird es uns in diesem Land nicht verübeln, wenn wir am heutigen Tag mit noch herzlicherem Dank, mit noch lauterem Stolz als sonstwo in der Bundesrepublik des in jedem Sinn ersten Bürgers im Staat gedenken; dürfen wir ihn doch unseren Landsmann nennen.

31. Januar 1959

KEIN MENSCH IST GEZWUNGEN ...

Nikita Chruschtschow, Boß der KPD der Sowjet-Union, hat mit der bekannten Selbstgefälligkeit, mit der man in seinem Reich Reisende auf Messer und Gabel als sowjetische Erfindungen und Beweise der Überlegenheit der Sowjet-Kultura über den wilden Westen hinzuweisen pflegt, jüngst einer französischen Parlamentarierdelegation gegenüber festgestellt: wenn es auch wahr sei, daß viele sowjetische Frauen schwere körperliche Arbeit verrichten müßten, so seien sie immerhin nicht gezwungen, ihren Lebensunterhalt – wie viele Frauen im Westen – als Prostituierte zu verdienen. Gezwungen? Kein Mensch ist bei uns gezwungen, dieses uralte Metier zu ergreifen. Wenn es trotzdem immer noch Vertreterinnen hat, so ganz gewiß nicht aus dem Zwang etwaiger wirtschaftlicher Notlage – wer heute ehrlich arbeiten will,

kann es. Aber mit Kommunisten zu moralisieren oder gar Sittengeschichte zu treiben, hat so wenig Sinn, wie ihnen klarmachen
zu wollen, daß es im Westen so etwas wie persönliche Freiheit
gibt – auch da, wo sie sich negativ auswirkt, wie z. B. in der
Duldung kommunistischer Demagogie.

6. Oktober 1959

CAESARS GLATZE

Man hat mich zu meinem sechzigsten Geburtstag zum Professor
gemacht. Ich benütze mit Freude diesen festlichen Abend, um
Ihnen, hochverehrter Herr Ministerpräsident, für die schmeichelhafte Ehrung in diesem Kreise noch einmal herzlich zu danken. Sie haben mich bei der Aushändigung der Ernennungs-
urkunde halb ernsthaft, halb ironisch auf eine akademische Antritts-
rede verpflichtet, die ich bei passender Gelegenheit nach Brauch
und Sitte zu halten hätte. Das Thema stellten Sie mir frei.

Diese Gelegenheit ist heute gekommen. Ich hätte also seit
September Zeit genug gehabt, mir ein passendes Thema einfallen
zu lassen – wäre es mir nicht schon gleich beim Verlassen Ihres
Amtszimmers eingefallen. So habe ich die mir zugestandene
Galgenfrist eben dazu benützt, den Gegenstand meiner Rede
nach allen Seiten hin zu durchdenken, Material dafür zu sammeln und mit der Theorie immer wieder die Probe am Exempel
zu praktizieren, wobei ich mir selbst als Versuchskarnickel diente.
Ob das Thema freilich passend ist, passend für eine so exquisite
Öffentlichkeit, passend auch zur Würde eines Professors, das wird
sich herausstellen. Es lautet CAESARS GLATZE.

Unsere Untersuchung wird allerdings weiter greifen, als die
journalistisch überpointierte Formulierung ihres Titels vermuten
läßt, steht doch die Glatze Caesars nur als stellvertretendes Con-
cretum, sozusagen exemplarisch, für das Abstractum, den das
schlichte Wörtchen »Eitelkeit« bezeichnet. Dies aber scheint mir,
sieht man auf den Anlaß meiner Rede, denn doch ein recht passendes Thema zu sein, denn dieser Anlaß – ich sagte es schon –
besteht ja darin, daß die Eitelkeit eines für ihre Versuchungen
vielleicht nicht mehr, aber sicherlich auch nicht weniger anfälli-

gen Mitbürgers von Staats wegen mit einem Titel gekitzelt worden ist. Mich mit diesem Kitzel so objektiv wie möglich auseinanderzusetzen, ist der Sinn dieser Rede. Ich muß Sie, meine Herren, deshalb bitten, sich bei meinen Ausführungen nicht so sehr als Angesprochene, denn als Zeugen eines Selbstgesprächs zu betrachten.

Was hat Caesar damit zu tun? Wir haben mit Bedacht so hoch gegriffen: wenn sogar Caesar, der größte, der genialste aller Römer, dessen Eigenname zum Titel des höchsten staatlichen Machtträgers geworden ist, als Modellfall der Eitelkeit dienen kann, wahrlich, dann brauchen wir uns ob unserer eigenen nicht zu genieren – wenigstens nicht über das Maß konventionell vorgeschriebener Heuchelei hinaus!

Und darum muß von Caesars Glatze berichtet werden. In seinem Leben des göttlichen Julius erzählt Sueton, Caesar sei um sein Aussehen allzusehr besorgt gewesen, auch in seiner Kleidung habe er fast einem Stutzer geglichen. Der alte Historiker fährt fort: »Über seine Glatze war er sehr ärgerlich, weil sie seinen Gegnern oft Anlaß zu Witzen bot. Deshalb pflegte er seine Haare vom Scheitel nach vorn zu bürsten, und von allen Ehren, die ihm von Senat und Volk zuerkannt waren, hatte er keine lieber angenommen und machte von keiner häufiger Gebrauch als von dem Vorrecht, immer einen Lorbeerkranz tragen zu dürfen.« Zu diesen witzemachenden Gegnern gehörte auch Cicero, selbst einer von denen, die mit der Dame Vanitas auf Duzfuß standen. Ciceros Instinkt und Menschenkenntnis hatten ihn schon früh mißtrauisch gemacht gegen die politischen Ambitionen des eleganten Schürzenjägers und Schuldenmachers; »allein«, so läßt Plutarch den pater patriae sagen, »allein, wenn ich auf der andern Seite sehe, daß sein Haar immer so künstlich zurechtgelegt ist, und daß er sich immer nur mit einem Finger kratzt, so scheint mir dieser Mann ein so großes Unheil, als der Umsturz der römischen Verfassung ist, sich nicht einmal in den Sinn kommen zu lassen.« So kann man sich in Politikern täuschen.

In Bernard Shaws Komödie »Caesar und Cleopatra« spielt die Glatze des Helden die Hauptrolle, man muß nur das Wort »Glatze« als Synonym für »reiferes Alter« gelten lassen. Denn um die Altersdifferenz dreht es sich in der Liebestragikomödie zwischen dem fünfzigjährigen Welteroberer mit der hohen Stirn und der sechzehnjährigen Königin von Ägypten, die ihn mit »alter Herr« anredet, was er laut Regiebemerkung »wie eine Pille« schluckt. Man erinnere sich des zweiten Akts: Caesar ist auf der Hafenmole von Alexandria eingeschlossen; es gilt, die Belagerung zu durchbrechen; man rüstet sich zum Kampf. Cleopatra bringt Caesar den Helm − einen jener rotbebuschten Römerhelme, die den Männern so gut stehen, wie sie sagt. Um ihn Caesar aufzusetzen, nimmt sie ihm den Lorbeerkranz ab und entdeckt − seine Glatze! Eine für den ältlichen Liebhaber bittere, für Cleopatra äußerst spaßige Situation … Hätte schon Caesar den Titel seines Adoptivsohnes »Augustus« geführt, es wäre zu befürchten gewesen, daß das königliche Luderchen geträllert hätte: »Wo sind deine Haare, August, August … ?«

Spaß beiseite! Ich frage mich und stoße damit in den Kern des Phänomens »Eitelkeit«: hatte ein Mann, der die Welt erobert hatte, ein Diktator, dem das Imperium zu Füßen lag, hatte ein Caesar es nötig, eitel zu sein, auch noch auf so oberflächliche Art eitel zu sein, und sich wegen ein paar fehlender Haarsträhnen auf seinem ebenso wohlgeformten wie genialen Schädel graue Haare wachsen zu lassen, wenn diese Metapher hier gewagt werden darf? Hätte er wirklich, wie es heißt, etliche seiner weltverwandelnden Siege hergegeben gegen die volle Lockenpracht eines Dreißigjährigen? Diese ad personam gestellte Frage erheischt eine grundsätzliche Antwort: Unter gewissen Umständen ist Eitelkeit weder eine Charaktereigenschaft noch ein soziales Phänomen und schon gar nicht ein Zeichen für den Intelligenzgrad, sondern eine existentielle Frage − so sagt man doch heute? − und als solche kann sie bei aller Komik rührende, ja tragische Züge annehmen.

Aber lassen wir Caesars Glatze, auf der sowieso keine Haare mehr wachsen! Suchen wir vielmehr zu definieren, was Eitelkeit eigentlich sei und wie sie sich äußere. Das Bild, das einer von sich selber macht, deckt sich wohl nie ganz mit dem, das die andern von ihm haben. Jeder Mensch ist eitel, jeder auf seine Art: auf dies, auf das, auf jenes, was er ist oder gilt oder hat oder tut oder wovon er doch meint (oder will, daß man meine), er sei, er gelte, er habe, er tue es. »Es ist schwer«, sagt der französische Moralist Vauvenargues, »jemanden so hoch zu schätzen, wie er geschätzt sein will.« Und Goethe hat wohl recht mit seiner Behauptung, man kenne sich selbst am wenigsten, die andern hätten ein sichereres Urteil über einen. Diese Skepsis gegenüber dem delphischen gnothi seauton, dem Gebot, sich selbst zu erkennen, schlägt in einer Anekdote, die Casanova von Voltaire erzählt, eine scharmante Volte: Voltaire hatte seinem Besucher gegenüber, der zuvor dem Schweizer Dichter Albrecht von Haller seine Aufwartung gemacht hatte, diesen Mann mächtig gelobt. Maliziös erwiderte Casanova: »Schade, daß Herr von Haller nicht ebensogut von Ihnen denkt, M. de Voltaire.« Darauf dieser: »Nun ja, Monsieur, wie leicht ist es möglich, daß wir uns beide täuschen!«

Sie werden es einem neugebackenen Professor wohl hingehen lassen, daß er bei seinen Selbstbeobachtungen auf Zitate namhafter Menschenkenner zurückgreift, sei es, um seine Meinungen zu stützen, sei es, um seinen Untersuchungen die nötige Objektivität zu garantieren, oder sei es auch nur, um seine Belesenheit darzutun. Hier also Schopenhauers Definition der Eitelkeit, die er in seinen Aphorismen zur Lebensweisheit als einen der drei Sprößlinge menschlicher Torheit – Ehrgeiz, Eitelkeit, Stolz – umreißt; er sagt: »Zwischen den beiden letzteren – also der Eitelkeit und dem Stolz – beruht der Unterschied darauf, daß der Stolz die bereits feststehende Überzeugung vom eigenen, überwiegenden Werte, in irgendeiner Hinsicht, ist; Eitelkeit hingegen der Wunsch, in anderen eine solche Überzeugung zu erwecken, meistens begleitet von der stillen Hoffnung, sie, in Folge davon, auch selbst zu der seinigen machen zu können. Demnach ist Stolz die von innen ausgehende, folglich direkte Hochschätzung seiner selbst; hingegen Eitelkeit das Streben, solche von außen her, also indirekt zu erlangen. Dem entsprechend macht die Eitelkeit gesprächig, der Stolz schweigsam ...«

Eine Torheit also ist nach Schopenhauer die Eitelkeit. Vorerst wollen wir das überhören. Die von ihm so hoch geschätzten Alten dachten darüber anders. Das lateinische Wort vanitas ist freilich stärker und vieldeutiger als unser relativ harmlos gewordenes Wörtchen »Eitelkeit«; jenes bedeutet nach dem »Georges« nicht nur Leere, leeren Schein, Gehaltlosigkeit, Vorurteil und falsche Meinung, sondern auch Lügenhaftigkeit, Windbeutelei, Prahlerei, eitles Vorgeben und so weiter. In der ersten, objektiven Bedeutung gebraucht es die Vulgata, wenn sie den durch sechshundert Kebsen und königliche Allmacht blasiert gewordenen Salomo weltschmerzlich ausrufen läßt: Vanitas vanitatum et omnia vanitas! Vanus im subjektiven Sinn jedoch, also eitel, wie wir das

Wort verstehen, ist die alte Welt in höherem Maße gewesen als wir, die wir durch die Schule der christlichen Demut gegangen sind – vielleicht auch nur aufrichtiger. Ihr Streben nach berechtigter oder auch unberechtigter Anerkennung von Person und Leistung schon im Leben und erst recht nach dem Tode, ihr unbefangenes Sichselbstberühmen in Vers und Prosa, ihr Heißhunger nach Lob und ihre generöse Förderung der sie Lobenden – das alles ist von dem, was wir Eitelkeit nennen, oft kaum mit der Lupe zu unterscheiden. Gloria, fama, nomen, memoria sind antike Begriffe, deren Intensität wir zu Zurückhaltung und Bescheidenheit Erzogenen kaum mehr voll nachempfinden können, und die als letztes Ziel unseres Tuns und Strebens coram publico zu bekennen, wir Hemmungen hätten. Perikles, gefragt, was er am liebsten höre, erwiderte: »Mein Lob«. Cicero, abgesehen von dem uns erhaltenen, mit Selbstlob wie ein Gugelhopf mit Rosinen durchbackenen Werk, schrieb ein langes, leider nicht auf uns gekommenes Gedicht De consulatu suo, mit anderen Worten über seine unsterblichen Verdienste um die res publica. Der liebenswürdige jüngere Plinius, dem das Briefschreiben ankam wie unser einen das Herausziehen des Taschenspiegels, lief in alle Dichtervorlesungen und geizte auch dem erbärmlichsten Reimschmied gegenüber nicht mit Beifall, nur damit sich auch sein Vortragssaal mit klatschenden Zuhörern fülle. Unser Abend würde zum Morgen, wenn ich auch nur die mir bekannten Beispiele antiker Eitelkeit, für die noch das Grabmal und seine Inschrift herhalten mußten, aufführen wollte. Man sieht: schon für die Alten gilt das Wort Montaignes: »Lob ist immer angenehm, warum und von wem es auch kommen mag.«

Eitelkeit braucht Publikum. Narcissus, sich im Wasserspiegel selbst bewundernd, überschreitet ihre normalen Grenzen. Nebenbei, es gibt auch schwäbische Narcisse, so unglaubhaft es klingen mag: ein Freund erzählte mir, wie er, selbst ungesehen, einen Mann beim Holzspalten beobachtet habe. Als es diesem gelungen war, einen besonders astigen Klotz mit einem Hieb zu spalten, vernahm der Beobachter ein Wort der Selbstbewunderung, wie es klassischer auch der mythische Narcissus nicht hätte prägen können: »Ha was, I !« Bei andern ein günstiges Bild von sich zu erwecken, andern so gut gefallen zu wollen, wie man sich selbst gefällt oder doch gefallen möchte – ist das so schlimm? Solange

sich solches Bestreben nur auf Äußerlichkeiten richtet, ganz
gewiß nicht. Deshalb ist auch die weibliche Eitelkeit eher lie-
bens- als verdammenswert, schlimmstenfalls komisch oder tragi-
komisch, dann nämlich, wenn sie dem Beschauer zumutet, über
dem kunstvoll zurechtgemachten Schein die lederne Wirklichkeit um jeden Preis zu übersehen.

Männer sind eitler. Ihre Gefallsucht pflegt sich mit Äußerlichkeiten allein nicht zufriedenzugeben. Vor ihrer Eitelkeit verliert
das Wort Vauvenargues' seinen harmlosen Klang und wird zur
Warnungstafel: »Die Kunst zu gefallen, ist die Kunst des Täu-
schens.« Männliche Eitelkeit zielt weniger nach dem schönen,
als nach dem bedeutsamen Eindruck oder auch nur Schein:
gesellschaftlichen Ranges, charakterlicher Integrität, intellektuel-
ler Geltung, hohen Einkommens, nach dem Effekt der Bildung,
des Wissens, nobler oder einflußreicher Beziehungen, namhafter
Freundschaften, der Macht. Aber die Mittel, die sie gebraucht,
sind für kritische Augen kaum weniger leicht zu durchschauen
als Schminke, Haartinkturen und falsche Brillanten.

Wie denn, werden Sie jetzt fragen, beruht Eitelkeit immer nur
auf Geflunker? Gibt es nicht Leute genug, die das alles realiter
besitzen und dennoch eitel darauf pochen? Natürlich gibt es sie,
und sie sind − zur Ehre der Gesellschaft sei es gesagt − wahrscheinlich sogar in der Mehrzahl. Die Künstler zum Beispiel,
auch die begnadetsten und berühmtesten, gelten als besonders
eitel. Die Erklärung ist einfach: Wer seiner selbst und seiner
Kräfte jederzeit und in jeder Situation sicher ist, mag ein benei-
denswertes Genie sein, wenn auch kein besonders sensibles; in
der Regel aber dürfte so ein Selbstsicherer eher ein stumpfer
Holzkopf sein. Was steckt denn hinter der Eitelkeit? Doch der
Wunsch nach Selbstbestätigung und die Furcht, die andern könnten uns in unserem wahren oder eingebildeten Wert vielleicht
verkennen. Selbstkritische Köpfe haben das immer gewußt, zum
Beispiel Voltaires geistreicher junger Freund: »Man mag uns
immer Eitelkeit vorwerfen, aber von Zeit zu Zeit haben wir es
nötig, unseres Wertes versichert zu werden.«

Die gesellschaftliche Konvention, die Höflichkeit als Schmieröl
im knirschenden und kreischenden Getriebe des menschlichen
Zusammenlebens, achtet und honoriert diesen ja auf Gegen-
seitigkeit beruhenden Wunsch nach Anerkennung.

Da lob ich mir die Höflichkeit,
das zierliche Betrügen:
Du weißt Bescheid, ich weiß Bescheid,
und allen macht's Vergnügen –

So Wilhelm Busch, oder ernsthafter: »Wir haben nicht genug
Eigenliebe, um die Geringschätzung anderer zu verachten« – so
jener Marquis, den wir noch mehrmals zu zitieren haben.

Hier muß einer besonders liebenswerten und amüsanten Form
der Eitelkeit gedacht werden, ich meine die Eitelkeit jener, die in
ihrem Fach so Großartiges leisten, daß ihnen der Gedanke, darauf eitel zu sein, gar nicht kommt. Sie pflegen es auf ihre Hobbies
zu sein, oder auf ihren Witz oder auf ihre Erfolge bei Frauen,
oder auf ihr Geigenspiel oder auf ihre sportlichen Leistungen
oder auf sonst etwas Beiläufiges – auch wenn es damit gar nicht
weit her ist. Aber wehe dem, der sie darin nicht gelten läßt! Sie
ertragen eher Kritik an dem, was sie meisterlich beherrschen, als
an dem, was sie nicht ganz so gut können. Manche Spielart der
Eitelkeit wäre noch aufzuführen, jene zum Beispiel, die unter
besonders subtilen Geistern geistert: diese Eitelkeit ist sich ihrer
selbst bewußt, sie spielt ironisch mit sich selbst, sie weiß auch, daß
die andern sie durchschauen – und kann doch nicht darauf verzichten, sich in Szene zu setzen. An Stelle manches amüsanten
Beispiels aus meiner eigenen Erfahrung stehe das durch seine
Wir-Form entschärfte Wort: »Wir lieben bisweilen sogar das Lob,
das wir nicht für aufrichtig halten.«

Bis hierher ging unsere Eitelkeit immer auf Überhöhung, auf
Überbetonung, auf Übertreibung aus. Es gibt aber auch eine
untertreibende Eitelkeit. Natürlich erstrebt sie denselben Effekt
wie die andere, nur tut sie es mit negativen Vorzeichen. Schon
Sokrates zog einen mit seinem zerschlissenen Gewand prachtie-
renden Jünger der Philosophie mit den Worten auf: »Lieber Freund,
d e i n e Eitelkeit schaut durch die Löcher deines Mantels.« Und
ihn, meine Herren, kennen Sie ja alle, jenen bescheidenen Redner oder Erzähler, der von sich selbst als von »meiner Wenigkeit«
zu sprechen pflegt. Dem ist nicht viel hinzuzufügen – außer:
glauben Sie ihm, denn er spricht wahr!

Hat Schopenhauer also doch recht, ist Eitelkeit nichts als eine
Torheit? La Rochefoucauld scheint sie sogar zu den Lastern

zu rechnen: »Wenn Eitelkeit auch nicht gerade alle Tugenden umstößt«, sagt er, »so erschüttert sie doch alle.« Ist das wahr? Lassen Sie mich gegen La Rochefoucauld La Rochefoucauld ins Feld führen; eine andere seiner Maximen lautet nämlich: »Eitelkeit läßt uns mehr gegen unsere Neigung tun als Vernunft.« Und dieser Satz läßt sich durchaus zugunsten der Eitelkeit deuten, und zwar so: da der Mensch, nach der Bibel wie nach La Rochefoucauld, böse ist von Anbeginn, neigt er kraft dieser seiner Anlage zum Bösen; seine Eitelkeit indessen bringt ihn gelegentlich dazu, das seiner Natur Widerstrebende zu tun, also das Gute.

Noch wollen wir nicht so weit gehen, in der Eitelkeit eine Tugend zu sehen. Immerhin dürfen wir mit einem Moralisten des achtzehnten Jahrhunderts fragen, ob es denn wider Vernunft oder Gerechtigkeit gehe, sich selber zu lieben – »und warum wollen wir, daß Eigenliebe immer ein Laster sei?« Brächte Eitelkeit auch niemals etwas Positives zustande, wovon noch zu reden sein wird, so vermag sie doch manches Negative zu verhindern. »Eitle Menschen – wiederum Vauvenargues – können nicht verschlagen sein, denn sie haben nicht die Kraft zu schweigen.« Eine andere seiner Reflexionen geht noch weiter: »Geckenhaftigkeit (also die infima vanitatis species) entschädigt für Herzensmangel.« Die Gültigkeit dieser Behauptung setzt allerdings eine Gesellschaft voraus, in der Mangel an Herz, also an Menschlichkeit, als schlechter Ton, als das Gegenteil von Urbanität galt, in der man also Herz, besaß man es schon nicht, wenigstens affektieren mußte.

Wir sagten es bereits: der Eitle möchte gefallen. Gefallen wollen aber heißt: sich um die Zuneigung, die Anerkennung, die Bewunderung, die Hochachtung oder auch bloß die gute Meinung der anderen bewerben. Und das ist ein Kompliment vor dem lieben Nächsten: es liegt mir nämlich etwas daran, was du von mir hältst und denkst, ich lege Wert auf deine Meinung über mich, ein großer Teil meines seelischen Wohlbehagens, meines Selbstbewußtseins sogar, hängt davon ab. Sie sehen, wir nähern uns dem Punkt, an dem die individuelle Torheit der Eitelkeit in eine soziale Tugend umzuschlagen beginnt. In diesem Sinne äußerte sich denn auch einmal der große Menschenkenner Goethe gegen Riemer: »Ein Mensch, der eitel ist, kann nie ganz roh sein! denn er wünscht zu gefallen, und so abkommodiert er sich andern.«

Sagte ich: soziale Tugend? Ich halte das Wort aufrecht. Mut, Tapferkeit, Wohltätigkeit, Hilfsbereitschaft und manche anderen gesellschaftlichen Tugenden haben ihre Wurzeln nicht zuletzt auch in der Eitelkeit. Für diese Meinung kann ich meinen Vauvenargues, der ja Soldat gewesen, als Zeugen anrufen, denn er stellt fest: »Es bedarf oft des Anlasses der Eitelkeit, damit der Mensch die ganze Energie seiner Seele zeigt.«

Und was meinen Sie, meine Herren, an wie vielen lobenswerten, ewig preiswürdigen, für Millionen von Menschen segensreichen oder sie beglückenden Taten mäzenatischen Geistes die Eitelkeit beteiligt war? Es ist wohl mehr als nur Zufall, und wenn, dann ein sehr sinnvoller, daß der Prototyp aller Mäzene, daß C. Cilnius Maecenas nach allen Nachrichten, die wir über ihn besitzen, ein recht eitler Herr gewesen ist. Sich und seinen Namen zu verewigen, weiterzuleben im Gedächtnis der Menschen – dieser Wunsch ist uns eingeboren wie das Atmen. Der natürlichste und simpelste Weg, ihn zu verwirklichen, ist sich fortzupflanzen, wobei offenbleiben mag, ob das »sich« nicht eine sprachliche Ungenauigkeit ist. Künstler, Staatsmänner, Wissenschaftler suchen das Ziel auf subtilerem Weg, nämlich auf dem über das Werk, zu erreichen. Mäzene aber tun es durch Förderungen und Stiftungen, mit denen ihr Name für alle Zeit verbunden bleibt. Das Gute, das sie damit tun, kann mit äußerlichen Ehrungen natürlich nicht vergolten werden, und ihretwegen allein ist wohl noch niemand ein wirklicher Mäzen geworden. Diesen Ehrentitel rechtfertigt erst die innere Anteilnahme an dem zu fördernden Werk.

Aber freut es nicht auch den sachlichsten und bescheidensten Menschen, wenn er sein Wollen und Tun öffentlich anerkannt sieht? Öffentliche Ehrungen, jawohl, auch Titel und Orden, haben ihre Berechtigung in unserer Eigenliebe. Sie hören, ich vermeide das Wort »Eitelkeit«, obwohl es nach all dem Gesagten viel von seinem anstößigen Klang verloren haben sollte. Aber wäre Eitelkeit wirklich nur eine Torheit, wie der – theoretische – Weltverächter Schopenhauer, oder gar ein Laster, wie der misanthropische französische Herzog will, dann bliebe, was das Mäzenatentum betrifft, für die Regierenden noch immer die Maxime des menschenkundigen Vauvenargues zu bedenken: »Wenn es wahr ist, daß man das Laster nicht ausrotten kann, sollte die Weisheit der Regierenden danach streben, es im Dienste des öffentlichen Wohles zu nützen.«

Zurück zum Ausgang unseres Selbstgesprächs! Wenn Ihnen, meine Herren, für die Triftigkeit des Vorgebrachten der Professor nicht Autorität genug sein sollte, so werden Sie doch gewiß der Lebenserfahrung des senex – das Wort im altrömischen Sinn verstanden – vertrauen, der mit seinem geliebten Archipoeta sprechen kann – nein, sprechen muß:

Non sum puer, aetatem habeo ...

oder, wenn Sie es lieber auf klassisch hören, mit Vergil:

Maioresque cadunt altis de montibus umbrae

zu deutsch:

Länger schon fallen herab von den hohen Bergen die Schatten.

7. März 1962

AVE REGINA

Die Hauptstadt unseres Landes erfreut sich heute der hohen Ehre königlichen Besuchs: Königin Elisabeth II. von England und ihr Gemahl, Herzog Philip von Edinburgh, kommen als Gäste der baden-württembergischen Regierung und der Stadt Stuttgart zu uns und werden auf ihrer Weiterreise zu ihren Verwandten auf Schloß Langenburg auch die Schillerstadt Marbach und die alte Salzstadt Schwäbisch Hall besuchen. Wir heißen sie in unserem Lande von Herzen willkommen.

Eine Königin – weckt das nicht Märchenträume aus kindlichen Tagen? Krone und Zepter und Hermelin und unumschränkte Macht, zu belohnen und zu bestrafen? Etwas von dieser Vorstellung lebt noch in uns allen, auch wenn wir Demokraten sind, auch wenn wir wissen, daß die wirkliche Macht der Potentaten in den Staaten der westlichen Welt heutzutage verfassungsmäßig kaum hinausreicht über die Rolle eines repräsentativen Oberhauptes der Nation.

Und doch übt der Glanz einer Krone auch heute noch seinen magischen Zauber auf die Menschen aus; auch auf solche, die dem Gottesgnadentum und dem Irrationalen gegenüber, das ja jedem traditionsreichen Königtum innewohnt, skeptisch sind.

Wie kommt das? Lassen wir alles Irrationale, lassen wir das auch jedem unverdorbenen Menschen innewohnende Verehrungsbedürfnis aus dem Spiel. Bewußt oder nur ahnungsvoll verehrt der Staatsbürger im Träger der Krone das Symbol seines Staates, seiner Nation, seines Volkes, und diese Verehrung ist unabhängig von der Person, die dieses Symbol verkörpert, wenn es auch natürlicherweise von der jeweiligen Individualität abhängt, ob die Reverenz aus Grundsätzen und Traditionen entspringt, oder ob sie aus naivem Herzen kommt. Es hat zu allen Zeiten beliebte und ungeliebte Monarchen gegeben.

Daß Monarchie und Demokratie keine Gegensätze zu sein brauchen, das beweist nicht nur das Land, aus dem die hohen Gäste kommen; das beweisen auch die nordischen Staaten ebenso wie Belgien, Holland und Luxemburg. Dem Deutschen Reich ist die glückliche Symbiose von Monarchie und Demokratie zu seinem Schaden geschichtlich versagt geblieben. Anders allerdings stand die Sache bei den *Ländern* des bismarckischen Reiches, vor allem im Süden. In Württemberg und in Baden haben weder der König noch der Großherzog die Entwicklung einer demokratischen Staatsbürgergesinnung gehindert. Es ist bezeichnend für diese Tatsache, daß Wilhelm Keil anläßlich des 25jährigen Regierungsjubiläums König Wilhelms II. von Württemberg in der sozialdemokratischen »Tagwacht« schreiben konnte: obwohl Gegner der Monarchie, wüßte er, wenn Württemberg eine Republik würde, keinen besseren Präsidenten für sie als den König. Für den demokratischen Geist dieses Landes zeugt auch der Gruß, der dem beliebten König von seinen Untertanen entboten wurde, wenn sie ihm mit seinen zwei Spitzern auf dem Spaziergang in den Anlagen begegneten: »Grüß Gott, Herr König.«

Wir im Süden wären 1918 wohl auch ohne Sturz der Monarchie zu einer modernen voll ausgebildeten Demokratie gekommen, das Wort nicht nur im Sinn gesellschaftlicher Lebensformen, die bei uns ja längst gang und gäbe waren, sondern auch verfassungsrechtlich verstanden. Freilich läßt sich, was Geschichte geworden, nicht mehr rückgängig machen. Restaurierte Monarchien haben selten Bestand, das lehrt die historische Erfahrung.

Um so mehr dürfen wir Deutsche jene demokratischen Völker

beglückwünschen, denen unsere Erfahrungen erspart geblieben sind, und denen das Königtum nicht nur als Symbol ihrer Staatlichkeit und Nationalität erhalten geblieben ist, sondern auch – und das scheint mir politisch noch bedeutsamer zu sein – als lebendiges Zeichen geschichtlicher Kontinuität und als Element der politischen Stabilität. Regierungen kommen und gehen, Parteien lösen einander ab in der Führung der Staatsgeschäfte, Politiker sind abhängig von Erfolg und Mißerfolg, von Volksgunst und Wahlen – der König oder die Königin aber bleibt. Auch ohne reale Macht und ohne den Gang der Dinge bestimmendes Wort bleibt ihre moralische Autorität anerkannt. Eben ihre Bindung an gesetztes Recht und Verfassung, ihre über Klassen, Parteien und Gruppen erhabene Stellung macht sie zu einem ausgleichenden Faktor in den Auseinandersetzungen um handfeste Interessen. Diese erhabene Position im Staatsgefüge, wobei wir das Wort »erhaben« in seinem konkreten wie metaphorischen Sinn verstehen, will verhindern, daß politische Gegner zu Feinden werden, denn die Krone vertritt die Nation als Gesamtheit und erinnert die einander befehdenden Bürger täglich an das sie alle Verbindende. Das Beispiel des britischen Commonwealth zeigt die einigende Kraft dieses Symbols im Weltmaßstab: die Krone allein hält ohne Staatsverträge und ohne geschriebene Verfassung die Staaten dieses Bundes zusammen.

Ideal und Theorie? Gewiß, nichts ist vollkommen auf dieser Welt. Tritt aber der Glücksfall ein, daß das für alle gültige Symbol einer Nation sich in einer Königin von so viel ungezwungener Würde, von so viel weiblichem Charme, von solcher vertrauenerweckender Natürlichkeit verkörpert wie in Elisabeth II., dann scheint die Kluft, die Ideal und Wirklichkeit in allem Menschenwesen nun einmal unvermeidlich trennt, plötzlich nicht mehr so tief, nicht mehr so breit zu sein.

Wer das königliche Paar auf dem Bildschirm und auf den Fotos gesehen und beobachtet hat, wird diesen Eindruck bestätigen. Wir möchten wünschen, daß die Sympathie, die die Königin und der Herzog in allen Kreisen unseres Volkes erweckt haben, ihnen spürbar geworden sei – zum Besten einer von der historischen Situation längst geforderten vertrauensvollen und dauerhaften Freundschaft zwischen dem deutschen und dem englischen Volk. Ave Regina!

24. Mai 1965

HEIMATLUFT

Es war »ein kalter, trüber, nebliger Tag«, berichtet ein Augenzeuge von jenem 20. Februar 1856, an dem man Heinrich Heine auf dem Friedhof Montmartre zu Grabe trug. Und so war auch der Februartag, an dem ich im Jahre 1927 bei meinem ersten Pariser Besuch Heines Grab aufsuchte.

Ich kannte keine lebende Seele in Paris, aber ich hatte dort viele Bekannte aus Kunst, Literatur, Geschichte. Sie empfingen auf dem Père Lachaise, auf dem Cimetière Montmartre, am nobelsten Voltaire im Pantheon. Dreien davon auf Montmartre meine Aufwartung zu machen, stieg ich eines Morgens hinauf: Heinrich Heine, Jacques Offenbach und Alphonsine Plessis, die sich, gesellschaftlich arriviert, Marie Duplessis nannte und als »Kameliendame« durch Alexandre Dumas fils, als »La Traviata« durch Verdi zu Weltruhm gelangt ist.

Kein Mensch war an diesem Morgen auf dem Friedhof, ich stand mutterseelenallein an Heines Grab. Ehre der »freisinnigen Stadt Wien«, die dem deutschen Dichter dieses Monument errichtet hat, zwar marmorn, aber prunklos, wie er es sich gewünscht hatte. Der Grabstein trägt als Krönung Heines Büste. Ihr melancholischer Ausdruck stimmte mit der grauen Stimmung des Tages überein. In die Einfassung eingemeißelt stehen die drei Strophen seines schlicht-schönen Gedichtes »Wo wird einst des Wandermüden / Letzte Ruhestätte sein?«

Rings um eine Marmorschale lagen Blumen, frische, vom Nebel betaute und seit langem verwelkte. In der Schale selbst häuften sich Visitenkarten mit englischen, deutschen, holländischen, nordischen, südamerikanischen Namen, auch eine japanische Karte war darunter.

Und noch etwas entdeckte ich: rechts vom Stein steckte ein kleines Schild in der Erde mit der Aufschrift in Französisch und Deutsch: »Es ist verboten, das Grab zu photographieren oder zu beschreiben.«

Da ich eine Visitenkarte nicht besaß, riß ich ein Blättchen aus meinem Notizbuch, kritzelte, den Grabstein als Unterlage gebrauchend, einen Vierzeiler darauf, den ich mit dem Datum und meinen Initialen unterzeichnete, und legte den Zettel in die Schale. Halb belustigt, halb ärgerlich schied ich.

Nach Monaten – ich saß längst wieder an meinem Schreibtisch im Süddeutschen Rundfunk – hatte ich mit einer Publizistin, die eifrig für die deutsch-französische Verständigung warb, wegen eines Vortrags zu diesem Thema zu verhandeln. Wir liebten beide Frankreich und Paris, das die Dame von ihrer Studienzeit und von vielen späteren Besuchen her kannte, und nicht minder, wie sich herausstellte, den Vorkämpfer unserer Bemühungen um nachbarliche Freundschaft der beiden Länder: Heine. Ich erzählte ihr mein kleines Erlebnis an seinem Grab; leider brachte ich meinen Vierzeiler nur noch sinngemäß zusammen.

»Wie ist Ihr Vorname?« fragte sie unvermittelt. Ich nannte ihn. Merkwürdigerweise beunruhigte sie der harmlose Name Josef so, daß mir die Gegenfrage auf der Zunge lag, ob ihr Gatte Potiphar heiße. So jung, so eitel war ich damals.

»Sie also waren das!« sagte sie lachend. »Beruhigen Sie sich, Ihre Verse sind der Nachwelt nicht verloren, bei mir sind sie gut aufgehoben.« Und sie beichtete, daß sie bei ihrem letzten Besuch auf Montmartre jenen Zettel aus der Schale mitgenommen habe; der Vierzeiler habe ihr so gefallen.

Tatsächlich brachte sie mir ein paar Tage darauf das Notizblättchen mit meiner vom Regen verwischten Handschrift. Mit seltsamen Gefühlen betrachtete ich meinen längst vergessenen Gruß an Heinrich Heine und las:

> *Heimatluft umgibt den toten*
> *Dichter auch im fremden Land:*
> *Noch auf seines Grabes Rand*
> *wird bei Strafe was verboten.*

»Nimmt man das Vaterland an den Schuhsohlen mit?« fragt Danton bei Büchner, einem anderen deutschen Emigranten. Fast schien es so.

20. Februar 1971

DER TOD DER TANTE JOSEPHINE

Ich fuhr aus dem Schlaf auf. Es hatte geläutet. Hatte es geläutet? Vielleicht hatte ich es nur geträumt, wie schon oft. Man lief in jenen Jahren ja dauernd mit einem bangen Gewissen herum, man sah und sprach und hörte so vieles, und alles war verboten – genau besehen, sogar das Weiterleben. Ich horchte mit angehaltenem Atem. Wie spät war es? Der Finsternis nach im Zimmer mußte es noch mitten in der Nacht sein. Ach so, die Verdunkelung! Ich horchte. Griff nach dem Wecker auf dem Nachttisch, warf dabei ein Buch hinab.

»Hat's geläutet?« Meine Frau saß aufrecht im Bett, sehen konnte ich das nicht, aber ich wußte es. Ich mußte das Zifferblatt mit den grünlichen Zeigern und Zahlen ganz nahe vors Gesicht halten.

»Drei Viertel sechs.« Meine Stimme klang mir fremd, heiser, ich spürte, wie mir am Hals die Ader schlug. Wir horchten... Ich hörte das Herzklopfen im anderen Bett. Jetzt! Also doch: schrill und bohrend lang gellte es durch das Haus, die ganze Nachbarschaft mußte daran aufwachen.

»Mach doch Licht!« Ich tastete nach der Schnur, zog und erschrak an dem kleinen Knacks, den es machte. Indessen meine Frau den Bademantel überwarf und in die Hausschuhe schlüpfte – so war es ausgemacht für den Fall –, senkte sich eine Wand herab, die mich trennte von meiner Welt, der ich plötzlich nicht mehr angehörte. Alles war verändert. Wie glücklich waren die anderen, die jetzt ruhig in ihrem Bett schliefen. Sie würden aufstehen, wenn es Zeit war, wie gewöhnlich sich rasieren, Kaffee trinken und dann zu ihren kleinen Sorgen ins Geschäft gehen, um die ich sie jetzt beneidete. . .

Was konnte es sein? Neulich hatten wir beim Radiohören Schritte im Garten gehört... War die Skala auch wieder auf einen deutschen Sender eingestellt? Oder die Unterhaltung mit der Geschäftskollegin: Meinetwegen hätte es diesen Krieg nicht gebraucht... Sie hatte nichts gesagt, mich aber so lauernd angesehen – oder hatte ich das nur gemeint? Vielleicht war ihnen der »Konrad Heiden« in die Hände gefallen? Kann man Fingerabdrücke auf einem Buchumschlag feststellen? Aber das Buch war schon durch ein Dutzend Hände gegangen... Warum läßt sich meine Frau auch mit wildfremden Leuten in Unterhaltungen ein? Der Arbeiter, mit dem sie sich angeblich politisch so gut verstanden hatte – vielleicht war's ein Spitzel gewesen...

Ich hörte, wie sie unten den Schlüssel in das Schloß steckte, wie sie ihn umdrehte, wie die Klinke knackte. Und dann eine Männerstimme... Ich hörte meine Frau »ja« sagen, dann sprach wieder ein Mann. Ich horchte auf schwere Schritte auf der Treppe, statt dessen vernahm ich das dumpfe Zuschlagen der Haustür und das Geräusch des Abschließens. Sie kam allein die Treppe herauf.

»Ein Telegramm«, sagte sie. Sie war bleich und verstört, als sie es mir gab. Mochte darin stehen, was wollte, die Wand hob sich wieder. Ein warmes, wohliges Gefühl durchströmte mich, aber meine Finger zitterten noch beim Aufreißen des Telegramms.

»Tante Josephine ist gestorben«, sagte ich. »Das tut mir aber leid.« Wirklich, es tat mir leid, ich hing an Tante Josephine, sie war die einzige von den sieben Tanten, die ich gerngehabt hatte. Aber es war sozusagen eine fröhliche Trauer, was ich empfand, und ich schämte mich dessen nicht einmal. Sie machte mich gesprächig.

»Schlaganfall. Wie alt war sie? Achtundsechzig oder neunundsechzig...?«

Meine Frau hatte sich wieder ins Bett gelegt und die Decke übers Ohr gezogen. Sie schimpfte über die Idioten vom Telegraphenamt. Da sie auf meine Erinnerungen an die sympathische Tante Josephine nicht einging, löschte ich das Licht aus. Beglückt empfand ich, wie mollig und warm es im Bett war. Ich freute mich, noch eine ganze Stunde schlafen zu dürfen. Und schlief wieder ein.

Es wurde keine ganze Stunde mehr. Um dreiviertel sieben Uhr läutete es wieder. Und diesmal waren sie es. Ich mußte mit.

20. Februar 1971

POETA LAUREATUS

Die lateinischen Dichtungen
des Iosephus Apellus

Ausgewählt und eingeleitet von
Wolfgang Urban

LINGUA MORTUA?
O quoties obitum linguae statuere latinae!
Tot tamen exsequiis salva superstes erat.

TOTE SPRACHE!
Immer von neuem sagen sie tot die lateinische Sprache,
jedes Begräbnis jedoch hat sie gesund überlebt.

J.E.

Visite des Bundespräsidenten Theodor Heuss
(zweiter von rechts) bei der Stuttgarter Zeitung.
Josef Eberle hatte ihn bei seinem ersten offiziellen Besuch
der schwäbischen Metropole
mit einem lateinischen Gedicht begrüßt.

Lyra Latina oder die zweite Leier

Hoc iacet in tumulo vates, cui fata recusant
carminibus meritum nomen ad astra volans.
Tempora sed rumpent vatis utramque lyram
Desinet audiri mox integra Sueba loquela
et quis cras Latii voce peritus erit?

Unter dem Hügel hier ruht ein Poet, dem das Schicksal verweigert,
daß er am Himmel als Stern leuchte nach seinem Verdienst.
Weder gebrach's ihm am Geist, noch zeigte die Muse sich spröde.
Nein, es zerbrach ihm brutal seine zwei Leiern die Zeit.
Bald wird der lautere Klang des lebendigen Schwäbisch verstummen,
und schon morgen vielleicht keiner Latein mehr verstehn.

*Von Josef Eberle selbst in Latein und Deutsch verfaßter Grabspruch auf
seinem Grabstein auf dem Sülchen-Friedhof seiner Heimatstadt Rottenburg am Neckar*

Als »lateinischer Dichterfürst unserer Zeit« wird Josef Eberle von
dem Brasilianer Alexander Lenard apostrophiert, einen »Groß-
meister« der mittellateinischen Dichtungsart nennt ihn die Bel-
gierin Jacqueline Ijsewijn-Jacobs. Einmütig das Urteil der Philologen und Kritiker, daß sich in Josef Eberle, so der Italiener Taulo
Zuberti, »einer der besten Lateiner der modernen Welt« zeigt.
Dabei ist er es geworden – überraschend und bewunderungswür-
dig zugleich – ohne die zu erwartende entsprechende Schul-
bildung, ohne das einschlägige akademische Studium. Josef Eberle
konnte, was formal seine philologische Vorbildung anbelangte, nur
den Abschluß des Progymnasiums in Rottenburg vorweisen, besaß
»nur« die Mittlere Reife und das sogenannte »Kleine Latinum« –
und wurde dennoch zu einem großen Lateiner. Als Dichter in
lateinischer Sprache brachte er es im Laufe von weniger als anderthalb Jahrzehnten zu stupender Meisterschaft.

Blieb die Resonanz seiner Gedichte in schwäbischer Mundart
mit der spezifisch Rottenburger Färbung zwangsläufig auf das
Schwabenland begrenzt und werden sie nur dort in ihrem Charme,
ihrer Grazie, ihrem hintergründigen, bodenständigen Humor, aber
auch in ihren melancholischen Klängen voll erfaßt und gewür-
digt, so erreichte er mit der ehemaligen europäischen Weltsprache

Latein ein internationales Publikum. Gerade durch seine lateinischen Dichtungen wurde Josef Eberle außerhalb seiner Heimat, im nicht-deutschprachigen Teil Europas und in Nord- und Südamerika bekannt. Seine lateinischen Verse wurden in den führenden Zeitschriften und Publikationsorganen des Neu-Lateins gedruckt oder bekannt gemacht.

So erfuhr Eberles lateinische Poesie höchste Anerkennung, als dessen zuerst in »Laudes« 1959 erschienenes Gedicht »Urbs« (Die Stadt), ein Preislied in 16 Strophen auf die Stadt Rom, aufgenommen wurde in eine umfassende Anthologie griechischer und lateinischer Dichtungen von der Antike bis zur Gegenwart, in denen über die Jahrtausende und Jahrhunderte die »Ewige Stadt« besungen wird. Josef Eberle steht in der von dem Altphilologen Bernhard Kytzler (geb. 1929) besorgten Sammlung in einer Reihe mit den ganz großen der lateinischen Literatur, den Klassikern der Antike, den gelehrten Dichtern des Mittelalters und den herausragenden Vertretern des europäischen Humanismus. Der Herausgeber läßt in dieser Anthologie, die als 100. Band der »Bibliothek der Alten Welt« im Jahr 2725 nach der legendären Gründung der Stadt Rom 1972 erschien, exakt 100 Autoren zu Wort kommen.[1] Einer von ihnen ist Josef Eberle. Er steht damit in einer Reihe mit dem Griechen Lykophron, den römischen Dichtern Ennius (gest. 169 v. Chr.), Tibull (gest. 19 v. Chr.), Properz (gest. 16 v. Chr.), Horaz (gest. 8 v. Chr.), Vergil (70–19 v. Chr.), mit Statius (gest. ca. 96), Petron (gest. 66), Juvenal (gest. um 140), und Martial (gest. um 104), um nur einige zu nennen, mit dem lateinischen Kirchenvater Ambrosius von Mailand (gest. 397), mit Prudentius (gest. nach 404), dem Gelehrten und Dichter der karolingischen Zeit Alkuin (gest. 804), den Poeten des Hohen Mittelalters, den Humanisten wie Francesco Petrarca (1304– 1374), Conrad Celtes (1459–1508) oder Ulrich von Hutten (1488–1523).

In der kurzen Zeit vom Erscheinen seiner ersten lateinischen Gedichtbände im Jahre 1954 und 1959 bis zur Herausgabe des

1 Vgl. Roma aeterna. Lateinische und griechische Romdichtung von der Antike bis in die Gegenwart. Ausgewählt, übersetzt und erläutert von Bernhard Kytzler. Zürich - München 1972, S. 7 ff. und 542-551. – Offenbar hatte aber der Herausgeber seine Schwierigkeiten mit der richtigen Lokalisierung des Geburtsortes von Josef Eberle, weshalb er S. 646 »Rothenburg«(!) angibt.

Sammelbands »Viva Camena« von 1961, in dem er 47 neulateinische Dichter mit ihren Werken vorstellt, rückt Josef Eberle auf in die Phalanx der wichtigsten neulateinischen Dichter des zwanzigsten Jahrhunderts und verdient in einem Atemzug genannt zu werden mit den Italienern Giovanni Pascoli (1855 bis 1912) und Emilio Merone (geb.1916), den Deutschen Rudolf Alexander Schröder (1878–1962), Hermann Weller (1878–1956) und Hermann Steinberger, dem jüdisch-stämmigen Deutsch-Amerikaner Harry C. Schnur (1907–1979), dem Flamen Jozef Ijsewijn (1932– 1998), dem Italo-Amerikaner Giuseppe (Iosephus) Tusiani (geb. 1924) oder den schon einer jüngeren Generation angehörenden Herbert H. Huxley in Kanada und Fidel Rädle (geb. 1935), Professor in Göttingen.[2]

Josef Eberles lateinische Gedichte faszinieren durch ihre Frische und Lebendigkeit. Nichts Schulmeisterlich-Enges haftet ihnen an, nichts Steifes und zwanghaft Gewerkeltes, schon gar nicht der Geruch von Staub und Moder, als ob da einer in die Mottenkiste der literarischen Vergangenheit gegriffen hätte – im Gegenteil: Seine lateinischen Dichtungen wirken neu, unverbraucht und zeitnah. Hier ist ein poetisches Naturtalent am Werke, einer, der sich auf die Sprache versteht, weil er zu hören vermag, ja tief in sie hineinhören kann, wie es schon seine schwäbischen Gedichte an den Tag legten. Und nur weil er tief hineinzuhören vermag, versteht er auch.

So wie er sich auf das Schwäbische verstand und nur dadurch dessen Mentalität zu Gehör brachte, sein innerstes Wesen dichterisch aufscheinen ließ, so versteht er sich im vollen Sinn des Wortes aufs Latein. Nur mit wenigen Ausnahmen sind Eberles lateinische Gedichte Übersetzungen aus deutschen Vorgaben, sind sie in Deutsch konzipiert, die meisten vielmehr sind zunächst lateinisch gedacht. Ein unbändiges poetisches Temperament bricht sich hier Bahn, dem »Archipoeta« im 12. oder François Villon im 15. Jahrhundert vergleichbar, denen sich Eberle nahe, wenn nicht gar innerlich verwandt fühlte. Das erkannten und anerkannten die klassisch gebildeten Zeitgenossen, sie sahen seine kreative

2 Vgl. Dirk Sacré: Schnur's Latin poetry. An introduction, in: Pegasus devocatus. Studia in honorem C. Arri Nuri sive Harry C. Schnur. Cura et opera Gilberti Tournoy et Theodorici Sacré (Supplementa Humanistica Lovaniensia VII).Löwen (Louvain) 1992, S. 87.

Originalität und überhäuften ihn mit Ehrungen, von denen die Mitgliedschaft in der »Deutschen Akademie für Sprache und Dichtung« nicht die geringste war.

Dabei greift Josef Eberle erst sehr spät in seinem literarischen Schaffen zum Latein; es gibt bei ihm keine Kontinuität in der Beschäftigung mit der lateinischen Sprache und Literatur von der Schulzeit an, wie man vielleicht annehmen wollte. Doch offensichtlich konnte er auf einen vorzüglichen, ausbau- und entwicklungsfähigen Fundus zurückgreifen, der schon in der Rottenburger Schulzeit durch den Lateinlehrer und Rektor des Progymnasiums, Alois Kremmler, gelegt worden war. Seinem ehemaligen Lehrer setzte Josef Eberle in der Elegie »Rex« ein einzigartiges literarisches Denkmal. Da Lateinlehrer erfahrungsgemäß in der Vergangenheit meist zu den von den Eleven besonders gefürchteten innerhalb des Lehrerkollegiums zählten, dürfte es wohl eines der schönsten Denkmale sein, das je von einem früheren Schüler einem solchen Lehrer errichtet worden ist.

»Rex« – »der König« – war und ist ein geläufiger Spitzname von Schülern für den Schulleiter, den Rektor oder Direktor. Alois Kremmler muß für die Schüler nicht nur eine allseits akzeptierte Autorität, sondern, wie es der dichterische Nachruf Eberles ausdrückt, ein wahrer König seines Faches gewesen sein, eine Ausnahmeerscheinung, dem es gelang, die »tote« Sprache Latein für die Schüler wieder lebendig werden zu lassen.

Es war eher eine spontane Aktion, eine situationsbedingte Eingebung, die bei Josef Eberle jene verborgene Ader lateinischer Dichtkunst freilegte und in der er die Möglichkeiten des Lateins als dichterischen Ausdruck für sich entdeckte. Den Anstoß dazu gab 1951 der erste offizielle Besuch des ersten Bundespräsidenten der noch jungen Bundesrepublik Deutschland, Theodor Heuss (1884–1963), in Stuttgart, dem Land seiner Herkunft. Josef Eberle befleißigte sich damals als Mitherausgeber der *Stuttgarter Zeitung*, den hohen Gast würdevoll und traditionsbewußt mit einem lateinischen Gedicht zu begrüßen. »Es steckte zwar voller Fehler«, erzählt Josef Eberle sich erinnernd in einem Gespräch des Südwestfunks am 4. August 1966, »aber ich hab's trotzdem gedruckt, und Heuss hatte eine große Freude daran. Und da merkte ich, ich kann's noch. Und habe weitergemacht.«

Theodor Heuss verfolgte aufmerksam das lateinische Dichten

von Josef Eberle, wie aus einem seiner »Tagebuchbriefe« hervorgeht. Dort notiert er unter dem 30. November 1955 für Toni Stolper in New York, die Gemahlin seines verstorbenen Freundes Gustav Stolper (gest. 1947): »Ich weiß nicht, ob ich Dir dies schon schrieb: Josef Eberle, Herausgeber der *Stuttgarter Zeitung*, vor Jahrzehnten (...) Buchhandelslehrling (...), ist seit einiger Zeit Spezialist für carmina geworden. Er hat jetzt wieder ein Heftchen drucken lassen; ich ermunterte ihn, auch Dir es zu schicken (...) er ist ein reizender Kerl und hat sich (Frau jüdisch) in den bösen Jahren, die ihn beruflich zerschlagen haben, höchst bewährt. Und ist jetzt kinderlos, aber sehr reich geworden, der Mäcen für schwäbische Dinge«[3].

Vom Anfang der fünfziger Jahre bis zum Ende seines Lebens konzentriert sich nun Josef Eberle auf das Latein als dem besonderen Medium seines dichterischen Sagens – sehr zum Bedauern und zur Enttäuschung der vielen Freunde und Anhänger seiner schwäbischen Verse. Doch die Phase, in der er sich im Schwäbischen ausdrückte, erscheint für ihn ein zurückliegender, in sich abgeschlossener, nicht mehr einfach wiederbelebbarer Abschnitt, dessen Faden er nicht so einfach mehr aufnehmen konnte und wollte.

Der Zeitpunkt, zu dem sich Eberles Wende zum Latein vollzieht, ist vom äußeren Anlaß des Besuches von Theodor Heuss einmal abgesehen, durchaus bezeichnend. Das kulturelle und geistesgeschichtliche Klima der ersten Nachkriegsjahre ist nach der gewaltsamen Verödung des Geisteslebens in der Zeit des Nationalsozialismus, seiner über Leichen gehenden Gewaltherrschaft und den Schrecken des durch ihn verursachten Krieges, allgemein geprägt von einer Rückbesinnung auf die Wurzeln des Abendlandes, auf die Grundlagen, welche die griechische-römische Antike und das Christentum gelegt hatten als Quellflüsse des europäischen Denkens und seiner Sicht von Mensch und Welt. Damit hatte die menschenverachtende Ideologie und Politik des Nationalsozialismus so schändlich gebrochen.

Zu den bahnbrechenden Arbeiten der ersten Nachkriegsjahre zählen das 1948 erstmals erschienene Werk von Ernst Robert Curtius »Europäische Literatur und lateinisches Mittelalter« oder das zwar schon während des Zweiten Weltkriegs 1943 gedruckte,

3 Theodor Heuss: Tagebuchbriefe 1955/1963. Tübingen – Stuttgart 1970, S. 103.

erst aber in der Friedenszeit nach 1945 richtig wahrgenommene und 1952 noch einmal erweiterte Werk von Friedrich Klingner »Römische Geisteswelt«.

Diese Rückbesinnung auf die Quellen abendländischer Kultur war getragen von Männern wie Theodor Heuss und Carlo Schmid (1896–1979), die eine ganz andere rhetorische und damit zugleich politische Kultur, von umfassender Bildung geprägt, zu erkennen gaben als die der vorangegangenen zwölf Jahre der nationalsozialistischen Machthaber. Sie war in den Nachkriegsjahren in Württemberg bestimmt durch Theologen und Philosophen wie Romano Guardini (1895–1968), Hermann Steinbüchel (1888–1949), Hermann Diem, Helmut Thielicke (1908–1987) und Eduard Spranger (1882–1963), die an der Universität Tübingen lehrten, welche damals im Grunde noch den Charakter der Landesuniversität Württembergs besaß und das geistige Klima maßgeblich mitbestimmte. Deren Vorlesungen wurden nicht nur von den eingeschriebenen Studenten besucht, sie fanden massenhaft Zulauf auch von seiten der Bürgerschaft. Hier wurde die geistige Kost geboten, nach der man nach den zwölf Hungerjahren des Ungeistes mehr verlangte als nach dem täglichen Brot.

Es war auch die Zeit, in der innerhalb der universitären Disziplinen die Altphilologie mit ihren Fächern Griechisch und Latein noch einen hervorragenden Platz behaupten konnte. Gerade die Universität Tübingen glänzte zum Ausgang der vierziger bis in die siebziger Jahre hinein auf diesem Feld mit einer Garde von Professoren, die ihr einen hervorragenden Platz in der Welt einräumten. Dazu gehörten die Gräzisten Walter F. Otto (1874–1958) und Wolfgang Schadewaldt (1900–1974), der Althistoriker Joseph Vogt (1895–1986), die Latinisten mit dem schon angeführten Hermann Weller, mit Otto Weinreich (1886–1972), Hildebrecht Hommel (1899–1996) und Ernst Zinn (1910–1990).

Zu all den genannten hielt Josef Eberle Kontakt, und umgekehrt sie mit ihm. Er öffnete die Spalten des Feuilletons der *Stuttgarter Zeitung* für ihre Darstellungen, Untersuchungen und Rezensionen. Hier auch ließ Josef Eberle nicht nur eigene lateinische Gedichte im Vorabdruck erscheinen, er griff auch zu, wenn ihm von anderer Seite ein solches auffiel oder angeboten wurde. Unter Eberles Ägide gewann die *Stuttgarter Zeitung* in den fünfziger und sechziger Jahren den Ruf, innerhalb der deutschen Zeitungslandschaft das beste Feuilleton zu bieten. Einen festen Platz innerhalb des Feuilletons nahmen dabei Themen ein, die sich mit dem Erbe der Antike und mit dem Nachleben antiker Geisteswelt befaßten.

»Bildung« war einer der Leitbegriffe der Nachkriegsära: Bildung als Voraussetzung für die Entwicklung und Stabilisierung eines republikanischen, demokratischen Gemeinwesens, Bildung aber auch als Voraussetzung für die Wiedereingliederung Deutschlands in die europäische Völker- und Kulturgemeinschaft. In der Geschichte des Abendlandes ist die römische die größte Formation, deren Ideen unter unterschiedlichen Vorzeichen zu verschiedenen Zeiten fortlebte und neu für die jeweilige eigene Zeit interpretiert und umzusetzen versucht wurden. Ihren Geist konserviert die lateinische Sprache. So schreibt einer der besten Kenner der romanischen wie der deutschen Literatur des 20. Jahrhunderts, Ernst Robert Curtius: »Man erwirbt das Bürgerrecht in der europäischen Literatur nur, wenn man viele Jahre in jeder seiner Provinzen geweilt hat und viele Male die eine mit der anderen vertauscht hat. Man ist Europäer, wenn man *civis Romanus* [römischer Bürger] geworden ist.«[4]

Ein verwandtes Bekenntnis und Programm formuliert Josef Eberle am Schluß seines Gedichts »Sumelocenna« (»Rottenburg«), in dem er seine Geburtsstadt mit lokalpatriotisch knitzem Charme zum Neckar-Rom hochstilisiert:

ubi mens Latinitas,	*Wo der Geist der lateinischen Sprache,*
etiam humanitatis	*da auch wohnt immer die Tugend*
virtus semper habitat	*wahrer Menschlichkeit.**

Es sind die Tübinger Altphilologen, die auf Eberles lateinische Dichtungen anläßlich seines 60. Geburtstags außerhalb Deutschlands erstmals aufmerksam machen. Hildebrecht Hommel stellt ihn vor in »Vita Latina«. Hommel benutzt hier das lateinische Pseudonym »Apellus« für Josef Eberle[5]. »Apellus« leitet sich ab

---

* Alle mit * gekennzeichneten Übersetzungen stammen vom Herausgeber (W. U.)

4 Ernst Robert Curtius: Europäische Literatur und lateinisches Mittelalter. Bern –München (9. Aufl.) 1978, 22.

5 Vgl. Hildebrecht Hommel: Laudes Apelli. Nonnulla de Iosephi Eberle indole ac meritis protulit Hildebrecht Hommel professor Tubingensis, in: Vita Latina 13, 1961, S. 7-9.

von lateinisch »aper«, »der Eber«, und ist dessen Verkleinerungsform, also das »Eberlein« oder schwäbisch einfach »Eberle«. Es sind gleichfalls die Tübinger Altphilologen, die, um eine angemessene Ehrung für Josef Eberle zu finden, den alten Titel eines »Poeta laureatus«, eines »Lorbeer-bekrönten Dichters« erneuern und ihn zu einem solchen küren und krönen.

Diese Dichterkrönung geht auf das 14. Jahrhundert zurück. Der erste, dem 1314 diese Würde, die nur eine hohe Instanz und Autorität, meist der Papst oder Kaiser verleihen konnte, zuteil wurde, war der Frühhumanist Albertino Mussato (1261–1329). Ihn bekränzten mit dem Dichterlorbeer der Bischof und Rektor der Universität Padua. Auf dem Kapitol in Rom wurde 1341 Francesco Petrarca öffentlich zum Dichter gekrönt. Ulrich von Hutten (1488–1523) gehört ebenso zum erlauchten Kreis der lorbeerbekränzten Dichter wie die Schwaben Heinrich Bebel (1475–1518), Jakob Locher Philomusos (1471–1528) aus Ehingen an der Donau und Nikodemus Frischlin (1547–1590) aus Erzingen. Heinrich Bebel, gebürtig aus Ingstetten bei Münsingen, empfing in Innsbruck 1501 aus der Hand Kaiser Maximilians I. die Auszeichnung, die Ehrung für Nikodemus Frischlin nahm 1577 Kaiser Rudolph II. wahr. Der letzte kaiserlich gekrönte Dichter, vollzogen durch den Bürgermeister von Minden, soll im Jahre 1804 Karl Reinhard (1769– 1840) gewesen sein.[6]

Josef Eberle ist nun derjenige, der nach langem Abstand wieder als erster und bislang letzter mit dieser Ehre von einem hohen Gremium, der Professorenschaft der Klassischen Philologie an der Universität Tübingen, bedacht wurde. »Wohl verdient« habe er sie, wird noch jüngst in einem Standardwerk zur neolateinischen Dichtung vermerkt. Man mag in der Verleihung der Würde eines »Poeta laureatus« im Mittelalter und in der Frühen Neuzeit nach heutigen Maßstäben eine Art »Nobelpreis der Literatur« der Vergangenheit sehen. Auch wenn es für Josef Eberle kein Literaturnobelpreis war – eine Nobilitierung bedeutete sie allemal.

Orientierung für seine ersten lateinischen Gedichte holte sich Josef Eberle zunächst allerdings nicht bei den Autoren der Antike,

---

6 Vgl. Josef Eberle: Poeta laureatus. Eine Dankrede, in: ders.: Lateinische Nächte. Stuttgart (2. Aufl.) 1967, S. 286.

sondern bei Vertretern der Dichtkunst des Hohen Mittelalters. So gilt denn Josef Eberle als einer der wichtigsten Erneuerer der mittellateinischen Formen der Poesie.[7] Vom Reim fasziniert und der damit verbundenen Möglichkeiten für die Klangbildung eines Gedichts, seine Lautmelodie, findet er seine Vorbilder nicht in augusteischer Zeit, in der Epoche eines Vergil oder Horaz, sondern im 12. Jahrhundert, denn hier herrscht in der lateinischen Poesie der klangvolle Reim. Der antiken Dichtung selbst ist der Reim fremd, sie kennt eigentlich nur den Vers, der mittels des Versmaßes in eine strenge Ordnung betonter und unbetonter Silben gegliedert ist und dadurch seine Form erhält. Reimdichtung kommt erst mit der spätantiken christlichen Hymnendichtung auf, wird dann im Mittelalter weitergeführt von Dichtern wie dem auf der Reichenau ausgebildeten Gottschalk (gest. um 869), kultiviert von geistlichen Autoren wie Adam von St. Viktor (gest. 1192) oder Alanus von Lille (gest. 1203). Eberles Gewährsmann wird ein Zeitgenosse der beiden letztgenannten, der Archipoeta oder der »Erzpoet«, von dem gerade einmal zehn Gedichte erhalten sind, eines davon nur fragmentarisch.

Der »Archipoeta«, soviel ist über den Anonymus bekannt, stand wenigstens zeitweise im Dienst von Rainald von Dasseln (gest. 1167), dem Erzkanzler Kaiser Friedrich Barbarossas – vielleicht daher der Name des Dichters – und späteren Erzbischof von Köln. Einige seiner Lieder und Verse fanden auch Aufnahme in eine der berühmtesten Liedersammlungen des Mittelalters, in die »Carmina Burana«. In diesem weltlichen Sänger mit unstetem Leben, diesem Vagantendichter, fahrenden Poeten, der nur über die kurze Zeitspanne zwischen 1161–1167 nachgewiesen werden kann, begegnet uns eine der bedeutendsten Dichtergestalten des Mittelalters. Für Eberle liefert er ein Beispiel der Anpassungsfähigkeit, der Flexibilität des Latein, ein Exempel dafür, wie in ihm als keinesfalls totenstarrer Sprache die Mentalität und Existenzerfahrung völlig anderer Epochen als die der römischen Repu-

---

7 Vgl. Jozef Ijsewijn - Dirk Sacré: Companion to Neo-Latin Studies. Part II: Literary, linguistic, philological and editorial questions (Supplementa Humanistica Lovaniensia XIV). Löwen (Louvain) 1998, S. 13: »Among many other mediavilizing poets some names stand out justifiably such as A. B. Ramsay (1872-1952) at Eton and Cambridge, and Josef Eberle (1901-1986) at Stuttgart«.

blik oder der römischen Cäsaren ihren dichterischen Ausdruck zu finden vermochten.

So geht es auch Josef Eberle nicht um sklavische Nachahmung antiker Vorbilder. Im lateinischen Vorwort zu seinen »Laudes« schreibt er: »Der Liebhaber der antiken Dichter wird sofort den Unterschied zwischen jenen Dichtungen und meinen Gedichten erkennen und heraushören (...) Wer mit dem Latein der sogenannten »goldenen Periode« (Latinitatis aureae peritus est) vertraut ist, dem werden manche Wörter auffallen, die er bei Vergil, Horaz, Ovid und den anderen vergeblich suchen wird. Die Ursache dafür ist, daß der Verfasser die lateinische Sprache keinesfalls für tot hält, wie oft behauptet wird. Denn als die lateinische Sprache aus dem Altertum ins Mittelalter überging, erwies sie sich, vergleichbar den heidnischen Tempeln, die in christliche Kirchen umgewandelt worden sind, als so anpassungsfähig, daß sie neue Bedeutungen, neue Begriffe und Ideen aufnehmen und sich aneignen konnte. Eine solche Wandlung, legt für mich eine ständig wirksame, ungebrochene, innerhalb der katholischen Kirche stets genutzte Kraft an den Tag, durch die der Vatikan auch gegenwärtig zahlreiche Begriffe für moderne Sachverhalte in Latein auszudrücken und zu übersetzen vermag.«[8]

Um die Anbindung der Gegenwart an die Vergangenheit geht es Josef Eberle, um dichterische Verlebendigung der Gegenwart im gleichzeitig heilsame Distanz, ja Entfremdung bewirkenden Spiegel des Latein, in der die Kontinuität der abendländischen Tradition über mehr als zwei Jahrtausende anklingt. Mit seiner anfänglichen Leitgestalt und seinem Gewährsmann, dem »Archipoeta«, wurde Eberle wohl erst richtig bekannt; mit ihm befaßt er sich intensiv über mehr als anderthalb Jahrzehnte. Im Jahre 1956 hielt er an der Akademie der Diözese Rottenburg einen später zweimal gedruckten Vortrag über den »Archipoeta«; dieser endet mit einem vierzeiligen *Encomium*, einem Preisgedicht, auf den namenlosen Dichter, das in deutscher Übersetzung lautet:

Deine Stimme aus dem hohen Mittelalter bewegt unser Herz noch in gewandelten Zeiten. Wenn alles dem Gesetz der Vergänglichkeit unterliegt, bleibt bei aller Endlichkeit (allein) das Wort des Dichters.[*]

8 Josef Eberle: Laudes. Carmina Latina. Tübingen 1959, S. 9.

Zehn Jahre später – und das zeigt die Kontinuität und Intensität, mit der er sich mit dem Œuvre dieses mittelalterlichen Dichters befaßt hat – legt er schließlich eine eigene deutsche Übertragung von dessen Liedern vor.[9] Bereits in seinem ersten lateinischen Gedichtband »Horae« (1954) findet sich mit »Ave Archipoeta« (Sei gegrüßt, Archipoeta) eine Huldigung auf ihn und dann wieder in den »Laudes«, den »Lobgesängen« (1959), eine erweiterte Fassung, nun unter der Überschrift »Ad Archipoetam« (An den Archipoeten). Das Beispiel zeigt, wie sich einige der lateinischen Poeme Eberles über Jahre entwickelt haben. Schon die Titel »Horae« und »Laudes« seiner ersten lateinischen Gedichtsammlungen greifen bewußt mittelalterliche liturgische Begriffe auf. In seinem nächsten lateinischen Band »Amores« (1961) – und das offenbart die Drehung des Blickwinkels – verwendet er einen aus der Antike überlieferten Titel, einen, den Ovid seinen »Liebeselegien« gegeben hat. Die Horen sind die Tagzeiten des Stundengebets der Kleriker, und innerhalb der Horen kommt den »Laudes«, dem Morgenlob, ein besonderer Stellenwert zu.

Doch so einfach ist es nicht. Eberle jongliert – und das muß bei allen seinen lateinischen Dichtungen beachtet werden – mit der Mehrdeutigkeit, mit der Vielschichtigkeit. Er weiß um die liturgische Bedeutung des Begriffs Horen, knüpft mit dem lateinischen Titel aber zugleich an eines der berühmtesten deutschsprachigen Werke der Lyrik des 20. Jahrhunderts an, an das »Stundenbuch« von Rainer Maria Rilke, das mit seinen drei Teilen 1899 bis 1903 erschienen ist. Darüber hinaus assoziiert er mit »Horae« im mythischen Sinn die antiken Göttinnen des Zeitenwechsels. Damit spielt er im Titel seines ersten lateinischen Gedichtbandes auf einen Zeitenwechsel im doppelten Sinne an, einmal historisch auf den Zeitenwechsel, welchen die Anfangsjahre der damals noch jungen Bundesrepublik Deutschland markieren, zum anderen auf den Zeitenwechsel im eigenen Lebenslauf, den Eintritt Eberles in sein sechstes Lebensjahrzehnt.[10]

9 Vgl. Archipoeta. Die Gedichte. Lateinisch und deutsch. Frankfurt a. M. 1966.
10 Zum Thema Zeitenwechsel, Zeitenwende vgl. auch Josef Eberle: Victoria victa. Symbol einer Zeitenwende, in: ders.: Lateinische Nächte (Anm. 9), S. 170-185.

Schließlich bedeuten für ihn die Horen in Anlehnung an die Griechen und ihren Begriff von *kairos*, der »rechten Zeit«, die »Gunst der Stunde«, die dem Schriftsteller heimlich die stille Freude des Verseschreibens schenkt. Vornehmste Aufgabe des Dichters ist das Rühmen, wie Josef Eberle mehrfach betont, so auch in der lateinischen Einleitung zu den »Laudes«: »Rühmen, das ist's«, zitiert er in diesem Zusammenhang den Anfang von Rilkes siebtem Sonett an Orpheus.

Die Einleitung der »Laudes« enthält Josef Eberles Rechtfertigung für sein lateinisches Dichten. In der Übersetzung lautet die Anfangspassage: »Geneigter Leser. Du wirst dich vielleicht fragen, was das soll, wenn lateinische Verse vorgelegt werden. In keiner Zeit schien das so gewagt und zugleich so abgeschmackt, so überflüssig wie in der unsrigen. Die meisten halten einen Dichter, der solche Verse schmiedet, für einen törichten Menschen und nicht ganz auf der Höhe der Zeit. So scheint er eine altehrwürdige und kostbare Sprache nur für sich zu gebrauchen, mehr zu seinem eigenen Vergnügen als zur Freude anderer. Denn wahrscheinlich ›gibt es kein Ohr, das mich hört‹, wie P. Ovidius Naso im Exil schreibt. Und wahrlich, wer des Lateins pflegt, muß heute sich wie ein Verbannter fühlen. Einem solch wunderlichen Kopf bietet Senecas Antwort auf die Frage, wie viele Leser seiner Schriften er im Auge habe, Trost, als er erwiderte, ›es genügen mir wenige, einer reicht sogar, ja, es bedarf eigentlich keines einzigen‹, oder jene Gedichtzeile unseres innig geliebten Mörike: ›Was aber schön ist, selig scheint es in ihm selbst‹.«[11]

Freilich betrat Josef Eberle forsch voranschreitend einen steinigen Weg, als er sich aufs lateinische Dichten verlegte. Daß die Anfänge mühsam waren und manches Hindernis weggeräumt werden mußte, verschweigt er nicht, wie das Schlußwort zu den »Horae« zu erkennen gibt. Der Autor dankt hier – auf Latein selbstverständlich – zwei »berühmten, ausgewiesenen Kennern und Könnern des Latein«, dem Stuttgarter Gymnasialprofessor Dr. Walther Sontheimer und dem Tübinger Universitätsprofessor Dr. Hermann Weller. Sie hätten seine »gewagten poetischen Ver-

---

11 Josef Eberle: Laudes (Anm. 12), 7.- Seneca, Epistulae morales ad Lucilium 7,11; das Mörike-Zitat, in Deutsch wiedergegeben, ist der Schlußvers von Eduard Mörikes Gedicht »Auf eine Lampe«.

suche« (»me ausa poetica«) durchgesehen und die schlimmsten
Fehler (»a gravissimis quidem barbarismis«) beseitigt. Doch schon
bald bedurfte Josef Eberle dieser Hilfestellung nicht mehr. Er
schwang sich auf zur souveränen Beherrschung des lateinischen
Repertoires.

Hand in Hand mit dem Einsetzen des lateinischen Dichtens
bei Josef Eberle geht eine intensive Beschäftigung mit antiker
Kultur, insbesondere der römischen. Ganz nebenbei und zwang-
los beginnt er kleine römische Tierbronzen zu sammeln. Wohl
hat er, seinem Namen folgend, mit einem kleinen Eber angefangen. Im Laufe der Zeit entwickelt sich daraus eine feine Kollektion antiker Tierdarstellungen mit Löwen, Stieren u. a., die er
später der Universität Tübingen vermacht und die heute unter
dem Titel »Josef Eberles Arche Noah« im Museum auf Schloß
Hohentübingen ausgestellt ist.

Literarisch schlug sich Josef Eberles anhaltendes Interesse an
der lateinischen Kultur des Abendlandes in einer stattlichen Zahl
von häufig zuerst in der *Stuttgarter Zeitung* publizierten Essays
nieder, die später dann zusammengefaßt als Aufsatzbände in
Buchform mit Titeln wie »Interview mit Cicero« (1956) und
»Lateinische Nächte« (1966) erscheinen. Die Bandbreite der Themen und Gestalten, die er behandelt, reicht von der Antike bis
zum 18. Jahrhundert. Er befaßt sich nicht nur mit Cicero, Vergil
und Ovid, sondern auch mit einem der wichtigsten Mittler antiken Wissens an das nachfolgende Mittelalter, mit Cassiodor, wür-
digt die Bedeutung der Iren für die Kultur des frühen Mittelalters, bricht eine Lanze für das Mittellatein und verweist auf die
Anknüpfung an römisch republikanische Vorstellungen in der
Französischen Revolution. Welche Resonanz seine Aufsätze im
Kreis der akademischen Wissenschaft gefunden haben, vermag
der Umstand zu illustrieren, daß sein Aufsatz über den Geburts-
ort des Ovid in einen wissenschaftlichen Sammelband über diesen Dichter der Epoche des Kaisers Augustus aufgenommen
wurde.[12]

Hellwach und bestens informiert, nimmt Eberle auf, was die

12 Josef Eberle: Sulmo mihi Patria est. Ein Besuch in Ovids Vaterstadt, in: Michael von Albrecht; Ernst Zinn (Hg.): Ovid (Wege der
Forschung 92). Darmstadt 1968.

Altertumswissenschaften an aktuellen Erkenntnissen zum Verständnis der Antike zu Tage fördert. Er selbst bereichert die Diskussion durch hellsichtige, allgemeinverständliche, akademischem Dünkel abholde, originelle Beiträge, wenn er beispielsweise auf Ovid, den Verfasser der als frivol geschmähten »Liebeskunst« (»Ars amatoria«), ein Werk, das dem Verfasser u. a. im Jahre 8 n. Chr. die Verbannung einbrachte, als Moralisten hinweist, der als solcher selbst in und zwischen den Zeilen seiner »Liebeskunst« erkennbar wird[13], oder auf das »römische Süßholzraspeln« eingeht und die römischen Kosenamen für die Geliebte oder den Geliebten ausbreitet. Der Eberle eigene Humor bricht sich hier fröhlich seine Bahn, wenn er die Liste lateinischer Kosenamen aufmacht – Verwandtschaften zu gegenwärtigen Formulierungen sind natürlich völlig unbeabsichtigt –, in der vom *labellum* (Schnäuzchen), dem *agnellus* (Lämmchen), *anaticula* (Entchen), *asellus* (Eselchen) oder dem *lepus* (Häschen), *mus* (Mäuschen), dem *pipinna* (Piepvögelchen) oder dem *passerculus* (Spätzchen) die Rede ist.[14]

Kaum verwunderlich, daß ihm auch auf der anderen Seite die römische Form des Beschimpfens und der Schimpfnamen nicht entging. Ausgehend von einer wissenschaftlichen Untersuchung und vermerkend, daß wohl 2000 unflätige Ausdrücke in der lateinischen Sprache existierten, breitet er genüßlich einige Kostproben aus. Sie umfassen, Männer im Visier, Wörter wie *nequissimus* (Nichtsnutz), *ancillarius* (Schürzenjäger), *vetulus vervex* (alter Bock), *furcifex* (Galgenstrick), *lutum* (Dreckskerl), oder auf weibliche Personen gemünzt die Ausdrücke *mala bestia* (gemeines Vieh), *sterteia* (Schnarchliese). Da gibt es den *hara suis* (Schweinestall), das *bellum pomum* (sauberes Früchtchen) und das *culcitula* (eigentlich Kopfkissen, gemeint ist Maträtzchen – des Herrn natürlich).[15]

---

13 Vgl. Josef Eberle: Ovid als Moralist, in: ders.: Lateinische Nächte (Anm.9), S. 94-105.

14 Josef Eberle: Amor togatus. Über römisches Süßholzraspeln, in: ders.: Lateinische Nächte (Anm.9), S. 111.

15 Josef Eberle: Über die Kunst lateinisch zu schimpfen, in: ders.: Lateinische Nächte (Anm.9), S. 117 f.- Ausgangspunkt für Eberle ist die Untersuchungen von Ilona Opelt: Die lateinischen Schimpfwörter und verwandte sprachliche Erscheinungen.

Josef Eberle verfaßte unter der Überschrift »Lateinischer Carneval« außerdem einen ausführlichen Aufsatz über das sogenannte Maccaroni-Latein. Die Sprache hat hier, so Eberle, ihr »Narrenkleid« angelegt. »Das sonst so streng und gravitätische Latein« tue »dies in der maccaronischen Poesie«[16]. Schon die Humanisten des 15. und 16. Jahrhunderts pflegten es, sich selbst auf die Schippe nehmend oder, Möchtegern-Gebildete karikierend, als gelehrten Jux. Im grotesk-satirischen Maccaroni-Latein werden den jeweiligen volkssprachlichen Wörtern einfach lateinische Endungen angehängt und gelegentlich echte lateinische Floskeln in die Sätze und Verse eingestreut. Illustriert sei dies an einem von Eberle angeführten Exempel »aus der Münchhausenschen Ballade über den Kurfürsten Johann Cicero von Brandenburg, der mit seinem schlagkräftigen Latein (nebst seinen noch schlagkräftigeren 6000 schweren Reitern im Hintergrund) über drei um Schlesien streitende Könige siegte; dann also sprach dieser preußische Cicero: »Totschlago vos sofortissime, nisi benehmitis bene!«[17] Auf deutsch: »Ich schlag euch augenblicklich tot, wenn ihr euch nicht zu benehmen wißt!«

Die erste und frühe Phase, die durch Anlehnung an mittellateinische poetische Formen charakterisiert ist, wird abgelöst durch eine zweite, hauptsächlich nach 1960 einsetzende, in der Josef Eberle sich nun auf dem Gebiet der klassischen Formen lateinischer Dichtkunst bewegt und eine Fülle von lateinischen Elegien und Epigrammen verfaßt. Dem Leser kommt er jetzt insoweit entgegen, daß er ihm mit dem lateinischen Text in gleicher sprachlicher Meisterschaft und ebenfalls in den klassischen Versmaßen die deutsche Übersetzung mitliefert. Er brilliert jetzt mit der Bilinguität, der Zweisprachigkeit. Das Latein behält jedoch in allem seine Vorrangstellung. Seine deutschen Übertragungen fußen auf den lateinischen Versionen – nicht umgekehrt!

Die Elegie, die Eberle wieder aufleben läßt, ist eine Gedichtform, deren Verse formal aus Distichen, einem Hexameter gefolgt von einem Pentameter, gebildet sind. Johann Wolfgang von Goethe, Friedrich Schiller oder Friedrich Hölderlin verwende-

---

16 Josef Eberle: Lateinischer Carneval. Über maccaronische Poesie, in: ders.: Lateinische Nächte (Anm. 9), S. 250.
17 Ebenda, S. 250 f.

ten noch die antike Form der Elegie. Als Beispiel seien die beiden Anfangs- und Schußdistichen der Elegie »Senis soloquium sub arbore editum« (Selbstgespräch eines Greises unter einem Baum) angeführt:

> Nil tibi, nil aliis impone: senescis, amice,
>   increpitante venit iamque senecta gradu.
>
> Iam te mane piget stipulas abradere barbae –
>   cur faciam, quaeris, cuique placere velim?
> …
> Nec tamen est animus tibi factus mitior annis –
>   quid mirum:nosti res hominesque nimis …
>
> Anni iamque monent: exitus ecce patet …
> Nil tibi, nil aliis impone: senescis, amice.

Mach dir doch selbst und andern nichts vor: du alterst, mein Lieber!
    Hörst du, mit knarrendem Tritt rückt dir das Alter zuleib.

Täglich verdrießt es bereits, dir die Stoppeln am Kinn zu rasieren,
    ärgerlich fragst du: wozu? will ich gefallen? und wem?
…
Freilich ist's bitter, daß du nicht milder geworden im Alter   –
    laß es: das Treiben der Welt formte dich so, wie du bist …

Mach dir doch selbst und anderen nichts vor: du alterst, mein Lieber!
    »Siehst du die offene Tür?« raunt dir das Alter ins Ohr.

Gleichzeitig wählt Josef Eberle neben der elegischen Form das Epigramm, das Sinngedicht, als Ausdrucksmittel. Das Epigramm, das ursprünglich nur »Aufschrift« heißt und die kurzgefaßten Beschriftungen von Grabmälern, Statuen oder Weihegaben meinte, gewann den Rang einer eigenen literarischen Gattung. Seine höchste Blüte erreichte es in der zweiten Hälfte des 1. Jahrhunderts n. Chr. durch Marcus Valerius Martialis, der es als literarisches Mittel der Zeit- und Gesellschaftskritik, der Beschreibung des Menschlich-Allzumenschlichen, der Satire, der Karikatur einsetzte und, in knappen, meist oft zweizeiligen Versen, die Dinge im wahrsten Sinne des Wortes auf den Punkt brachte. Das Epigramm im Sinne Martials, das Eberle in den sechziger Jahren in seinen Werken »Cave canem« (Vorsicht, bissiger Hund!) von 1962, »Sal niger« (Schwarzes Salz) von 1964 und zuletzt in den »Iosephi Apelli Epigrammata Pontresinensia« von 1976 wieder aufleben ließ, konnte zuweilen derb und schroff, mit galliger Satire und karikierendem Biß versehen sein, konnte frivol sein bis hin zum Obszönen, dann aber auch wieder mit verständnisvollem Blick die Schwächen der Menschen, ihre Torheiten, Anfälligkeiten und Moden beschreiben.

Mit seinen Epigrammen wendet sich Eberle nicht nur der von der Antike ausgehenden Tradition des Sinngedichtes zu, er knüpft zugleich an die eigenen literarischen Anfänge in den zwanziger Jahren an, an die zeitkritisch satirischen Gedichte eines »Tyll«, die er damals verfaßte. Bissig und gesalzen mit schwarzem Humor, wie es schon das Oxymoron des Titels »Sal niger« besagt, ist das, was hier vorgetragen wird, zuweilen knurrend, dann laut bellend, aber auch wieder augenzwinkernd verständnisvoll und sich gelassen gebend in das Unvermeidliche und Unabänderliche des Menschlichen.

Ein enger Begleiter Eberles, aus dessen Feder zwischenzeitlich 1968 in Latein und Deutsch eine »Ars fumatoria« (Die Kunst des Pfeifenrauchens) und 1970 eine antike rhetorische Anleitung mit zeitgenössischem Witz pointierende »Ars bene dicendi brevis huius more diei« (Über die Kunst, nach der Tagesmode zu schreiben) hervorgegangen sind, scheint in den vorgerückten Lebensjahren der spätmittelalterliche Vagantendichter François Villon (1431–1463) mit seinen lasterhaften Balladen gewesen zu sein. Nach seinem Vorbild, der zweimal ein dichterisches »Testament«, ein sogenanntes »Großes« und ein »Kleines Testament« niedergeschrieben hat, in denen er mit seiner Zeit und seinem Leben auf persönliche Weise abrechnet, verfaßt auch er sein »Testamentum«. Als Motto stellt er einen Satz des François Villon voran: »Beim Niederschreiben dieses Wortes (sc. Testament) zerreißt es mir fast das Herz.« Bei Villon treffen wir wie beim »Archipoeta« des 12. Jahrhunderts dichterisch gefaßt die ganze Buntheit des Lebens, Freud und Leid, Höhen und Tiefen, Tugend und Laster, Ganoven, Gauner, Huren und Heilige, Komik und Tragik. Das Menschliche in seiner ganzen Vielseitigkeit, Vielschichtigkeit und Abgründigkeit. Um dieses ging es Josef Eberle alias Iosephus Apellus. Es ging ihm darum, wie er einmal die Dichtkunst des »Archipoeta« charakterisierte: »et humana ferimus maxime humane«, daß wir das Menschliche auf höchst menschliche Weise tragen, ertragen, vortragen, aushalten – oder was immer hier »ferimus« heißen mag.

REX

Rex erat egregii nomen ioculare magistri –
  nec merito parcit sal puerile viro.

Vox tamen ista procax emissa pudore latente
  tangebat medium: nomine dignus erat.

Nemo magis regaliter hoc intrare solebat
  luminibusque rudem pacificare gregem.

Passibus incessit praeter subsellia firmis
  inspiciens acies erudiensque simul.

Aures nunc etiam resonant mihi voce sonora:
  »Ex Metamorphosum nunc lege, Apelle, libro.«

Accidit ecce statim mutatio mira legendo,
  non magis insignem Naso poeta canit.

Orbiliis quod adhuc fuerat nobisque molestum,
  nunc in delicias vertitur arte magi.

Namque liquet non propterea scripsisse poetam,
  grammatica pueros ut cruciet miseros.

Difficilis nobis odiosa loquela repente
  te duce, Rex, pueris vate iuvante placet.

Vocibus ex vacuis nam nascitur altera vita
  atque hominum fiunt fata, cupido, nefas.

Quam recreant versus modulati Regis in ore
  saepe prius vulsas auriculas pueri.

Tale peregit opus cantando mythicus Orpheus:
  si domat ille feras, nos domat iste feros.

Laus ita debetur modo praeceptoribus istis:
  primo, qui legere ac scribere me docuit.

Summa tuae tamen, ultime, sit reverentia famae:
  Orbilium doctum vicit Apollo canens.

Der Rex

Rex – so spöttelten wir des gediegenen, alten Scholarchen,
  schonet doch kindlicher Witz selbst des Vortrefflichen nicht.

Aber es traf verschämter Respekt mit der lockeren Zunge
  mitten in's Schwarze: der Rex führte den Namen zu Recht.

Keiner betrat wie er so königlich unsere Klasse,
  keines Anderen Blick zähmte wie seiner die Brut.

Stampfenden Schritts durchmaß er, vorbei an den klapprigen Bänken
  seiner Cohorte, den Raum, musternd und lehrend zugleich.

Heute noch tönt mir im Ohr das Kommando der mächtigen Stimme:
  »Eberle, lies aus Ovids Metamorphosen den Text!«

Sieh, da begab sich im Nu beim Lesen die schönste Verwandlung,
  wie sie so wunderbar kaum Naso, der Dichter, besang:

Was zuvor Paukern und uns ein verdrießliches Pensum gewesen,
  ward durch des Zauberers Kunst jetzt zum Vergnügen für uns.

Zeigte sich doch, daß Ovid sein Werk nicht dazu geschrieben,
  um mit grammatischem Kram Buben zu plagen noch heut'.

Denn die so schwere und uns so bedrängende Sprache des Dichters
  machte mit einemmal Spaß, seit sie uns lehrte der Rex.

Toten Vokabeln entsprang auf einmal lebendiges Leben,
  und ihren Hälsen entsproß Schicksal und Frevel und Lust.

Schmeichlerisch klangen, vom Rex skandiert, die Hexameterverse
  uns in den Ohren, die sonst übel die anderen gezaust.

So mit Gesang, vollbracht sein Werk der mythische Orpheus:
  zähmte der Sänger Getier, zähmte uns Buben der Rex.

Lob sei und Dank darum zwei'n von den vielen erlittenen Lehrern:
  unserem ersten, der uns Lesen und Schreiben gelehrt.

Doch mit dem innigsten Dank bin ich dir, meinem letzten verbunden:
  singend siegte in dir über den Pauker Apoll.

1970

225

DER ARCHIPOETA

Ein Klassiker des Mittellateins

Was gäben wir darum, eine einzige Periode Ciceros aus seinem eigenen Munde, einen einzigen Hexameter der Aeneis, den Vergil selber spräche, auf Band oder Schallplatte zu besitzen! Nicht nur der Persönlichkeiten wegen, soviel auch zur intimen Kenntnis ihrer Individualität zu gewinnen wäre. Gewichtiger und bedeutsamer noch als solche Aufschlüsse wäre die auf diese Weise zu erlangende Gewißheit, wie die Alten selbst ihre Sprache gesprochen haben. Ein einziger Satz von Caesars Lippen, eine einzige Zeile einer vom Dichter selbst rezitierten horazischen Ode würde ganze Bibliotheken von Kompendien und Streitschriften über die richtige Aussprache des Lateins in Makulatur verwandeln. Kurz gesagt: wir wissen nicht, wie Latein im Munde eines Römers geklungen hat, zu schweigen davon, wie eine römische Zunge mit der Schwierigkeit fertig geworden ist, den natürlichen Wortakzent mit der quantitierenden Metrik des Verses in Einklang zu bringen. Unsere Aussprache ist allerbesten Falles ein wissenschaftlicher Rekonstruktionsversuch, den lateinischen Lauten ihren genauen Wert, den Wörtern ihren lebendigen Klang und den Sätzen und Versen ihre Bindung und ihre Melodie wiederzugeben. Oder aber ist unsere Aussprache - und das dürfte auf die Älteren unter uns zutreffen, sofern sie nicht klassische Philologen sind – vom Mittellatein her bestimmt.

Vor solche Probleme stellt uns dieses freilich nicht. Das Mittellatein erfreut sich, auch in der Aussprache, einer bis auf diesen Tag ungebrochenen Kontinuität, nicht zuletzt deshalb, weil es die amtliche und sakrale Sprache der katholischen Kirche geblieben ist.

Wie denn? So wäre das klassische Latein wirklich eine tote Sprache? Ja, in dem Sinne etwa, wie Mittelhochdeutsch für uns tot ist. Aber ist dieses denn tot? Sind in unserem heutigen Deutsch nicht alle seine früheren Entwicklungsstufen »aufgehoben«, das Wort in seinem bedeutsamen Doppelsinn genommen? Gewiß, beim Latein liegt der Fall etwas komplizierter. Schon darum, weil dem Mittellatein das eigentliche Sprachvolk fehlt, dem es jemals Muttersprache gewesen wäre. Mit dem Untergang des römischen Reiches und dem Aufkommen der romanischen Nationalidiome hatte das Latein sozusagen seinen Leib verloren, es lebte fortan buchstäblich nur noch aus dem Geiste als Medium und Symbol der abendländischen Einheit, als völkerverbindende Sprache der Kirche, der Wissenschaften, der Diplomatie, des Rechts und der Dichtung, und auch als solche nicht mehr in seiner klassischen Form. Die Sprache Ciceros und Vergils kann nicht als unmittelbare Vorstufe des Mittellateins angesehen werden und auch nicht als sein einziger Ahn. Schon im Spätlatein hatten sich Einflüsse des Vulgärlateins, das ja zu allen Zeiten neben der Literatursprache hergelaufen war, mit eigenen Vokabeln, eigener Aussprache, eigenen Ausdrucksformen, immer stärker bemerkbar gemacht, nicht zuletzt aus Gründen der »propagandae fidei christianae«. Wollte nämlich die neue Religion in den breiten Schichten des Volkes Fuß fassen, so mußte sie deren Sprache sprechen; und so sagt denn der heilige Augustinus von seinem Standpunkt aus mit Recht: »Wir fürchten den Stock des Grammatikers nicht, wenn nur das Volk uns versteht.«

Aus diesem, von Wörtern und Wendungen und von der Sprechweise des Vulgärlateins stark durchsetzten, Spätlatein ist die Sprache der Gebildeten des Mittelalters entstanden. Die Humanisten mit ihrem puristischen Ideal der »goldenen Latinität« haben es als Mönchs- und Küchenlatein verspottet. Abgesehen davon, daß sie seine, wenn auch nur im geistigen Raum gültige Eigenschaft und Funktion als lebendige, und damit auch der Weiterentwicklung unterworfene, Sprache, übersahen, konnten sie damals noch nicht wissen, daß das verachtete Idiom in vielem nur ein Rückgriff war auf die »prisca Latinitas«, sowohl was Aussprache wie Vokabular betrifft. Erst die moderne Sprachwissenschaft hat z. B. ermittelt, daß das im klassischen Latein als »k« gesprochene »c« vor e, i, ae und oe bereits einmal im Frühlatein des dritten Jahrhunderts vor Christus als »z« gelautet hat – wie dann erst wieder im Spätlatein des sechsten nachchristlichen Jahrhunderts; ferner, daß das Vulgärlatein beim Versemachen die Akzentuierung nie aufgegeben hat, den Vers also nicht nach Längen und Kürzen der Silben rhythmisierte, wie die vom griechischen Vorbild beeinflußte Literatursprache, sondern nach betonten und unbetonten Silben, also nach Hebungen und Senkungen wie in den germanischen Sprachen. Auch der Reim ist dem Mittellatein nicht wie eine plötzliche, ingeniöse Erfindung zugefallen, auch er hat seine

Vorläufer im Vulgärlatein und sogar, wenn auch nur rudimentär, im klassischen Latein.

So ist es denn auch der heilige Augustinus gewesen, der, obwohl an der Klassik geschult, den entscheidenden Durchbruch zur akzentuierenden Rhythmik gewagt hat. Während Ambrosius sich in seinen Hymnen noch streng an die metrische Prosodie gehalten hatte, unternahm es der Bischof von Hippo in dem einzigen uns von ihm bekannten Hymnus, in seinem für den Gemeindegesang bestimmten »Psalmus contra partem Donati«, den Vers durch den natürlichen Wortakzent zu rhythmisieren. Später, im sechsten Jahrhundert, kam der, anfangs noch primitive, Reim hinzu, der sich in der vokal- und flexionsreichen lateinischen Sprache fast von selbst anbot – hatten doch die Alten oft geradezu Mühe gehabt, ihn zu vermeiden, besonders in der Prosa, wo er streng verpönt war.

Der Übergang vom Heidentum zum Christentum, die Verwandlung des »imperium Romanum« in die »civitas Dei«, auf Erden verkörpert in der Kirche, hatte zwangsläufig nicht nur zu einem Bedeutungswandel vieler Wörter geführt, sondern für viele neue Dinge und Begriffe Um- und Neuprägungen notwendig gemacht. Da diese aus dem Geist der »Latinitas« heraus entstanden sind, wäre es bigotter Purismus, darüber und über die Verkümmerung gewisser Formen die ciceronianische Nase zu rümpfen. Es ist ein ehernes Gesetz aller Sprachen, daß sie sich in der Grammatik vom Komplizierten zum Einfachen hin entwickeln oder, wenn man lieber will, abschleifen. Das braucht keineswegs Verarmung zu bedeuten, denn was sie vom Reichtum ihrer Flexionen verlieren, pflegen sie durch subtilere Wendungen und durch ein reicheres und differenzierteres Vokabular zu ersetzen.

Es mag scheinen, als hätten wir den eigentlichen Gegenstand unseres Themas aus den Augen verloren. Aber unsere sprachgeschichtlichen Bemerkungen ließen sich nicht gut vermeiden, wo es darum geht, einem Dichter alter und fremder Zunge gerecht zu werden, einem Künstler also, dem für seine Schöpfungen die Sprache Material und Handwerkszeug in einem ist. Diese Identität von Mittel und Zweck, konkret gesagt, von Sprache und Sprachkunstwerk, ist bei keinem anderen Dichter des lateinischen Mittelalters in solcher Vollkommenheit wahrzunehmen wie beim Archipoeta. Und eben deshalb, weil er seiner Zeit, seiner Welt und seinem Verhalten zu beiden in der damaligen Litratursprache den reinsten, den formvollendeten Ausdruck gegeben hat, dürfen wir ihn mit Fug einen Klassiker des Mittellateins nennen. Keiner seiner Vorgänger und keiner seiner Nachfolger in der weltlichen Lyrik, die man etwas summarisch Vagantendichtung zu nennen pflegt, ist ihm kongenial.

Dabei sind uns nur neun Gedichte und die erste Strophe eines zehnten unter der Verfasserangabe »Archipoeta« bekannt, und selbst diese vage Bezeichnung ist erst eine Entdeckung des 19. Jahrhunderts. Wir verdanken sie Jacob Grimm; er hatte in der Göttinger Universitätsbibliothek eine mittelalterliche Handschrift mit sieben Gedichten gefunden, deren einzelne Blätter mit »Archipoeta« überschrieben waren. Zwar sind uns die Gedichte des Archipoeta in rund drei Dutzend Handschriften überliefert; die zwei ältesten, noch aus dem 12. Jahrhundert stammenden, befinden sich in Oxford und in Zürich. Aber keine außer der Göttinger trägt einen Verfasservermerk. Ob diese neun Gedichte, deren Zahl ein stilgerecht spielender Zufall der Zahl der Musen angepaßt hat, das ganze Opus des Archipoeta ausmachen, hat sich bisher nicht klären lassen. Wahrscheinlich nicht, denn schon ihre absolute Sicherheit in der Beherrschung des poetischen Handwerks und ihre künstlerische Vollendung setzen eine Periode von Vorübungen voraus. Es könnte sehr wohl sein, daß weitere Gedichte des Archipoeta verlorengegangen oder zwar erhalten, aber als von ihm stammend noch nicht erkannt sind. Beides ist möglich, denn unser Dichter gehörte zum Orden der Vaganten, und diese Lebensform stand gewiß nicht im Zeichen der »staete« oder gar literarhistorischer Selbstkonservierung.

Wer war dieser »Erzdichter«? Ist »Archipoeta« ein Pseudonym? Ein dem Dichter von seinen Zeitgenossen beigelegter Ehrenname? Oder ein ihm halb spaß-, halb ernsthaft verliehener Titel? Wir wissen es nicht, wir kennen weder seinen Namen noch seine Heimat, noch sein Geburts- oder Todesjahr. Die Verse aus seinem Jonas-Gedicht

> Nomen vatis vel personam
> manifeste non exponam …

den Namen des Dichters oder die Person möchte ich nicht nennen[*]

haben ihr Geheimnis bis heute nicht preisgegeben. Wenn wir uns von seiner Person und Persönlichkeit ein Bild machen wollen, steht uns als Quelle einzig sein dichterisches Werk zur Verfügung. So lebendig, scharf und faßbar sich darin das geistige, moralische und poetische Porträt des Dichters abzeichnet, so zurückhaltend und skizzenhaft geben sich die neun Gedichte als Dokumente seines äußeren Lebens. Man hat aus ihnen erschließen können, daß sie alle innerhalb der sechs Jahre entstanden sind, während der ihr Verfasser im Gefolge seines Gönners, des Erzkanzlers Reinald von Dassel, nachzuweisen ist, also etwa von 1162 bis 1167. Außer einem sind alle Gedichte an Reinald gerichtet oder von ihm inspiriert; nur dieses *eine* hat mit ihm nichts zu tun. Auch das scheint mir ein Beweis dafür zu sein, daß wir nur Bruchstücke aus dem Opus des Archipoeta kennen: ein solcher Dichter dürfte sich und sein Genie mit einigen Huldigungs- und Bittgedichten kaum ausgegeben haben.

Was wir nun von ihm über sich selbst erfahren, reicht, zusammen mit einigen bekannten historischen Daten, nicht einmal zu einem lückenhaften »curriculum vitae«; wir besitzen nur noch ein paar bunte Steinchen von seinem Lebensmosaik. Versuchen wir sie zusammenzufügen! Der Archipoeta blühte, wie man früher sagte, im 12. Jahrhundert, etwa ein Menschenalter vor Hartmann, Walther, Wolfram und Gottfried. Er mag zwischen 1130 und 1140 geboren sein; wann er gestorben ist, ist unbekannt – man hat vermutet, bei der großen Seuche, die 1167 das staufische Heer vor Rom befiel und auch Reinald wegraffte, also noch jung – und dem widerspräche die jugendliche Frische seiner Verse so wenig wie seine Angabe

> non sum puer, etatem habeo ...

*ich bin kein Kind mehr, habe schon einige Jährchen auf dem Buckel ... **

wiewohl zu beachten ist, daß das Mittelalter unter einem »iuvenis«, wie er sich an anderer Stelle nennt, jeden Mann vom 21. bis zum 50. Lebensjahr verstand. Er war ritterlicher Abkunft, selbst aber kein Ritter, sondern ein »scolaris«, ein Studierender oder Studierter, ein Akademiker, wie man heute sagen würde. Da ihn die Härte und Mühseligkeit des Soldatenberufs abschreckten,

folgte er lieber dem Vergil nach als dem Paris, den er kurioser-
weise zum Prototyp des Kriegers macht.

Woher er stammt, aus Deutschland oder aus Frankreich, läßt
sich mit Sicherheit nicht sagen. Es lasse sich auch nicht aus etwai-
gen regionalen Eigentümlichkeiten seines Lateins oder aus seinen
Gedichtformen erschließen, sagen die Gelehrten, zu denen ich
nicht gehöre. Doch findet ja zuweilen auch ein blindes Huhn ein
Korn, und so wage ich die These: daß mindestens an *einer* Stelle
des Archipoeta ein aus regionalem deutschem Sprachgebrauch
ins Lateinische übersetzter Ausdruck vermutet werden dürfe. Nach
der von mir benutzten und nach einigen anderen von mir einge-
sehenen Ausgaben lautet die 19. Strophe der Vagantenbeichte:

> Mihi nunquam spiritus poetrie datur,
> nisi prius fuerit venter bene satur;
> dum *in arce cerebri* Bacchus dominatur,
> in me Phebus irruit et miranda fatur.

*Mir wird niemals der Geist der Dichtung zuteil, wenn nicht zuvor
mein Bauch recht satt ist; wenn in der Burg meines Gehirns Bacchus
herrscht, ergreift mich Phoebus und verkündet Wunderbares.**

Es geht um die Wendung »in arce cerebri«, wörtlich »in der Burg
des Gehirns«. Die Philologen haben, offenbar nach langem Streit,
entschieden, diese Lesart stehe zu Recht. Erstens deshalb, weil
schon Plato das Haupt »die Akropolis des Leibes« nenne; zweitens, weil es auch in der lateinischen Literatur gute Überlieferung
sei, von der »arx cerebri«, von der »arx capitis«, von der »arx mentis« zu sprechen; und drittens, weil die überwiegende Zahl der
Handschriften diese Lesart habe – bis auf eine, die Florentiner.
Wenn ich trotzdem statt des allgemeingebilligten »in ar*c*e cerebri«
lieber mit dem Florentiner Codex »in ar*ca* cerebri« lese, dann
deshalb, weil mir die hochgestochene Metapher »Burg des
Gehirns« zu der recht burschikosen Ausdrucksweise des vorher-
gehenden Verses – erst wenn der Bauch gut voll sei – als Paral-
lelismus nicht zu passen scheint, auch nicht als gewollter Gegensatz. Liest man aber »in arca cerebri«, so gewinnt man erstens
einmal ein echt »archipoetisches« parodistisches Wortspiel, für das
der Dichter bei seinen literarisch und philosophisch gebildeten
Zuhörern durchaus Verständnis erwarten durfte. Zweitens ent-

spräche die »arca cerebri« dem kräftigen Tonfall des »venter bene satur«. Drittens aber – und nur darum geht es hier – wäre die »arca cerebri« nichts anderes als der wörtlich ins Lateinische übersetzte, volkstümliche deutsche Ausdruck »Hirnkasten«. Nach Grimms Deutschem Wörterbuch kommt das Wort »Kasten« in der Verwendung für Bezeichnungen am menschlichen Körper – Brustkasten, Blutkasten, Hungerkasten (für »Magen« in Wolframs Parzival) – schon im Mittelhochdeutschen vor. Der Gebrauch von »kaste«, heißt es dort, »muß sehr alt sein, vielleicht uralt«.

Dem sei, wie ihm wolle. Die einzige, unzweifelhaft auf die Herkunft des Dichters bezügliche Stelle bei ihm deutet auf »jenseits der Alpen«. Darunter könnte man freilich je nach dem Standort des Sprechenden, sowohl Italien wie das nördliche Mitteleuropa verstehen, wenn der Archipoeta den Ausdruck »transmontani« nicht in einer ganz bestimmten Situation gebraucht hätte, in einer Situation, in der er Reinald und sich selbst in betontem Gegensatz zu den Italienern so bezeichnet, als Landsleute also. Italiener ist er gewiß nicht gewesen, sonst hätte er kaum in so wenig freundlichem Ton von den Angehörigen dieser Nation gesprochen. Einmal apostrophiert er die italienischen Bischöfe, bezeichnenderweise wieder im Gegensatz zu den deutschen, als

Presules Italiae, presules avari,
pocius ydolatrae debent nominari ...

Die Bischöfe Italiens, habgierige Bischöfe, sie verdienten eher den Namen Götzendiener.*

Ein anderes Mal schimpft er auf die Bewohner Salernos:

... quamvis exosa mihi sit gens illa dolosa ...

... obgleich mir diese durchtriebene Bevölkerung verhaßt ist ... *

Daß er längere Zeit in Köln gewesen, sagt er selbst. Die Wahrscheinlichkeit seiner deutschen Herkunft wird durch all dies fast zur Gewißheit.

Der Bildungsgang eines mittelalterlichen »scolaris« war schematisch festgelegt. Theologie, Philosophie, »litterae saeculares«, also Grammatik und Rhetorik, und wahrscheinlich auch Musik. Die Gedichte des Archipoeta weisen ihren Verfasser als in allen

diesen Fächern beschlagen aus. Mit der philosophischen Termi-
nologie, »nomina«, »res«, »genera«, »species« usw. weiß er leicht-
händig um sich zu werfen, ebenso mit mythologischen Namen:
Venus, Phoebus, Bacchus, Diana, Jupiter. Diese spielen in seinen
Versen die gleiche Rolle, die sie schon in der Dichtung der ausgehenden römischen Klassik und bei den Spätlateinern gespielt
haben. Sie haben auch für den Archipoeta nichts Numinoses
mehr, sie sind nur noch Symbole und allegorische Umschreibun-
gen, Requisiten der mythologischen Maschinerie oder auch bloß
gelehrtes, rhetorisches Ornament. Homer, Troja, Paris, Achilles,
Ulixes, Nestor, Hippolytus und Alexander sind ihm so vertraut
wie die biblischen Gestalten; denn daß er bibelfest gewesen, versteht sich bei ihm, als einem Theologen, von selbst. Erstaunlich
jedoch ist seine Beschlagenheit in den antiken – und für seine
Zeit heißt das: römischen – Autoren. Hier kennt er Cicero, Vergil,
Horaz, Ovid und Lucan nicht nur den Namen nach, er hat sie
auch gelesen, soweit ihre Werke damals bekannt waren. Das läßt
sich an zahllosen klassischen Anspielungen und an den vielen
»topoi« nachweisen, die er von den Alten übernommen hat. Nur
zwei Beispiele:

> poetrias inauditas
> scribam ...

bislang nicht gehörte Dichtungen schreibe ich[*]

sagt der Archipoeta, und »carmina non prius audita ... cano« sagt
Horaz (Od. III, 1).

> Quae semel emittitur, nescit vox reverti

das einmal ausgesprochene Wort kann nicht zurückgeholt werden[*]

heißt es bei ihm, und »nescit vox missa reverti« bei Horaz in der
»Ars poetica«.

Möglich, daß er als »clericus« die niederen Weihen empfangen
hat; indes fehlten ihm für die klerikale Laufbahn sowohl Neigung
wie Ehrgeiz. Wir hören auch nie, daß er irgendein Amt, irgendeine feste Stellung innegehabt habe. Nur einmal scheint er einen
Anlauf auf eine gesicherte Existenz hin genommen zu haben: es
sieht so aus, als habe er in Salerno, der berühmten Hohen Schule
der Heilkunst, eine Weile Medizin studiert. Warum er es wieder

aufgegeben, erfahren wir nicht; er berichtet nur, daß er abgebrannt, verbittert und krank von Salerno zu seinem Herrn und Gönner zurückgekehrt sei.

Dieser, Reinald von Dassel, erwählter Erzbischof von Köln, war als Erzkanzler des Reichs und politischer Berater Barbarossas der mächtigste Mann im Reich nach dem Kaiser. Dem, so darf man schon sagen, vertrauten Verhältnis zwischen dem Staatsmann und dem Dichter verdanken wir alles, was wir vom Werk des Archipoeta kennen. Auf den ersten Blick scheint die soziale Kluft zwischen dem Mächtigen und dem Vaganten jede engere Bindung, jegliche Intimität auszuschließen; tatsächlich wahrt der Fahrende mit feinem Takt die Distanz. Wüßte man nicht, wie viel Witz, Humor und ironische Überlegenheit in ihm steckten, man könnte die panegyrischen Anreden und Beiwörter, mit denen er dem großen Herrn um den Bart geht, für bare Münze nehmen. Er verfügt über deren so viele, daß sie hier gar nicht aufzuzählen sind. Aber eben ihres um eine Nuance zu hoch gegriffenen Tons und ihrer Häufung wegen dürfte sie schon der Angedichtete vor sich selbst kaum zum vollen Wert honoriert haben – sehr wohl allerdings dem Poeten gegenüber. Ohne Schmunzeln wird der Erzbischof solche Verse »seines Dichters« nicht angehört haben wie diese

> Presul dedit hoc mihi pallium
> magis habens in celis premium
> quam Martinus, qun dedit medium

Der Herr gab mir einen Mantel, wodurch er im Himmel größeren Lohn hat als Martin, der nur die Hälfte verschenkte.*

Unter den Rosen so witziger, oft auch nur konventioneller Preisungen stupft dann hie und da plötzlich ein kleiner Dorn: mit der Maske des Biedermanns, der seinem Herrn nicht gar zu sehr schmeicheln und schmeichelhafte Lügen vortragen möchte, spricht er eine gar nicht schmeichelhafte Wahrheit aus, vorsichtshalber geschickt aufs Allgemein-Menschliche hin formuliert:

> Nemo potest adeo mundus inveniri,
> ut sit sine macula mens et actus viri.

Niemand wird als so lauter gefunden, daß Geist und Tat ohne Fehl und Tadel sind.*

Das Verhältnis der zwei war nicht immer ungetrübt. Daran ist wohl eher die Unbeständigkeit des Dichters, seine offenbar zuweilen wenig kuriale Weltlust und seine Neigung zum Wein und zum Spiel schuld als etwa besondere Sittenstrenge des doch immer wieder verständnisvoll verzeihenden und großmütig spendenden Mäzens. Unwillkürlich denkt man an das Paar Maecenas-Horaz; wie bei diesen zwei beruhten auch bei jenen ihre Beziehungen auf der gegenseitigen Kenntnis und Hochschätzung des Anderen als einer außerordentlichen Persönlichkeit. Hier wie dort standen beide Partner auf der Höhe der Bildung ihrer Zeit, beide hatten musischen Sinn – für einen Banausen macht man solche Gedichte nicht! – beide waren überlegene Geister, und beide besaßen, jeder kraft seiner Begabung und Berufung, ausgeprägtes Selbstgefühl. Mit dem gleichen Freimut, mit der gleichen Eleganz, womit Horaz poetische Aufträge *seines* Mäzens ablehnte, wenn sie ihm nicht paßten, weigerte sich der Archipoeta, als ihm der seine ein Epos auf die Heldentaten Barbarossas abfordern wollte. Klarer, witziger und selbstbewußter läßt sich das Verhältnis nicht in Worte fassen, als es der Archipoeta mit den Versen tut, die zugleich ein Beispiel für seine originelle Reimkunst sind:

> Inde poeta tuus tibi scribam carmen et odas.
> Sit finis verbi verbum laudabile: do, das …

dann werde ich, dein Poet, dir ein Gedicht und Oden schreiben. Das letzte Wort wird der löbliche Ausspruch sein: ich gebe, du gibst …*

Ich gebe, du gibst! So sollte sich eigentlich jedes Mäzenatentum deklinieren lassen; man darf die Formel nur nicht so primitiv verstehen, als gehe es hier nur um Geist, dort nur um Geld, sondern als ein gegenseitiges Geben und Nehmen im Dienste eines beiden gemeinsamen Kulturwerts, manifestiere er sich nun in der Kunst oder in der Wissenschaft.

Oberflächlich betrachtet, kann es allerdings scheinen, als habe es sich in unserem Beispiel um nichts anderes gehandelt, als ums Gedichte-Machen ad maiorem Reinaldi gloriam auf der einen, und um die Entlohnung mit Geld, Mänteln, Pelzwerk, Pferden und Wein von der anderen Seite her. Aber man darf nicht alles wortwörtlich nehmen, was der Archipoeta schreibt, er schreibt nach einem Wort Christian Morgensterns manches hin »um des

Reimes willen«. Gewiß war er nicht reich, und wäre er's je einmal gewesen, dann sicherlich nicht für längere Dauer. Seine Neigung für Mädchen, Spiel und Schänken duldete diesen Zustand schlechterdings nicht. Wahrscheinlich spricht er – mit übertreibender poetischer Lizenz – die Wahrheit, wenn er jammert, er sei nackt, habe weder Pelz noch Federbett und müsse sich mit seinen Kleidern zudecken. Aber nicht weniger wahr ist, daß er mit der Poetenarmut als einem dichterischen Topos auch kokettiert. Nun ist freilich gleich zu sagen: »topoi«, also überkommene Gedanken und Situationen, müssen im Munde eines echten Dichters, eines antiken sowohl wie eines mittelalterlichen, keineswegs abgebraucht, sondern können überzeugend neu wirken. Ein Mann von Geist kann mit ihnen Persönlichstes aussagen. Auch bei unserem Dichter gehen »topos« und Selbsterfahrung untrennbar ineinander über. Wenn er also sagt:

> Poeta pauperior omnibus poetis
> nihil prorsus habeo nisi quod videtis.

als Dichter ärmer als alle anderen Poeten besitze ich weiter nichts als *das, was ihr seht**

so mag das individuell stimmen, formelhaft aber wird die Sache mit dem Vers

> Nos poetae pauperes, opum contemptores ...

*wir arme Poeten, die Verächter von Reichtum**

Die »largitas«, die er an Reinald unentwegt preist und an die er immer wieder appelliert, hat er übrigens selbst geübt. Einmal berichtet er seinem Gönner, das Geld, das dieser ihm geschenkt, habe er gut ausgegeben: er habe diesen Sommer einen armen Priester damit verhalten. Ein anderes Mal bekennt er, je nachdem, was er habe, gebe er gern her, er esse sein Brot weder allein noch im Verborgenen. Und die dritte Stelle, die ich wegen ihrer wahrhaft noblen Gesinnung und sententiösen Knappheit wörtlich zitiere, lautet:

Largum habens dominum nolo parcus esse,
nolo sine socio mea frui messe:
nobilis est animi pluribus prodesse ...

Da ich einen freigebigen Herrn habe, mag ich auch nicht kleinlich sein, will nicht ohne Gesellschaft meine Ernte verzehren: Anderen zu nützen zeugt von vornehmer Art.*

Genau besehen sind alle Gedichte des Archipoeta, wie bei jedem echten Dichter, Selbstbekenntnisse, das Wort natürlich cum grano salis verstanden. Zweimal hat er sogar die äußere Form der Beichte nachgeahmt, einmal in den witzigen Jonas-Versen, mit denen er die Verzeihung des offenbar verärgerten Reinald erlangen wollte; zum anderen Mal in dem bekanntesten seiner Gedichte, der Vagantenbeichte, die mit den Versen beginnt:

Estuans intrinsecus ira vehementi
in amaritudine loquar mee menti ...

Kochend im Innern in heftigem Zorn, in Verbitterung sprech ich mit meinem Geist*

Diese »Confessio« war schon im Mittelalter überall verbreitet, anonym natürlich, und zierte variiert, verkürzt, erweitert, verballhornt und oft, aber meist schlecht übersetzt, jahrhundertelang die Liedersammlungen, von den Carmina Burana bis zum Kommersbuch. In beiden Beichten bekennt er offenherzig alle Fehler und Schwächen, mit denen er sich behaftet weiß – wir kennen sie bereits; beiden Beichten fehlt nur *eines,* damit der liebenswürdige Sünder absolviert werden könnte: die Reue. Trotz aller Selbsterkenntnis fühlt er sich im Grunde ganz wohl in seiner leichten Haut, der er so viel sündhafte Pflege angedeihen läßt:

Prave vivens et distorte
sei er und
voluptatis avidus magis quam salutis.

mehr nach Lust gierend als nach dem Seelenheil*

Ein aufrichtiger Ton des Zweifels an sich selbst – welchen Dichter wandelte so etwas nicht an! – klingt aus den Worten, vielleicht stecke in ihm gar nicht, was Reinald vermute. Und durchaus nicht verspielt, eher melancholisch und fast bitter gibt er sich in den Eingangsstrophen der großen Beichte Rechenschaft über sein unstätes Wesen und sein Vagantendasein, von dem er doch nicht lassen kann. Er sei aus leichtem Stoff gemacht, gleiche dem Blatt, mit dem die Winde spielen, dem fließenden Wasser, das unter keinem Himmel verweile, dem ohne Steuermann dahintreibenden Schiff, dem Vogel, der von den Lüften bald dahin, bald dorthin getragen werde:

> Non me tenent vincula, non me tenet clavis.
> quero mei similes et adiungor pravis.

Mich hält keine Fessel, kein Riegel. Meinesgleichen suche ich und geselle mich zu den Erbärmlichen.*

Selten hat die soziale Heimatlosigkeit des Dichters, der ja in tieferem Sinne immer ein Vagant, immer ein Wanderer zwischen den Welten ist, selten das bedrückende Bewußtsein, nirgends hinzugehören, überall allein und einsam zu sein, selten aber auch der schmerzliche Stolz auf solche Ungebundenheit schlichteren, eindringlicheren, ergreifenderen Ausdruck gefunden – »ich suche meinesgleichen, und man zählt mich zu den Asozialen«, wie man »pravis« kecklich übersetzen darf. Daß diese Übersetzung nicht zu hart und nicht zu drastisch ist, dafür zeugt ein Edikt des Salzburger Bischofskonzils aus dem Jahre 1291: »De secta vagorum scholarium«. Es donnert in kräftigstem Latein »gegen gewisse unter dem Namen Fahrende Schüler herumvagierende Possenreißer, Lästerer und Heiligenschänder, die sich bar jeder Scham und Ehrfurcht zur Schande des geistlichen Standes als Kleriker ausgeben...« Sie liefen in aller Öffentlichkeit nackt herum, schliefen in den Backhäusern und säßen in allen Kneipen; ihren Unterhalt verschaffen sie sich auf sündhafte Weise; wer an ein solches Leben gewöhnt sei, verlasse diesen Orden nie mehr, so daß für seine Besserung nichts zu hoffen sei. Folgt die Androhung schärfster Kirchenstrafen für alle, die dieser verbotenen Sekte künftig beiträten, ihr angehörten und in ihr verblieben. Mochte auch der »ordo vagantium« ein gutes Jahrhundert vor diesem Erlaß so depraviert noch nicht gewesen sein – besonderer Hochachtung hat er sich schon zur Zeit des Archipeota nicht erfreut, so daß es eine Persönlichkeit seiner Abkunft und seines geistigen

Ranges bitter empfinden mußte, mit dieser Sorte Goliarden in einen Topf geworfen zu werden.

Und doch möchte er kein Anderer sein, als der er ist. Resignierend, aber auch stolz variiert er zweimal das Apostelwort aus der Vulgata: Unusquisque proprium donum habet ex Deo. Nun, *ihm* hat die *Natur,* wie er sich ausdrückt, die Gabe des Singens und Sagens geschenkt, die Dichtkunst. Sie geht ihm über alles andere, und sie ist die stärkste Stütze seines Selbstgefühls, hebt ihn doch dieses Gottesgeschenk hinaus über die Durchschnittsmenschen und Banausen. Dank ihm hat auch der Dichter Rang, Macht und Besitz, wenngleich in anderen Sphären als die äußerlich Großen, Mächtigen und Reichen. Darum verdrießt es ihn so sehr, wenn diese den Dichter aussperren aus ihren Häusern und draußen hungern lassen, während Scheurenpurzler und Possenreißer dort aus- und eingehen dürfen,

> qui nil sciunt facere nisi insanire,

die nichts als Unheil anrichten[*]

und wenn er so viele alberne und geistlose Schmarotzer in Samt und Seide gehen sieht.

Die Laien, also die Ungebildeten, haben sowieso keine Ahnung, was ein Dichter ist, und was ihm zusteht. Natürlich gibt es unter den Dichtern solche und solche. Manche ziehen sich in die Einsamkeit zurück, kasteien sich und zappeln sich ab, ein Werk zu schaffen, das sie unsterblich machen soll, und sterben darüber vor lauter Mühe und Arbeit. Zu dieser Sorte gehört er nicht, er braucht gutes Essen und noch besseren Wein, soll ihm etwas gelingen. Was man nüchtern schreibt, taugt nichts - übrigens teilt er diese Meinung mit Horaz. Der Archipoeta stellt sogar die Gleichung auf: wie der Wein so die Verse:

> Tales versus facio, quale vinum bibo;
> nihil possum facere nisi sumpto cibo;
> nihil valent penitus, que ieiunus scribo;
> Nasonem post calicem carmine preibo.

Meine Verse sind wie der Wein, den ich trinke; nichts vermag ich, wenn ich nicht gegessen habe; nichts taugt, was ich hungrig schreibe; nach dem Trunk übertreffe ich sogar Nasol = Ovid.[*]

Diese Selbstberühmung, nach einem guten Becher übertreffe er sogar Ovid, ist natürlich spaßhaft übertrieben, ebenso die andere Stelle in seinem großen, von ihm selbst dem Kaiser vorgetragenen Barbarossa-Hymnus, wo er sich über Vergil erhebt, für ihn der größte aller Dichter. Hier liegt die Komik darin, daß er ein die Aeneis übertreffendes Meisterwerk schreiben *könnte* – hätte er nur mehr der Zeit. Indessen darf man ihm wohl glauben, wenn er prahlt, manchmal tausend Verse in einem Zug herunterschreiben zu können. Aber wen täuschen seine Verse, eben weil sie so natürlich, so klar, so elegant und glatt dahinfließen, darüber hinweg, daß sie diese Vorzüge nicht am wenigsten der auf sie verwendeten Sorgfalt und fleißigem Feilen verdanken? Wenn ihm auch Bacchus, wie er so oft versichert, zu seinen Gedichten inspiriert, so ist es doch die nüchterne, handfeste »ars«, die Kunstfertigkeit, der ihre Vollendung abgerungen werden muß. Wiederum in Anklang an Horaz gesteht er:

> Versus volunt corrigi denuoque verti,
> ne risum segnicies pariat inerti –

Die Verse wollen verbessert und von neuem gewendet werden, denn
Bequemlichkeit beim Versemachen trägt dem faulen Dichter nur
Gelächter ein.*

Schiller spricht einmal in einem Distichon von einer »gebildeten Sprache«, die gewissermaßen von selber dichte. Was er damit meint, läßt sich am Latein unseres Dichters beispielhaft dartun. Die Wörter und Worte des Mittellateins sind prall gefüllt mit den Anschauungen, Gedanken und Begriffen eines Jahrtausends, mit heidnischen wie christlichen, klassischen wie biblischen, theologischen wie weltlichen. Sein nicht geringster Reiz liegt darin, daß vergangene Sinngehalte von Vokabeln und Metaphern durch ihre neuen Bedeutungen durchschimmern wie auf einem alten Bild durch die frische Lasur die ursprünglichen Farben. Das ergibt neue Nuancen und überraschende Bezüge, erzeugt geistige Spannungen, weckt unerwartete Assoziationen, reißt kultur- und sprachgeschichtliche Durchblicke durch Jahrhunderte auf und macht jedes Wort zu einem vielstimmigen Akkord. So ist der mittellateinische Dichter in einem noch umfassenderen Sinn »poeta doctus«, als es seine antiken Brüder in Apoll gewesen sind.

Die Kunstmittel des Archipoeta sind so vielfältig, so subtil und in ihren Wirkungen so erprobt, wie sie eben nur eine reife, gebildete Sprache herzugeben vermag. Freilich, soll sie sich in allen ihren poetischen Möglichkeiten entfalten, muß Einer über sie kommen mit der Gabe des Sehens und Sagens, Einer, der in ihr lebt, aus ihrem Geiste schafft und das Erlernbare an ihr, die Technik von Stil und Prosodie, souverän beherrscht. Auf den Archipoeta trifft dies alles zu. Über die Kniffe und Pfiffe der Poetik und der Rhetorik verfügt er virtuos, sein Sinn für Klang und Rhythmus läßt ihn nie im Stich, seine Diktion ist kristallklar, seine Verstechnik meisterhaft, sein Vorrat an ungezwungenen Reimen und seine Findigkeit für raffinierte unerschöpflich. Im dritten Gedicht, das aus leoninischen Hexametern besteht, also aus Versen, in denen sich die zwei Silben vor der Zäsur auf die zwei Schlußsilben reimen, bringt er das Kunststück fertig, den Hexameter über 19 Verse hinweg stets auf einsilbige Wörter enden zu lassen, zum Beispiel so:

> Nulla mihi certe de vita spes nisi per te ...

Ich habe keine Hoffnung im Leben außer durch dich...[*]

Genau so leicht wie die Reime – es gibt Tiradenreime von ihm mit 16 verschiedenen Reimwörtern – ebenso leicht fließen ihm Alliterationen von den Lippen; auch da begnügt er sich häufig nicht mit zwei- oder dreimaligem gleichem Anlaut. Sein raffiniertestes Beispiel lautet:

> vincam vita patrum vitas
> vitans ea que tu vitas –

er werde durch sein Leben das Leben der Väter übertreffen, indem er alles meide, was er – gemeint ist Reinald – meide.[*]

Diese zwei Verszeilen verraten zugleich seine Vorliebe für das Wortspiel, das Spiel mit gleich oder ähnlich lautenden Wörtern verschiedener Bedeutung.

Ein Germanist fragte mich neulich, ob die Alten das Wortspiel gepflegt hätten. Die Frage überraschte mich. Bei der schon von den alten Römern bemängelten »egestas patrii sermonis«, womit sie unter anderem doch auch eine gewisse Dürftigkeit des Wortschatzes meinten, konkret also die Vieldeutigkeit mancher Vokabeln, sollte man annehmen dürfen, daß das klassische Latein zum Wortspiel geradezu herausgefordert habe. Aber mir fiel nur ein Beispiel ein, und dieses stammte nicht aus der hohen Dichtung, sondern bezeichnenderweise aus dem lockeren Umgangslatein der Atticusbriefe Ciceros. Auch darin wandelt also der Archipoeta, der die Wortspiele liebt, in den Spuren des legitimen Vorfahren seines Mittellateins, nämlich der antiken Umgangssprache. Ein weiteres Beispiel soll diesen Exkurs abschließen. Als er nach seinem mißglückten Gastspiel in Salerno zu Reinald zurückkehrte, klagte er ihm:

nunc mendicorum socius sum, non medicorum.

jetzt bin ich in Gesellschaft der Bettler, nicht der Ärzte*

Seine Prägekraft für Sentenzen ist unübertrefflich: Im Traum von der geliebten Erde in den Himmel entrückt, kleidet er die Quintessenz dieses Erlebnisses in die Worte:

ubi Deus raptor est, dulcis est rapina.

wo Gott hinwegrafft, ist es ein süßes Entrücktsein*

Den Erzkanzler preist er:

re famam superas, non a fama superaris.

du überragst in Wirklichkeit deinen Ruf, wirst nicht vom Ruf überragt*

Den Abt des Kölner Martins-Klosters, der ihn gut bewirtet hatte, lobt er:

Abbas bonus pastor est et me bene pavit.

Der Abt ist ein guter Hirte und hat mich recht weiden lassen*

Genug der Zitate, wir finden sonst kein Ende, ist doch beim Archipoeta jeder Vers so sententiös geprägt und geschliffen, daß er zitierfähig wäre. Obwohl nicht gerade auf vielfältige Abwechslung in den Versmaßen und im Strophenbau bedacht, beweist er doch mit den uns vorliegenden Mustern, daß sie ihm alle geläufig sind, der klassische Hexameter so gut wie der leoninische, der Tiradenreim wie die sangbare Vagantenstrophe, die er am liebsten hat; sie geht so:

Meum est propositum in taberna mori,
ut sint vina proxima morientis ori.
Tunc cantabunt letius angelorum chori:
»Sit Deus propitius huic potatori.

Mein Wunsch ist, in der Kneipe zu sterben, damit der Wein ganz nah
dem Munde des Sterbenden ist. Dann werden die Chöre des Engel
froher singen: »Gott, sei diesem Zecher gnädig!« [*]

Es mag scheinen, als hätten wir versäumt, die Gegenstände der
Gedichte konkret zu bestimmen. Und doch meine ich, nichts
anderes getan zu haben als dies. Man muß das Wort »Gegenstände« durch »Anlässe« ersetzen, dann wird einem sofort klar,
daß es sich um Gelegenheitsgedichte im bedeutsamen Sinne
Goethes handelt. Aber selbst die Anlässe sind für den genießen-
den Leser des Archipoeta nicht sehr wichtig. Was gehen uns die
Geld- und Weinnöte eines Fahrenden aus dem 12. Jahrhundert
an? Was das rebellische Mailand oder das kaisertreue Pavia? Was
die Knausrigkeit italienischer Prälaten und die Generosität eines
geistlichen Staatsmannes? Oder der Streit des Kölner Martins-
Klosters mit einem Pfalzgrafen um ein paar Weinberge? Und
doch üben diese Gedichte einen eigenartigen Zauber aus. Allein
ihr Klang und ihr Rhythmus faszinieren selbst denjenigen, der
Latein gar nicht versteht oder sich mit dem Verstehen schwer tut.
Wer sich aber in sie eingelesen hat, was gar nicht so schwierig ist,
dem öffnet sich eine Welt, die mit der Universalität ihres Geistes,
ihrer selbstverständlichen Frömmigkeit, ihrer unbefangenen Sin-
nenhaftigkeit, ihrem sicheren Gefühl für Symbole und Formen,
ihrem Freimut, Witz und Humor das Schlagwort vom »finsteren
Mittelalter« als Ausgeburt finsterster Ignoranz entlarvt.

In dieser fest in sich selbst ruhenden mittelalterlichen Welt sind
das Heilige und der Humor alles andere als Gegensätze, mag es
auch uns zuweilen scheinen, als solle die Tragfähigkeit des Glaubens mit der Persiflage geheiligter Worte der Bibel und der Litur-
gie geradezu versucht werden. Diese Welt lebt noch aus einer
unerschütterten Mitte, aus der Kraft ihres Glaubens, ihre Moral
stellt die Schwachheit des Fleisches und die Eitelkeit des menschlichen Geistes von vornherein in Rechnung. So fällt der Mensch
wohl in Sünden, aber der Sünder bleibt ein Bruder, und sein
angebotenes und durch die Taufe verbrieftes Recht auf Verständ-

nis, Verzeihung und brüderliche Hilfe in Christo kann ihm niemand streitig machen. Das Menschliche, auch das Allzumenschliche, das auf dem Goldgrund des Ganz-Anderen sich selbst ins rechte Maß setzt und damit sich selbst ironisiert – das ist es, was den Gedichten des Archipoeta ihre Magie und ihre zeitlose Lebensnähe verleiht, die das Geheimnis ihrer Unvergänglichkeit ist.

Ein letztes ist an unserem Dichter zu preisen: ihm haben nicht nur Apollo und die Musen poetisches Genie geschenkt, ihm hat nicht nur Minerva die Gabe eines scharfen Verstandes verliehen, ohne den weder Witz noch Ironie gedeihen, ihn hat zudem der unbekannte Heidengott, der darüber befindet, auch mit Humor begnadet. Humor aber ist das wirksamste Gegengift gegen alles Maßlose, Unbedingte, Fanatische, weil seine Art der Weltbetrachtung zuerst und zuletzt keinen Anderen im Auge hat als den Humorbesitzer selbst. Wer Humor hat, entdeckt an sich selbst so vieles, was er lachend oder lächelnd oder auch ernstlich zu rügen hat, daß er in den Sünden der Andern nur Projektionen seiner eigenen Unzulänglichkeiten erblickt – natürlich vergrößerte und vergröberte. Wie den Archipoeta Geist und Bildung davor behütet haben, jemals in den nichts-als-bettelhaften, nichts-als-rüden, nichts-als-obszönen Ton so vieler Freß-, Sauf- und Venuslieder der Vagantenpoesie zu verfallen, so hat ihn sein Humor davor bewahrt, seine Dichtungen mit der moralischen Lauge der Zeitsatire etwa eines Walters von Chatillon oder des Primas von Orléans zu durchsäuern.

Das Schillerwort aus dem Prolog zum Wallenstein: »Denn wer den Besten seiner Zeit genug getan, der hat gelebt für alle Zeiten« paßt auf diese zwei, dem Archipoeta an Ausdrucksvermögen und Formkraft kaum nachstehenden mittellateinischen Dichter nur dann, wenn man betont: der *hat* gelebt für alle Zeiten. Denn von ihren Gedichten, so wichtig sie für die Geistes- und Sittengeschichte des Mittelalters sind, kann man die meisten nur noch historisierend genießen. Natürlich ist auch der Archipoeta zeitbedingt, aber nur in seinen Stoffen und Formen, nicht aber in seinem Geist und in seiner Seele, die sein individuelles Werk zu einem getreuen Abbild des unwandelbar Menschlichen überhaupt machen.

Wir Liebhaber des Archipoeta – und dazu möchte ich Sie alle zählen dürfen, wenn noch nicht jetzt, so doch bald – befinden

uns in bester Gesellschaft. Sein Entdecker, Jacob Grimm, hielt die
Gedichte »für das Vollendetste, was Mittellateinische mit ihren
Mitteln hervorbringen konnten«. Max Manitius, der Verfasser
einer in ihrer Stoffülle und Gelehrsamkeit unübertroffenen Geschichte der mittellateinischen Literatur, zählt ihn »unter die wahrhaft großen Dichter«. Ernst Robert Curtius wird nicht müde, in
seinem großartigen Werk »Europäische Literatur und lateinisches
Mittelalter« immer wieder auf den »Kölner Erzpoeten« hinzuweisen, wie er ihn ohne Bedenken nennt.

Wenn ich selbst seinem von vielen kunstfertigen Händen
geflochtenen Lorbeerkranz ein Blatt hinzufügen darf, dann soll es
in der Sprache unseres Dichters geschehen:

> Tua vox ex tenebris altae vetustatis
> nobis movet pectora saeclis in mutatis.
> Si sequuntur omnia legem brevitatis,
> inter tot exitia verbum manet vatis.

*Deine Stimme aus dem hohen Mittelalter bewegt unser Herz noch in
gewandelten Zeiten. Wenn alles dem Gesetz der Vergänglichkeit unterliegt, bleibt bei aller Endlichkeit (allein) das Wort des Dichters.**

Es bleibt mir noch die Ehrenpflicht, auf die jüngst bei Carl Win-
ter in Heidelberg von Watenpuhl und Krefeld herausgegebene,
zur Zeit einzige und überdies beste aller überhaupt erschienenen
Ausgaben der Gedichte des Archipoeta hinzuweisen; nach ihr
habe ich zitiert.

Dieser Vortrag wurde in der Akademie der Diözese Rottenburg
am 30. Juni 1959 in Stuttgart gehalten. Abdruck 1966

VERGILS SCHÖNSTER VERS

Für Walther Sontheimer

Noch bewegten mich die Worte der frohen Botschaft, wie Lukas sie uns aufzeichnet, das Herz, noch war das Zimmer erfüllt vom Gloria der Weihnachtslieder, da drängte es mich, den Vergil aus dem Bücherregal zu holen, um an diesem Heiligen Abend das vierte Hirtengedicht des frommen Heiden wiederzulesen. Zwei Jahrtausende haben vergebens versucht, das Geheimnis dieses im Advent des weltverwandelnden Ereignisses geschriebenen Gedichts zu deuten, alle glaubensfrohe Exegese, alle kritische Philologenmühe, alle Sorgfalt historischer Interpretation sind daran zuschanden geworden.

Vergil besingt darin die Geburt eines Knäbleins, gesandt, die uralte Menschheitssehnsucht »Friede auf Erden« zu stillen. Von einer Jungfrau ist die Rede, von der Erneuerung des Menschengeschlechts, vom befriedeten Erdkreis, von der Tilgung alter Schuld und von der Wiederkehr paradiesischer Zustände, wo die Herde den Löwen nicht fürchtet, die giftige Natter stirbt und das täuschende Giftkraut verdorrt, wo das Feld nicht der Hacke bedarf und die Rebe nicht des pfleglichen Messers, und die gütige Erde ihren Kindern alles ohne Mühen schenkt.

Man hat bei diesen Versen an die seltsam ähnlich klingende Vision des Propheten Jesajas gedacht (11, 6-9), doch braucht man bei aller Verwunderung über die Übereinstimmung nicht anzunehmen, Vergil sei die Kunde von dieser alttestamentlichen Weissagung über Asinius Pollio, dem er sein Gedicht gewidmet hat, von dessen jüdischen Freund Herodes zugekommen. Die Wiederkehr des Goldenen Zeitalters ist ein Menschheitstraum seit je, sich jenes in allen Einzelheiten auszumalen einem Dichter, vollends in turbulenter Zeit, Verlockung genug. Turbulenter und trostloser aber ist es in der turbulenten Weltgeschichte selten zugegangen als im Jahrhundert der römischen Bürgerkriege. Alle staatliche, jede bürgerliche Ordnung schien sich aufzulösen, das Reich in Blut und Tränen, in Machtkämpfen und Proskriptionen zu versinken. Damals nun, beim ersten, wenn auch trügerischen Zeichen der nahenden Befriedung der Welt, ist unser Gedicht entstanden: im Jahre 40 v. Chr., nach dem Friedensschluß von Brundisium zwischen den beiden Rivalen um die Weltherrschaft

Octavian, dem späteren Augustus, und Marcus Antonius, als Asinius Pollio Konsul war.

Indessen – wer ist mit dem *puer*, dem holden Knäblein, gemeint,
das der erschöpften, verzweifelten Welt den Frieden zu bringen
bestimmt war? Hat Vergil an ein Kind aus Fleisch und Blut mit
leiblichem Vater und irdischer Mutter gedacht? An welches? An
das von Freund Pollio? Das sei, sagt die Forschung, aus triftigen
Gründen nicht möglich. Oder an einen zu erwartenden Sohn
Octavians? Dies wiederum, heißt es, wäre leichthin in den Tag
hinein gedichtet gewesen, wie denn diesem tatsächlich später
kein Knabe, sondern seine Iulia geboren wurde. Oder hat etwa
der Dichter in dem heilbringenden Kind die neue Zeit, den
Glauben, die Liebe, die Hoffnung der Menschen symbolisiert?

Fragen über Fragen, Antworten über Antworten – doch keine
unwiderleglich, keine überzeugend, keine beweisbar. Begnügen
wir uns mit dem Urteil eines der ersten Vergil-Kenner unserer
Zeit: die vierte Ecloge Vergils sei »ein rational nie ganz versteh-
bares Wunder«, und fügen wir unsererseits hinzu, daß wir das
Wunder des Gedichts ebenso im Ort und in der Zeit seiner
Entstehung erblicken wie in der beziehungsreichen Sprache seiner Symbole und mythischen Anklänge.

In diesem rätselvollen Gedicht nun steht ein Vers, um desset-
willen vor allen andern ich es immer wieder lese, weil er mir als
der schönste im ganzen Vergil gilt, vielleicht der römischen
Literatur überhaupt. Warum, ist schwer zu sagen. Ein berühmter
Kritiker hat einmal gesagt, der wahre Schriftsteller sei daran zu
erkennen, daß man, sobald man nur eine Seite von ihm vor sich
habe, darin mindestens einen Satz oder eine Wendung finde, die
nur er geschrieben haben könne. In noch höherem Maße gilt
dies vom Dichter. Ihm ist es in begnadeter Stunde gegeben, in
einer einzigen Verszeile sein Wesen voll und rund, sein ganzes Ich
unverwechselbar auszusprechen. Man denke an gewisse Verse von
Shakespeare, von Goethe, von Schiller, von Mörike, und man
füge dazu den sechzigsten aus der vierten Ecloge des Vergil:

> Incipe, parve puer, risu cognoscere matrem …

Ein Suppenlateiner könnte ihn übersetzen, so scheint es, etwa so:

Beginne, Knäblein, im Lächeln die Mutter zu erkennen.[*]

Und doch dürfte es selbst einem einfühlsamen, beider Sprachen vollmächtigen Übersetzer schwerfallen, den unnachahm-
lichen Schmelz der schlichten lateinischen Vokabeln, die innige
Melodie und den Wiegentakt des Verses ins Deutsche herüber-
zuretten. Was mir an Übertragungen zu Ohren gekommen ist,
klingt allenfalls so, als würde ein fürs Cello geschriebenes Motiv
auf dem Hackbrett gespielt, falls sich der Übersetzer nicht überhaupt einem à-peu-près oder mit einer willkürlichen Umschrei-
bung begnügt hat.

Es ist zuzugeben, der Vers hat seine Tücken, und sie beginnen
schon im Grammatischen. Bezieht sich der Ablativ *risu* auf das
Knäblein oder auf die Mutter? Beides ergibt Sinn: das eine Mal
gäbe das Kind durch Lächeln zu verstehen, daß es die Mutter zu
erkennen beginnt, das andere Mal begänne es, die Mutter am
Lächeln zu erkennen. Das Schwebende, Unbestimmte des syn-
taktischen Bezugs erlaubt jedoch dem empfindlichen Sprach-
gefühl, beide Beziehungen zugleich zu denken, und so gewinnt
man, über alle grammatischen Spitzfindigkeiten hinaus, das innige
und ergreifende Bild eines menschlichen Urphänomens: das
gegenseitige, in einer tieferen Schicht als der des Sagbaren begründete Erkennen von Mutter und Kind im Einanderzulächeln. Was
aber gäbe es Menschlicheres als das Lächeln, das keiner anderen
Kreatur geschenkt ist, was Frömmeres als das Lächeln einer Mutter
für ihr Kind, was Reineres als das erste Lächeln eines Kindes seiner Mutter entgegen? Wahrhaftig, ein Wunder, wie hier die Sprache Unaussprechliches aus der Tiefe der Seele heraufbeschwört
und im Bild das scheinbar Einfachste, Natürlichste zum Symbol
des Lebensrätsels verzaubert! Denn wem das langsame Bewußt-
werden eines Menschenkindes seiner selbst und der Welt, die ihm
die Mutter ist, im noch Unartikulierten, im noch Sprachlosen, im
Lächeln kein Wunder ist, dem ist nicht zu helfen. Dies alles liegt
in dem Wort *incipe* = beginne (von *capere* = greifen, ergreifen,
langen nach etwas).

Vergil hat mit diesem Vers das Urbild all der heiligen und weltlichen Darstellungen geschaffen, die seit zweitausend Jahren den
Stolz, die Freude, die Liebe und alles Glück des Mutterseins in
der Kunst variieren. Meines Wissens erfreut sich dieses unerschöpfliche Motiv in der Kunst keines andern Kulturkreises solcher Innigkeit der Auffassung und so allgemeiner Beliebtheit wie

im antikchristlichen Abendland. Theodor Haecker hat Vergil »Vater des Abendlands« getauft, und schon dieser eine Vers läßt erahnen, warum.

Menschlich, fromm, rein – treffendere Eigenschaftswörter stünden mir nicht zur Verfügung, müßte ich den Grundakkord unseres Verses bestimmen. Dies aber sind auch die Eigenschaften, die seit alters dem menschlichen und poetischen Charakter seines Schöpfers zugesprochen werden; sie sind es, um deretwillen der christliche Tertullian den Heiden Publius Vergilius Maro eine *aniina naturaliter christiana* genannt hat.

1956

CARA VIRGVNCVLA SVEBA

Für Else

Das erste Schwabenmädchen, das uns die Geschichte vorstellt, hieß Bissula, es war jung, blauäugig und blond und lebte in dem schwäbisch-alemannischen Winkel zwischen Rhein und Donau vor 1600 Jahren. Daß uns die Gestalt gerade dieses liebreizenden Geschöpfs aus dem geschichtslosen Dunkel der germanischen Wälder als Urbild aller schwäbischen Mädchen entgegentritt, das verdanken wir nur beiläufig der Historie, in der Hauptsache aber der grazilen Feder eines Dichters – wem fiele hier nicht das Wort Hölderlins ein: »Was bleibet aber, stiften die Dichter«? Die Geschichte spielt in dem Idyll zwischen dem ältelnden spätrömischen Poeten und dem pfirsichfrischen schwäbischen Kind nur die sonst so unschöne, hier jedoch lobenswerte Rolle der gefälligen Kupplerin. Erzählen wir, wie es dazu kam.

Hundert Jahre schon, etwa seit 270 n. Chr., war das Dreieck zwischen Rhein, Donau und Limes, waren die *agri decumates*, wie Tacitus den Landstrich nennt, römerfrei. Kein Grenzwall und kein Kastell hatte dem Ansturm der land- und beutehungrigen Alemannen standgehalten, man hatte das Gebiet räumen und über den Rhein zurückgehen müssen. Aber Friede herrschte noch immer nicht. Die Alemannen, ungebärdig, übermütig und ohne Sitzfleisch, ließen die Römer auch am Rhein nicht in Ruhe. Beutezüge hinüber ins Gallische scheinen ihnen ein Festtagsvergnügen gewesen zu sein. Der Geschichtsschreiber Ammianus Marcellinus erzählt, wie einst an einem hohen christlichen Feiertag der alemannische Heerkönig Rando mit seinen Scharen in Mainz eingefallen sei, wie er dort gehaust und alles, was nicht niet- und nagelfest war, mitgenommen habe. Von Mainz nach der kaiserlichen Residenz Trier war es ein Katzensprung. Das heißt, die Kaiserstadt war bedroht. Kaiser Valentinian entschloß sich zu einer Strafexpedition, vielleicht hoffte er sogar, das verlorene Gebiet jenseits des Rheins dem Reich zurückzuerobern. Im Sommer des Jahres 368 rückte er mit einem stattlichen Heer aus illyrischen und italischen Legionen ins Feld, setzte bei Straßburg über den Strom und zog, nach Kriegsbrauch Höfe niederbrennend und Felder verwüstend, durch das alemannische Land. Nach tagelangem Marschieren stieß man bei einem Ort namens Solicinium auf den Feind. Dort hatte er sich auf einem schroffen, unzugänglichen Berg verschanzt. Und dort kam es zur Schlacht.

Bevor das Gemetzel beginnt, ein Wort zu diesem heute wie damals heiß umstrittenen Solicinium, um das seither kaum weniger gelehrte Tinte verspritzt worden ist als seinerzeit Blut. Wo lag es? Der Örtlichkeit nach dürfte jene Ansicht die größte Wahrscheinlichkeit für sich haben, nach der dieses *Solicinium* eine Rückübersetzung ins Lateinische der alemannischen Ortsbezeichnung Sulichin (heute Sülchen) wäre, die selbst aus dem keltisch-römischen Stadtnamen *Sumelocenna* abgeleitet sein könnte. Demnach wäre als Solicinium das heutige Rottenburg am Neckar und als Trutzburg der Alemannen der von der Kapelle gekrönte Wurmlinger Berg anzusprechen. Es wird und ward hier auf schwankem Boden gestritten; für die Schlacht selbst berichtet es Ammianus ausdrücklich in dem sumpfigen Gelände (des Ammertals?) sei dem Kaiser Valentinian sein schöner edelsteingeschmückter Goldhelm versunken mitsamt dem Kammerherrn, der ihn trug, ja, seine caesarische Majestät wäre ums Haar selbst darin ersoffen.

Wie dem auch sei, trotz ihrem mörderischen Gebrüll *(horrenda circumsonantibus Alemannis)* verloren die Alemannen die Schlacht, noch einmal siegte römische Kriegskunst und Disziplin über germanisches Draufgängertum. Aber irgendwelche strategischen oder politischen Früchte reiften den Römern nicht aus ihrem Sieg, sie zogen sich über den Rhein zurück und gaben das Land endgültig auf, das für alle Zukunft schwäbisch-alemannisch blieb.

Nur Einer machte bei diesem Alemannenzug eine Eroberung von Dauer: des Kaisers Hofpoet Decimus Magnus Ausonius aus Burdigala (Bordeaux). Es war nichts Ungewöhnliches, daß ein Feldherr in Begleitung eines Dichters in den Krieg zog; schon in den besten Zeiten der Republik hatte gelegentlich ein Poet zur Suite des Heerführers gehört, wahrscheinlich, damit er gleich zur Hand sei, wenn es Heldentaten aus eigenem Augenschein für Mit- und Nachwelt zu besingen galt, jedem Achilles sein Homer! Zu dieser Sorte zählte nun freilich unser Ausonius nicht. Er war weniger für das Heroische, ihm lag das Anmutige, das Vergnügliche, das Leichte, sogar das Lockere mehr, und sein kaiserlicher Herr scheint diese Vorliebe geteilt zu haben. Denn während ihres Zugs gegen die Alemannen machten sie um die Wette miteinander übermütige Verse, etwa in der Art unserer nicht ganz stubenreinen Schüttelreime, nur daß die ihrigen, wenigstens die des Ausonius, literarischer ausfielen und heute als Bestandteil der römischen Dichtung Anspruch auf Klassizität erheben dürfen. Den Vogel schoß dabei nicht Seine Majestät, sondern, wie sich's gehört, der gelernte und gelehrte Dichter ab mit seinem *Cento Nuptialis*, einem parodistischen Hochzeitscarmen. Cento heißt nach dem »Georges« ein aus allerlei Lappen bestehendes Flickwerk, »Fleckerlteppich« müßte man's auf bayerisch wiedergeben, im übertragenen Sinn bedeutet das Wort ein aus verschiedenen Versen anderer Dichter zusammengestoppeltes Gedicht. Der Witz dabei bestand darin, daß man ernstgemeinte Verse aus ihrem ursprünglichen Zusammenhang löste und in einen anderen brachte, um damit komische Wirkungen zu erzielen. Ausonius wählte für seinen Cento als Versespender keinen Geringeren als den unschuldigen, feinen, aller Derbheit abholden Vergil. Vom Literarischen her verständlicherweise; ließ man sich schon einmal auf das Centonenmachen ein, dann mußten die mißbrauchten Verse erstens jedermann geläufig sein, wenn sie parodistisch wirken sollten, und zweitens mußte der Effekt um so drastischer ausfallen, je grotesker der Gegensatz war zwischen dem ursprünglich gemeinten und dem aus dem neuen Zusammenhang sich ergebenden Sinn. Im übrigen kann man die Entschuldigung des Ausonius vor dem Leser auch heute noch gelten lassen: »Wem unser Spaß nicht behagt, der braucht ihn nicht zu lesen; liest er ihn doch, so mag er ihn wieder vergessen; kann er das nicht, dann

soll er ihn wenigstens verzeihen.« Er wolle ja nichts anderes damit
als lachen machen.

Diesem Ausonius also fiel, um auf jene Eroberung zurück-
zukommen, nach dem Sieg von Solicinium als Kriegsbeute ein
junges Schwabenmädchen zu; es ist anzunehmen, daß er es mit
Kennerblick unter den Gefangenen selber ausgesucht hat. Nach
dem Gesagten müßte man jetzt auf das Schlimmste gefaßt sein:
Ein alter Lüstling, so scheint es, denn der Dichter war damals
schon um die sechzig, und ein blutjunges, knuspriges Ding –
konnte das anders ausgehen als peinlich oder im Stil einer der
beliebten alten Komödien? Indessen bekäme man von Ausonius
ein verzerrtes Bild, beurteilte man ihn nur nach jenem Cento.
Schon als er noch Professor der Rhetorik und Grammatik in
Burdigala gewesen war, hatten sein Wissen und seine Weisheit
so tiefernste Schüler wie Paulinus getränkt, aus dem später der
berühmte und heiligmäßige Bischof von Nola wurde. Der sech-
zigjährige Witwer und Vater dreier erwachsener Kinder zitierte
doch wohl das Wort des Plinius: »Lasziv ist nur mein Gedicht,
mein Leben ist ehrbar« nicht eitel zur Entschuldigung seines lie-
derlichen Cento, und so geriet das Verhältnis des Alten mit der
Jungen zu einem der reizendsten Idyllen, die wir aus der Spät-
antike kennen.

Ausonius nahm das junge Ding mit nach Trier. Einem großen
Herrn, wie er es war: Prinzenerzieher, Vertrauter des Kaisers,
angesehener Gelehrter und bewunderter Hofpoet, stand es wohl
an, seinem Hausgesinde mit dem in seiner rotblonden, blauäugi-
gen Exotik so reizvollen Germanenkind eine aparte Note hinzuzufügen, so etwa, wie man sich in den modischen Palais des 18.
Jahrhunderts einen kleinen Mohren hielt. Aber das blieb nicht
lange so. Der alte Herr brachte seiner *alumna,* seinem Pflegekind
und Schützling, römische Sprache und Sitte bei, und da Bissula
nicht nur hübsch, sondern auch begabt und aufgeweckt gewesen
zu sein scheint, verwandelte sich das vordem so ungeleckte Bären-
kind aus dem Wald im Nu in eine elegante junge römische
Dame. Es kam, wie es kommen mußte: bald waren die Rollen
im Haus vertauscht, die Besiegte hatte den Sieger besiegt. Es ist
unverzeihlich, daß der in alten Mythen so beschlagene Dichter
nicht darauf kam, die Sage von Pygmalion und Galatea an sich
und Bissula dichterisch neu zu exemplifizieren, denn seine latei-

nisch parlierende, römisch sich gebärdende *virguncula Sueba,* sein schwäbisches Jüngferlein, war ganz und gar sein Geschöpf, sein Werk, in das er sich rechtschaffen verliebte. A propos *virguncula Sueba:* mit diesem schmückenden Beiwort apostrophiert Ausonius seine Bissula, obwohl sie doch – Friede sei der Asche des großen Humanisten und streitbaren Altbadeners Wohleb! – obwohl sie doch aus der unbestreitbar badischen Gegend von Donaueschingen stammte …

Alles, was wir über Bissula wissen, wissen wir aus ein paar Gedichten, die der verliebte gallo-römische Poet zum Preis der hübschen Schwäbin verbrochen hat, eigentlich nur zum Hausgebrauch, bis ihm sein Freund Paulus mit »einem Attentat auf seine Schüchternheit« so zusetzte, daß er ihm die Verse mit einem Widmungsgedicht, zwar innerlich errötend, aber dennoch zuschickte. Nebenbei verrät sein Begleitbrief, daß man in dem strengen und knappen Latein doch auch geschwätzig sein kann. Und so sind die Bissula-Tändeleien auf die Nachwelt gekommen.

Gern wüßten wir mehr über Bissula: wie ihr Name auf schwäbisch gelautet hat; woher, genau, sie stammte; wie alt sie gewesen ist; wie ihre heimische Zunge geklungen, und wäre es auch nur in *einem* Satz, in *einem* Wort; ob sie im goldenen Trier Heimweh gehabt hat nach den Wäldern und Winden der Baar; ob Ausonius, als er später an die Garonne zurückkehrte, sie mitgenommen hat, und was am Ende aus ihr geworden ist. Felix Dahn hat um unsere Bissula einen ganzen Roman gewoben. Wir aber wollen uns des Wenigen freuen, das wir über sie sicher wissen dank des Ausonius zierlichen Versen, die ich hier in ein Deutsch übertragen wiedergebe, das sich der kunstvoll verspielten, um nicht zu sagen: artifiziellen Form ihres originalen Spätlateins so gut anzupassen versucht, wie mir dies mit Reim und deutschen Stilmitteln möglich gewesen ist.

An Paulus

Hier sind die Bissula-Verse, Freund Paulus,
die du erbeten hast,
die zu des schwäbischen Jüngferleins Ehren
mehr so im Spiel ich verfaßt.
Kurzweilig wollen sie sein und nichts weiter,
Ruhm erstreben sie nicht.
Zudringlich hast du gefordert,
nun fordert zudringlich Lies! das Gedicht.
Was man sich eingebrockt, muß man auch essen,
prägt das Sprichwort uns ein.
Wer eine Grube gräbt anderen, heißt es,
fällt am End' selber hinein.

An den Leser

Soll dich, Geschätzter, des Büchelchens kunstloses Lied nicht ver-
drießen,
wische den Ernst vom Gesicht!
Ernsteren werde die kritisch gefaltete Stirne gewiesen –
dies hier ist ohne Gewicht.
Bissula gelten die Verse, die leichthin der Feder entfließen.
Trinke zuvor, wer sie spricht!
Nüchtern schreibe ich nichts; du mußt dir die Nase begießen,
willst du versteh'n mein Gedicht.
Besser noch geht es dem Schlafenden ein – er mög' es genießen
traumhaft als eig'nes Gesicht.

Wo Bissula geboren und wie sie in die Hände ihres Herrn gekommen

Bissula, jenseits des frostigen Rheines gezeugt und geboren,
Jugendgespielin des Quells, welchem die Donau entrauscht;
Kriegsgefangene du, vom Sieger zur Beute erkoren,
kaum deiner Fesseln befreit, hast du die Rollen vertauscht.
Frühe der Mutter verwaist und die gängelnde Amme entbehrend,
kannte dein junges Gemüt nie die gebietende Hand.
Nie empfandst du dein Schicksal, nie deine Herkunft entehrend,
aufrecht, obschon er dir fremd, trugst du den knechtischen Stand.
Hat dich auch römische Sitte verwandelt, germanisch geblieben
strahlt deiner Äugelein Blau, flammt deines Goldgelocks Schein.
Zwiefach nun, doppelgestaltiges Mädchen, muß ich dich lieben.
Preist deine Sprache mir Rom, lobt deine Schönheit den Rhein.

Noch eins an Bissula

Lockende du! Du Inbegriff alles Lieben und Schönen,
Latiums weibliche Zier dunkelt, Barbarin, vor dir!
Bissula – hart mag der Name und ungewohnt tönen,
mir aber, bäurischer Laut, klingest du lieblich und traut!

An den Maler von Bissulas Bildnis

Bissulas Reize zu malen, die Mutter Natur ihr verliehen,
würde die Kunst vergebens mit Wachs und mit Farbe sich mühen.
Mag es bei anderen Mädchen mit Bleiweiß und Mennig gelingen –
Maler, um ihres Gesichtchens Farbengemisch zu erzwingen,
mußt du mit punischen Rosen, mußt du mit Lilien malen,
sie nur vermögen mit duftigem Hauch es wiederzustrahlen.

An Denselben

Maler, gehst du daran, das Bild meines Schützlings zu malen –
eifre die Kunst deiner Hand attischem Bienenvolk nach!

1956

HORAE

Olim fuerunt sorores
illae divinae benignae,
fructus spargentes et flores,
apud devotos maiores
summis honoribus dignae.

Clerici, hymnos dicentes
intra clausuram et foras,
celebrant, pace complentes
animos suos ac mentes,
luce ac noctibus horas.

Grates et agit poëta,
(spero cum plausu lectoris),
gaudia debens secreta
metra scribendi faceta
item benevolis horis.

1954

Die Horen*

Einstmals standen jene freundlichen göttlichen Schwestern, welche Früchte und Blumen mit sich brachten, bei den frommen Altvordern in höchsten Ehren.

Geistliche, Hymnen in und außerhalb der Klostermauern singend, feierten mit Frieden Seele und Geist erfüllend, bei Tag und Nacht die Horen.

Dank schuldet auch der Dichter (und ich hoffe mit Zustimmung des Lesers) den wohlwollenden Horen, der ihnen die stille Freude zierlichen Verseschmiedens schuldet.

SVMELOCENNA

Salve solum genitale,
parvum oppidum rurale
Nicrum super fluvium!
Tibi nuntians salutem
et saluto iuventutem
propter cordis impetum.

Tibi deest amplitudo:
compensante tamquam ludo
fors Fortuna efficit,
ut vetusta dignitate
tibi nusquam longe late
urbs aequalis ulla sit.

Immo licet comparare
te cum Roma. Si quis quare
rogat, ei dicite:
Sunt indicia ducenta,
tria quorum argumenta
afferam dilucide.

Constitutam esse namque
harum urbium utramque
tradunt a latronibus;
et quod Roma non indignum,
est nobilitatis signum,
numquam ergo dedecus.

Utraque cognovit aeque
non aetatem suam neque
saeculum originis.
Ipsa perspicax Sibylla
nescit, quando haec aut illa
orta sit ex tenebris.

Rottenburg

Gruß und Glück dir, Heimatboden,
der du mich ans Licht geboren,
kleine alte Neckarstadt!
Dein gedenkend geht das Herz mir
in Erinnerung an die Jugend,
die du mir geschenkt hast, auf.

Was dir fehlt an Glanz und Größe
gab in spielerischer Laune
dir zum Ausgleich das Geschick:
kommt doch weit und breit im Lande
keine aller andern Städte
dir an Alterswürde gleich.

Selbst mit Rom dich zu vergleichen,
ist dem Kundigen gestattet,
und den Fremden sei gesagt:
leset nach, was bei den Alten,
die das Haupt der Welt bekränzten,
schwarz auf weiß geschrieben steht:

Räuber haben beide Städte
lang vor unsrer Zeit gegründet,
wie es in der Sage heißt;
und was Roms erlauchten Namen
nicht geschändet ist ein Zeichen
alten Adels auch für dich.

Beiden Orten ist ihr Alter,
beiden ihr Geburtsjahrhundert
fabelhaft und ungewiß.
Selbst die Seherin Sibylle
weiß es nicht, wann du und jene
aus dem Dunkel tratst ans Licht.

Sed postremum argumentum
aequat aliorum centum:
Illa mea civitas
est Romanis muris cincta
et Latinitate tincta
formas per catholicas.

Mag der letzte der Beweise
hier für hundert andre gelten,
kleine alte Neckarstadt:
fiel auch deine Römermauer,
blieben doch die Römerlaute
in katholischer Gestalt.

Sic per saecula canora
lingua Romae nulla hora
apud nos conticuit.
Veniebant, ibant anni,
Galli, Franci, Alamanni –
illa non praeteriit.

Roms metallisch schöne Sprache
ist in dir zu keiner Stunde
bis auf diesen Tag verstummt;
Völker sahst du gehn und kommen,
Kelten, Franken, Alemannen –
jener Klang verwehte nie.

Ergo salve simulacrum
immortalitatis sacrum!
Carmen hoc te celebrat:
ubi mens Latinitatis,
etiam humanitatis
virtus semper habitat.

Sei gegrüßt, beglückt, du Sinnbild
unvergänglich kräftgen Lebens,
Gott sei weiterhin mit dir!
Wo Latein als Wesen waltet,
fühlt sich immer auch der gute
Geist der Menschlichkeit zuhaus.

1954

1961

PENATES[1]

Domum esse positam,
  quam aedificavi,
in Romano praedio,
  dicunt vultu gravi
viri, qui perdocti sunt
  aevis in peractis.
Credo, quia credere
  decet, quod in actis.

1 Das Gedicht hat die Fertigstellung des Baus von Josef Eberles Villa in
Pontresina zum Hintergrund. Die »Penates« sind bei den Römern die
Götter des Hauses, die im Haus selbst, besonders am Herd verehrt
wurden. »Priapus«, der im Gedicht erwähnt wird, ist eine typische
Gartengottheit, ein Fruchtbarkeitsgott, zugleich der Gott des männ-
lichen Gliedes.

Non supersunt alia
  facta manifesta,
nec reperta tegula,
  parvula nec testa.
Loci sed amoenitas
  brevitatem nescit:
sicut olim nituit,
  ita nunc nitescit.

Menti meae vividae
  visio est cara,
ut coloni veteris
  focus atque ara
tum fumabant superis
  in eodem loco,
quo penates hodie
  ego quoque voco.

Sed penates pristini
  meos praecedentes
adsunt, quamvis abditi,
  apud me praesentes.
Ambulans in hortulo
  voces auditavi,
quae narrabant fabulas
  notas avis avi.

Sic Priapum proxime
  credo me vidisse;
uxor autem, ridens me,
  dixit: non fuisse,
sed vicini servulum
  cupidum ancillae.
Nihil tamen rettulit
  uter hic an ille …

Dii mei veteres
  novos numquam mordent.
Heu me! si cum alteris
  alteri discordent.
Fieri quod potuit,
  nam sunt Christiani
uni, haud firmissimi,
  alii pagani.
Pax est, quia genii
  domus iuniores
sunt culturae veteris
  fortes amatores,
etiamsi nomina
  larum patriorum
tussim sonant paululum
  modo barbarorum.

An sint dulces sonitus
  auribus Romani
nomina Hebelii,
  Moerici, Fontani,
Franciae Anatolis,
  Goethii, Voltaris,
aut quod derivatum est
  montibus a claris?

Adorantur pariter
  omnes boni di, qui
mecum domum incolunt,
  novi vel antiqui.
Sic petenti liceat
  ea diu frui,
ut et ipse valeat
  valeantque sui!

1954

Die Penaten*

Das Haus sei errichtet, das ich gebaut habe, auf einem (ehemals) römischem Landgut, erzählen mit ernstem Gesicht die Männer, die noch gute Kenntnis von längst vergangenen Zeiten besitzen. Ich will es gern glauben, weil's sich ziemt dem, was war, Glauben zu schenken.

Zwar gibt es keine deutlichen Hinweise, sind weder Bruchstücke von Ziegeln noch andere Zeugnisse hier gefunden worden. Aber die Lieblichkeit der Lage spricht eigentlich gegen eine nur kurze Vergangenheit. So wie sie einst ins Auge fallen mußte, so fällt sie immer noch auf.

Meiner lebhaften Phantasie ist die Vorstellung lieb, daß der Herd und der Altar eines früheren Siedlers damals an derselben Stelle rauchte, an dem auch ich heute die Götter des Hauses anrufe.

Aber vielleicht sind die früheren Hausgötter meiner Vorgänger noch da, sind sie, wenn gleichwohl verborgen, noch gegenwärtig. Im Garten spazierend habe ich oft Stimmen gehört, die alte Geschichten erzählten.

So meint' ich den Priapus ganz nah gesehen zu haben; meine Frau aber, mich auslachend, bemerkt: er ist' s sicher nicht gewesen, sondern der kleine Hausknecht der Nachbarschaft, der dem Dienstmädchen nachstellte.

Meine alten Götter beißen sich nicht mit den neuen. Doch, weh mir, sollte es doch zu Unstimmigkeiten zwischen beiden kommen! Zumal das schon geschehen ist, und die einen christliche und die anderen ganz klar heidnische sind.

Doch herrscht Friede, weil die jüngeren Hausgeister große Verehrer der antiken Kultur sind, auch wenn sie rauh klingende Namen tragen, deren Aussprache barbarisch, eine wenig wie Husten klingt.

Ob das für römische Ohren angenehme Klänge sind, Namen wie Hebel, Mörike, Fontane, Anatole France, Goethe, Voltaire, oder was immer von jenseits der schneebedeckten Gipfel herüberkam?

Hier werden jedenfalls alle guten Geister verehrt, die mit mir das Haus bevölkern, die neuen und die alten. Und wenn eine Bitte erlaubt ist, mög' das lange frommen, zum Wohle aller.

ECHO[1]

Lugeo deis prorsus orbatam
stratam
terram, quae proprio gelu rigescit.
Nescit
numen divinum campus nemusque;
rusque
caret fideli tutela Faunorum,
quorum
hilares ludi simulque terrentes
mentes
rusticas iam non pertubant virgultum.
Cultum
desiderantia stant simulacra
sacra,
torpida lapideaque timore,
ore
tacito, aspiciuntque inane.
Vane
Panem et nymphas studes videre:
fere
omnes huic solo: »Inhospitale,
vale!«

---

1 Für die Menschen der Antike war die Natur bevölkert von göttlichen Wesen. Nymphen bewohnten Bäume, Haine, Quellen und
Bäche. Faune, Mischwesen aus Mensch- und Tiergestalt, sind in Wald
und Weide allgegenwärtig. Sie gehören zur Gesellschaft des Hirten-
und Fruchtbarkeitsgottes Pan, von dem ebenfalls im Gedicht die
Rede ist. Echo ist der Sage nach, die Longos erzählt, die Tochter einer
Nymphe und eines Sterblichen. Pan verliebte sich in sie. Weil sie aber
seine Liebe verschmähte, ließ sie Pan von Hirten zerreißen. Dort, wo
ihre zerstreuten Glieder zu liegen kamen, ertönt ihre Stimme. Nach
einer anderen, von Ovid berichteten Version, verwickelt Echo die eifer-
süchtige Göttin Juno, die Gemahlin des Göttervaters Juppiter, in ein
Gespräch und lenkt sie ab, während dieser bei anderen Nymphen
weilt. Zur Strafe wird sie der eigenen Stimme beraubt und kann nur
mehr mit fremder sprechen.

dixerant; turba tam levis sic transit.
                    Mansit
una nympharum, Echo vocata,
                    fata
canens amanti, amorem si quaerit:
                    Erit ...

1954

*Echo**

Voll Schwermut betracht' ich die gottverlassene, erstarrt daliegende,
unter der eigenen Eisschicht erkaltende Landschaft. Vergessen scheint in
Wald und Flur das göttliche Walten; und das Feld ist bar des sonst
zuverlässigen Schutzes der Faune, deren heitere und die ländlichen
Gemüter schreckenden Spiele nicht mehr die Büsche bewegt.
Ihre heiligen, auf Verehrung ausgerichteten Bildnisse blicken, starr und
steinern vor Furcht, stumm geworden, ins Leere.
Vergeblich hältst du Ausschau nach Pan und den Nymphen.
Fast alle sagten sie diesem unwirtlichen Landstrich »Leb wohl!«
So geisterhaft flüchtig ihre Schar, so schnell zieht sie weiter.
Nur eine einzige von den Nymphen ist geblieben, Echo mit Namen
gerufen, die dem Verliebten die Weissagung zusingt, wenn er fragt: die
Liebe, wird sie kommen? Wird kommen ...

VINUS BONUS

Pulsat vagans clericus
siti stimulatus
portam monasterii
estque salutatus
poculo cibario,
quo videtur gratus:
»Vinus bonus, vinus bonus,
sitis est molestum onus,
non sum satiatus.«

Ridens replet monachus
poculum secundo,
sed dat vinum aliae
notae vagabundo.
Ait hic exhauriens
calicem e fundo:
»Vinum bonum, vinum bonum,
enim vero Dei donum,
optimum in mundo!«

Ut mirantur monachi
hospitem iucundum
Ciceroni similem
subito facundum!
Loquitur illius os
modo tam immundum:
»Est ex lignis aptus ignis
et ut vinum sic Latinum –
primum fert secundum.«

1959

Guter Wein*

*Klopft ein Geistlicher auf Wanderschaft vom Durst gequält an eine
Klosterpforte, und begrüßt mit einem großen Becher, der ihm köstlich
mundete, rief er: »Ein guter Wein, ein guter Wein, Durst ist eine
schlimme Plage, hab' ihn noch nicht gestillt.«*

*Lächelnd füllt der Mönch den Kelch ein zweites Mal, schenkt dem
Vagabunden aber Wein von anderer Sorte ein. Dieser trinkt den Kelch
aus bis zum Grund und sagt: »Ein guter Wein, ein guter Wein, er ist
wahrlich eine Gottesgabe, die beste auf der Welt.«*

*Wie die Mönchen über den lustig gewordenen Gast sich erheitern,
dem nun einem Cicero gleich die Rede plötzlich von den Lippen fließt,
spricht dessen lose gewordenes Mundwerk: »Wie das Holz für das
Feuer gemacht ist, so auch der Wein für das Latein - der erste fördert
das zweite.«*

LAUS STULTITIAE[1]

Ridendum est
aut flendum est
stultitia regente.
Fatuitas
est summum fas
et captum esse mente.
In labili
instabili
caduco nostro mundo
stat nulla res
stat nulla spes
in firmiore fundo.

Hanc rem qui scit,
construxerit
in saxo suum murum,
non stolide
sed solide
in praesens ac futurum.

Insipiens
omnipotens
auctoritas telluris
conspicitur,
quod querimur,
in variis figuris.

Inanitas
et vanitas
et hilari humoris
inopia,
sed copia
ingenii vaporis ...

1 »Encomium moriae« (»Lob der Torheit«) ist Titel und Inhalt einer
Lehrrede des Humanisten Erasmus von Rotterdam (1469–1536). Eine
ganz anders angelegte »Ode an die Dummheit« hatte Josef Eberle
schon 1926 verfaßt.

Morositas,
verbositas,
scientia incocta,
credulitas,
sedulitas,
superbia perdocta …

Stupiditas,
cupiditas,
vesania Bellonae
et gravitas
et pravitas –
tot verba tot personae.

Sagacium
solacium
prosperrimum: immerge
ex oculis
in poculis
maerorem tuum. Perge!

1954

Lob der Torheit*

Zum Lachen ist's oder zum Weinen, wenn Dummheit regiert. Geistige Einfalt und Beschränktheit sind vom höchsten Schicksal verhängt.

In unserer wankenden, schwankenden, hinfälligen Welt, steht kein Ding, keine Hoffnung auf sicherem Grund.

Wer darum weiß, der hat sein Haus auf Fels gebaut, nicht stümperhaft, sondern dauerhaft für Gegenwart und Zukunft.

Der Narr in seinem Allmachtswahn, der sich selbst für den Urheber der Erde hält, begegnet uns in vielfältigen Erscheinungsformen.

In Blasiertheit, Eitelkeit und solchen, die bar jeden feineren Humors, dafür aber viel Wind zu machen verstehen.

In Kleinkariertheit, Geschwätzigkeit und in eigenem Saft bratender Wissenschaftlichkeit, in Leichtgläubigkeit, G'schaftelhuberei, gelehrter Dünkelhaftigkeit.

In Dummheit, Raffgier, Rüstungswahn, Wichtigtuerei und Ver-
schrobenheit – so viele Typen, wie es Wörter gibt.

Ein kluges, höchst beglückendes Heilmittel (gegen soviel Dummheit
auf der Welt): Vergiß sie und ertränke deinen Ärger in einigen Gläsern
Wein: Zum Wohl!

POETAE CONFESSIO

Tuba caeli spargens sonum
vocat iudicis ad thronum
spurcas animas et puras
rationem reddituras.

Gabriel ad dextram dei
grandem librum offert ei.
Michael apud sinistram
libram fert, iuris ministram.

Iudex probans cor et mentem
quemvis rogat accedentem:
Da mi facta, vitae testes,
ut te caelo dignum praestes.

Primo gloriosus miles,
qui contemnit res civiles,
tonat: Homines et mores
ego feci fortiores.

Manus terens tum mercator:
O divitiarum dator,
usus bene pondo meo
saeclo parui vel Deo.

Technicus alatum pedem
fert ad Sempiterni sedem:
Tuas, inquit, servitores
feci vento citiores.

Et philosophus superbis
oculis itemque verbis
docet: Feci, quam deplores,
homines scientiores.

Ait quintus: Me devotum
minimumque sacerdotum
ut admittas: feci mundum
pium atque pudibundum.

Iudex iustus, iudex clemens,
ultimum, qui restat tremens,
invitat ad se benigne:
Et quid tu profers insigne?

Nil omnino feci grande,
confitetur ille blande,
nam gavisus sum splendore
Vestri mundi vatum more.

Hunc laudavi tota vita,
ergo forsit agens ita
creaturis auxi Vestris
modum gaudii terrestris.

Ridet chorus angelorum,
ridet ipse grex reorum,
divum sed non mutans vultum
iudex risum damnat stultum:

Tribuisti Mi honores
faciendo laetiores
homines per cordis risum –
intra, fili, paradisum!

1959

Das Bekenntnis des Dichters *

Die Posaune des Himmels erschallt, ruft unreine und reine Seelen zum Richterthron, Rechenschaft abzulegen.

Gabriel zur rechten Gottes reicht das große Buch, Michael zur linken hält als Hilfsmittel der Rechtsprechung die Seelenwaage.

Der Richter, Herz und Verstand prüfend, fragt jeden, der herantritt: Leg mir deine Taten vor, Zeugnisse des Lebenswandels, ob du dich des Himmels würdig erweist.

Zuerst verkündet lauthals ein hochdekorierter Soldat, der das zivile Leben verachtet: Menschen und ihr Verhalten habe ich unerschrockener gemacht.

Die Hände reibend dann ein Kaufmann: O Geber der Reichtümer, wohl ausgewogen habe ich sowohl der Welt als auch Gott Gehorsam geleistet.

Darauf bringt ein Techniker einen Fuß mit Flügeln zum Sitz des Ewigen: Deine Diener, hebt er an, hab ich schneller gemacht als der Wind.

Und ein Philosoph mit hochmütigem Blick und eben solchen Worten doziert: Ich habe, was du beklagen magst, die Menschen wissender gemacht.

Sprach der fünfte: Wie du mir demütigem und geringstem unter deinen Priestern zu gestatten geruhtest, habe ich mich um Frömmigkeit und Schamhaftigkeit in der Welt gekümmert.

Der gerechte, der barmherzige Richter bittet schließlich freundlich einen zitternd Dastehenden zu sich: Und was kannst du Hervorstechendes anbieten?

Nichts Großartiges habe ich getan, gesteht jener zurückhaltend, denn ich hab mich nur nach Art der Dichter am Glanz Euerer Welt erfreut.

Diesen hab ich mein Leben lang besungen, so hab ich denn vielleicht mit diesem Werk Euerer Schöpfung ein wenig irdische Freude beigefügt.

Da lacht der Chor der Engel, es lacht die Schar, die vor dem Richter steht, doch im Antlitz Gottes verzieht sich keine Miene, töricht schilt er vielmehr das Gelächter.

Du hast Mir die Ehr erwiesen, durch zu Herzen gehende Freude hast du Menschen glücklicher gemacht - tritt ein, mein Sohn, ins Paradies.

LAUDES FRANCISCI[1]

Te sanctissimum sanctorum,
cordi nostro proximum,
cantu canere honorum
meum est carissimum
votum et officium.

Etsi canticus odore
caret quodam tureo,
caret tamen non amore;
oritur ex animo
pio haec laudatio.

Neque sonant nostrae laudes
sacri hymnis similes.
Tu libenter tamen plaudes,
nam sunt tui comites
quorum voces audies.

Multis tu laudaris
per susurrum apium,
per rugitum et leonis
per caballi fremitum
perque cantum avium.

Laudant canum te latratus
et gingritus anseris,
trux luporum ululatus,
pipulum hirundinis
sicut clangor anatis.

Te balatu ornant oves
et clamore cuculus,
mugiendo lenti boves,
garriendo psittacus
sibiloque fugax mus.

1 Der hl. Franziskus von Assisi (1181/82–1226) hat der Legende nach
den Vögeln gepredigt, einen grimmigen Wolf gezähmt, gefangene
Waldtauben befreit, seine Lobgesänge (Laude), darunter der »Sonnen-
gesang« (Il cantico de frate sole) von 1225, zählen zu den bedeutendsten italienischen Dichtungen des frühen 13. Jahrhunderts.

Passer efficit stridorem,
et gallina cacabat
aeque tuum ad honorem
atque rana garrulat
et alauda tinnitat.

Ipsi pisces ore muto
agunt tibi gratias,
quod in cordis tui tuto
bestias tu collocas
feras et domesticas.

Nam fraterna caritate
omnes has amplecteris
docens: Dominum laudate,
cuius perbenigna vis
cumulat nos gratiis!

Animantes sicut David
rex psalmista docuit,
pater omnium creavit:
utinam, quod voluit,
omnis omni frater sit!

1959

Lobgesänge auf den hl. Franziskus von Assisi*

Dir, dem heiligsten unter allen Heiligen, dir, der unserem Herzen der nächste, ein Preislied anzustimmen, ist mir Wunsch und innigstes Bedürfnis.

Mag man an meinem Gesang auch den Geruch von Weihrauch vermissen, es mangelt ihm dennoch nicht an Zuneigung. Aus echtem frommen Sinn geht dieser Lobgesang hervor.

Und klingen auch meine Loblieder anders als die heiligen Hymnen, du wirst dennoch gerne Beifall spenden, denn es sind deine Gefährten, deren Stimme du vernimmst.

Wirst du doch durch vielerlei Laute gepriesen: Durch das Summen

*der Bienen, auch das Brüllen des Löwen, das Wiehern des Pferdes und
den Gesang der Vögel.*

*Es loben dich das Bellen der Hunde, das Schnattern der Gans, das
schauerliche Geheul der Wölfe, das Gepiepse der Schwalbe, ebenso das
Quaken der Ente.*

*Dich verehren die Schafe in ihrem Blöken, und der Kukuck mit
seinem Ruf, mit Muhen die schwerfälligen Rinder, der Sittich mit
seinem Gekrächz und mit Fiepsen die scheue Maus.*

*Der Spatz mit Gzwitscher, und in gleicher Weise gackert das Huhn
zu deinem Ruhm, und es unkt der Frosch, tiriliert die Lerche.*

*Die Fische mit stummem Mund sagen dir Dank, weil du alle Tiere
unter den Schutz deines Herzen gestellt hast - die wilden und die
zahmen.*

*Denn sie alle umfaßt du mit brüderlicher Liebe und lehrst sie:
Lobet den Herrn, der uns in seiner allgütigen Macht Segen über Segen
schenkt.*

*Alles, was Odem hat, so hat uns König David, der Psalmist, gelehrt,
hat er, der Vater aller, erschaffen: O daß doch, wie er es gewollt hat,
jedes eines jeden Bruder sei.*

CHARON[1]

Novi te, Charon,
imperiosum,
novi te nauta,
senem morosum:
multos carorum
cymbula tristi
atram ad ripam
iam rapuisti.

1 »Charon« heißt in den antiken Mythen der Fährmann, der die
Seelen der Verstorbenen über die Flüsse der Unterwelt, wie den im
Gedicht genannten Strom »Styx«, zum Tor des Hades, des Gottes
der Unterwelt, bringt. Ihm mußte ein Fährlohn entrichtet werden,
weshalb den Toten vor der Bestattung eine Münze in Gestalt eines
griechischen »Obolos« unter die Zunge gelegt wurde.

Saepe me parvum
mater adduxit,
ubi feralis
cereus luxit:
Est moribundis,
inquit, astare
emolumentum
peculiare.

Primum perspexi
tuam fatalem
vim commutantem
laetum sodalem:
torpidum corpus
cubans supinum,
lumina clausa
osque cerinum.

Pariter vidi
hunc post infantem
medicum senem
cymbam intrantem.
Multos qui traxit
Stygis ab ora,
fuit traiectus
ipse haud mora.

Item amico
aegro paterno
me assidentem
puerum cerno:
eius cum vidi
nantem obtutum,
manus rigentes
sensi te brutum.

Quot iam amicis,
quot et cognatis
loci cuiusvis
item aetatis
tu me iussisti
illud fatale,
illud supremum
dicere »vale«!

Nemo prehendit
dexteram lente
tuam intentam
aequa tam mente
quam mea mater:
semet oblita
me solum curans
cessit e vita.

Hoc est illius
horae legatum
matris exemplo
mi dedicatum:
frustra terrebis
metu me vano:
vidi te victum
corde humano.

Venies olim
memet vocatum
inveniesque
pectus paratum.
Salvum me transfer,
precor, et sanum!
Obolus ille
iam est ad manum.

1959

CHARON*

Dich kenne ich wohl, Charon, dich, den Herrischen, ich kenne dich
Fährmann, dich mürrischen Greis: Viele von denen, die mir lieb waren,
hast du schon auf traurigem Nachen zum finsteren Ufer gebracht.

Oft hat mich als kleinen Knaben die Mutter zum Ort geführt,
wo das ewige Licht brennt: Den Sterbenden, sprach sie, dient es als
kostbaren Beistand.

Zuerst begegnete mir deine schicksalsmächtige Gewalt, wie du einen
fröhlichen Kameraden verändertest: Zu einer starr auf dem Rücken
liegenden Leiche, die Augen geschlossen, wachsbleich der Mund.

Nach diesem Kind wurde ich in gleicher Weise Augenzeuge, wie ein
greiser Arzt deinen Kahn bestieg. Ungezählte hat er von den Ufern des
Styx weggezogen, ohne Verzug wurde er jetzt selbst dorthin geworfen.

Weitere Einsicht gewann ich, ein Knabe noch, als ich dem kranken
väterlichen Freund zur Seite stand: Ich sah seinen
erlöschenden Blick, die sich verkrampfenden Hände, in deiner ganzen
Unerbittlichkeit hab' ich dich erfahren.

Wie vielen von meinen Freunden, wie vielen von meinen
Bekannten, wo und in welchem Alter auch immer, hast du mich geheißen, jenes schicksalsschwere, jenes letzte »Leb wohl!« zu sagen.

Niemand jedoch hat mit so klarem Verstand deine ausgestreckte
Rechte erfaßt wie meine Mutter: Selbstvergessen, nur Sorge um mich
allein tragend, schied sie aus dem Leben.

Das ist die Lehre jener Stunde, die das beispielhafte Sterben
meiner Mutter mir erteilt: Du kannst mich nicht mehr mit Todesangst
schrecken. Ich sah dich besiegt durch das menschliche Herz.

Kommst du einst auch zu mir, wenn ich abgerufen, du wirst mein
Herz bereit finden. Bring mich heil, ich bitt' dich, und wohl behalten
ans andere Ufer. Der geforderte Obolus ist schon zur Hand.

AUTOCINETA

Cito nos cunctos ad terminos
vehunt carrucae hae citae,
immo citissime afferunt nos
citos ad terminum vitae

Die Autos

Schnellstens pflegen die schnellen Wagen
uns an jegliches Ziel zu tragen,
aber noch schneller will's ihnen gelingen,
uns ans Ziel aller Ziele zu bringen.

1962

POETA ET PHILOSOPHUS

Ad vinum sedent sero.
»Mi Musa dedit savium,
ei immortalis ero!«
Respondet alter: »Vero«
ad pelles monstrans avium
pariete haerentes
effertas ut viventes ...

Dichter und Philosoph

Der Dichter, als beim Wein sie schwelgten:
»ich, den die Muse täglich küßt,
bin unsterblich, daß ihrs wißt!«
Der Andre nickt dazu stumm
und zeige auf die ausgebälgten
Singvögel an der Wand ringsum.

1962

IN PATRIOTICISSIMOS

Hi delirantes cuiuslibet gentis
semper discrimina morum et mentis
inter nationes quam plurimi facere solent.
Haec in zelotis valere non nego,
apud doctissimum virum qui lego:
«Aliter sues, aliter catuli olent.»

Auf die Nationalisten

Immer und ewig das alte Lied:
was für ein trennender Unterschied
zwischen den einzelnen Vaterländern!
Ist wohl, was sie betrifft, schwerlich zu ändern:
fand ich doch neulich beim Lessing die Kunde:
»Anders stinken die Schweine und anders die Hunde.«

1962

TESTAMENTUM   Testament

I

Villo vere loquitur
nequam et poeta:
senex sicut vetula
nil est nisi spreta,
iam non habens pretium,
tenuis moneta.
Faciamus igitur
tempore decreta!

I

Villon, Nichtsnutz und Poet,
hat es so betrachtet:
Alter Mann und altes Weib
werden nicht beachtet;
sie sind Münzen außer Kurs,
wertlos und verachtet.
So bestell ich denn mein Haus,
eh's mir selber nachtet.

II

Diviti vel pauperi,
malo vel honesto,
sapienti, stupido,
laeto, lento, maesto,
unicuique veniet
illa dies – esto!
Meum autem providus
testamentum praesto.

II

Krösus oder Habenichts
Schurke oder Beter,
Weiser, Dummkopf oder Narr,
Dörfler, Pflastertreter –
jedem kommt einmal der Tag,
hilft ihm kein Gezeter.
Nehmt drum hier mein Testament
heute schon für später.

IV

Corpus terrae reddite,
de qua facti sumus.
Tantum viatoribus
noster dicat grumus:
»Natus, passus, mortuus
est et rursus humus
iste, cuius effluet
nomen tamquam fumus.«

IV

In der Erde soll mein Leib,
draus er stammt, verwesen,
und auf einem Hügel soll
dies der Wandrer lesen:
»Ward geboren, litt und starb;
wer er einst gewesen,
hat die Zeit hinweggefegt –
Herbstlaub unterm Besen.«

VI

Flammis detur avidis
mea longa, bella
titulos et munera
numerans tabella:
Suum supercilium
vana domicella
denigret fuligine
reliqua nigella

VI

Titel, Orden, Doktorbrief,
all dergleichen Ehren
werft ins Feuer, mag den Kram
seine Glut verzehren!
Keinem eitlen Jüngferlein
soll man's aber wehren,
seiner Augen Glanz und Glut
mit dem Ruß zu mehren.

IX

Summa, qua sum praeditus,
animi bonorum
(et aperte fateor:
parum est eorum)
dono liberaliter
numerosum chorum
stipis indigentium
fratrum et sororum

IX

Was die Natur mir zugeteilt
hat an Geistesgaben
(und ich gleich in dem Betracht
einem Waisenknaben),
damit will ich generös
all die vielen laben,
die verschämte Arme sind
und noch weniger haben.

X

Quod ad nummos attinet,
quos relinquo, scite:
Livor illos vindicat,
cui concedo mite:
Nummis gulas invidas
ergo refercite,
ut optatis nummulis
suffocentur rite.

X

Item, was das Geld betrifft,
das ich hinterlasse,
so erhebt schon längst der Neid
Anspruch auf die Kasse.
Laßt sie ihm und stopft ihn voll,
was die Fresse fasse,
bis er übersatt erstickt
an der goldnen Masse.

XI

Ad poetae gloriam
meum lego gratis
nomen magistratibus
huius civitatis:
Angiporto tacito
nomen imponatis,
ubi furtim iuvenes
ludant cum amatis!

XI

Meinen Namen will ich einst
– wir Poeten brennen
ja auf Nachruhm – dieser Stadt
gratis zuerkennen:
Ein verschwiegnes Gäßlein soll
man nach mir benennen,
wo sich abends ungestört
Liebespärchen können.

XIV

Psittacus, quem pondere
auri non permutem
et ob oratoriam
diligo virtutem,
sit Suebo rhetori,XIV
quamvis hunc non putem
melius posse proloqui
Suebicam salutem.

XIV

Item, meinen Papagei,
den ich höher schätze
als des toten Cicero
klassisches Geschwätze,
schenke ich dem Redner X.,
der die kurzen Sätze,
beispielsweis' den Schwäbischen Gruß,
sich zum Muster setze.

Politicus ille, qui hoc legatum ad se pertinere putat, certiorem
faciat notarium meum. Quamquam dictum hoc vulgare apud
omnes nationes populosque usitatum est, Suebi, id sibi vindicant
ut salutationem; cf. Inscriptionem illam Pompeianam: »Fotunate,
linge mihi culum.«

*Jener Politiker, der dieses Legat auf sich bezogen glaubt, soll sich
mit meinem Notar in Verbindung setzen. Obwohl besagter vulgärer
Ausspruch bei allen Nationen und Völkern geläufig ist, haben ihn
die Schwaben sich als Grußformel zu eigen gemacht; vgl. jene Wand-
inschrift in Pompeji: »Fortunatus, l. m. a. A.«**

XVII

Item, vappae dolium
habeat senilis
ille, cui ne Veneris
proles puerilis
mentem umquam rapuit.
Musa nec subtilis:
Sciat, quid sit crapula,
semel – etsi vilis.

XVII

Ein Faß Fusel kriegt der Narr,
der noch nie erlaubte,
daß ihn Liebe oder Kunst
seines Sinns beraubte:
Einmal, nur ein einzges Mal
möge das verstaubte
Hirn erfahren, was ein Rausch,
dran es niemals glaubte.

XVIII

Ut me nullus habeat
parcum et avarum,
fortunatis tribuo
meum fel amarum:

XVIII

Item, niemand soll in mir
einen Geizhals wittern;
meine Galle laß ich drum
allen Wohlstandsrittern,

Sponte turbent paululo
vinum vitae clarum –
memores invidiae
deum et dearum.

ihres Daseins süßen Trank
bißchen zu verbittern,
daß sie vor dem Götterneid
nicht beständig zittern.

XIX

Iuventuti mando spem
mundi plane novi,
diu quam in pectore,
tamen frustra, fovi:
Non sit mundus amplius
talis, qualem novi,
nec sit homo homini
quod est lupus ovi.

XIX

Meine Hoffnung, daß die Welt
gänzlich sich erneue,
laß ich, Jugend, dir zurück,
halte ihr die Treue:
Tu das deine, daß der Mensch
sich des Menschen freue,
nicht mehr wie das Lamm vorm Wolf
vor dem Nächsten scheue!

1964

VMBRA

Tu tacitam vitae videas umbram, miser, an non,
 illa comes tibi erit nocte dieque tenax:
mira est res puero, non vexans cura iuventae,
 acre viro calcar spesque suprema seni.

Der Schatten

Ob du ihn siehst oder nicht, den verschwiegenen Schatten des Lebens,
 dennoch begleitet er dich, ständig, bei Tag und bei Nacht:
unvorstellbar dem Knaben und unbeschwerlich der Jugend,
 ist er dem Manne Sporn, Hoffnung, die letzte, dem Greis.

1964

SVMMA VITAE

Quot mala sunt nobis toleranda et spes quot inanes,
    quot species vanas tempore perdit homo!
Vincere si tandem vitae certamine possis,
    vox sonat ex tenebris imperiosa: veni!

Das Fazit

Viel ist dem Mensch zu leiden bestimmt, auf vieles zu verzichten,
    was er gehofft und gewünscht, lernt er im Laufe der Zeit.
Wärst du dann endlich so weit, das Leben gelassen zu meistern,
    schallt aus dem Dunkel der Ruf, dem du zu folgen hast: Komm!

1964

IN CVLMINE

»Ars tibi nunc inest scribendi disticha tandem,
    de facili calamum ponis, amice, manu?« –
Dulce est de scanso despicere culmine montis,
    dulcius at culmen scandere mole gravi.

Auf dem Gipfel

»Jetzt da die Kunst, Epigramme zu schreiben, dir endlich geläufig,
    legst du die Feder, Poet, aus der geschmeidigen Hand?« –
Schön ist's, niederzuschaun vom erstiegenen Gipfel des Berges,
    aber mit mühendem Schritt ihn zu ersteigen beglückt.

1964

Zueignungen

Ausgewählt und eingeleitet von
Eckart Frahm

»Auch Worte und Wörter sterben,
wenn es die Dinge, für die sie stehen,
nicht mehr gibt und dafür
Neues einbricht.«

*Thomas Mann (neben Josef Eberle und Katia Mann, rechts neben ihm
Bernhard Zeller) 1955 beim Besuch des Schiller-Nationalmuseums.*

Literarische Annäherungen

»Deutschland hat größere Dichter hervorgebracht, deren Leier voller und tiefer klang als die Josef Eberles, aber kaum einen gediegeneren, mannhafteren, sich selbst treueren. Und gerade deshalb, weil dies nicht unerläßlich poetische, sondern mehr der Region des Charakters zugehörende Eigenschaften sind, bestand Eberles Lebensertrag für andere (und besteht er noch heute für uns) nicht nur in seinem Werk, sondern auch in seinem Leben, in dem Vorbild, das er dem deutschen Volk als Charakter und tätiger Mann gegeben hat.« Diese einfühlsame Charakterisierung Eberles stammt – von Josef Eberle selbst. Er hat sie allerdings nicht auf sich bezogen, sondern um 1962 zum hundertsten Todestag »ein Bild des Dichters und Mannes Ludwig Uhland zu entwerfen«.

Die von ihm lebenslang betriebenen »Maskenspiele eines Poeten« (Gerhard Storz) laden geradezu ein, den Spaß mit ihm zu teilen, den er an seinem dichtenden Rollenspiel hatte als Tyll, Pickelhering, Sebastian Blau, Josephus Apellus, Philander, Peter Squen(t)z oder der alte Wang. Warum also sollte man Eberle nicht in eine fremde Person schlüpfen lassen?

Doch der Bezug auf ihn selbst ist keine bloße, nachahmende Spielerei: Wer über andere schreibt, schreibt auch über sich selbst, erkennt im Beschriebenen eigene Fähigkeiten, hebt gleiche Stärken im Umgang mit Sprache hervor oder ist sich eigener Schwächen beim Entwerfen fremder Bilder nur allzu schmerzhaft bewußt. Josef Eberle war zeit seines Lebens ein Spieler im ernsthaften Wortsinne, er konnte sich – bezogen auf die jeweilige Situation – kongenial mit jenen identifizieren, denen er seine Zueignungen widmete. Mit Ludwig Uhland etwa hat er sich mehrfach beschäftigt: in seiner »Rottenburger Hauspostille« (von 1943, erschienen 1946) druckte er einen Brief Uhlands an seine Rottenburger und Tübinger Wähler zur 1848er Nationalversammlung in der Frankfurter Paulskirche ab; 1956 verfaßte er eine Einleitung für einen kleinen Band »Uhland – Bilder seines Lebens« für die baden-württembergische »Landesanstalt für Erziehung und Unterricht« (Stuttgart); 1957 schrieb er den hier abgedruckten Beitrag über Uhland für die »Deutschen Biographien«, herausgegeben u.a. von Theodor Heuss; und 1962 hielt er über Uhland an der Universität Tübingen, die ihn 1955 zum Ehren-

doktor der Philosophischen Fakultät gemacht hatte, einen Fest-
vortrag bei der Immatrikulationsfeier zur Eröffnung des Winter-
semesters 1962/63.

Ludwig Uhland selber, so Eberle, »hat einmal gesagt, niemand
könne seinem Werk und seiner Person gerecht werden, der nicht
neben seinen Dichtungen seine prosaischen Schriften gelesen
habe«. Auch wenn Eberle das (gemäß schwäbischer Waagscheißer-
les-Dialektik: »So sch's« – »Isch's so?« – »So isch's no au wiedr net«)
sofort wieder relativiert und ergänzt, trifft es im Kern ebenso auf
ihn selbst zu. Eine bessere Rechtfertigung, in ein Eberle-Lese-
buch auch literarische Porträts, Vor- und Nachworte von ihm
aufzunehmen, gibt es wohl kaum.

Was Josef Eberle bei seiner Beschäftigung mit literarischen
Kollegen auszeichnet, ist sein direkter Zugang über das jeweilige
Werk, vor allem über die sprachliche Form. Es finden sich des-
halb auch eher Zitate *aus* den Werken als Zitate *über* die Autoren.
Er leitet bei seiner Darstellung das Werk eben nicht aus zuvor extra
herangezogenen theoretischen Maßstäben, aus der Sekundär-
literatur, aus den Zeitläuften ab. Eberle ist zunächst einmal ein
unbefangener, neugieriger Leser, so wie er den lyrischen Dichter
(»Was ist das für ein Mensch?«) einmal beschrieb: »Einer, dem der
Mund übergeht, wovon ihm das Herz voll ist«. Auch als Leser hat
Josef Eberle »das unwiderstehliche Bedürfnis, auszusprechen, was
das Herz bewegt«. Da Eberle ein geistvoller, neugieriger, gebilde-
ter, schnell reagierender und brillant formulierender Leser war
und deshalb »sich selbst« in vielen anderen darstellte, könnte man
aus seinen »Zueignungen« alleine mehrere Bücher mit autobio-
graphischen Akzenten füllen.

Die Auswahl für dieses Kapitel orientiert sich auch an den
Texten der anderen Kapitel; so finden sich etwa Texte über sei-
nen Besuch 1927(!) an Heines Grab in der »Pariser Rechen-
schaft«, abgedruckt in der *Sonntags-Zeitung* am 13. März 1927
(Kapitel 1), dann in der *Stuttgarter Zeitung* vom 20. Februar 1971
(Kapitel 3) und dann noch einmal in dem Gedicht »An Heines
Grab« in der »Schiffschaukel« (1985), abgedruckt am Schluß des
Kapitels. Auf diese Weise soll auch auf die Komposition dieses
Lesebuchs verwiesen werden: Beim »entdeckenden« Lesen kann
man erhellende »Vernetzungen« herstellen, es gibt immer wieder
Texte über gleiche Themen zu sehr unterschiedlichen Zeiten

und Gelegenheiten – und man kann auch darüber nachsinnen, was den Autor denn bewegte, sich an dasselbe Ereignis unterschiedlich zu erinnern.

Zeit seines Lebens hatte Eberle ein »tiefes Bedürfnis nach Recht, Maß, Zucht, Klarheit (Peter Lahnstein), nach – so bekannte er in der Einleitung zu dem 1962 von ihm herausgegebenen »Psalterium profanum«, dem »gottlosen Saitenspiel« – *virtus* (Tatkraft, Tapferkeit, Tugend), *humanitas* (Menschlichkeit), *fides* (Zuverlässigkeit, Glaubwürdigkeit), *auctoritas* (Macht, Ansehen, Einfluß), *dignitas* (Würde, Achtung), *urbanitas* (Stadtleben, feine Bildung). Es ist daher kein Zufall, daß er in den letzten Jahren des Dritten Reichs »Trost und Erheiterung« darin fand, sich mit Voltaires witziger Verspottung der Jungfrau von Orleans zu beschäftigen; eine große farbige Marmorbüste von Voltaire fand sich übrigens in Eberles Arbeitszimmer im Stuttgarter Tagblatt-Turm und später im Druckzentrum Möhringen.

Lange bevor er im November 1961 im Namen der *Stuttgarter Zeitung* das Cotta-Archiv »als endgültige Schenkung der Deutschen Schillergesellschaft zur Bewahrung im Schiller-Nationalmuseum übergibt« – und damit auch zur späteren Gründung des Deutschen Literaturarchivs Marbach beiträgt –, hatte er sich schon 1952 ausführlich mit dem Verleger aus der Zeit der Aufklärung beschäftigt und in ihm einen Geistesverwandten erkannt: »Cottas umtriebiges, zu Wirksamkeit und Einflußnahme hingeneigtes Naturell prädestinierten ihn zum Verleger von Zeitschriften und Zeitungen als *den* Wegen, die schneller und direkter zum Leser führen als das Buch.« Der Autor und Herausgeber Josef Eberle hat die meisten Texte seiner Bücher zuerst über die *Stuttgarter Zeitung* seinen Lesern nahegebracht.

Aber es gab in Eberles Leben auch sehr lange und andere Wege. Das Nachwort zu dem Buch von Jacob Picard soll ebenso darauf verweisen wie das Gedicht »Der Letzte«, mit dem er seinem 1961 verstorbenen jüdischen Schwiegervater ein literarisches Denkmal setzte. Hermann Lemberger, Viehhändler aus Rexingen bei Horb, emigrierte im Frühjahr 1939 mit seiner Frau nach Amerika. 1951 kehrte er nach Deutschland zurück, jedoch nicht mehr in den Heimatort Rexingen, wo er dann allerdings auf dem alten jüdischen Friedhof seine letzte Ruhestätte fand.

JOSEF EBERLE

VOLTAIRES »JUNGFRAU«
Zu einer Verdeutschung des Gedichts

Im Februar 1778 reiste der vierundachtzigjährige Voltaire zur Erstaufführung seiner Tragödie »Irene« von Ferney nach Paris. Seit 28 Jahren war er nicht mehr in der Stadt seiner Jugend gewesen, von der ihn zwar kein ausdrücklicher Verbannungs- befehl, aber die bigotte Abneigung des 15. und des 16. Ludwig gegen seine Person ferngehalten hatte. Nun kehrte er heim, ein Fürst in seine Residenz.

Alte Freunde und treue Feinde überliefen das Palais Villette am Theatinerkai, wo er abgestiegen war. In seinem Vorzimmer drängten sich Herzöge, Marquisen, Gräfinnen, Abbés, Philoso- phen, Dichter, Literaten und Schauspieler. Die Akademie sandte eine Ehrenabordnung zu seiner Begrüßung. Ritter Gluck ver- schob eine Reise nach Wien »um des Glücks und der Ehre willen«, Voltaire zu sehen, es kamen Piccini und Madame Necker, es kam Benjamin Franklin mit seinem Enkel, damit der Patriarch ihn segne, und es kamen übereifrige Diener der Kirche, besorgt um das Heil seiner Seele.

Im Théâtre Français, auf dessen Repertoire seine Stücke seit einem halben Jahrhundert zum eisernen Bestand gehörten, ward dem greisen Dichter eine Huldigung, wie sie diese Räume nie gesehen. Die Schauspieler trugen seine Büste auf die Bühne, bekränzten sie mit Lorbeer und sprachen Verse zu seinen Ehren, während sich das Parterre in einem Paroxysmus von Beifall und Begeisterung überschlug. Man umdrängte ihn, drohte ihn zu erdrücken, küßte seine mageren Hände, riß Stückchen aus sei- nem Pelz, spannte ihm die Pferde aus, begleitete seinen Wagen bis zur Wohnung. Das ganze Viertel hallte wider von den Rufen: »Vive Voltaire! Vive La Henriade! Vive Mahomet! Vive La Pucelle!«

Wenn Paris damals »seinen Homer«, »den französischen Sopho- kles«, »den Ariost Frankreichs«, »den Verteidiger Calas'«, »den Philosophen, der die Welt aufgeklärt«, so überschwenglich feierte, so tat es dies im Namen ganz Frankreichs und aller guten Euro- päer. Seit mehr als fünfzig Jahren war dieser Mann Abgott der geistigen Welt, nun huldigte die Epoche seinem Genius, in dem sie sich selbst verkörperte, erkannte und bewunderte.

»Sie können sich nicht denken«, sagt Goethe zu Eckermann...
»und haben keinen Begriff von der Bedeutung, die Voltaire und
seine großen Zeitgenossen in meiner Jugend hatten und wie sie
die ganze sittliche Welt beherrschten. Es geht aus meiner Biographie nicht deutlich hervor, was diese Männer für einen Einfluß
auf meine Jugend gehabt und was es mich gekostet, mich gegen
sie zu wehren und mich auf eigene Füße in ein wahreres Verhältnis zur Natur zu stellen.«

Und in der bekannten Charakterisierung Voltaires versucht
Goethe eine Erklärung dieses »Wunders seiner Zeit«: Wenn
Familien sich lange erhielten, so könne man bemerken, daß die
Natur endlich ein Individuum hervorbringe, das die Eigenschaften seiner sämtlichen Ahnherren in sich begreife und alle bisher
vereinzelten und angedeuteten Anlagen vereinige und vollkommen ausspreche. Ebenso ergehe es mit Nationen, deren sämtliche
Verdienste sich wohl einmal, wenn es glücke, in einem Individuum aussprächen. So sei in Ludwig XIV. ein französischer König
im höchsten Sinne entstanden und ebenso in Voltairen der höchste unter den Franzosen denkbare, der Nation gemäßeste Schriftsteller. In der langen Liste der Eigenschaften, die man von einem
geistvollen Manne fordere, die man an ihm bewundere – 46 an
der Zahl –, könne man Voltairen vielleicht nur die erste und letzte streitig machen, nämlich Tiefe in der Anlage und Vollendung
in der Ausführung.

Aber diese beiden mangelten nicht nur Voltaire, ihr Fehlen ist
das Kennzeichen seiner Zeit überhaupt.

(...)

Die großen Schlagwörter der Zeit sind: Aberglaube, Vernunft,
Toleranz, Tugend, Geist, Geschmack, Natur. Mit gleichem Eifer
liest man »Emile« und »Candide«, den »Contrat social« und die
»Pucelle«, die übrigens alle durch den Henker verbrannt werden.
Man verhilft den Bürgerrechten zum Durchbruch, unbesorgt, daß
man seine adligen dabei verlieren könnte. Die vornehme Gesellschaft bewundert den Geist und verachtet seine Träger als »canaille«.
Adlige dürfen bürgerliche Satiriker ungestraft prügeln lassen, wie
das Beispiel Rohan-Voltaire ausweist. Der Graf de Livry sagte zum
Komödianten Dancourt, der bei einem Souper außerordentlich
witzig war: »Ich warne dich, Dancourt! Wenn du von jetzt an
mehr Geist zeigst als ich, laß ich dir hundert Stockschläge geben.«

Und doch gehört es zum guten Ton, die Philosophen zu hätscheln, die Furchen zu ziehen meinen für die Saat einer besseren Zukunft; aber sie schürfen zu tief, und unversehens wird die Furche zum Grab, das die ganze Gesellschaft verschlingt.

Erstaunlicherweise versteht man dann aber auch zu sterben, als die dunkel geahnte große Sintflut hereinbricht. Man stirbt, wie man gelebt, und verliert den allzu kühlen Kopf erst unter dem blanken Dreieck von Dr. Guillotins Maschine…

Das Rokoko glich dem Stoff, in dem seine Künstler so formvollendet sich ausgedrückt, dem Porzellan, das kein Naturprodukt, sondern künstliches Erzeugnis ist, kultiviert und glänzend, kühl und hart und sehr fragil.

In diesem geistigen Klima gedieh Voltaires »Pucelle«.

Ihr Anfang geht bis auf das Jahr 1730 zurück, auf ein Tischgespräch im Hause des Herzogs von Richelieu. Man unterhielt sich dort über den Dichter Chapelain, der im Jahre 1656 ein Heldengedicht über die Jungfrau von Orléans verbrochen hatte, ein geschraubtes, schwerfälliges, bombastisches Poem. Für die Zeitgenossen des alten Poeten hatte es an Schönheit Vergil übertroffen. Voltairen und seinem Jahrhundert schien es nur noch komisch, nicht zuletzt wegen der Wichtigkeit, die darin Johannas Jungfräulichkeit beigemessen wurde.

Der Dichter der »Henriade«, so schmeichelte man sich an Richelieus Tafel, hätte aus diesem Stoff etwas Besseres gemacht. (O ausgleichende Gerechtigkeit: schon die übernächste Generation sollte über die vielgerühmte »Henriade« urteilen wie Joseph de Maistre, der meinte, er habe kein Recht über sie zu sprechen: »denn, um ein Buch zu beurteilen, muß man es gelesen haben, und um es zu lesen, muß man wach sein«.) Nun lag aber einem Voltaire samt seinem aristokratischen Zeitalter nichts ferner, als in den Taten einer lothringischen Bauernmagd, die Visionen haben wollte, die mit Hilfe der Heiligen und einer unverletzten Jungfernschaft Weltgeschichte machte, einen Vorwurf für ein ernsthaftes episches Gedicht zu sehen.

So fand Voltaire den Stoff eher für eine Burleske geeignet im Stil des »Rasenden Roland« Ariosts. Man drängte ihn zu einem Versuch, und dies war der Anfang der »Pucelle«. Seit jenem Tag blieb die Arbeit an dem »gefährlichen Spaß« Voltaires Lieblingsbeschäftigung ein Menschenalter lang; »seit dreißig Jahren«, sagte er später einmal, »tanze ich zu meinem Vergnügen auf diesem Seil...«.

Er schrieb daran, wie Stunde und Laune ihm eingaben, feilend, ergänzend, ändernd, neue Gesänge erfindend, immer aber, David Friedrich Strauß hat recht, immer »con amore«. Spießte hier ein besonders dreistes Literaturinsekt auf seine Feder, fügte dort ein spitzes Epigramm auf einen Feind ein, wischte en passant einen Tintenspritzer auf einen höfischen Galafrack, einen Talar, eine Soutane oder einen rauschenden Reifrock. Dieser Stelle gab er Relief durch ein Bibelzitat (der Leser wird über die Bibelfestigkeit des Herrn von Voltaire staunen!) und setzte einer andern das Glanzlicht einer aktuellen Anspielung auf; im übrigen schöpfte er aus Sage und Geschichte, Mythologie und Legende, aus dem Schatz seiner Lesefrüchte und vor allem aus seiner überlegenen Welt-, Hof- und Menschenkenntnis.

Zur Veröffentlichung hatte er das Gedicht nicht bestimmt; so brauchte er seinem Temperament, seiner Laune, seinem Spott und Witz noch weniger Zügel anzulegen als sonst. »Ich möchte mit diesem Werk ab und zu meine Freunde erheitern, aber ich möchte nicht, daß meine Feinde jemals die geringste Kenntnis davon erhielten.«

Man hat einmal gesagt, der wahre Schriftsteller sei daran zu erkennen, daß man, sobald man nur eine Seite von ihm vor sich habe, darin mindestens einen Satz oder eine Wendung finde, die nur er geschrieben haben könne. Auf Voltairen trifft dies in solchem Maße zu, daß viele Verse seiner »Pucelle« ihn bis auf sein Äußeres zu porträtieren scheinen; man glaubt ihn zu sehen, wie er sie hinschreibt: den Gänsekiel in den knochigen Fingern, die altmodische – Madame de Genlis sagt: gotische – Perücke auf, die feine, gescheite Nase übers Papier gebeugt, um den eingefallenen, zahnlosen Mund ein boshaftes Lächeln, und hundert verschmitzte Fältchen, von denen nach den Worten einer Verehrerin keines ohne Grazie war, um die lebhaften, warmen, wissenden Augen.

Er war verliebt in seine »Jungfrau«. Sie war ihm Herzenstrost und geistiges Refugium, ein Akkumulator, der den Verfolgten und Bedrohten immer wieder mit der Kraft heiterer Überlegenheit auflud. Man höre, was sein Sekretär Collini erzählt: »Im Februar desselben Jahres (1753, in Berlin) begann er den 15. Gesang der ›Pucelle‹. Wer würde es glauben: inmitten zahlreicher Widerwärtigkeiten, zwischen einem verdrießlichen Prozeß und der Furcht, das Mißfallen eines Königs erregt zu haben, beschäftigt sich ein Schriftsteller mit einem Stoff, der größte Herzensheiterkeit und geistige Freiheit, gute Laune und üppigste Phantasie erfordert! Aber was einen Durchschnittsmenschen gelähmt hätte, beflügelte diesen erstaunlichen Mann. Er besaß die Gabe, Sorgen durch Beschäftigung mit gegensätzlichen Dingen zu bannen. Dies Gedicht war für ihn zu einer notwendigen Entspannung geworden.«

Noch in seinen alten Tagen hörte er am liebsten von diesem Werk sprechen und ließ sich bei trüber Laune oder Verdrießlichkeiten von seinem Sekretär ein paar Gesänge daraus vorlesen. Als der Bildhauer Pigalle nach Ferney kam, um den Alten für eine Statue zu modellieren, fand dieser tausend Schliche, sich den ihm unbequemen Sitzungen zu entziehen; erst als der verzweifelte Künstler die Unterhaltung auf die »Pucelle« brachte, aus der er so gern einige Stellen gehört hätte, gelang ihm sein Vorhaben: der quecksilbrige Patriarch ging in die Falle, indem er beim Vorlesen stillhalten mußte, und Pigalle konnte seine Arbeit beenden.

(…)

Voltaire wäre nicht Voltaire gewesen, hätte er das Vergnügen an der »Pucelle« für sich behalten können. Lachen ist eine gesellige Angelegenheit, und Witz braucht Publikum. Und der witzigste Mensch des Jahrhunderts sollte sich versagen, intimen Freuden und solchen, die er dafür hielt, aus dem Amüsantesten, das er geschrieben, vorzulesen? Eine Anekdote will wissen, er habe sogar in Gegenwart des Ministers Maurepas daraus rezitiert, worauf dieser gedroht habe: »Daß mir das aber niemals erscheint, andernfalls können Sie sich gefaßt machen, für den Rest ihres Lebens eingekastelt zu werden.« Ganz Vertrauten schenkte er wohl auch eine Abschrift – unter dem Siegel strengster Diskretion natürlich.

Ebenso natürlich gehörte es bei den geistreichen Müßiggängern von Paris bald zum guten Ton, von der »Pucelle« zu wissen, Verse daraus vortragen zu können und – höchster Ehrgeiz – eine Abschrift davon in Händen zu haben. Mag sein, daß den schon 1735 von M. de Chauvelin gegen den Verfasser erlassenen Haftbefehl, den in erster Linie dessen »Briefe über die Engländer«

veranlaßt hatten, im Hintergrund die »Pucelle« mitbewirkt hat. Voltaire befand sich gerade auf der Hochzeit des Herzogs von Richelieu in Montjeu, als ihn sein »Schutzengel«, der Graf d'Argental, durch einen Eilkurier vor dem grollenden Donnerwetter warnte. Auf der Stelle verließ er das Fest und zog sich mit der Marquise du Châtelet nach deren Schloß Cirey in Lothringen zurück.

Freilich, sich vergessen zu machen, gelang einem Manne seiner Art nicht. Schon sein Temperament sorgte immer wieder dafür, daß man sich seiner erinnerte. »Jeden Augenblick muß ich ihn vor ihm selbst retten«, klagt die Marquise dem gemeinsamen Freund d'Argental, »und ich verwende mehr Politik darauf, ihn zu gängeln, als der ganze Vatikan bedarf, die Christenheit in Banden zu halten.« Immer wieder ward solche Vorsicht durchkreuzt, auch von den Gästen, deren man in Cirey nicht wenige empfing, und die es nicht lassen konnten, ihren Pariser Freunden von dem Tun und Treiben des Dichters zu berichten. Voltaire in einer guten Stunde aus der gerüchteumwitterten »Pucelle« vortragen zu hören, schmeichelte ebenso der Eitelkeit, wie es als literarischer Genuß den frivolen, jede Anspielung und jede Feinheit wollüstig schlürfenden Geist dieser Sachverständigen entzückte. (…)

1947

ERINNERUNG AN HEINRICH ZILLE

Über ein halbes Jahrhundert ist es her, seit ich Heinrich Zille in Charlottenburg besucht habe. Ich kannte ihn nur von seinen Zeichnungen, aber ich schätzte sein Künstlertum seit langem und liebte die Menschlichkeit, die mich daraus ansprach. Und so hatte ich ihm eines Tages frecherhand ein Gedicht von mir geschickt, von dem ich annahm, sein derber Humor könnte dem Meister gefallen. Das tat er auch. Es kam ein freundlicher Brief und eine Rolle mit Lithographien, auf deren handschriftliche Widmungen ich nicht wenig stolz war. In einem späteren Brief Zilles stand die Aufforderung, sollte ich einmal nach Berlin kommen, ihn doch zu besuchen. Einige Zeit darauf kam ich wirklich nach Berlin, und das Geschäftliche, das ich dort zu erledigen hatte, lag mir nicht halb so am Herzen wie dieser Besuch.

Es war ein Spätherbstabend und schon dunkel, als ich die vier Treppen in der Sophie-Charlotte-Straße hinaufstieg zu seiner Wohnung. Auf mein Klingeln an der Glastüre öffnete mir eine Frau mittleren Alters – Zilles Schwiegertochter, wie sich ergab – und fragte mich ein bißchen mißtrauisch nach meinem Namen. »Soll rinkommen!« klang darauf eine kräftige Stimme aus der halboffenen Tür des Wohnzimmers.

Da stand er, der Meister Zille, in der kleinbürgerlichen Wohnung am Ofen, so wie ich ihn aus dem Zille-Film kannte: hemdärmelig, in Hausschuhen, mich mit vorgeneigtem Kopf über die Brillengläser weg musternd. »Sie hab' ick mir ooch anders vorjestellt«, sagte er; »aber nu legen Se man ab. Haben Se schon Abendbrot jejessen?« Es kostete mich die heiligsten Beteurungen, ihm zu versichern, daß ich schon hätte, und sein »so'n junger Mann wie Sie hat immer Hunger«, klang noch immer nicht überzeugt. Wie unsere Unterhaltung dann in Fluß kam, weiß ich nicht mehr, aber daß wir nach ein paar Minuten schon miteinander schwatzten wie alte Bekannte – er, der berühmte Professor der Preußischen Akademie der Schönen Künste und volkstümlichste Mann Berlins, und ich, der junge unbekannte Fant von da unten aus dem Süden – dessen erinnere ich mich lebhaft und dankbar.

»Lassen Se man det, ick heiße Zille«, wehrte er gleich anfangs ab. Und als ich mich nach mehrmaligen Versuchen zu gehen, die freilich mehr meiner Wohlerzogenheit als meiner Aufrichtigkeit entsprungen waren und die er mit einer Handbewegung abtat: »Bleiben Se man – oder haben Se noch wat vor?« – als ich mich darüber wunderte, daß der berühmte Meister seinen Abend einem unbedeutenden jungen Mann opfere, da meinte er: »Wat denn, wat denn, Se sind doch ooch en jeistiger Arbeeter; und so wat muß doch zusammenhalten.« Das Wort hat sich mir eingeprägt, nicht nur weil es meiner jugendlichen Eitelkeit gewaltig wohltat, sondern als rührender, mich tief beeindruckender Wesenszug Zilles: seiner Solidarität mit dem schöpferischen Geist (den ich freilich unreif genug repräsentierte).

Wir sprachen über alles Mögliche: über Politik – Zille war ein Sozialist des Herzens und wäre es wohl auch gewesen, wenn er nicht als Arbeitersohn zur Welt gekommen wäre – ; über sein »Milljöh«, aus dem er zahllose Anekdoten zu erzählen wußte; über den Rummel, den geschäftstüchtige Manager von Zille-

Revuen und Veranstalter von Zille-Bällen damals mit seinem Namen machten; über seine Kunst, seine Freunde: den verstorbenen Bildhauer August Gaul, von dem er mir etliche Tierplastiken zeigte, über die seinem Herzen besonders nahestehende Cläre Waldoff, über Joachim Ringelnatz… »Warten Se man«, sagte er bei diesem Namen, ging hinaus und kam mit einer Flasche Rotwein zurück. »Den hat Ringelnatz mir spendiert und den wolln wir jetzt zusammen kippen, weil Sie ihn auch mögen.« Den Ringelnatz oder den Rotwein? Es blieb sich gleich, ich mochte beide.

Es blieb nicht bei der einen Flasche, und unsere Unterhaltung wurde mit jeder weiteren lebhafter, lauter, herzlicher. Armvollweise schleppte er aus seinen unerschöpflichen Schränken Skizzenblätter, Zeichnungen, Lithographien herbei, die wir gemeinsam betrachteten; zu jeder erzählte er, unentwegt Zigarren rauchend, eine ernste oder heitere Geschichte. Schließlich brachte er ein Folioblatt, dessen Rand er ringsum handbreit mit Federzeichnungen versehen hatte. Es war eine Illustration zu meinem ihm seinerzeit zugesandten Gedicht, das ich jetzt vor seinen Augen in den freigelassenen Raum in der Mitte schreiben mußte. Für seine Stammkneipe, die Sophie-Charlotte-Klause. Das gerahmte Blatt, das jahrelang dort über dem Stammtisch hing, wird wohl inzwischen auch den Weg alles Irdischen gegangen sein.

Die letzte U-Bahn war mir längst hinaus. »Morjen früh fährt wieder eene«, tröstete mich Zille. Wie viele Flaschen am Ende leer in der Ecke standen, weiß ich nicht mehr. Auf jeden Fall waren es so viele, daß wir vor ihrem Spender Ringelnatz bestehen konnten.

Als ich mich endlich doch verabschiedete – es mochte gegen drei Uhr morgens sein – schrieb mir Zille auf jede der Lithographien, die er bei unserem gemeinsamen Betrachten abseits gelegt hatte, eine Widmung, rollte die Blätter zusammen und drückte sie mir unter den Arm. »Det nehmen Se mit, damit Se den ollen Mann nicht vergessen.« Dann zündete er einen Leuchter an und begleitete mich die vier Treppen hinunter, um mir die Haustüre aufzuschließen.

Und so sehe ich ihn noch heute, den guten Vater Zille mit dem grauen Apostelbart, dem weißen wirren Lockenkopf und der ewigen Zigarre in der Haustüre stehen, angestrahlt von dem milden Kerzenlicht, das im Luftzug der Herbstnacht flackerte. »Kommen Se man wieder!« rief er mir nach, als meine Schritte durch die leeren, dunklen Straßen hallten.

Dazu ist es leider nicht mehr gekommen; ich habe Zille nicht mehr gesehen. Unsere Freundschaft aber haben wir bewahrt mit Briefwechsel und Büchertausch bis zu seinem Tode.

Und damit der Kreis sich schließe: ich hatte viele von jenen Lithographien, die er mir damals geschenkt hatte, an Freunde weitergegeben. Es war eines der rührendsten Wiedersehen, als ich etlichen davon drüben in Amerika in den Wohnungen meiner herausgewanderten Freunde wieder begegnete als einem Stück der alten Heimat, die diese Freunde so wenig vergessen haben wie ich meinen alten Freund Zille, der ein großer Künstler gewesen ist und ein wahrhaft guter Mensch.

1949

JOHANN FRIEDRICH COTTA

Auch dem Verleger pflegt die Nachwelt keine Kränze zu flechten. Gewiß hat der Name Cotta auch heute noch Klang. Aber nur dem mit der deutschen Geistesgeschichte innig Vertrauten enthüllt sich aus dem Nebel konventionellen Respekts die fürstliche Kontur seiner Persönlichkeit, die Freiheit und Größe seines Geistes und die Weite und Tiefe seiner Wirksamkeit. Ich wüßte nichts, was auch dem Unvertrauten einen gleich anschaulichen Begriff von all dem vermitteln könnte wie die Cotta'sche Handschriftensammlung. Diese Sammlung von über 25 000 Briefen, alle an Cotta oder an seine Buchhandlung gerichtet, zeigt den Mann und sein Werk im Brennpunkt, ja *als* Brennpunkt der geistigen Strömungen seiner in jeder Hinsicht bewegten Zeit. Ohne Cotta trüge die deutsche Geistesgeschichte des 19. Jahrhunderts ein anderes Gesicht. Was den Franzosen im 17. Jahrhundert Versailles, im 18. und 19. Jahrhundert Paris gewesen ist, nämlich kultureller Mittelpunkt, das stellte dieser Mann ganz allein in seiner Person und in seinem Werk für die Deutschen im Zeitalter der Kleinstaaterei dar: das verbindende und verbindliche Zentrum des Geistes.

Dieser Ruhm beruht nicht allein auf den großen Namen, die

Cotta sich zu verpflichten verstand. Die Kultur eines Volkes ist
ein buntes und vielfädiges Gewebe, in dem jede Farbnuance ihre
Bedeutung und jedes Fädchen seinen Sinn hat, sofern dem gan-
zen ein großer, geschlossener Entwurf zugrunde liegt. Was aber
wäre damals, in jenem zerstückelten Deutschland, ein größerer
Entwurf gewesen als die Idee einer bei aller Verschiedenheit ein-
heitlichen, allen Deutschen gemeinsamen Kultur? Es bleibt
Cottas unsterbliche Leistung, dieser Idee sein Leben lang mit
Hingabe und Erfolg gedient zu haben. Und so finden wir unter
seinen Korrespondenten nicht nur fast alle großen Namen der
Dichtung und Literatur, viele der Musik und der bildenden
Künste seiner Zeit, nicht nur die Koryphäen der Wissenschaft
und der Forschung, nicht nur die führenden Historiker und Publi-
zisten, die Fürsten, Staatsmänner und Politiker, sofern sie mehr
waren als nur Handwerker ihres Fachs, sondern auch zahllose
Namen kleinerer Geister, die auf ihre Weise zur Gestaltung ihrer
Zeit beigetragen haben. Viele Namen dieser dii minores sind
heute vergessen, für die geistige und politische Geschichte des
letzten Jahrhunderts aber sind sie bedeutsam und für die Weit-
läufigkeit von Cottas Interessen aufschlußreich.

Ich darf hier ein kleines Erlebnis einschalten zum tröstlichen
Beweis dafür, daß universelle Bildung im Sinne der Welt Cottas
auch in unserer barbarischen Epoche noch nicht ausgestorben ist.
Als ich dem Bundespräsidenten von dem Ankauf der Cotta'schen
Briefsammlung durch die *Stuttgarter Zeitung* berichtete, gingen
wir mit miteinander das Verzeichnis der Briefschreiber durch,
Namen für Namen. Viele davon waren mir unbekannt, andere
weckten vage Erinnerungen, sie schon einmal gehört oder gelesen
zu haben. Dr. Heuss aber wußte zu jedem Namen die biographischen Daten, die historischen Umstände, die geistesgeschichtliche Deutung. Und dies alles ohne jede Vorbereitung aus dem
Handgelenk! Wahrlich, einen idealeren Archivar für das Cotta-
Archiv könnte ich mir weit und breit nicht denken! Voraus-
gesetzt, daß er auf diesen Posten reflektierte!

Ein ganz Nüchterner könnte nach alldem einwenden, es sei
wohl ein einzigartiger Fall, einer Briefsammlung den Rang eines
Monuments deutschen Geistes zuzuerkennen, wo es sich doch
um nichts anderes handle als um eine Geschäftskorrespondenz.
Freilich ist in den Briefen viel von Leistung und Gegenleistung,

von Risiken und Absatz, von Kalkulation, Lieferfristen, Erscheinungsdaten, Vorschüssen und dergleichen die Rede, und ganz
gewiß ist Cotta ein tüchtiger Geschäftsmann gewesen; wie wir
noch sehen werden, hat er Wagemut und Weitsicht seines Unternehmergeistes auch auf Gebieten bewiesen, die seinem eigentlichen Tätigkeitsfeld fernlagen. Aber Geschäftssinn allein macht
noch lange keinen Verleger und schon gar nicht einen Cotta. Es
bedurfte dazu noch anderer Eigenschaften; Eigenschaften, die
sich mit wirtschaftlicher Begabung, mit Buchführung und mit
kaltem Kalkül selten paaren. Johann Friedrich Cotta besaß diese
Eigenschaften in hohem Maße und in glücklichster Ausgewogenheit. Ehrfurcht vor dem Geist, wie immer er sich auch festiere;
umfassende Bildung; Reife und Sicherheit des Urteils; intellektuelle Redlichkeit; Welt- und Menschenkenntnis; Großzügigkeit,
die lieber Geld einbüßte als Vertrauen; Spürsinn für das Keimende
und Kommende neben starkem Traditionsgefühl; Aufgeschlossenheit für die politischen und sozialen Forderungen der Zeit;
bezwingende menschliche Vornehmheit und ein männlich-freies
Bewußtsein des eigenen Werts, das sich nie überhob, sich aber
ebensowenig verleugnete, wo es herausgefordert wurde – dies
alles ging in Johann Friedrich Cotta eine so glückhafte Synthese
ein mit Geschäftssinn und Unternehmungslust, daß seine Persönlichkeit geradezu zum Idealtypus des Verlegers geworden ist.
Wer die riesige Briefsammlung auch nur flüchtig durchblättert,
wird bald bemerken, schon aus den Anreden, daß das Verhältnis,
in dem all die verschiedenen und so verschieden gearteten Briefschreiber zu ihrem Verleger stehen, im Grunde nur drei Grade
kennt: Verehrung, Vertrauen, Freundschaft.

(…)

Johann Friedrich Cotta wurde am 27. April 1764 in Stuttgart geboren.

Die Berufswahl machte Schwierigkeiten. Zuerst sollte er Theologie studieren (welcher junge Schwabe sollte das nicht?), ihn
selbst aber lockte der Beruf des Offiziers; so belegte er, als er 1782
die heimische Universität bezog, als Hauptfächer Mathematik
und Geschichte. Der Plan wurde zu Wasser, Cotta wechselte von
der Geschichte zur Jurisprudenz über. Als er 1785 Tübingen verließ, hatte er die Absicht, Hauslehrer in Warschau zu werden.

Auch dies zerschlug sich. Nun schickte ihn sein Vater für einige Zeit nach Paris. Heimgekehrt, sollte er Postmeister bei Thurn und Taxis werden; er lehnte ab und ließ sich als Advokat in Tübingen einschreiben. Zum Praktizieren kam er wohl nicht, denn schon 1787 übergab ihm der Vater seine Tübinger Buchhandlung.

Die J. G. Cotta'sche Buchhandlung bestand 130 Jahre, aber dieses ehrwürdige Alter war auch das einzige, was sich ihr damals nachrühmen ließ. Der Dreiundzwanzigjährige schrieb bei der Übernahme an einen Buchhändler, der Kredit der Cotta'schen Buchhandlung sei seit einiger Zeit ziemlich gefallen. Deutlicher noch heißt es an anderer Stelle, man sei damals »mit Mißtrauen mit der Buchhandlung in Verbindung getreten«. Seine erste Aufgabe war, den Kredit des Hauses wiederherzustellen, wozu er Geld leihen mußte. Sein zweiter Vorsatz war, »keine anderen als gute Bücher in Verlag zu nehmen«. Er hat ihn gehalten; in erstaunlich kurzer Frist gelang es ihm, seinem Geschäft wieder einen Kredit zu verschaffen, der weit über die finanzielle Bedeutung des Wortes hinausging. Und als ihm 1794 das Glück wurde, seinen großen Landsmann Schiller für den Verlag zu gewinnen, hatte er den entscheidenden Schritt für die Berühmtheit getan.

Die erste Begegnung zwischen Schiller und Cotta fand im März 1794 in Tübingen statt. Bei einem Gegenbesuch, den Cotta im Mai dem damals in der alten Heimat weilenden Schiller in Stuttgart machte, reiften auf dem Rosenstein bereits die Pläne für eine weitgehende Zusammenarbeit: Schiller sollte auf Cottas Wunsch die Herausgeberschaft einer »Europäischen Staatenzeitung« übernehmen; er selbst schlug dem jungen Verleger die Gründung der »Horen« vor, »eines großen literarischen Journals, das die ersten Köpfe der Nation vereinigen sollte«. Für beide Gründungen wurden Verträge aufgesetzt und unterzeichnet (sie liegen im Cotta-Archiv). Die Staatenzeitung kam zwar nicht zustande, weil Schiller, nicht zuletzt auf Abraten Goethes, eine politische Zeitung schließlich doch nicht machen wollte; um so erfreulichere Resultate erbrachten die »Horen«, denn über sie kam Cotta zu Goethe, Herder, Fichte, Hölderlin, Wilhelm und Alexander von Humboldt, zu Johann Heinrich Voß und dem ganzen deutschen Parnaß. Wie eng das Verhältnis zwischen Schiller und Cotta bereits 1795 geworden war, geht aus folgender Briefstelle Cottas hervor: »Überhaupt rechne ich darauf, daß Sie in jedem Falle annehmen, offene Kasse bei mir zu haben ohne mindeste Rücksicht; denn ich nehme dies als Beweis Ihrer mir so schätzbaren Freundschaft an.«

Eine Zeitschrift also hat Cotta schließlich zu dem gemacht, der er geworden ist. Das ist kein Zufall. Cottas umtriebiges, zu Wirksamkeit und Einflußnahme hingeneigtes Naturell prädestinierten ihn zum Verleger von Zeitschriften und Zeitungen als *den* Wegen, die schneller und direkter zum Leser führen als das Buch. Publi-zistik und Journalistik waren ihm sozusagen der Pflug, der die Furchen aufreißen sollte, in die er dann die langsam reifende Saat seiner Bücher streute.

So sehr wir es auch bedauern mögen, daß Schiller, der wahrlich das Zeug dazu gehabt hätte, von der Herausgabe einer politischen Zeitschrift zurückscheute, Cotta selbst ließ sich durch die Absage an seinem Plan nicht irremachen. Im Jahre 1795 gründete er unter Posselts Leitung die »Europäischen Annalen«. Sie sollten alles umfassen, »was in Europa merkwürdig für die Geschichte geschieht«, sie sollten dem Leser die verschiedenen Staaten »nach ihrer Staatskraft, ihren Einkünften, ihrem Handel ihrer Kriegsmacht, ihrem Staatsrecht und Staatsinteresse zu studieren ermöglichen«.

Eine Tageszeitung, »Neueste Weltkunde«, ließ er 1798 erscheinen. Sie ist unter dem bald geänderten Titel »Allgemeine Zeitung« und besonders unter ihrem letzten Namen *Augsburger Allgemeine Zeitung* weltberühmt geworden. Schon bei Cottas Tod 1832 war das Blatt, sein Lieblings- und Schmerzenskind, *die* führende deutsche Zeitung, und das ist es bis zum Ende geblieben. Der stolze Spruch, den Cotta und Posselt der Zeitung auf den Weg mitgaben, hat sich in den acht Jahrzehnten ihres Bestehens aufs wörtlichste erfüllt; sie hatten in der Vorankündigung geschrieben: »Sie soll nicht ein Blatt sein, das man in einem leeren Augenblicke zur Hand nimmt und dann für immer von sich wirft, sondern ein Buch, das man während seines fragmentarischen Entstehens aus Neugier liest aber nach dem Ablauf eines Jahrzehnts oder eines Jahrhunderts als historische Quelle studiert ... Wo ist der Staatsmann, der ihrer nicht bedarf, der Geschichtsschreiber, der sie nicht zu seinem Handbuch haben, der Geschichtsliebhaber, dem sie nicht unendliches Vergnügen gewähren sollte, der kultivierte Mensch, der nicht Unterhaltung und Belehrung daraus ziehen könnte?«

Ich sagte: Schmerzenskind. Ja, das ist sie für Cotta gewesen.

Und insofern sollte Schiller recht behalten, als er Cotta 1794 vor dieser »so risquanten Unternehmung« warnte. Die »Allgemeine Zeitung« hat ihn viele Sorgen, viel Geld und viele Verfolgungen gekostet. Dem Geschichtskundigen genügen zur Erklärung die Wörter Vormärz, Zensur, Verbot. Es wäre amüsant, wenigstens für uns Heutige, all den Anlässen nachzugehen, die zu Beanstandungen, Verwarnungen, Verweisen und Verboten der »Allgemeinen Zeitung« durch die zwar materiell omnipotente, aber gegen den Geist doch impotente Zensur geführt haben – gegen den Geist der besten und namhaftesten Mitarbeiter aus ganz Europa. Man schämt sich heute noch, wenn man es nachliest, was sich ein Mann wie Cotta von obskuren Lakaien der Kabinettspolitik sagen lassen mußte. Mitarbeiter Börne hatte so unrecht nicht, als er 1823 an Cotta schrieb: »Bald, fürchte ich, werden die Journalisten nach Botani-Bay (eine Verbrecherkolonie in Australien) transportiert, daß sie dort Spitzbubenzeitungen schreiben lernen, und nachdem sie die gehörige Übung darin erlernt, wird man uns dann zurückrufen.«

Als Gegenstück zu der politischen »Allgemeinen Zeitung« gründete Cotta 1807 das »Morgenblatt für gebildete Stände«. Er dachte an eine Zeitschrift, »welche, unterhaltend und belehrend zugleich, die Literatur und die ganze Bildung der Gegenwart, mit Ausschluß der politischen Tagesgeschichte, auf würdige Weise repräsentieren sollte«. 58 Jahre lang hat das »Morgenblatt« diese Aufgabe aufs beste erfüllt, und Cotta erlebte an ihm wirklich Freude und Ehre, wie ihm ein Freund prophezeit hatte.

Cottas Ruf und Einfluß stiegen von Jahr zu Jahr. Schon 1807 hatte der Dresdner Journalist Böttiger geschrieben: »Cotta ist der Bonaparte unter den Buchhändlern. Er verschlingt uns alle! Mir dünkt, Sie wurden nie mehr gelobt als durch diesen Tadel. Sie sind einer der größten Wohltäter des geistigen Deutschlands.« Und Alexander von Humboldt berichtet, in Frankreich habe man Cotta »une providence littéraire« genannt. Solchem Ruhm konnte die schließliche Erhebung in den erblichen Adelsstand im Jahre 1817 nichts mehr hinzufügen.

(...)

Verleger, Abgeordneter, Diplomat, und noch immer ist der Wirkungskreis und die Wirkungskraft dieses einzigartigen Mannes nicht ganz umrissen. Es fehlt noch der Unternehmer, es fehlt noch der Mann, der unter großen persönlichen Opfern die Dampfschiffahrt auf dem Bodensee und auf dem oberen und mittleren Rhein ins Leben rief. Daß er dabei persönliche Enttäuschungen mit kurzsichtigen Regierungen und große finanzielle Verluste in Kauf nahm, ist ein weiterer Beweis für die Weitsicht und Zielstrebigkeit, womit Cotta alles verfolgte, was er als richtig und notwendig erkannt hatte.

Johann Heinrich Voß schrieb einmal an ihn: »Ihre Fittige können vielleicht auch dieses Ei noch zum Ausbrüten unter sich nehmen.« Wie man sieht, hat dieses scherzhafte Wort ernsthafte Bedeutung weit über das Nur-Verlegerische hinaus, und das Kompliment, mit dem Jean Paul einen seiner Briefe an Cotta schließt: »Sie verdienstvoller Deutscher«, gilt in viel weiterem Maße, als es der Dichter wohl gemeint hat. Johann Friedrich Cotta starb, 68 Jahre alt, im Todesjahr Goethes. Er war zweimal verheiratet gewesen; das erstemal 27 Jahre lang mit Wilhelmine Haas, einer Pfarrerstochter von Kilchberg bei Tübingen; nach ihrem Tod mit Elisabeth von Gemmingen-Guttenberg. Er hinterließ einen Sohn, Georg von Cotta, der im Geiste seines Vaters das große Unternehmen weiterführte, und eine Tochter, die sich mit dem württembergischen Rittmeister Hermann von Reischach verheiratete.

(...)

Ich wüßte kein schöneres Gesamturteil über Cottas Persönlichkeit und Werk, um damit zu schließen, als die Worte, die Heinrich Heine im Jahre 1852 von seiner Matratzengruft in Paris aus an Cottas Sohn Georg gerichtet hat: »Durch meinen körperlichen Zustand abgesperrt von den Genüssen der Außenwelt, suche ich jetzt Ersatz in der träumerischen Süße der Erinnerungen, und mein Leben ist nur ein Zurückgrübeln in die Vergangenheit: da tritt oft vor meine Seele das Bild Ihres seligen Vaters, des wackeren würdigen Mannes, der mit der vielseitigsten Ausbildung einen in Deutschland seltenen praktischen Sinn verband, der so brav und ehrenfest war, auch so höflich, ja hofmännisch höflich, so vorurtheilsfrei, so weitsichtig, und der bei seinen großen Verdiensten um die geistigen wie materiellen Interessen des Vaterlandes, dennoch von einer so rührenden Bescheidenheit war, wie man sie nur bei alten braven Soldaten zu finden pflegt. Das war ein Mann, der hatte die Hand über die ganze Welt!«

1952

SEBASTIAN SAILER

DAS HEILIGE UND DER HUMOR

Es ist schon lange nicht mehr so, wie Dr. Owlglaß in der Einleitung zu seiner 1913 erschienenen, längst vergriffenen Ausgabe
der »Biblischen und weltlichen Komödien des hochwürdigen
Herrn Sebastian Sailer, weiland Kapitulars im Kloster zu Obermarchthal« feststellen mußte, daß dieser Name weiteren Kreisen
kaum bekannt sei. Hierzulande jedenfalls hat der Name des Vaters
der schwäbischen Dialektdichtung heute vollen Klang.

Sebastian Sailer wurde am 12. Februar 1714 als Sohn eines
Amtsschreibers in dem damals vorderösterreichischen, heute bay-
erischen Städtchen Weißenhorn geboren. Nach dem Taufbuch
hieß er Johann Valentin, den Namen Sebastian nahm er als Kon-
ventuale des Prämonstratenser-Reichsstifts Obermarchthal an, in
das er studienhalber eintrat und in dem er seine Bildung empfing
und zum Priester geweiht wurde. Der Name des allen Pfeilen als
Zielscheibe preisgegebenen Heiligen scheint mir nicht unpas-
send für einen Dichter; auch dem fröhlichen und jovialen Dichter der »Schöpfung«, des »Falls Luzifers« und der »Heiligen Drei
Könige« haben einige Bolzen die Haut geritzt, ohne ihn, Gott sei
Dank, zum Märtyrer heiterer Frömmigkeit zu machen.

Ein Mitbruder, Sixt Bachmann, rühmt an Sailer »sein treues
Gedächtnis, seinen klaren, durchdringenden Verstand, sein sono-
res Organ, seine reine Aussprache und seinen ganz einnehmen-
den Vortrag«, kurz, seine große Rednergabe, die ihn zu einem der
beliebtesten Prediger Süddeutschlands gemacht habe. Für die
Bauern in den zum Kloster Obermarchthal gehörenden und von
Sailer pastorisierten Pfarreien Reutlingendorf und Dieterskirch,
Oberamts Riedlingen, bedurfte es so gelehrter Beredsamkeit freilich nicht; ihnen predigte Sailer, wie ihnen und ihm der Schnabel
gewachsen war. Stand er aber, wie so oft, auf der Kanzel einer
der Städte Schwabens, Frankens, des Allgäus, des Bodensees, der
Schweiz oder Mährens, so machte er seinem rhetorischen Ruf alle
Ehre. In der Wiener Hofkirche hielt er 1767 die übliche, von Pater
Abraham a Sancta Clara eingeführte »Schwabenrede« auf den Heiligen Ulrich von Augsburg, den er als Ur- und Musterbild eines
weisen Schwaben pries. Dafür verehrten ihm seine schwäbischen

Landsleute in Wien eine Tabaksdose mit der eingelegten Inschrift »Ciceroni Suevico«, und die Kaiserin Maria Theresia, umgeben von allen ihren Kindern, empfing ihn in Sonderaudienz.

Auch in den Klöstern, vor allem den oberschwäbischen, war er ein gern gesehner Gast, und dies, wie man sehen wird, nicht nur als Kanzelredner oder, um in seinem Stil zu sprechen, als geistlicher Schleifstein des Gewissens.

Im Jahre 1773 lähmte ihm ein Schlaganfall die rechte Seite. Man brachte ihn zu besserer Pflege ins Kloster zurück, und dort ist er am 7. März 1777, 63 Jahre alt, fröhlichen Gemüts bis zur letzten Stunde, gestorben. Sein Grab in der Gruft von Obermarchthal, darin er »mit jedem, heiß' er, wie er wolle, um die Wette liegen bleiben« wollte, ziert ein Menschenschädel, so edel in seiner Form wie ein altgriechischer Helm.

Der »Cicero Suevicus« ist für uns maustot, auch der Dichter eines Festspiels zu Ehren Marie Antoinettes, die als neuvermählte Dauphine von Frankreich auf ihrer Reise nach Paris in Obermarchthal übernachtete, darf keinen Anspruch auf Nachruhm erheben. Wieder einmal hat sich Fama den Spaß gemacht, einen Namen nicht mit dem Gepäck gelehrter Seriosität auf die Nachwelt zu bringen, sondern mit Beiläufigkeiten, die sein Träger selber als Allotria ansah: in unserem Fall mit Dialektkomödien, die ihr Verfasser kaum des Aufbewahrens, geschweige des Drucks für würdig hielt.

Sebastian Sailers Stücke entstanden aus heiterer Laune, er schrieb und agierte sie sich und seinen geistlichen Brüdern zum Vergnügen. Von seinem besten, der »Schöpfung«, wissen wir, daß er es vor den Klosterherren zu Schussenried im November 1743 zum erstenmal aufgeführt hat. Von ihrem ersten Erscheinen an bis in unsere Zeit hinein geistert durch die Literaturgeschichte die Sage, Sailer habe seine Komödien an Sonntagnachmittagen im Wirtshaus vor seinen Bauern gespielt und sich dazu auf der Geige begleitet. Das sei, sagt Dr. Owlglaß, sehr unwahrscheinlich und hätte auch nicht Sailers Grundsätzen über die Pflichten eines Dorfpfarrers entsprochen. Dagegen sprechen, so scheint mir, vor allem die lateinischen Prologe, die der Dichter seinen beiden Hauptwerken vorangestellt hat; er verwahrt sich in beiden lustig, aber ernstlich in gereimten Versen gegen etwaige Mißdeutungen. Bauern auf lateinisch kommen zu wollen, hieße doch, sie zum

Narren halten, und, wenn wir dem Verfasser so etwas unterstellten, ihn selber zum Narren machen. Nein, das Beispiel der Welturaufführung seiner »Schöpfung« im Schussenrieder Kloster deutet unmißverständlich sowohl auf Absicht wie Zuhörer der Komödien: sie sollten der Erheiterung seiner geistlichen Amtsbrüder dienen. Ein bißchen Berufsspaß muß man den hochwürdigen Herren schon zubilligen.

Im übrigen darf man nicht vergessen, daß wir uns bei Sailers Stücken mitten im 18. Jahrhundert befinden, im Zeitalter des Barocks und des Rationalismus. Sebastian Sailer ist ein treuer und gläubiger Sohn seiner Kirche gewesen, woran gar nicht zu zweifeln ist, aber er war eben doch auch ein Kind seiner Zeit und atmete deren Luft ein, wie wir die Luft unserer Zeit einatmen, wie immer wir zu ihren Tendenzen stehen mögen. Das kräftige und weltfromme Klima des Oberlands, die eigene ländliche Herkunft, der menschliche Kontakt, den er als Seelsorger mit seinen Pfarrkindern unterhielt, und damit die genaue Kenntnis ihrer Sprache, ihres Fühlens und Denkens, ihrer Anschauungsweise, ihrer Vorzüge und Schwächen – all dies muß hinzugedacht werden, wenn man sich das Phänomen erklären will, daß ein Geistlicher biblische Stoffe in burleske Komödien umdichtet, aus Erzengeln aufsässige Bauernlümmel, Adam und Eva zu knützen Kleinbauern, Gottvater zu einem besitzstolzen oberschwäbischen Hofherren macht und alle gutes, breites Schwäbisch reden läßt, wie es zwischen Ehingen und Riedlingen an der Donau daheim ist. Nichts lag ihm dabei ferner als der Gedanke an Profanierung oder gar an Blasphemie, und kein wahrhaft Frommer, der in der Welt, sie sei, wie sie wolle, doch immer Gottes Schöpfung erblickt, wird in Sebastian Sailers Schöpfungen trotz aller Saftigkeit des Ausdrucks, trotz aller Gewagtheit der Situationen auch nur einen Hauch von Ehrfurchtslosigkeit, von taktlosem oder boshaftem Spott über Ehrwürdiges und Heiliges verspüren. Dagegen wird er einer geradezu kindhaften Naivität, einer burlesken Phantasie eines unverbildeten und temperamentvollen Humors und einer mundartlichen Sprachgewalt innewerden, mit der vor Sebastian Sailer keiner und nach ihm nur ganz wenige so umzugehen verstanden haben wie er.

Das Heilige und der Humor – die Zusammenstellung mag für manchen, der sich fromm dünkt, etwas Verletzendes, Unerlaubtes haben. In Zeiten unbestrittener Religiosität sind das keine Gegensätze. Die Fasnachtspiele des Mittelalters, der Teufel, doch die Verkörperung des Bösen an sich, als komische Figur, die übermütigen Fratzen der Wasserspeier an den Kathedralen und an den Säulenkapitellen der Münster und Dome, viele alte Legenden und die fröhlichen Putten an den Barockaltären sind gerade genug Beispiele dafür, daß fromme und gläubige Zeiten dem Humor auch im Bezirk des Heiligen sein Recht gelassen und ihn als eine der dankenswertesten Gottesgaben in diesem Jammertal in den Dienst eines gott- und weltfrohen Lebens gestellt haben. Abraham a Sancta Clara hat es damit nicht anders gehalten als Sebastian Sailer, und der muntere Grabliedersänger Michael Jung ist später in eigener Gangart in Sailers Fußstapfen getreten. Alle drei sind geistlichen Standes und Oberschwaben gewesen – es muß wohl an dem hohen und hellen Himmel dort oben liegen.

Aber das riecht ja nach Apologetik – hat denn ein Sebastian Sailer Verteidigung nötig? Heute nicht mehr. Aber zu Lebzeiten mußte er einmal beim Bischof von Konstanz, bei dem man ihn seiner Komödien wegen angeschwärzt hatte, vorreiten; es ehrt diesen Kirchenfürsten – Kardinal Freiherr von Rodt –, daß er beim Selberanhören der Komödien herzlich lachen mußte und daß er die Angriffe auf Sailer unberechtigt und unklug nannte. Und als 40 Jahre nach Sailers Tod jener Sixt Bachmann die Komödien zum erstenmal zum Druck beförderte, da ereiferte sich eine katholisch-theologische Zeitschrift (es war leider eine Tübinger) gegen »die Gemeinheit« der Stücke. Damit stand sie freilich allein auf weiter Flur. Andere katholische Zeitschriften und Zeitungen verteidigten den volksverbundenen Dichter warm und herzhaft. Daß Sailers Brüder in Apoll ihn sofort in seinem Wert erkannt haben, wiegt denn doch schwerer als das zelotische Stirnrunzeln gewisser Leute, die die Frömmigkeit in Erbpacht zu haben meinen. Unser Landsmann Friedrich Kölle, der »Adjunkt« des »Rheinischen Hausfreund«, berichtet: »Von Hebel kamen wir auf Sebastian Sailer, und Goethe, der den Sturz Lucifers nicht kannte, ergötzte sich höchlich an Einzelheiten, welche ich ihm daraus erzählte.« In Wilhelm Waiblingers Tagebüchern finde ich folgenden Eintrag: »Seilers(!) Schriften interessieren ungemein durch die tiefste Fülle von Witz und Naivität, zum Teil bedingt durch den schwäbisch-bäurischen Dialekt, den dieser originelle Kopf so sehr in seiner Gewalt hat. Ganz herrlich ist die Schöpfung. Aristophanischer Geist.« Mörike hat Sailer »mit hellem Behagen genossen«, und Hermann Fischer hat gemeint, Sailers »Schöpfung« und »Luzifers Fall« gehörten ganz der phantastischen Gattung an, deren glänzendster Vertreter Aristophanes sei; es fänden sich in beiden gerade genug Stellen, die des alten Attikers vollkommen würdig seien.

Ein Wort noch zu Sailers Mundart. Sie ist oberschwäbisch, genauer bestimmt: sie wird in der Gegend zwischen Ehingen und Saulgau gesprochen, heute allerdings auch nicht mehr mit der Farbigkeit und Bildkraft des 18. Jahrhunderts. Es ist das Schicksal der Mundart, sich abzuschleifen, farbloser zu werden, sich dem Hochdeutschen in Laut- und Wortbestand immer mehr anzugleichen. Sebastian Sailer beherrscht sie noch in ihrer ganzen Breite und Unbekümmertheit, aber auch in ihrer treffsicheren Schlagkraft und humorigen Anschaulichkeit. Daß Sailer diese oft schwerfällige und spröde Sprache im Vers geschmeidigt und im Reim gebändigt hat, und beides mit ihrem Geist gefügiger Meisterschaft, ist einer der feinsten Reize seiner Schöpfungen.

Zum Schluß ein Bekenntnis: Als Ende der zwanziger Jahre der Wiedererwecker Sebastian Sailers, Freund Owlglaß, zu einer Hörspielaufführung der »Schöpfung« nach Stuttgart kam, übernahm er selbst die Rolle Gottvaters. Des tiefen Eindrucks, den bei aller Heiterkeit sein ehrfurchtgebietender, wahrhaft herrenmäßiger Gottvater mit der tiefen, klingenden Stimme gemacht hat, erinnert sich dankbar der Verfasser, der zu Ehren Sebastian Sailers, als dessen bescheidener Nachfahre in der Kunst, dem Volk aufs Maul zu schauen, sich nennt *Sebastian Blau*.

1956

LUDWIG UHLAND

Was ist es, das uns erlaubt, Ludwig Uhland (1787–1862) mit Fug und Recht unter die großen Deutschen zu rechnen? Schlicht gesagt: es ist das Moralische, es ist die bruchlose Einheit von Persönlichkeit, Leben und Werk, der Einklang von Fühlen, Denken, Sagen und Tun. Diese »Einheit im Zerstreuten« verleiht dem schlichten, redlichen, aufrechten Manne die Gloriole der Größe und macht ihn uns verehrungswürdig.

Tübingen hat ihn geboren, am 26. April 1787, jene Musenstadt am Neckar, die vor und nach ihm so vielen bedeutenden, originalen und originellen Geistern Nährmutter gewesen ist. Man kann von Uhland nicht berichten, ohne auf sein Schwabentum hinzuweisen, und wenn Ernst Moritz Arndt einmal gemeint hat, die Schwaben seien die deutschesten Deutschen, was ja nicht unbedingt ein Kompliment sein muß, so hätte ihm, anachronistisch gesagt, zu diesem Wort Ludwig Uhland Modell stehen können. Schon die Herkunft aus einem Bürgerhaus mit vielverzweigten Verwandtschaften zu Familien, deren Namen in der Geistes- und Gelehrtengeschichte Württembergs alle irgendeinmal eine Rolle gespielt haben, gab ihm das unverlierbare schwäbische »Gschmäckle«. Da sind die Hoser, die Stäudlin, die Vischer, die Kerner. Der Vater, Johann Friedrich, hatte Rechtswissenschaft studiert und war, als ihm von seiner Frau Elisabeth sein dritter Sohn, Ludwig, geboren wurde, Universitätssekretär. Sein Erstgeborener war bald nach der Geburt gestorben, der zweite Bub starb an Scharlachfieber, noch nicht zehn Jahre alt; blieb als einziger Sohn Ludwig und eine 1795 geborene Tochter Luise.

Das Lernen in der Tübinger Lateinschule fiel dem fleißigen, stillen, ein bißchen steifen Louis, wie man damals noch sagte, leicht; lateinische Verse lieferte er über das geforderte Pensum hinaus und hatte noch Zeit und Einfälle genug, bei seinen Schulkameraden notfalls einzuspringen. Spaziergänge in die anmutige und geschichtlich gesättigte Umgebung Tübingens, Schulausflüge auf die nahe Alb weckten schon früh den Sinn für Natur und Landschaft und beflügelten die ohnedies rege Phantasie. Den Lesehunger stillten Rittergeschichten und Volkssagen, später Ossian und Hölty. Mit vierzehn Jahren bezog Uhland die Hochschule. Privater Repetentenunterricht vervollständigte und vertiefte noch eine Zeitlang das Schulwissen. Noch ehe man sich über die Wahl seines Studiums schlüssig geworden, entdeckte er »die eigentliche Richtung seines Wesens« – über dem Waltharilied. Auf diese Zeit zurückblickend hat er später gesagt: »Was die klassischen Dichtwerke, trotz meines eifrigen Lesens, mir nicht geben konnten, weil sie mir zu klar, zu fertig dastunden, was ich in der neueren Poesie mit all ihrem rhetorischen Schmucke vermißte, das fand ich hier: frische Bilder und Gestalten mit einem tiefen Hintergrund, der die Phantasie beschäftigte und ansprach.« Der Roman-

tiker, der Bewunderer der frommen, ritterlichen Welt des Mittelalters, wie man es damals sah, hatte sich selbst gefunden. Die
Frage der Berufswahl löste der Zufall eines Stipendiums, das ihn
der Juristerei verpflichtete. Er trieb sie seiner Art nach nüchtern
und gewissenhaft, aber sein Herz gehörte der Poesie, der Sage,
der Geschichte.

Die Tübinger Romantik – ein zwar etwas biedermeierliches,
aber dennoch reizvolles, idyllisches Blatt der Literaturgeschichte
trotz allem, was Heinrich Heine über sie gelästert hat. Ein Kreis
von Jünglingen, in schwärmerischer Freundschaft einander zuge-
tan, hochfliegende Ideale in Kopf und Herzen, rebellierend gegen
den abgestandenen Klassizismus in der Poesie, hatte sich an der
Universität zusammengefunden. Uhland und der stud. med.
Justinus Kerner gaben den neuen Ton an, in den die brustschwä-
cheren Freunde einstimmten: Karl Mayer, Heinrich Köstlin,
Georg Jäger, Karl Roser, Friedrich Kölle, später Varnhagen von
Ense, der das Bild Uhlands aus diesen Jahren mit den Worten, er
sei ungemein schweigsam, aber getreu in allen seinen Äußerungen und in seinem Leben gewesen, silhouettenhaft umreißt. Auf
Wanderungen theoretisierte und praktizierte man Poesie, lausch-
te dem Volksmund seine Lieder ab, die man nach dem Vorbild
Arnims und Brentanos sammelte und sich beim eigenen Produzieren zum Vorbild nahm. Mit Glück! Einige der schönsten und
volkmäßigsten Lieder Uhlands – »Die Kapelle«, »Schäfers Sonn-
tagslied«, »Der gute Kamerad«, »Des Knaben Berglied« – zeugen
dafür. In jugendlicher Opposition gegen die Perücken und Zöpf-
chen des Cottaschen »Morgenblattes für gebildete Stände« gab
man ein handgeschriebenes »Sonntagsblatt für ungebildete Stände«
heraus und legte es jeden Sonntagmorgen auf Kerners Bude zur
öffentlichen Lektüre aus.

In diese verschwärmte Zeit fällt auch ein die politischen Verhältnisse grell beleuchtendes Vorkommnis. Uhland tritt dabei nur
als Randfigur auf, als Freund von Freunden. Vielleicht darf man
dennoch seine Beziehungen zu den darein Verwickelten als erste,
noch recht vage Regung politischen Interesses ansehen. Exzen-
trische junge Leute hatten eine Geheimgesellschaft gegründet
mit dem Ziel, nach der Südseeinsel Otaheiti auszuwandern und
dort eine spartanische Republik zu gründen. Die Gesellschaft
flog auf. Polizei und Justiz des rheinbündischen, von Napoleons

Gnaden königlichen Württemberg machten aus der Kinderei eine Staatsaffäre, und auch Uhland scheint im Verlauf der Untersuchungen verhört worden zu sein.

Mit bestandenem Examen verließ einer nach dem anderen der Freunde Tübingen, zuletzt Kerner, Ostern 1809. Uhland fühlte sich vereinsamt, sein Leben glich ihm jetzt »einer schlaflosen Winternacht«, die nur der Briefwechsel mit den alten Freunden ein bißchen erwärmte und erhellte. Selbst seine Muse scheint sich in der frostigen Luft von Gesetzestexten, Pandekten und Institutionen, über denen er, an seinem Doktor bauend, verdrossen saß, den Schnupfen geholt zu haben: »Meine Gedichte«, heißt es in einem Brief, »habe ich in neuerer Zeit mit ziemlich mißtrauischen Augen betrachtet. Es ist mir überhaupt oft, als wäre manches nicht Poesie, was ich sonst dafür hielt. Das bloße Referieren, das Aussprechen von Gefühlen … scheint mir nämlich nicht die eigentliche Poesie auszumachen. Schaffen soll der Dichter, Neues hervorbringen, nicht bloß leiden und das Gegebene beleuchten …«

Ein Studienaufenthalt in Paris vom Mai 1810 bis anfangs 1811 belohnte die Promotion zum Doctor juris. Das Palais de Justice sah ihn freilich kaum, um so regelmäßiger aber die Nationalbibliothek über mittelalterlichen Handschriften und Büchern; mit oft vor Kälte klammen Fingern schrieb er Sagen und Lieder ab. Es ist äußerst unwahrscheinlich, daß der bei aller Glut für ritterliche Minne schüchterne Uhland, von dem die Concierge seines Wohnhotels noch nach Jahren zu sagen pflegte, sie habe die Mutter dieses Sohnes glücklich gepriesen, im leichtlebigen Paris je von einer anderen geküßt worden ist als von der Muse. Diese aber schenkte ihm ein rundes Dutzend Kinder. Im übrigen hatte er Umgang mit alten Tübinger Freunden, darunter Varnhagen, mit Chamisso und dem Philologen Immanuel Bekker, mit dem er Spanisch und Portugiesisch trieb.

Zwei Jahre Advokatenpraxis in Tübingen nach der Heimkehr befriedigten weder Uhland noch seine Eltern; sie hätten ihren Sohn lieber in fester und gesicherter Position gesehen. Die Staatsstellung, die er daraufhin beim Justizministerium in Stuttgart als provisorischer zweiter Sekretär angenommen hatte, enttäuschte noch mehr; außer dem »deutlichen Einblick in die großen Mißstände, die das unumschränkte Regiment des Königs für das Land brachte«, trugen sie ihm nichts ein. So schied er nach sechzehn Monaten ohne Bedauern von dem »bewegungslosen Gesicht und den Statuenaugen« des Justizministers, um wieder simpler Advokat und freier Mann zu werden.

1814 – in diesem entscheidungsreichen Jahr gingen in Uhland Politik und Poesie die für sein weiteres Dichten so charakteristisch gewordene Symbiose ein. Sein mittelalterlich geschirrter Pegasus wurde zum Streitroß im Tageskampf:

> *Freiheit heißt nun meine Feee,*
> *Und mein Ritter heißet Recht.*
> *Auf denn, Ritter, und bestehe*
> *Kühn der Drachen wild Geschlecht!*
>
> Das neue Märchen

Selbst die Verächter politischer Lyrik werden Uhlands vaterländische Gedichte nicht in Bausch und Bogen verwerfen wollen, zielen diese doch weit über den zeitgebundenen Anlaß hinaus und bleiben bedeutsam nicht nur als Dokumente der Geschichte der Freiheit in Deutschland, sondern auch als mahnende Rufe in dem nie endenden Streit um Recht und Menschenwürde überhaupt. Auch die scheinbar unpolitischen Rauschebart-Balladen entstanden in diesem Jahr. Für einen Schwaben ist es schwierig, den objektiven künstlerischen Wert dieser holzschnittartigen Geschichtsbücher in Nibelungenstrophen zu taxieren, lernt er sie doch schon im empfänglichen Schulbubenalter auswendig; was sie damals in ihm aufgeregt, erwacht auch bei späterer Lektüre immer wieder zum alten, bunten Leben.

Uhlands erste Gedichtsammlung erschien 1815 bei Cotta. Sie war sofort ein Erfolg und blieb das über viele Auflagen hinweg. Eine Existenz ließ sich darauf freilich nicht aufbauen. Schon dachte Uhland daran, sich »im Ausland«, womit das übrige Deutschland gemeint war, nach einer Stellung umzusehen, als 1816 König Friedrich starb, der letzte Herrscher im Stile des aufgeklärten Despotismus im Lande Württemberg. Frischer Wind kam auf in der schwäbischen Politik: Auflösung der Ständekammer, Neuwahlen, Verfassungsfragen. »Noch ist kein Fürst so hoch gefürstet . . .« – mit diesem schmetternden Signal meldete Uhland die Hoffnungen und Forderungen an, die die neue Konstitution erfüllen sollte. Er selbst zog als Abgeordneter Tübingens in die Verfassunggebende Landesversammlung ein und blieb zehn Jahre lang, von 1820 bis 1830, Volksvertreter im Landtag. Nichts könnte seine staatsbürgerliche Gewissenhaftigkeit besser illustrieren als die schon ans Pedantische grenzende Tatsache, daß er sogar für seine allerpersönlichste Angelegenheit nur in der Mittagspause zwischen zwei Landtagssitzungen Zeit fand: für seine Hochzeit. Im Mai 1820 heiratete er Emilie Vischer aus Calw. Seiner Muse erging es nicht besser; der Dichterlorbeer hatte, frei nach Heinrich Heine, dem Eichenkranz der Bürgertugend zu weichen. Goethe bedauerte dies Eckermann gegenüber: »Geben Sie Acht«, sagte er, »der Politiker wird den Poeten aufzehren. Mitglied der Stände sein und in täglichen Reibungen und Aufregungen leben, ist keine Sache für die zarte Natur eines Dichters. Mit seinem Gesange wird es aus sein, und das ist gewissermaßen zu bedauern. Schwaben besitzt Männer genug, die hinlänglich unterrichtet, wohlmeinend, tüchtig und beredt sind, um Mitglieder der Stände zu sein, aber es hat nur einen Dichter der Art wie Uhland.«

Uns Heutige möchte sein jahrelanger Streit um »das gute alte Recht« starrsinnig anmuten, wären an dieser Donquichotterie nicht die kraftvolle Überzeugung, der Mannesmut und die Würde des Kämpfers zu bewundern. Beliebt machte er sich damit zwar beim Volk, nicht aber bei der Regierung. Nur widerwillig gab diese schließlich einem Antrag des Senats der Tübinger Universität statt, Uhland zum außerordentlichen Professor für altdeutsche Literatur zu ernennen. Im Frühjahr 1830, nach dem Erlöschen seines Landtagsmandats, trat er die Professur an. Er las über mittelalterliche deutsche Poesie, über germanische und romanische Sagengeschichte, über das Nibelungenlied, sachkundig und anregend. Bezeichnend für den Mann, der es in allem genau nahm, daß er auch ein vielbesuchtes Stilistikum abhielt. Neue Freundschaften, politische und poetische, wurden geschlossen: mit Paul und Gustav Pfizer, mit Gustav Schwab, mit Lenau. Wiederum verdarb die Politik das musische Konzept: 1832 wählte ihn Stuttgart in den Landtag, der schon ein paar Wochen nach seinem Zusammentritt wieder aufgelöst wurde. Neuwahlen. Aber nun verweigerte dem Wiedergewählten die Regierung die Genehmigung zum Antritt seines Mandats. Für Uhland war es Ehrensache, daraufhin den Staatsdienst und die ihm liebgewordene Lehrtätigkeit aufzugeben; man gewährte ihm den Abschied »sehr gerne«.

1838 schied er endgültig aus dem Landtag aus. Es folgten zehn stille Studienjahre in seinem Haus an der Tübinger Neckarbrücke. Inzwischen war sein Ruf in Deutschland und im Ausland zum Ruhm geworden. Überall auf seinen Reisen, und Uhland reiste gern und viel, feierte man den Dichter und freien deutschen Mann, der doch, wie Gustav Schwab sagt, »das laute Lieben nicht liebte«.

Und dann kam das Jahr 1848. Es entriß ihn der Gelehrtenstube und stellte ihn mitten auf die Bühne des turbulenten Geschehens, zuerst als Mitglied des Siebzehnerausschusses, der in Frankfurt die neue Bundesverfassung vorbereiten sollte, später als mit überwältigender Mehrheit gewählten Abgeordneten des Wahlkreises Tübingen-Rottenburg; dabei hatte er nicht eine einzige Wahlrede gehalten. In der Paulskirche stimmte er, parteipolitisch unabhängig, meistens mit der Linken. Wenn er als Redner auch nur selten auftrat, zu zwei schicksalträchtigen Entscheidungen nahm er das Wort, und beide Reden sind klassisch geworden. Er sprach für Großdeutschland unter Einschluß Österreichs, weil man sonst »einen ewig herrschenden Einzelstaat« schaffe. Und er sprach gegen das Erbkaisertum und schloß mit dem vielzitierten Satz: »Glauben Sie, es wird kein Haupt über Deutschland leuchten, das nicht mit einem vollen Tropfen demokratischen Öles gesalbt ist.«

Den Zusammenbruch aller Hoffnungen und Erwartungen kostete er aus bis zur Neige, bis zur brutalen Auflösung des Rumpfparlamentes in Stuttgart durch Militär. Sein Fazit der Revolution klingt bitter: die deutsche Bewegung habe in größerer Anzahl Talente hervorgerufen und entwickelt als Charaktere. Seinen eigenen, in ganz Deutschland und weit darüber hinaus mit Hochachtung genannten Namen berührte das Fiasko nicht. Ohne auch nur ein Jota seiner Überzeugung preiszugeben, suchte und fand er Trost in seiner Forschungsarbeit, im Briefwechsel mit Gleichgesinnten und dem gelehrten und literarischen Deutschland, im Reisen zu Bibliotheken und Archiven, zu alten Freunden, mit Vorliebe in die Schweiz, auf die Meersburg zu Freund Laßberg, ins Kernerhaus nach Weinsberg.

Hier auch geschah es, daß er sich den Keim zu seiner ersten

und letzten ernsthaften Krankheit holte: am Grabe des ältesten aller Freunde, des geliebten Justinus, zog er sich in dem naßkalten Februarwetter eine Erkältung zu, an der er das ganze Jahr über kränkelte. Am 13. November 1862 ist er daran gestorben. Eine seltsam ergreifende, echt Uhlandsche balladeske Symbolik der Treue, dieser stille Gehorsam auf den Freundesruf von drüben! In Tübingen liegt er begraben.

Wer Uhlands Gedichte wieder einmal zur Hand nimmt, dem wird es bei vielen ähnlich ergehen, wie es schon Heinrich Heine ergangen ist: »...Aber so vieles hat sich seitdem ereignet! Was nur so herrlich dünkte, jenes chevalereske und katholische Wesen, jene Ritter, die im adligen Turnei sich hauen und stechen, jene sanften Knappen und sittigen Edelfrauen, jene Nordslandshelden und Minnesänger, jene Mönche und Nonnen, jene Vätergrüfte mit Ahnungsschauern, jene blassen Entsagungsgefühle mit Glockengeläute und das ewige Wehmutgewimmer, wie bitter ward es mir seitdem verleidet! Ja, einst war es anders...« Und Goethe, der sich einmal zu Eckermann über Uhlands sehr verbreitete Popularität ausläßt und ihrer Ursache auf den Grund kommen will, spricht von »so vielen trübseligen Gedichten« in Uhlands Band, daß ihm das Weiterlesen verleidet worden sei. »Ich griff dann«, fährt er fort, »nach seinen Balladen, wo ich denn freilich ein vorzügliches Talent gewahr wurde und recht gut sah, daß sein Ruhm einigen Grund hat.«

Weder Heine noch Goethe sagten damit viel Neues: überlegen lächelnd hatte Uhland selbst schon in seinem gereimten Vorwort zur ersten Auflage der Gedichte Selbstkritik an seiner Jugendproduktion geübt, zugleich aber auch, selbstbewußt und selbstbescheiden in einem, darauf hingewiesen, wie er gelesen werden möchte:

> *Doch vielleicht, wer stillem Deuten*
> *nachzugehen sich bemüht,*
> *ahnt in einzelnen Gestaltungen*
> *größeren Gedichts Entfaltungen*
> *und als Einheit im Zerstreuten*
> *unseres Dichters ganz Gemüt.*

Uhland selbst scheint sich seiner stärksten Seite, seines Talents für die Ballade, bewußt gewesen zu sein. Viel zu scheu, vielleicht sogar zu spröde, auch darin ganz Schwabe, um elementares Empfinden, um Gefühle und Leidenschaften unreflektiert und unmittelbar ins Wort verströmen zu lassen, sein Innerstes nackt und bloß preiszugeben, strebte Uhland in seinem Dichten nach Objektivierung. Ihm gefalle es, hat er einmal gesagt, daß man von Shakespeare so wenig wisse.

An anderer Stelle meint er, die Lyrik seiner Tage besage oft nur, daß es den Dichtern heute so, morgen anders sei. In der Ballade fand er die ihm wesensgemäße Form, ohne Selbstentblößung zu sagen, was er liebte und litt. Er hat es auch über das Drama versucht, ohne viel Glück; der dramatische Nerv ging ihm ab. In der Balladenkunst aber hat er, neben hohltönenden Schauergeschichten und larmoyanten Moritaten, einige Meisterstücke geschaffen: »Ver sacrum«, »Taillefer«, »Die Bidassoabrücke« und das allerschönste »Bertran de Born«. Sprachliche Zucht, Prägnanz der Darstellung, die klirrende Musik der Strophen und das in jedem Vers und Reim mitschwingende stolze Bewußtsein von der Macht und Würde des Dichtertums machen dieses Gedicht zu einem Hohenlied auf das sieghafte Wort. Wie Bertran de Born Herz und Geist von König und Königskindern mit seinem Lied behext und gewinnt, so Uhland mit dem seinen heute noch uns.

Auch das Volkslied, eine andere Form der Objektivierung, war seiner menschlichen und poetischen Wesensart darum besonders angemessen; und wirklich gehen von seinen besten lyrischen Gedichten viele aus dem Volkston. Was ein Zeitgenosse damals, als Uhland seine »Harf' längst hingesetzt« hatte, an diesen Liedern gelobt hat, nämlich, sie seien in die Herzen der großen Menge gedrungen und lebten noch jetzt im Munde der Menschen, das gilt, für seine schwäbische Heimat ganz gewiß, noch heute. Sein Bekenntnis, er habe für eine Poesie für sich, vom Volke abgewendet, eine Poesie, die nur die individuellen Empfindungen ausspreche, nie Sinn gehabt, dankte ihm das Volk dadurch, daß es sich seine Lieder so aneignete, als wären sie ein Stück von ihm. Wahrhaftig, sein spätes Wort ist in bestem Sinne in Erfüllung gegangen — »Was ich sang, ist nicht mehr meines.«

Schlichtheit und Innigkeit stehen als Attribute dichterischer Aussage in unserer heutigen so kompliziert gewordenen Welt nicht hoch im Kurs. Uhland besaß sie noch, ungebrochen und rein, und schuf damit einige Gedichte, die zum »ewigen Vorrat deutscher Poesie« gehören: »Seliger Tod«, »Nähe«, »Frühlingsglaube«, »Auf der Überfahrt«. Die vollendete Einfachheit der Form ist die köstlichste Frucht seines Dichtertums. Dem alltäglichen Wort den Zauber des Poetischen, des Ahnungsvollen, des Unsagbaren entströmen zu lassen, mit ein paar schlichten Vokabeln eine Stimmung einzufangen, eine Situation, einen Gedanken, ein Symbol knapp zu umreißen, das findet sich in der Dichtung des 19. Jahrhunderts nicht allzu oft.

An Uhlands Lyrik erweist es sich, daß nicht Weite und Großartigkeit des Vorwurfs Kriterien echten Dichtertums sind, sondern die Intensität des Erlebens und die Beherrschung des genauen, angemessenen Worts. So wird der aufmerksame Leser in Uhlands lyrischem Werk noch manche bisher wenig beachtete Kostbarkeit entdecken, deren scheinbar anspruchslose, oft nur ein paar Verszeilen umfassende Form den vollkarätigen Gehalt nur dem Bedachtsamen offenbart; ich meine Stücke wie »Der Sommerfaden«, »Die Malve«, »Auf der Reise« und den Nachruf auf die Eltern:

> *Zu meinen Füßen sinkt ein Blatt,*
> *Der Sonne müd', des Regens satt;*
> *Als dieses Blatt war grün und neu,*
> *Hatt' ich noch Eltern lieb und treu.*
> *O wie vergänglich ist ein Laub,*
> *Des Frühlings Kind, des Herbstes Raub!*
> *Doch hat dies Laub, das niederbebt,*
> *Mir so viel Liebes überlebt.*

Die Art seines Produzierens stimmt mit seiner Persönlichkeit in solchem Maße überein, daß man daraus schließen darf, nur wirklich Durchfühltes, seelisch und geistig Durchlebtes habe ihn nach der Feder greifen lassen. Uhland hat die Poesie nie kommandiert, er wußte:

> *Die Muse fehlt nicht selten,*
> *Wenn man sie eben will ...,*

wie es in seinem »Verspäteten Hochzeitslied'« heißt. Abgesehen von den sehr produktiven Jugend- und ersten Mannesjahren, waren die späteren Schaffensperioden meist nur von kurzer Dauer, allerdings auch von sprudelnder Fülle, so daß oft ein Dutzend

Gedichte in wenigen Wochen entstand. Machte man ihm wegen seines Schweigens Vorhaltungen, so pflegte er zu erwidern, nicht er lasse die Muse, sondern die Muse lasse ihn in Ruhe. Geduldig und bedächtig verstand er sich auf das Reifenlassen, bis er schließlich die runde, süße Frucht pflücken konnte, mühelos, wie es scheint.

Wäre es möglich, aus Einzelzügen das äußere und innere Bild einer Persönlichkeit lebendig werden zu lassen, vollends das der komplexen, im Letzten irrationalen Persönlichkeit eines Dichters, so könnte man als Komponenten von Uhlands Wesen und Dichten nennen: Gemüt, Phantasie, Redlichkeit, Klarheit, Maß, fromme Scheu und Humor, mag dieser uns manchmal auch altväterisch anmuten.

Er selbst hat einmal in so häufig bei Dichtern zu beobachtender Selbstverkennung gemeint, niemand könne seinem Werk und seiner Person gerecht werden, der nicht neben seinen Dichtungen seine prosaischen Schriften gelesen habe. Verhielte es sich wirklich so, dann stünde es um seinen Nachruhm bedenklich. Mit aller gebotenen Hochachtung vor seiner wissenschaftlichen Leistung als Altmeister der Germanistik und Romanistik sei es gesagt: seine Mythen und Sagenforschungen, sein Walther von der Vogelweide, seine Abhandlung über das altfranzösische Epos haben heute Bedeutung nur noch als überholte, wenn auch ehrwürdige Marksteine in der Entwicklungsgeschichte jener Disziplinen.

Wir kehren zu unserem Ausgang zurück. Ludwig Uhlands Größe beruht nicht so sehr auf seinen Einzelleistungen als auf seinem Wirken als Persönlichkeit. Ich wüßte nicht allzu viele, auf die das bekannte Distichon Schillers so trefflich paßte wie auf seinen Landsmann Uhland:

> *Adel ist auch in der sittlichen Welt. Gemeine Naturen*
> *zahlen mit dem, was sie* tun, *edle mit dem, was sie* sind.

Auf die Frage aber, was Uhland gewesen, möge ein Zeitgenosse Antwort geben, der bei der Todesnachricht klagte: »Ach, was haben wir verloren, das Gewissen Deutschlands.«

1957

JOSEF EBERLE

Der Letzte

Sie haben einen Achtzigjährigen begraben
in dem schwäbischen Dorf, in dessen Schutz
die Seinen viele Jahrhunderte lang gelebt hatten
bis sie von rohem Haß vertrieben wurden.

Er kehrte zurück nach den babylonischen Jahren
von heftigem Heimweh getrieben
er kehrte zurück, vergangene Zeiten zu suchen
mittellos und als Greis und fast Unbekannter.

Vergebens suchte er nach Verwandten und Freunden
nach dem Sabbatabend, der wortreichen Schule.
Was er draußen so lange entbehrt
das suchte er vergebens: Ruhe und Frieden.

Er fand nur dieses Plätzchen
zwischen den verwilderten Gräbern der Vorfahren
denen der Herr gnädig zu sterben vergönnt
vor der Tyrannei der Verfolger.

Obwohl dieser Wald genügend
Platz böte für alle aus Davids Geschlecht
ist schon seit langem keiner mehr zur Ruhe gegangen
an diesem der Ruhe geweihten Ort.

Die Vertriebenen finden in ihren neuen Vaterländern
eine weniger drückende Erde
und schon gar nicht bedürfen dieses Bodens
jene, die man in Asche aufgehen ließ und in Rauch …

Dieser aber wird der heimischen Erde zurückgegeben
unter denselben dunklen Schwarzwaldtannen
die schon die Wiege des Kindes umschattet haben
wie sie das Grab des Vaters beschatten.

Hier ruht der letzte Jude des Dorfes.
Bald wird Gebüsch seinen Stein bedecken.
Und doch wird sein Grab nicht vergessen werden:
denn mehr als dieser Greis liegt hier begraben …

1961

Zu Jacob Picard »Die alte Lehre.
Geschichten und Anekdoten«

Dichtung ist Erinnerung. Auch die Geschichten, die Jacob Picard erzählt, verdanken Gehalt und Gestalt der Erinnerung an eine Welt, die nicht mehr ist, um es mit schonendem Bedacht zu sagen. Und doch lebt sie noch, die kleine Welt der sogenannten Judendörfer in Südwestdeutschland, der die Gestalten und Begebenheiten unseres Buches angehören. Sie lebt in der Erinnerung derer, die sich aus ihrem gewaltsamen Untergang zu retten vermocht haben – ach, es sind nicht mehr viele – aber auch derer, die einst mit jenen zusammen eine dörfliche Lebensgemeinschaft gebildet haben. Indessen, diese Erinnerungen sterben aus mit den Menschen, die sie hegen. Es ist deshalb ein Glücksfall, daß sich in letzter Stunde einer der Geretteten gefunden hat, der trotz der entsetzlichen Vergangenheit seiner reifen Lebensjahre die unbeschwertere Vorvergangenheit seiner Jugendzeit nicht vergessen kann und nicht vergessen will. Er hat hier jene kleine Welt im Wort, das von keinem Untergang mehr bedroht ist, für sich und für uns auferweckt.

Der literarisch Interessierte konnte sich seit langem aus vielen Büchern hervorragender jiddischer Dichter und Erzähler ein Bild machen vom dörflichen und kleinstädtischen Leben des Ostjudentums. Aber was wußte er, vollends was weiß er von der Lebensform jener seiner deutschen Mitbürger, der Landjuden, die viele Jahrhunderte lang unter uns gelebt haben – von der jüngeren Generation ganz zu schweigen? So wären also die hier gesammelten Geschichten und Anekdoten Jacob Picards zuallererst kulturgeschichtliche Dokumente? Gewiß sind sie das, und als solche bedeutsam genug, insofern, als sie am Beispiel blutvoller Charaktere und Typen die Geistes- und Lebensart einer religiösen Minderheit festhalten, der ihr Glaube zum Schicksal geworden ist – im Guten wie im Schlimmen. »Der große, tröstliche Glaube, der uns bis heute gerettet hat«, wie Jacob Picard sagt, dieser Glaube ist es, was sie ihres Judentums, ihrer Gemeinschaft, ihrer Geschichte, aber auch ihres Andersseins als die andern hat bewußt werden lassen, greift doch das »Gesetz«, in dem die jüdische Religion sich manifestiert, viel fordernder, aber auch viel formender in das tägliche Leben des Frommen ein, als wohl jede andere Religion es tut.

Fromm aber sind sie gewesen, diese ländlichen Juden, und hätte Frömmigkeit bei manchen auch nur in äußerlicher Beobachtung der religiösen Vorschriften bestanden. Im übrigen glichen sie in diesem Festhalten am Ererbten völlig ihren nichtjüdischen dörflichen Mitbürgern: mit dem religiösen Herkommen brechen hieß sich selber ausschließen aus der Gemeinschaft. Wer auf dem Land hätte so was auf sich nehmen wollen? Und eben deshalb hatte man beiderseits Achtung voreinander, tolerierte einander nicht nur, sondern nahm an den großen Tagen und Begehungen gegenseitig nachbarlichen Anteil.

Ein eigenartiges Phänomen, von Jacob Picard mit Präzision in seinem Buch festgehalten, ist die dörflich-jüdische Umgangssprache. Die meisten seiner Geschichten spielen im Badischen und im Elsaß, also da, wo man alemannisch spricht. Auch die Juden sprachen selbstverständlich Dialekt, aber mit einem unverkennbar fränkischen Einschlag, ja man müßte fast umgekehrt sagen, der Grundstoff ihrer Umgangssprache sei das Fränkische gewesen, so wie es am Mittelrhein und am unteren Neckar zu Hause ist, gemildert, wenn man so sagen darf, durch alemannischen oder schwäbischen Aufputz. Denn auch in den schwäbischen Judendörfern und -städtlein, Haigerloch, Hechingen, Laupheim, Mühringen, Rexingen, Nordstetten, Baisingen, Buttenhausen und wie sie alle heißen, sprachen sie, obwohl schon jahrhundertelang dort ansässig, dieses sogenannte Judendeutsch. Was es für Fremde noch fremder machte, waren die zahllosen hebräischen Einsprengsel, und auch sie nahmen natürlich Dialektfärbung an. Den Bauern freilich, die mit ihren Juden zusammen lebten und zusammen handelten, klangen sie gar nicht fremd; sie nahmen diese hebräischen Sprachbrocken so unbefangen selbst in den Mund, als wären sie bestes Alemannisch oder Schwäbisch.

Der soziale Status dieser Landjuden war in der Zeit, in der unsere Geschichten spielen, ja, bis zum Ausbruch des barbarischen Wahns, der einer geachteten, wenn nicht »betuchten«, so doch ihr bequemes Auskommen habenden Mittelschicht. Dazu kam, daß man die Buben meistens die höhere Schule in der nächsten Kleinstadt besuchen ließ, ehe sie entweder in die Stadt abwanderten oder den väterlicher Beruf als Pferde- oder Viehhändler, kleine Kaufleute oder Vertreter ergriffen. Viele besaßen Äcker, Wiesen, Wald und Vieh und trieben ihre kleine Landwirtschaft nebenher um, so daß man von bäuerlichen Juden sprechen kann. Auch im Äußeren unterschieden sich diese kaum von den andern Bauern. So braucht es niemanden zu wundern, daß zum Beispiel die von jüdischen Auswanderern aus Rexingen in Israel gegründete Siedlung »Shave Zion« in dem jungen Staat als landwirtschaftliche Mustersiedlung weithin gerühmt wird: diese Rexinger brauchten nicht umzulernen, sie brachten alles mit von »daheim«.

Natürlich gab es auch Arme. Gerade an ihnen aber bewährte sich eine der schönsten, beispielhaften Eigenschaften der ländlichen »Kehilla«: ihre Wohltätigkeit, die frei von Demütigung für den Empfänger war und keinen darben ließ. Viel ist in diesen Geschichten die Rede von den Gebräuchen und Sitten an den Feiertagen. Sie sind alle religiös bestimmt, auch die heitersten, wie »Purim«, das etwa der christlichen Fastnacht entspricht. Und alle sind sie geheiligt durch frommes Herkommen, das an Alter die Bräuche der heutigen Völker weit übertrifft, und schon darum ehrwürdig. Wer je einen Seder-Abend an Pesach oder auch nur einen Erew-Schabbes in einem jüdischen Haus miterlebt hat, wird sich mit Ergriffenheit der patriarchalischen Würde und der schlichten Feierlichkeit erinnern, womit der »pater familias« über den Wein im silbernen Kiddisch-Becher den hebräischen Segensspruch hersagte. Und manchem jüdischen Leser in der Ferne wird das Wasser im Mund zusammenlaufen, hört er Jacob Picard von den Spezialitäten der koscheren Küche erzählen, von »gesetzter Supp«, »gefülltem Ganshälschen«, von »polnischem Karpfen«, »Trocken-Gefülltem«, »Matzenköpfle«, von »Schaleth« und anderen guten Dingen.

Genug des Dokumentarischen! Auf eine noch höhere Stufe, als dies allein es vermochte, erheben sich diese Geschichten dank ihrem menschlichen Gehalt und der noblen Erzählkunst ihres Verfassers. Was ihre Frömmigkeit betrifft, die beileibe nichts mit Frömmelei zu tun hat, so erstaunt man immer wieder darüber, daß unter der Starre des »Gesetzes« die lebendigen religiösen Impulse so wenig erstickten wie freie Selbstverantwortung und herzwarme Menschlichkeit. Könnte man den geistigen und seelischen Habitus der Gestalten, die uns in diesem Buch begegnen, auf Formeln abziehen, so drängten sich einem von selbst Begriffe auf wie Konservativismus, Lebensweisheit, wie sie nur ein jahrtausendealtes schweres Schicksal schenkt, Humor, Ironie, die sich, heiter oder bitter, immer selbst einbezieht, und – trotz allem – ein stolzer »amor fati«. Jacob Picard abstrahiert jedoch nicht, er zeigt alle diese Eigenschaften verkörpert in Gestalten aus Fleisch und Blut. Dabei läßt der Erzähler sich Zeit, wie es seinem Alter ansteht, und erwartet, daß auch der Leser sich Zeit nehme, um da und dort innezuhalten und über einer Bemerkung, einer Reflexion, einem Wort besinnlich zu werden, vielleicht sogar nachdenklich … Sein Landsmann Johann Peter Hebel hat diese Geschichten gesegnet und ihnen von seinem Atem eingehaucht. Damit ist viel gesagt, aber nicht zu viel.

Jacob Picard stammt aus Wangen am Bodensee, wo er am 11. Januar 1883 geboren wurde. Besuch des Konstanzer Gymnasiums, Frontoffizier im Ersten Weltkrieg, später Rechtsanwalt und Schriftsteller in Köln bis 1933. Als fast Sechzigjähriger entkam er über Rußland, Korea, Japan nach Amerika, wo er heute noch seinen Wohnsitz hat, wenn er nicht gerade bei seiner Tochter in Holland oder in der alten Heimat Wangen zu Besuch ist.

Sein Buch spiegelt das Schicksal des Verfassers: ein Teil der vorliegenden Dichtungen erschien unter dem Titel »Der Gezeichnete« 1936 bei einer jüdischen Buchgemeinschaft; zur Wirkung konnte es, über den jüdischen Kreis hinaus, nicht mehr kommen, denn es wurde bald darauf eingestampft. 1956 kam in New York eine von Ludwig Lewisohn übersetzte englische Ausgabe heraus; sie hatte über Erwarten großen Erfolg. Und nun endlich liegt das Buch für alle in *der* Sprache vor, in der es gelebt, gedacht und geschrieben wurde. Der Leser darf sich darüber freuen.

1963

Zu Peter Strick »Starker Tubak. Lyrische Schwabenstreiche«

Dialektgedichte sind in Mode gekommen. Leider – ist man zu sagen versucht. Wenn so viele der heutzutage veröffentlichten einem anspruchsvolleren Liebhaber den Geschmack am ganzen Genre verleiden, so hat das tiefere Ursachen als etwa mangelnde poetische Begabung ihrer Verfasser oder unzulängliche Kenntnis der Mundart. In einer seit Großvaters Zeiten völlig veränderten und sich rapid weiter verwandelnden Welt kann auch die Mundart kein umzäuntes, sorglich gehegtes, idyllisches Gärtlein mehr bleiben. Auch Worte und Wörter sterben, wenn es die Dinge, für die sie stehen, nicht mehr gibt und dafür Neues einbricht. So ist auch die Mundart auf dem schlechtesten Weg, zu einem Allerwelts-Jargon zu werden, das heißt: die spezifische Erlebnis- und Ausdrucksweise ihrer Welt dem allgemeinen Trend der Zeit anzupassen. Man mag diesen Einbruch bedauern und beklagen, wenn man ein Romantiker ist, aufhalten läßt sich die Entwicklung nicht. Damit soll stümperhaftem, formlosem Gestammel nicht das Wort geredet werden, und schon gar nicht der Banalität umgangssprachlich gefärbter Ausdrucksweise für Zwecke, die mit Dichtung nichts und mit unverfälschtem Dialekt noch weniger zu tun haben. Schlechte Prosa, und gibt sie sich noch so progressiv, wird auch dann nicht zum Gedicht, wenn man sie in Verszeilen drucken läßt.

In dieser unserer ganz allgemein verunsicherten Zeit scheint mir eine Neuausgabe der schwäbischen Gedichte Peter Stricks höchst begrüßenswert, handelt es sich doch um echte Mundartgedichte, denn das Gewicht des zusammengesetzten Worts liegt ausgewogen auf dessen beiden Teilen. Ein weiterer Grund: das Büchlein setzt Maßstäbe und zieht Grenzen, wenn auch zuweilen ironische, zwischen Mundartgemäßem und Mundartfremdem. Die neue Ausgabe des »Starken Tubaks« als Faksimilewiedergabe der längst vergriffenen Erstauflage [von 1936] rechtfertigt sich somit selbst: das Buch ist ein literarisches Dokument seiner Entstehungszeit, ihres Menschenschlags, ihrer sozialen und politischen Verhältnisse, ihrer Sprache. Und das will es auch in seinem Äußeren sein. Zwar spiegelt es nur eine eng umgrenzte Gegend und ist doch gültig für das ganze Gebiet, in dem man schwäbisch spricht und auf schwäbische Art denkt, fühlt und lebt (vielleicht wäre hier die Vergangenheitsform bereits angebrachter).

Peter Strick, mit bürgerlichem Namen Paul Schmid, wurde am 28. Februar 1895 in Sulz am oberen Neckar geboren. Er studierte in Tübingen und Berlin Philologie, übernahm aber nach seiner Heimkehr aus dem Ersten Weltkrieg die väterliche Kunstmühle und blieb dem ehrbaren Handwerk des Müllers treu, bis er als Ehrenbürger seiner Heimatstadt am 27. Dezember 1977 starb. Dem Handwerk des Dichters hat er in seinen letzten Jahren, abgesehen von satirischen Gelegenheitsgedichten, kulturpessimistisch gewor-

den, entsagt. Seinen literarischen Neigungen hatte er bereits als
Pennäler und Student gehuldigt; er schrieb in Kulturzeitschriften
literarische Essays, Gedichte und Novellen. Als sprach- und form-
gewandter Dichter wies er sich gleich nach dem Ersten Weltkrieg
aus mit seinem Gedichtzyklus »Brüder. Eine Dichtung wider den
Tod«, der dem Andenken seines gefallenen älteren Bruders
gewidmet ist. Hölderlin, Rilke, Stefan George und Karl Kraus
waren ihm bewunderns- und nachahmenswerte Idole.

Wie kam nun ein Mann, der sich auf solchen Höhen angesie-
delt hatte, zur Mundartdichtung? Der Schreiber dieses Nach-
worts bekennt, daß er daran nicht schuldlos oder, um es wertfrei
zu sagen, nicht unbeteiligt gewesen ist. Paul Schmid war ein
Freund Sebastian Blaus, und dessen schwäbische Gedichte regten
ihn an, auf diesem, ihm bisher dichterisch fremd gebliebenen,
Feld mit Sebastian Blau zu wetteifern – auf freundschaftlich inti-
me Art, denn eben dieser Blau unterlag damals bereits einem
Publikationsverbot. So entstand und erschien 1936 das Bändchen
»Starker Tubak. Lyrische Scbwabenstreiche« unter dem Pseudonym Peter Strick. Das S. B. dedizierte Exemplar trägt die Widmung:

> *Erfülle ich mit diesem Büchlein*
> *Deinen kritischen Wunsch?*
> *Oft steckt ein Erdgerüchlein*
> *Nicht nur im Wein, auch im Punsch.*

Auf dem Streifband des Umschlags las man, dieses Produkt einer
Laune sei nicht nur ein Buch, es sei eine Bombe. Und als Bombe
schlug es in gewissen Kreisen auch ein. Für Unbefangene aber
war es ein Brillant-Feuerwerk von Geist, Witz und Humor, von
satirischer und poetischer Kraft. Jene Kreise jedoch, bei denen
nicht nur das Hemd, sondern auch das Hirn munkelesbraun
gefärbt war, äußerten ihre Unfreude an diesem Produkt heiterer
Laune in ihrem Schmierblättchen in der bösartigsten, rüdesten,
humor- und hirnlosesten Tonart, als sei kritische Heiterkeit ein
Sakrileg an den heiligsten Gütern der Nation. Und da solche
Angriffe, zumal in einem offiziösen Blatt, damals nicht ungefährlich waren, wehrte sich Peter Strick in Rundbriefen an seine
Freunde und Leser dagegen. Heute kann man seine Verteidigung,
die alles ins Feld führte, was nach der Geistesart seiner Angreifer
für seine Verdienste als rechts- und rechtgesinnter Bürger spre-

chen konnte – von seiner schweren Kriegsverwundung bis zu seiner urarischen Großmutter – nur noch mit Kopfschütteln lesen. Dies gilt freilich weniger dem als »Kulturbolschewiken«, »Kaffeehausliteraten«, »Sumpfblüte« und »Semigranten« Verunglimpften, als dem Geisteszustand einer Bande rabiater Banausen und geistmordender Blut- und Bodenschützer, die ihre Barbarei für »Deutsche Kultur« ausgeben durften. Ihrer humorlosen Dickfelligkeit ging es nicht einmal auf, daß die zwei hochdeutschen Gedichte im Band Persiflagen und Satiren auf das großstädtische Nachtleben der Zeit waren.

Eine Bombe? Nein, das ist das Buch nicht mehr. Die Zeit hat sie entschärft und uns Heutige an beträchtlich stärkeren Tubak gewöhnt. Selbst der in einzelnen Versen unverhohlene Spott über den Unfug nazistischer »Volkstumspflege« kitzelt uns nur noch erheiternd in der Nase. Geblieben aber ist uns das Vergnügen an diesen kräftigen und, zugegeben, oft deftigen Genre-Bildern aus einer halbbäuerlichen Kleinstadt. Die Art zu fühlen, zu sehen, zu denken, sich zu äußern trägt unverwechselbares Lokalkolorit, eben das eines Landstädtchens am oberen Neckar. Dies gilt besonders für den Dialekt, der Anklänge an das geographisch nicht ferne Alemannische aufweist. Daß die Gedichte kein Bauer geschrieben hat, merkt man auf Schritt und Tritt: an ihren raffinierten Reimen, ihren Assoziationen, an den Wortspielen, den überraschenden, schlagkräftigen Pointen, am wohlüberlegten Aufbau der Gedichte. Das Gegenbeispiel zu dem gebildeten Mundartdichter bietet der wirkliche Bauerndichter Christian Wagner, der keine einzige Verszeile im Dialekt geschrieben hat; er verachtete ihn.

Das »Räße« vieler Verse darf nicht darüber hinwegtäuschen, daß ihrem Verfasser auch das Idyllische, um nicht zu sagen: das Lyrische, zu Gebote stand; ich denke an den »Angler«, an's »Kromlädle«, an das Hundle »Peter«. Nicht wenige verdienen, in das Schatzkästlein schwäbischer Mundartdichtung einzugehen, so das Lob der alten Dienstmagd »Lene«, der Bericht vom Leben und Sterben des versoffenen Originals »Dr Pflomm« und das Epos vom »Lohengrin«.

In den letzten Versen des Buches meint der Dichter, es müsse beim Leser ja nicht gerade in der vorderen Reihe des Bücherschränkleins stehen:

Verschobbet's, ond wenn's Euch glustet,
Zieget's hehlenge raus.
s sieht lieber wia staubverkrustet
Verlease-n-ond schmotzig aus.

Dagegen empfehle ich dem Leser: stell diese Neuausgabe ruhig
in die vordere Reihe, sie verdient es. Und möge es dich oft danach
glusten!

Sebastian Blau

1978

Bildungsnotstand

Weil Bildungsnotstand up to date,
drum schreib ich dieses Alphabet.

Der *Auerbach* ist längst vergessen,
sein Werk von Mäusen aufgefressen.

Der *Busch* steht als Zitatenquelle
statt Schiller jetzt an erster Stelle.

Von *Claudius* blieb einzig hangen
das Lied »Der Mond ist aufgegangen«.

Der *Droste* ward als Dichterin
die eigne Spröde zum Gewinn.

Dank *Eichendorff* erfährt man bald,
wer aufgebaut den schönen Wald.

Fontane, preußischer Franzose,
schrieb besser deutsch als Fritz der Große.

Und *Goethe* sprach: »Ich mag sie nicht!«
und wahrte so das Gleichgewicht.

Und *Heine* lebte zu Paris,
weil er in Deutschland im Verschiß.

Dann gab's noch einen *Immermann,*
von dem ich wenig sagen kann.

Und *Keller* strickte, mir zuleide,
»Drei Ellen guter Bannerseide«.

Und *Lessing,* den wir lesen müßten,
ist nur noch Stoff für Germanisten.

Und *Mörike* bekam im Paß
zu spät das Visum zum Parnass.

Novalis hielt es, weil gelüstig
nach Himmelsfreuden, mit der Mystik.

Mit *Opitz* ist's schon lang vorbei
samt seiner teutschen Reimerei.

Und *Platens* fein geschliff'ne Form
ist heut Ersatz für Phanodorm.

Mit Q fängt nur der *Queri* an,
den bloß ein Bayer lesen kann.

Und *Rilke,* ein Poet aus Prag,
gilt dem als Riese, der ihn mag.

Und *Schillers* Werk, ein Automat,
speit aus auf Knopfdruck ein Zitat.

Auch *Ludwig Tieck* ist hier zu nennen
für alle, die nicht schlafen können.

Von *Uhland* pflegt man abzuleiern
Balladen, meist bei Schulschlußfeiern.

Der *Vischer* aber war und blieb
»Auch Einer«, wie er uns beschrieb.

Und *Wieland* stammt aus Biberach,
doch Kleinstadtgeist war nicht sein Fach.

Von einem Dichter namens *X*
vernahm und las ich leider nix.

Auch kenn ich keinen *Y,*
und wenn's ihn gibt, wer liest ihn schon?

Und *Zschokke,* der die Reihe schließt,
ist einer, den kein Mensch mehr liest.

Genug! Ich sage hier nichts weiter
als: Selberlesen macht gescheiter.

1985

An Heines Grab

Herbstlich regnerisches Wetter,
Wolken hingen tief herab,
Westwind wehte falbe Blätter
auf des Dichters Marmorgrab.

In der Schale für die Gäste,
die Herr Heine hier empfängt,
lagen Karten, Manifeste
der Verehrung, eng gedrängt.

Doch daneben – dies im freien
Frankreich! – las ich ein Verbot,
dieses Grab zu konterfeien;
auch mit Strafe war gedroht.

Von dem Schild herausgekitzelt
überkam mich Scham und Spott,
und so flog, rasch hingekritzelt,
dieses Verslein in den Pott:

»Heimatluft umgibt den toten
Dichter auch im fremden Land,
noch auf seines Grabes Rand
wird bei Strafe was verboten.«

1985

SCHWÄBISCHE HEIMATKUNDE

Aufbrechen, um heimzukehren

Ausgewählt und eingeleitet von
Eckart Frahm

»Heimat meint ja nicht allein die
räumliche und menschliche Umwelt,
in der ›das Herz dir aufwachte zum
Leben‹, Heimat schließt auch die
ersten herzlichen und schmerzlichen
Erfahrungen ein, in denen du deiner
selbst und der Welt bewußt wirst.«

Blick auf den Marktplatz in Rottenburg;
in der Mitte Eberles Geburtshaus.
Zeichnung von Josef Eduard Wagenblast
in der »Rottenburger Hauspostille«.

Eine ideale Stadt zum Aufwachsen

Im heutigen Medienzeitalter würde man angesichts der zunehmenden Inszenierung von Realität die folgenden Zeilen von Josef Eberle aus seiner »Rottenburger Hauspostille« (1946) als Teil einer meisterhaften Reportage beurteilen, basierend auf authentischen Erlebnissen des Schreibers: »Im Grobsein und Schimpfenkönnen sind sogar wir Rottenburger Waisenknaben gewesen neben diesen Schwarzwälder Flößern, die so ungeschlacht waren wie ihre Baumstämme. (...) Uns Buben war es am liebsten, wenn ein Floß gegen Abend hier ankam, dann mußte es anlegen. Wir paßten auf wie die Häftlesmacher und halfen trotz Püffen und Flüchen, trotz nassen Schuhen und Hosen dabei mit. Man trieb mit der Axt die Sperrbalken in den Grund, die bei einem widerspenstigen Floß oft abknickten wie Streichhölzer; die anderen zogen die Gestöre mit Seilen und Wieden zum Ufer und machten sie mit dicken Ketten an Pfählen fest. Einer mußte Wache halten, die übrigen schulterten ihre Äxte und stapften in ihren hohen Stiefeln hinaus in die ›Linde‹ oder ins ›Rößle‹; wir Buben, möglichst so breitbeinig wie sie, hintendrein.«

Wie mitten aus dem Leben gegriffen geht es dann bei der ungeladenen Mitfahrt in diesem anschaulichen Stil weiter: »Am großartigsten war die Fahrt durch das Floßloch im unteren Wehr: Bis zu den Hüften stand der Floßführer auf dem vordersten Gestör im Wasser und dirigierte mit dem Ruder das steil hinabschießende Floß durch Gischt und Schaum. Die dicksten Stämme, Holländer genannt, knackten und krachten da ganz bedenklich, man meinte, das ganze Floß fahre auseinander. Man wurde naß bis auf die Haut, aber eine Tracht Prügel zu Hause war diese Herrlichkeit wert.«

Man sieht dem jungen Josef Eberle förmlich zu, teilt rundum seine Gefühle angesichts dieser abenteuerlichen Neckarfahrt und übersieht auch nicht die kenntnisreiche Beherrschung der Materie: *Häftlesmacher* sind Verfertiger von Haften, also von Ösen; aufpassen wie Häftlesmacher, das bedeutete: sehr genau aufmerken. *Gestöre* sind die Anzahl zusammengebundener Stämme, die ein Gelenk, ein Glied des Floßes ausmachen. *Wieden* sind längere, dünne Holzstangen, die nach Wässerung und Erhitzung aufgerollt werden, dadurch wie Seile zum Vertäuen der Stämme genutzt werden konnten. *Holländer* waren besonders dicke und lange Stämme, die für den Haus- oder Schiffsbau auf diesem Wasserweg nach Holland transportiert wurden.

Diese Reportage von Josef Eberle, entstanden in schwieriger Zeit nach dem Schreibverbot (1936) durch die Nazis, hat nur einen kleinen »Fehler«: Am 26. Oktober 1899 ist das letzte Neckarfloß durch Rottenburg und Tübingen nach Esslingen gefahren. Der vermeintliche Augenzeuge Josef Eberle wurde erst zwei Jahre später, am 8. September 1901, geboren. Und in seinen Jugendjahren fuhren – wenn überhaupt – nur noch Flöße zum Vergnügen des Publikums auf dem Neckar, die Eisenbahn besorgte den Transport von Holz schneller und billiger.

Trotzdem hat Theodor Heuss recht, wenn er als Herausgeber der *Rhein-Neckar-Zeitung* über die »Rottenburger Hauspostille« (1946) urteilt, daß Eberle nicht den Ehrgeiz hatte, »unter die Fachhistoriker zu gehen und neue Quellen zu erschließen. Doch die Spezialisten der Heimatkunde (...) werden ihm dankbar sein, daß er, ein sichtender Liebhaber, mit einer Wünschelrute über das Gelände des Gewesenen ging: (...) er wählte aus, gab den Dingen die gemäße Ordnung und das rechte Gewicht in der Anlage. Und so entstand ein in seiner Art vollendetes Buch. Es ist das Werk eines Künstlers, der zu komponieren, und eines Dichters, der zu schreiben versteht.«

Die für dieses Lesebuch ausgewählten Texte von Josef Eberle zur schwäbischen Heimatkunde bestechen durch ihre Anschaulichkeit, historische Stimmigkeit und nicht zuletzt durch ihre sprachliche Form. Eberle erinnert sich im und über das Medium der Sprache, in der vergangene, kollektive Erfahrungen aufbewahrt sind. Das macht seine Vergegenwärtigungen von (Rottenburger) Heimatgeschichte so anregend lesbar und kenntnisreich zugleich.

Mustert man die Texte von Josef Eberle zur schwäbischen Heimatkunde, stellt man rasch fest, daß sie in biographisch besonderen, für ihn äußerst schwierigen Situationen entstanden sind. Nach seiner Entlassung aus dem Süddeutschen Rundfunk im Juni 1933 (»aus Gründen der politischen Betriebsumstellung«) und vor allem nach dem Ausschluß aus der Reichschrifttumskammer im März 1936 (»da er nicht geeignet ist, durch schriftstellerische Veröffentlichungen auf die geistige und kulturelle Gestaltung der

Nation Einfluß zu nehmen«) – und damit Schreibverbot durch die Nazis erhält – versucht Josef Eberle bis 1945 seine Frau und sich durch bezahlte Arbeit irgendwie durchzubringen. Er wird Angestellter beim amerikanischen Konsulat vom Mai 1936 bis Juli 1941, danach ab April 1942 bei der Württembergischen Feuerversicherung.

Als »freier« Schriftsteller, dessen Ideen, Einfälle, Phantasien um eines menschenwürdigen Lebens willen zur (öffentlichen) Sprache kommen müssen, überlebt er in seiner literarischen Existenz vor allem, weil er für die *Tübinger Chronik* anonym heimatkundliche Beiträge schreiben darf. So entsteht zum einen der »Rottenburger Bilderbogen«, den – ohne Nennung seines Namens – die Stadt Rottenburg »ihren Soldaten als Gruß der Heimat« zusendet, und zum anderen die »Rottenburger Hauspostille«, die 1942 während des Krieges fertig ist, aber erst 1946 veröffentlicht werden kann. Heimatkunde ist also für Josef Eberle eine Art Krisen-Bewältigung in schwerer Zeit, eine humane Kontrastierung zur Naziherrschaft mit täglich latenter und realer Gefahr der Denunziation und Vernichtung von Kritikern und sogenannten Artfremden.

Rottenburg, für den jungen (Halb-)Waisen Josef Eberle eine »ideale Stadt zum Aufwachsen«, hat er 1920 nach Abschluß der Tübinger Buchhändlerlehre (dort war er Nachfolger am Arbeitspult von Hermann Hesse) verlassen und ist dann aufgebrochen in die Fremde. Seine Rottenburger Heimattexte entstehen nach einer unfreiwilligen Heimkehr; die erinnerte Heimat seiner Jugend und seiner ersten Sprache, der Mundart, ist für ihn das Überlebens-Medium schlechthin. Später fasziniert ihn der Vers eines unbekannten mittellateinischen Dichters: *vale, dulcis patria* – Liebe Heimat, lebe wohl. Welche Heimat hat einer wie Josef Eberle, der dorthin zurückkehrt, von wo er aufgebrochen ist, um nach schönen Jugendjahren in der Fremde erwachsen zu werden? Vielleicht hat er die Zeit zwischen 1933 und 1945 als Poet nur überlebt, weil »dieser späte Römer aus Schwaben« (Peter Lahnstein) mit seiner schwäbischen Heimatkunde die große römische und vorderösterreichische Geschichte seiner Geburtsstadt in seinen Texten heraufbeschwören konnte?

Die Jugenderinnerungen von 1974, aus denen ebenfalls Ausschnitte für dieses Kapitel ausgewählt wurden, können auch mit diesem unsentimentalen Heimatbezug gelesen werden – und nicht so sehr im buchhalterischen Vergleich, ob denn der alte Eberle sich nach fünfzig Jahren ja auch richtig an die ersten beiden Jahrzehnte des 20. Jahrhunderts erinnere. Für den Philosophen Ernst Bloch entsteht Heimat erst durch den von Hoffnung getragenen Umbau der Welt als »etwas, das allen in die Kindheit scheint und worin noch niemand war«. Eberle beschreibt, so gesehen, die Rottenburger Heimat seiner Jugend auch als Potential seiner eigenen späteren Entwicklung. Und so wird Heimat in diesen Texten etwas, in das er nach dem Aufbruch in die Fremde wieder zurückkehrt. Josef Eberle ist allerdings am Ende seines Lebens nicht ins reale Rottenburg zurückgekehrt, sondern in das erinnerte seiner Jugend und seiner ersten Sprache – »s hot noh koaner weiter brocht als bis Sülche'…«.

MELODIE DER HEIMAT

Es war in Paris, lang vor dem Krieg, an einem jener Sommermorgen, deren aus Silberdunst und Ferienfreiheit gewobene Heiterkeit ein abenteuerndes Herz trunken macht von purer Lust am Da-Sein. Ein junger Mann, den Hut zwei Finger breit kecker auf dem Ohr, als er's sich daheim gestattet hätte, schlenderte die Seine-Quais entlang, wo Buchtrödler in langer Reihe ihre Schätze auszubreiten pflegen. Nicht als ob er ernstlich geglaubt hätte, unter den fettigen, zerlesenen Schmökern eine Kostbarkeit zu entdecken, mehr, weil es ihm sehr pariserisch schien, stöberte er in den verstaubten Kästen. Seine Hand hatte irgendeinen Band herausgegriffen und blätterte darin; es schienen Gedichte zu sein. Plötzlich stutzte der junge Mann, las noch einmal, sah nach dem Buchtitel – »Poésies de Louis Uhland« stand auf dem gelben Umschlag. Jenes Gedicht aber, das mehr der Wind der Seine als seine blätternde Hand aufgeschlagen hatte, hieß »La Chapelle« – »Droben stehet die Kapelle ...« Wie nüchtern, wie prosaisch klang das in der Sprache, die er doch so liebte, wie innig und herzwarm die zwölf schlichten deutschen Zeilen, in die sein Herz die französischen Wörter zurückübersetzte! Den ganzen Tag ging ihm die Melodie der Heimat im Kopf herum, er wußte sich schließlich von dieser Besessenheit nicht anders zu befreien, als daß er in der babylonischen Sprachverwirrung eines Pariser Cafés ein schwäbisches Gedicht auf seine Heimat am Fuß der Wurmlinger Kapelle schrieb ... Aber muß man denn bis nach Paris gehen, um der unlöslichen Bindung inne zu werden, die einen mit der Heimat verknüpft? Ich kannte einen Taglöhner, der noch nie aus seinem Dorf gekommen war und nun an einem Bahnbau, zwei Stunden davon entfernt, arbeiten sollte; der warf sich am ersten Morgen über das Bett seines Kindes, laut jammernd: jetzt müsse er noch auf seine alten Tage in die Fremde! Heimatliebe nährt sich aus vielverzweigten Wurzeln und kennt viele Grade wie jede Liebe: von der dumpfen Einfalt, die, in die eigene Nestwärme verliebt, Furcht hat vor dem Ungewohnten, bis zum klaren, in jedem Augenblick tief beglückenden Erleben, das aus Anschauung, Vergleich, Wissen und Erinnerung gewoben ist. Heimat meint ja nicht allein die räumliche und menschliche Umwelt, in der »das Herz dir aufwachte zum Leben«, Heimat schließt auch die ersten herzlichen und schmerzlichen Erfahrungen ein, in denen du deiner selbst und der Welt bewußt wirst. Und jener Heimatliebe in Moll, wie man das Heimweh nennen könnte, das bei Gelegenheit auch den längst in fremdem Boden Verwurzelten überkommt, ist viel Sehnsucht nach der vergangenen Jugend beigemischt.

Man kann in vielen Zonen beheimatet sein, mit dem Kopf, mit den Interessen – für das Herz gibt es nur *eine* Heimat: die, darin es jung gewesen ist! »Ich bilde mir etwas darauf ein und gelte etwas bei mir«, schreibt Johann Peter Hebel 1812, als er in Karlsruhe längst zu Amt und Würden gekommen war, »daß ich mich nun bis ins dritte Dezennium hinein als Fremdling hier ansehe und ein heimlich mutterndes und bruttelndes Heimweh in mir herumtrage und weinen kann, so oft ich den ärmsten Teufel auf der Welt, einen Oberländer Rekruten, sehe...«

»A'seah' tät ma'ms et!« Dieses echt schwäbische Kompliment mit seiner halb erstaunten, halb widerstrebenden Anerkennung innerer Qualitäten bei äußerer Unscheinbarkeit paßt auch auf unser Heimatstädtlein. Eine stille schwäbische Landstadt, ausgezeichnet vor mancher andern durch Lage und Umgebung – so meint der flüchtige Besucher. Dem aufmerksameren freilich fällt da und dort etwas auf, was ihn zögern läßt in allzu eilfertigem Urteilen: eine römische Säule, ein österreichischer Doppeladler, viele Wappenbilder über Türstürzen. Und wenn er sich die Mühe nimmt, tiefer in das Werden und Wesen der Stadt einzudringen, erkennt er bald, daß sie nicht die geringste ist im Lande, und daß der Boden, der sie trägt, schicksalreicher und vergangenheitgesättigter ist als der mancher größeren und glänzenderen Schwester.

Vielfältige Funde bezeugen, wie Kelten Jahrhunderte v. Christi Geburt Heimat war, was sie bald danach den Römern ebenso wurde unter dem für uns rätselhaften Namen Sumelocenna. Wohl zerstörten die Alemannen die Römerstadt, ihren Namen aber übertrugen sie als Sulichin – Sülchen auf ihre eigene Siedlung am Rand des Ruinenfelds, die nun sie Heimat nannten. Nach tausend Jahren, um 1280, erstand aus den Trümmern der römischen die neue Stadt Rottenburg und wurde Residenz der Grafen von Hohenberg, von denen Stadt und Grafschaft 1381 an das Haus Österreich kamen. Ihre Hoch-Zeit erlebte die Stadt unter der Herrschaft der Erzherzogin Mechthild, der Mutter des Grafen Eberhard im Bart, die sie zu einem geistigen Mittelpunkt

Südwestdeutschlands zu machen verstand und ihr, den Chroniken nach, auch äußerlich Gesicht und Glanz einer fürstlichen Residenz verlieh. Als sichtbare Erinnerung an Mechthilds Zeit ist uns einzig der herrliche Marktbrunnen geblieben, wie es denn das Schicksal überhaupt nicht gut mit unserer Vaterstadt gemeint hat: dreimal, 1644, 1735 und 1786 wurde sie von verheerenden Bränden heimgesucht, wovon sie sich nie wieder völlig erholt hat. Auch nicht, als sie 1806 zu Württemberg kam und bald darauf Bischofsresidenz wurde …

Freilich, Schönheit der Umgebung, Schwere des Schicksals und Größe der Vergangenheit, dies alles ist nicht Ursache unserer Heimatliebe, die tieferen Quellen entspringt. Und doch hebt nur das Wissen darum das dumpfe ursprüngliche Empfinden in das Licht bewußten Erlebens. Wenn irgendwo, gilt der Heimat gegenüber das Wort:

> *Was du ererbt von deinen Vätern hast,*
> *Erwirb es, um es zu besitzen!*

1943

Blick vom Domturm auf den Marktplatz

Kleine, bunte Spielzeugwelt,
sich zur Lust vom lieben
Gott am siebten Tag erstellt,
bist dir gleich geblieben!

Gar zu eng und gar zu klein
dünkte sie dem Knaben,
eine größre mußte sein
draußen vor dem Graben …

Anders blickt der Mann auf ihr
putziges Gewimmel:
Haus und Baum und Mensch und Tier
unterm alten Himmel.

Was ist klein und was ist groß?
Mehr als diese kleine
bunte Welt ihm einst umschloß,
gab ihm später keine …

1943

Blick vom Domturm auf
Sülchen und Wurmlinger Kapelle

Sommer schwenkt, der sonnenhelle,
über Hügel, Stadt und Au
und die ferne Bergkapelle
seine Fahne gold und blau.

Und ich steh beglückt, begnadet
an den grauen Stein gelehnt:
schau das Land, das lichtgebadet,
reich sich mir zu Füßen dehnt.

Bis der Schlag der Mittagsstunde
dröhnend Turm und Herz durchbebt:
Bleibe, säume, Glückssekunde,
eh der Schall im weiten Runde,
eh mein Morgen mir verschwebt!

1943

Der Neckar

Ströme hab' ich gesehen und volkreiche Flüsse befahren –
Keiner wuchs mir ans Herz, Fluß meiner Jugend, wie du!
Baum und Gebüsch an deinen gärtenumschmeichelten Ufern
Neigen ihr fröhliches Grün, Häuser die Giebel dir zu.
Enten schnattern im Wasser wie auf der Brücke die Weiber,
Und der uralte Turm zittert noch immer in dir ...
Aber bist du es wirklich, der einstens schwimmen mich lehrte,
Später den schüchternen Kuß erster Liebe umtauscht?
Sag, wo sind sie, die Wasser, die meine Jugend gespiegelt ... ?
Gleichst du dem alten, du bist, ach, ein anderer doch ...

1943

Sonnige Jugend

Strubelige blonde Schöpfe,
eigensinnige Schwabenköpfe,
kritisch blickend, dick und rund;
Lust am Lärmen, Krebseln, Schmeißen,
Hosen-, Strümpf- und Schuhverreißen,
aber kräftig und gesund,
kurz, der Schreck geputzter Stuben –
echte Rottenburger Buben!

1943

Das Waldhorn-Schild

Wie zärtliche Gedanken
ein liebes Erinnerungsbild,
umspielen seine schwanken
Geästes goldne Ranken
das alte Schild.

Es sah viel frohe Zecher
und manche Braut im Kranz
bei Hochzeitsschmaus und Becher,
manch Spiel mit Blick und Fächer
beim Kontertanz.

Verstünd' es einer zu blasen,
das alte Horn verriet
von denen unterm Rasen,
die wir schon längst vergaßen,
manch heitres Lied.

1943

Die Welt ist schön

Die Welt ist schön, die Welt ist groß!
Doch werde nicht zum Toren,
der drob vergißt den Mutterschoß,
der ihn ans Licht geboren:
Es sagt sich von der Heimat los,
nur wer sich selbst verloren!

1943

»ROTTENBURGER HAUSPOSTILLE«

Brief an den Verleger Hans Stoeger

Die Kunst des Schreibens besteht nicht im wahllosen Wiedergeben des Stoffes, sondern darin, das gesammelte Material zu sieben und zu sichten, es in Zusammenhänge hineinzustellen, in denen es einer höheren Idee als nur der Neugier dienen muß, und es in eine ansprechende, ihm gemäße Form zu bringen ...

Konkret gesprochen: unser Buch soll sich an alle wenden, die Sinn für bodenständige Tradition, für Geschichtliches, für Volkskundliches besitzen, kurz, die ihre Heimat lieben; es soll ihnen an Hand des geschichtlichen Werdens ihr eigenes Wesen deutlich gemacht und an tausend Einzelheiten gezeigt werden, wie sehr sie mit der Vergangenheit verknüpft sind, und daß das große Erbe der Vergangenheit den Gegenwärtigen eine Verpflichtung für die Zukunft auferlegt. Und da den heutigen Menschen nichts mehr anspricht als Bilder, habe ich die Form möglichst lebendiger, anschaulicher Einzeldarstellungen gewählt, die jeden, der überhaupt ein Organ für die Individualität einer Stadt besitzt, interessieren können. Mit einem Wort: ich denke mir das Buch für Menschen, die als Produkte einer zweitausendjährigen Kultur Instinkt für wirkliche Werte haben und nicht jede ephemere Zivilisationsmode für den Beginn eines neuen Zeitalters halten, wie mir dies bei unseren beiden Gesprächspartnern von gestern der Fall zu sein scheint ...

Es ist und wird kein Reiseführer und soll es auch nicht sein, deshalb halte ich die Hereinnahme von »Stimmungswinkeln« und solchem kleinbürgerlichen Krampf, auf den die photographiebesessenen Neutöner als dernier cri verfallen – als ob dies nicht der billigste und platteste aller Illustrationswege wäre! –, für falsch. Lassen Sie sich in Ihrem sicheren Instinkt nicht irremachen und bleiben Sie bei dem, was Ihnen und mir von Anfang an vorgeschwebt hat: beim dokumentarischen Material! ...

11. November 1941

BLICK VOM TURM

Eine seltsame Erregung befiel mich, als ich, von innen wieder abschließend, wie man mich im Mesnerhaus geheißen, den Schlüssel umdrehte und nun vor der steilen Treppe stand. Abgeriegelt vom Draußen, vom Heute, umschloß mich in dem gedämpften, schattenlosen Licht plötzlich Vergangenheit, eine Vergangenheit, die am Alter des Turms gemessen zwar kaum als ein Gestern zählte, wie denn auch seine Ehrwürden dem Emporsteigenden mit der milden Eindringlichkeit des Alters zuredete, für die fünfundzwanzig Jährlein seit dem letzten Besuch doch keine so großen, ernsten Worte zu gebrauchen. Fast hätte er mich überzeugt, der alte Turm: die grauen, ausgetretenen Stufen, die bekritzelten Wände, die kühle, leicht dumpfige Luft ließen mich glauben, es sei wirklich erst gestern die große Vakanz gewesen, da man seine Basen hier heraufgeführt hatte, ihnen voll Bubenstolz die Stadt von oben zu weisen.

Die Glocken mit den Herkuleskeulen ihrer Klöppel hingen reglos und mächtig wie eh zwischen staubgrauem Gebälk. Von ihren eisernen Hebelarmen liefen die Seile hinab, an deren vielteiligen Enden unten in der Sakristei man seine Kraft probiert hatte – gutmütig hatte einen die große Glocke beim Ausschwingen bis ans Deckengewölbe gehoben. Zum Dank dafür schlug ich sie nun mit dem Knöchel an – sie gab kaum Antwort. Auch ihre Inschrift vom Jahre 1649 ließ sich nur unwillig entziffern:

Als Rottenburg, die werth Stadt,
durchs Fewrs Brunst verloren hat
all Gebew, Rathhaus, die Kirch zuegleich,
wariber wehklagt Arm und Reich,
bin Ich durch Hitz im Thurm zerflossen,
im Jahr wie volgt von newem gossen.

Durch ein finsteres, enges und steiles Schneckengehäuse tastete sich die Treppe vollends hinauf ins grelle Licht. Niemand war auf dem Umgang, niemand in der winzigen Türmerküche mit dem Büschel gelber Rüben auf dem Schüsselbrett. Die Tür zum Stüblein war abgeschlossen, die Fensterläden waren ringsherum zu. Ob noch immer ein alter Türmer unter dem Netzgewölbe des achteckigen Gehäuses auf dem Schusterbock saß, riesternd und nagelnd in luftiger Höhe, damit die unten um so fester auf dem sicheren Boden schritten? Ich meinte fast, das Gurren seiner Turteltauben zu hören ...

So war ich denn allein hier oben, einziger Herr des Turms und Höchster der Stadt für eine selige Stunde. Nichts mehr über mir, als die schlanke Pyramide des Turmhelms, in dessen Maßwerk der blaue Himmel spielte. Es fehlte wenig, und ich hätte, wie jenes Oberländer Büblein auf dem Bussen, vor Lust gejauchzt: »Au, dô sieht ma' de ganz Welt ond Andelfinge'!« Hingebreitet im hellen Licht des Mittags, frischgewaschen von einem abziehenden Augustgewitter lag sie unter mir, die schöne Welt meiner Jugend.

Goldgelb das weite Sülcherfeld, Schatten weißer, dampfender Wolken lagern auf ihm, das Spitzberg und Rammert, damit es nicht ins Unendliche zerfließe, mit sattem Waldblau umrahmen. Im Südosten fernhin verblauend die Alb. Buschwerk läßt die Ufer des Neckars ahnen, der durch das breite, lichte Tal an Kiebingen, Bühl und Kilchberg vorbei hinabzieht nach dem fern schimmernden Tübingen. Links in grüner Insel Sülchens eckiger Turm und weißer Giebel, im Hintergrund, gleichzeitig wie von Menschenhänden aufgeschüttet, in prallem Sonnenschein der Wurmlinger Berg; ihm zu Füßen das Dorf, und weiter hinaus in flimmerndem Glast der Schönbuchrand, Roseck und Hohenentringen.

Im Norden lugt aus Obst- und Hopfengärten St. Theodorichs schlanker Dachreiter. Hart, überscharf steht vor einer regengrauen

Wolkenwand, die den Heuberg verhüllt, das Huthüttele auf seiner Höhe; horizontale Weinbergmäuerchen und senkrechte Stu-
fenkerben weben dem steilen Hang, wie Kette und Schuß, eine
gewürfelte Decke aus Grün, Braun und Ocker. Diesseits des
tiefeingeschnittenen Baches in Lindengrün, Hopfenstangen und
Baumgütern das Weggenthal.

Auf dem Burgberg neben Baukastenklötzen, traurigen Mahn-
malen an eine Zeit, da Zweckmäßigkeit jede Ehrfurcht vor der
Vergangenheit und allen Schönheitssinn erstickte, halten Schütte-
turm und ein Stück zerbröckelnder Mauer melancholische Ehren-
wache am Grab versunkener Herrlichkeit: hier glänzten einst
Göttertempel, hier wehte das weiß-rote Fähnlein der Hohenberger Grafen vom Bergfried, hier rannten Frau Mechthilds Ritter im Turnier dröhnend widereinander ...

Weiter westlich, links vom hochragenden Kalkweiler Tor, stür-
zen graugelbe Felsen jäh zu Tal; verdeckt von saftigem Garten-
grün blinkt da und dort der Neckar auf wie eine Spiegelscherbe
in der Sonne. Tannenhänge überschneiden sich mit den Felsen
der Neckarhalde und schließen das Tal nach Westen ab. Auf ihrem
Scheitel, eingebettet in schwärzlichen Wald, das rosa Gemäuer
der Altstadt. Wie drüben auf der andern Seite der Wurmlinger
Berg unwillkürlich zum Blickfang wird, von dem aus das Auge
die Landschaft erfaßt und gliedert, so beherrscht hier der massi-
ge Waldberg Alt-Rottenburgs das Bild. Von ihr, der Weilerburg,
die kanzelgleich vorragt, zieht sich der Rammert das Neckartal
entlang, seine grünen Bühle und waldigen Höhen zerschnitten
von Tälern und Schluchten; zu seinen Füßen das weite Tal,
bedeckt mit einem Teppich aus Altgold und Wiesengrün.

Und dann die Stadt! Ein Gewirr von braunen, roten, schwärzlichen Dächern, von Fachwerkgemäuer und Giebeln, die sich
schwatzhaft zueinander neigen, nachbarlich Haufen stehen, einander über die Achsel sehen, einander verdrängen wollen oder
abweisend die Hinterfront zeigen. Wäsche flattert auf Altanen, aus
Kaminen steigt bläulicher Rauch, in den Höfen stehen Leiter-
wagen und scharren Hühner, in ummauerten Gärtchen blühen
Sommerblumen. Türme schießen auf, dort Schütte und Kalkweiler Tor, hier des Seminars kropfige Zwiebel, drüben in Ehingen die spitze Nadel von St. Moriz und die rostrote Kappe des
Pulverturms. Krumm und verzwickt durchschneiden die Rinn-

sale der Gassen und Gäßlein das Häusergewimmel, gliedern die breiteren Schluchten der Straßen es in regellose Viertel.

So, an den grauen Stein der Brüstung gelehnt, überschaute ich wieder einmal diese Welt, in der mir einst kein Haus und kein Weg, kein Fels und kein Hügel fremd gewesen. Mörike-Verse fielen mir ein:

> *Hier wird ein Strauch, ein jeder Halm zur Schlinge,*
> *die mich in liebliche Betrachtung fängt;*
> *kein Mäuerchen, kein Holz ist so geringe,*
> *daß nicht mein Blick voll Wehmut an ihm hängt:*
> *ein jedes spricht mir halbvergeßne Dinge …*

Was längst dem Gedächtnis entschwunden schien, hier war es mit einem Male wieder da: liebe Gesichter tauchten auf, vertraut klingende Namen, die großen Freuden der Jugend und allzu frühes Leid, Schulnöte und Lausbubenstreiche, helle Festtage und Kriegssorgen, erste Liebe und Apfelstehlen und der unwiederbringliche Glanz der großen Ferien …

Ich beugte mich über das Gesims, es war rissig und ausgewaschen von Regen und Schnee, da und dort hielten es eiserne Klammern zusammen. An den Fialen waren Krabben abgefallen, andere waren gänzlich verwittert, die Fratzen der Wasserspeier formlos geworden. Überall sah ich Stützen und eiserne Bänder weiterem Zerfall wehren. Auch du, alter Domturm, bist also älter geworden! Daß dir aber aus der abgeschrägten Ecke deines Schallfenstergeschosses, aller Eisenklammern spottend, luftig und lustig ein Holunderbusch grünt, das macht mich wieder froh.

Mehr als vier Jahrhunderte sind dahingegangen, seit der kühne Steinmetzgeselle Meister Schwarzachers dir deine Kreuzblume aufgesetzt hat. Was hast du alles geschaut im Wandel so vieler Jahreszeiten! Dreimal lag die Stadt um dich her in Asche, dreimal sahst du sie wieder auferstehen. Den Kaiser Maximilian hast du noch persönlich gekannt und Herrn Jörg von Ehingen, den letzten schwäbischen Ritter; aufrührerische Bauern sahst du durch den Sülchgau ziehen, und der widerliche Rauch allzuvieler Scheiterhaufen stieg bis zu dir herauf; Schweden, Franzosen, Österreicher kampierten an deinem Fuß, Jesuitenpatern warst du freundlicher Nachbar, und gastweise nistete um dich die Blüte des französischen Adels. Unbewegt standest du in Kriegswettern und Revolutionen und bedauertest aus deiner sternnahen Ruhe die ewig Ruhelosen, Gehetzten und Geplagten da unten.

So stand ich und dachte den wechselvollen Geschicken dieses Bodens um mich her nach. Gestalten und Bilder, frohe und düstere, glitten lautlos vorüber, ohne daß es der Wurmlinger Zaubererbsen bedurft hätte. Es war ein langer Zug in den Trachten und Moden aller Jahrhunderte, dessen Anfang nebelhaft verdämmerte. Viele Gestalten mit Namen von geschichtlichem Klang entdeckte ich darunter, sie alle hat das Große Welttheater hier einmal auftreten lassen. Unversehens weitete sich der Horizont, alle Wege und Straßen führten aus der kleinen, alten Stadt hinaus in das Reich ...

Noch einmal ließ ich den Blick in die Runde gehen, vom Heuberg bis zur Weilerburg und vom Martinsberg zur Wurmlinger Kapelle, beglückt von der vertrauten Schönheit dieser Landschaft, die Weiches und Schroffes, verwinkelte Enge und blauende Ferne, behäbig sich breitende Fruchtbarkeit und karge Größe in reizvollem Wechsel verbindet. Und stolz auf die zweitausendjährige Geschichte ihrer Erde, darin meine Vorfahren ruhen, dankte ich dem Geschick, daß es mir diese Heimat gegeben.

1946

FRAU MECHTHILD, PFALZGRÄFIN BEI RHEIN UND ERZHERZOGIN ZU ÖSTERREICH

(...)

Von Augsburg aus trennten sich die Wege der Gatten für immer, Albrecht zog hinab nach Österreich, Frau Mechthild heim in ihre Residenz Rottenburg. Fehdend und kriegend bis zuletzt, starb Erzherzog Albrecht im Dezember 1463 eines jähen Todes zu Wien, wo er seinen Bruder, den deutschen Kaiser, in der Burg belagerte. Frau Mechthild hielt ihm zu Rottenburg eine großartige Totenfeier: 19 Prälaten und Pröpste und 700 Priester mußten in großem Ornat für sein Seelenheil beten. Der alte Aushauser hätte seine Freude daran gehabt.

Der Herrschaft Hohenberg und besonders der Hauptstadt Rottenburg geriet die verfehlte Heirat freilich zum Segen.

Hatte die Erzherzogin schon zu Zeiten, als Herr Albrecht noch regierte, ihre eigenen Angelegenheiten mit erstaunlicher Selbständigkeit zu ordnen verstanden – anno 1452 brachte sie das verpfändete Haigerloch an sich; anno 1453 erhielt sie von Albrecht den Burgstall Ober-Hohenberg und Schloß Wehingen als Pfand für ihm geliehenes Geld, wie anno 1455 die Dörfer Wurmlingen und Hirschau für die ihr geschuldete Morgengabe – , so nahm sie sich nach der Trennung von Albrecht als regierende Fürstin mit gleicher Umsicht und Tatkraft der ganzen Herrschaft an. Ihr Herr Gemahl, stets großzügig im Versprechen von Dingen, die ihm nicht gehörten, vertauschte eines Tages von Österreich aus die Herrschaft Hohenberg kurzerhand an seinen Vetter Sigmund, dem er versprach, sie aus den Händen Frau Mechthilds bis zu einem bestimmten Tag zu lösen. Dies geschah natürlich nicht, trotzdem forderte er die hohenbergischen Untertanen auf, dem Herzog Sigmund den Treueid zu leisten. Frau Mechthild dachte nicht daran, zu verzichten, mußte sich aber, solange sie lebte, in der Sache mit Herzog Sigmund herumschlagen. Die Herrschaft gab sie trotz Kaiser und Kammergericht bis zu ihrem Tode nicht aus den Händen.

Hohe Politik zu machen, bot das kleine Land am Neckar kaum Gelegenheit. Frau Mechthilds Staatsaktionen nach außen beschränkten sich auf Bewahrung und Sicherung von Gebiet und Gerechtsamen, auf Mittler- und Schlichtertätigkeit in Streitfällen, welche auch sie, sei es als österreichische Erzherzogin, sei es als Mutter der württembergischen Grafen oder als Pfalzgrafentochter berührten. Dabei vollbrachte sie, dank ihrer verständigen, taktvollen und begütigenden Art manches Meisterstück weiblicher Diplomatie, besonders zu Gunsten ihres Sohnes, des Grafen Eberhard von Württemberg, der nach dem frühen Tod des fallsüchtigen Ludwig mündig geworden und ans Regiment gekommen war.

Einmal schlug ihr ein Sühneversuch allerdings fehl. Das war im Herbst 1466. Die Ulmer hatten einen abgesagten Feind ihrer Stadt, den Junker Hammann von Reischach, in die Gewalt bekommen und wollten ihn peinlich richten. Da ward Frau Mechthild von der »Freundschaft« um Vermittlung angegangen. Sogleich dazu bereit, reiste sie in Eile nach Ulm.

Da sie gen Ulm eine reit,
der Burgermeister ihr entgegen schreit
nach adelichen Sitten:
»Wend Ihr für Hammann von Reistett bitten?«

Ja, das wollte »das fröwlin von Österreich« und tat es auch vor
dem Rat; aber der »blieb verschwiegen«. Da sprach sie vom Turm
zum Hammann selbst und getröstete ihn, daß er sich willig darein ergebe. Ach, werte Frau von Österreich, flehte Hammann,
bittet für mich, daß man mich mein Leben lang einmaure!

Das Fräulein die Red für d'Herren bracht,
das Fräulein ward von ihnen veracht,
kein Gnad mocht sie erwerben,
Junkherr Hammann muoß sterben!

Und dabei blieb's. So erzählt es das Volkslied. Die Zimmerische
Chronik dagegen will wissen, wie Ulmer, die von Mechthilds
Absicht Wind bekommen, hätten der Herzogin nichts abschla-
gen, noch weniger aber ihre Bitte gewähren wollen; »darum, als
die Herzogin zum einen Tor einritt, da führten sie den Hammann zum andern Tor hinaus, und schlugen ihm das Haupt ab.
Damit konnten sie der Herzogin eine Antwort geben.«

Als Landesherrin hat Frau Mechthild ein gnädiges und gerech-
tes Regiment geführt und allzeit auf gute Ordnung gehalten bei
Amtleuten wie Untertanen. Deren Rechte verfocht sie bis vor
das Hofgericht und wo es nötig war, fehlte Mechthilds Schutz
und Förderung nie. Wie hoch Graf Eberhard die Einsicht und
Klugheit seiner Mutter eingeschätzt, mag man daraus ersehen,
daß er beim Antritt seiner Reise ins Heilige Land seine Regent-
schaft anwies – darunter auch Herrn Jörg von Ehingen – , in
schwierigen Fragen bei Frau Mechthild Rat zu holen, wie denn
Mutter und Sohn überhaupt in herzlichem Vertrauen zueinander
standen. Beide ließen es sich angelegen sein, die arg gelockerte
Zucht in den Nonnenklöstern wieder zu straffen, und so gnädig
und freigebig Frau Mechthild die Klöster mit Stiftungen bedachte,
besonders Güterstein und Hirsau, dem sie, sagt Abt Tritheim, wie
eine Mutter war – so resolut griff sie bei Mißständen zu. Die
rebellischen Nonnen zu Urspring ließ sie durch herbeigeholte
Bauernfäuste zum christlichen Gehorsam zurückführen und jagte

die halsstarrigsten aus dem Kloster. In summa: die Chronisten sind ihres Lobes voll, weil sie gerecht, milde, leutselig und wohltätig gewesen. Was sie aber unserer Stadt Rottenburg an Wohltaten erwiesen, davon wird noch zu reden sein.

»Ihr Wesen und Hofhalten ist aller Freuden und Wollust überflüssig voll gewesen«, berichtet die Zimmerische Chronik. Und es ist wahr: Frau Mechthild hat viel Freude an Geselligkeit, an Rennen und Stechen, an Fastnachtsmummereien und sonstigen Lustbarkeiten gehabt, was in keine Heiligenlegende paßt, um so besser aber zu einer mit allen Sinnen dem Leben fröhlich zugewandten Pfälzerin, zu einer Frau der Renaissance, die über das zeitgenössische Maß ihrer fürstlichen Standesgenossen und -genossinnen hinaus gebildet und gescheit war. Ob nun »dieses überflaischgierige Weib« mit Herrn Werner von Zimmern oder mit dem Grafen von Fürstenberg, oder mit Herrn Veit von Emmershofen oder mit dem von Rechberg ein Techtelmechtel gehabt – wen kümmert das heute? Und wer würde nicht gern an ihrem Hof gelebt haben mit Heinrich von Kaltental, dem Vogt, Dr. Lukas Spetzhart, dem Arzt, Dr. Bernhard Schoferlin, dem Kanzler und ersten deutschen Liviusübersetzer, Meister Jörg Rott, dem Kämmerer, den Pfaffen Johannes und Florenz, Meister Jeronimo, Hans Vestner, dem Küchenmeister, Auberle, dem Türhüter und mit dem rätselkundigen Ofenheizer »Halberdrein«; auch mit »Briden«, der Kammermagd, »Bärblin«, der Lichtkämmerin, mit dem »Burckhanns«, »Bantzerhanns«, dem »Henslin«, der »Spannenlang« und all den Jungfrauen, Keller-, Pfister- (= Bäcker), Wagen- und Säuknechten und was an Brunnenschöpfern, »Kuchinknaben«, Wirkerinnen und Wäscherinnen dort zum hohen und niedern Gesinde zählte. Daß es dazumal auf dem Rottenburger Schloß nicht steifleinen nach spanischer Hofetikette zugegangen ist, würde schon die Vertraulichkeit etlicher dieser Namen verraten, auch wenn uns der Tübinger Magister Heinrich Bebel den ergötzlichen Schwank nicht überliefert hätte, der gleichermaßen die ungezwungene Natürlichkeit unserer Vorfahren wie den überlegenen Humor Frau Mechthilds dartut.[*]

---

[*] Vgl. Sebastian Blau, »Ob denn die Schwaben nicht auch Leut wären..?«, S. 128.

So köstlich Frau Mechthilds »Höf und Fastnachten« auch gewesen, der äußere Glanz ihrer Hofhaltung allein hätte nicht vermocht, den Namen Rottenburg so weit hinauszustrahlen, wie dies geschah. Auch Erzherzog Albrecht hatte fürstlichen Hof gehalten; mit Mechthilds Regiment aber war ein Neues in die Stadt gekommen. Wär' ich ihr Zeitgenosse, ich sagte: die neun Musen auf goldenem Wagen, gezogen von dem Flügelroß und geleitet von lorbeerbekränzten Poeten seien dort eingezogen. Die biederen Rottenburger würden solchen Aufzug, wär' er also sichtbarlich geschehen, wohl für eine der bei ihrer Fürstin beliebten Fastnachtsmummereien genommen haben; denn nach dem Zeugnis eines anderthalb Jahrhunderte später blühenden Chronisten »fragen sie nichts sonderlich nach der Poeten Bücher«.

(...)

HEILE WELT

Es war die Welt einer schwäbischen Kleinstadt am mittleren Neckar in den ersten zwei Jahrzehnten unseres Jahrhunderts. Die Stadt liegt in abwechslungsreicher Landschaft, eingebettet in Waldberge, Weinhänge, Hopfengärten und Muschelkalksteinbrüche, die dem Neckar den Weg auftun in eine weithin sich breitende Au, Tübingen zu. In immer sichtbarer Nähe blauen die Berge der Schwäbischen Alb, verdämmern im Westen die Höhen des Schwarzwalds.

Der Ort kann sich einer langen, im Nebel der Vorzeit verschwimmenden Geschichte rühmen. Kelten haben ihn ein halbes Jahrtausend vor Christi Geburt gegründet, die Römer als *Sumelocenna* zum Verwaltungs- und Militärzentrum der von Tacitus nicht gerade rühmlich erwähnten *Agri Decumates* erhoben. Nach dem Einbruch der Alemannen um das Jahr 260 n. Chr. ließen sich diese dort nieder; später brachten die zu Oberherren des Gebiets gewordenen Franken das Christentum. Deren Erben waren die Grafen von Hohenberg, die ihre Grafschaft »Butzen und Stiel« im 14. Jahrhundert an Österreich verkauften, nachdem schon im 13. Jahrhundert Rudolf von Habsburg, damals noch Graf, seine Gemahlin von der Stammburg der Hohenberger, der Rotenburg, geholt hatte. Und schließlich durften 1805 die Württemberger die österreichisch-schwäbische Stadt in ihr von Napoleons Gnaden neugebackenes Königreich eingemeinden. Sie erhoben sie zum Oberamtssitz, später zur Bischofsstadt.

Dieser letzte Abglanz einer langen und großen Vergangenheit ist Rottenburg bis heute verblieben. Trotz vielen Bränden prägen Baudenkmäler der verschiedenen Jahrhunderte noch jetzt das Stadtbild; auch am Wesen der Einwohner ist das wechselvolle Schicksal nicht vorübergegangen, ohne Spuren zu hinterlassen, die sich heute freilich mehr und mehr verwischen, mir am merklichsten in den Sitten und in der Mundart.

Zu meiner Zeit setzte sich die Bürgerschaft aus Gewerbetreibenden und Geschäftsleuten zusammen, die fast alle noch einen Weinberg, einen Hopfengarten oder wenigstens ein »Obstgütle« hatten, und jenseits des Neckars, im Ehinger Stadtteil, aus Bauern und Weingärtnern. Wohl gab es bereits auch Fabrikarbeiter, aber auch sie waren noch Halbbauern. Die Oberschicht stellten die Beamten des Staats, der Stadt und des bischöflichen Ordinariats, der höhere Klerus inbegriffen. Ihr gesellschaftlicher Rang war gottgegeben – für sie selbst sowieso, aber auch für die einfachen Bürger. Angehörige der freien Berufe, Ärzte, Rechtsanwälte, Apotheker, Zahnärzte und drei, vier Fabrikanten durften sich ebenfalls zur Hautevolée zählen. Nichtakademiker, sofern ihre Stellung oder ihre Vermögensverhältnisse dies unumgänglich machten, mußte man in diesem Kreis bereits gelten lassen.

Wie eine Momentaufnahme aus dem Photographiealbum steht mir noch jetzt das allsonntägliche Bild vor Augen, wie die Herren Honoratioren vom Frühschoppen kommend auf der Freitreppe des »Bären« ein bißchen verweilen, ehe sie sich, streng nach dem Comment (»Alamannia sei's Panier!«), voneinander verabschieden und die Huldigung des vorübergehenden Volks, die sich in respektvollem Hutabnehmen kundtut, jovial entgegennehmen: der Herr Stadtschultheiß, der Herr Oberamtmann, der Herr Justizrat, der Herr Amtsrichter, der Herr Notar, der Herr Apotheker, der Herr Rechtsanwalt, der Herr Oberamtssparkassenverwalter, der Herr Fabrikant ...

In diese Welt, wo der Wellenschlag der Zeitgeschichte verebbte, wurde der Verfasser im Jahre 1901 hineingeboren; so darf er sich rühmen, zu den ersten Menschen unseres Jahrhunderts zu gehören. Das Bild dieser Welt wiedererstehen zu lassen, ist die Absicht seiner Aufzeichnungen. Er weiß wohl, daß es inzwischen den musealen Goldton der Erinnerung angenommen hat. Sein von Erfahrung und Einsicht geschärftes Auge sieht Dinge, die der Heranwachsende nicht wahrgenommen hat: Webfehler und Knoten in der Leinwand, Sprünge im Malgrund, Risse im Firnis, Verzeichnungen und Kompositionsmängel, aber auch Einzelheiten und Valeurs, Nuancen und farbige Schatten, die ihm das Bild köstlich machen.

Die Schwierigkeit beim Niederschreiben von Erinnerungen besteht vor allem darin, die Gesichtspunkte nicht durcheinander zu bringen: einerseits dem Erlebenden nicht den gewitzten Blick des Erlebthabenden zuzuschreiben, andererseits dem Alten nicht die Unbefangenheit des Jungen anzuschminken, was läppisch wäre. Der Leser mag selbst beurteilen, ob und wie weit es dem Verfasser geglückt ist, zwischen Scylla und Charybdis hindurchzusteuern.

Trotzki beginnt seine Erinnerungen »Mein Leben« mit der Bemerkung, es sei schwer, eine Selbstbiographie zu schreiben und das Wörtchen »ich« zu vermeiden. Dabei hat der Mann in einer Epoche, die die Welt so erschüttert hat, daß sie bis heute nicht wieder zur Ruhe gekommen ist, die Hand an den Hebeln der Macht gehabt. Er hätte das kleine Wörtchen also groß schreiben dürfen; bei den selbstbewußten Angelsachsen tut es Hinz und Kunz. Hierzulande ist es nicht der Brauch, da stolpert der schlichte Erinnerungsschreiber auf Schritt und Tritt über das unvermeidliche Fürwort, muß er doch immer das Mißverständnis befürchten, er wolle seine Person zum Nabel der Welt machen, in unserem Fall allerdings einer Welt, in der Geschichte nicht gemacht, sondern erlitten wurde.

Hier geht es also nicht um Welthistorie, sondern darum, zu zeigen, wie sich Menschen und Dinge, Sitten, Zustände und Ereignisse der ersten zwei Jahrzehnte des zwanzigsten Jahrhunderts in Kopf und Gemüt eines in schwäbischem Kleinstadtmilieu aufwachsenden Buben ausgenommen, welche Eindrücke sie hinterlassen und wie weit sie sein künftiges Weltbild mitbestimmt haben. Entstünde aus solchem Bemühen ein Abbild des gesellschaftlichen Gefüges, der Wertvorstellungen und der Gesittung jener Zeit und jenes Orts, so wäre der Verfasser damit zufrieden.

Er will ja nicht mehr als aufschreiben, was Tausende ebenso oder auf ähnliche Weise erlebt haben, und er tut es, weil es ihm Vergnügen macht, das unwiederbringlich Vergangene im Wort sich und andern zu vergegenwärtigen. Seine Person steht nur darum im Mittelpunkt, weil eben jedes Bild eines Malers und jede Erzählung eines Erzählers bedarf.

»Die Frage, ob einer seine eigene Biographie schreiben dürfe, ist höchst ungeschickt. Ich halte den, der es tut, für den höflichsten aller Menschen. Wenn sich einer nur mitteilt, so ist es ganz einerlei, aus was für Motiven er es tut. Es ist gar nicht nötig, daß einer untadelhaft sei oder das Vortrefflichste und Tadelloseste tue; sondern nur, daß etwas geschehe, was dem andern nutzen oder ihn freuen kann...«

Auf diese pauschale Rechtfertigung darf sich auch der Verfasser berufen; sie stammt von Goethe.

1974

DAS HAUS

Das Haus, in dem ich geboren bin, steht nicht mehr. Fast anderthalb Jahrhunderte war es im Besitz meiner mütterlichen Vorfahren gewesen. Als sein letzter Eigentümer 1951 gestorben war, wurde es an eine Bank verkauft und abgerissen.

Heute nimmt den Platz ein Neubau ein. Er bemüht sich mit Glück, wenigstens die alten Proportionen zu wahren und sich in den Rahmen des Marktplatzes einzufügen. Als einziges Stück vom alten Bau blickt von derselben Ecknische, in der sie früher gestanden, die steinerne sternengekrönte Barockmadonna auf Marktplatz und Königstraße herab; noch immer zertritt sie, auf der Weltkugel stehend, der Schlange den Kopf – ein bedenkenswertes Symbol für ein Geldinstitut ...

Das zweistockige Gebäude von einst nahm sich bei aller architektonischen Schlichtheit nobel aus mit seiner dekorativen Barockbemalung an der Stirn- und Längsseite, seinen hohen Fenstern im Erdgeschoß, seinem gewaltigen Walmdach, den dicken Mauern und dem geräumigen, aber dunklen Treppenhaus. Bequem für die Bewohner war es freilich nicht, und seine sanitären Einrichtungen waren nicht besser als die im Schloß zu Versailles ...

Der Platz, auf dem es stand, hat eine lange Geschichte. Im späten Mittelalter erhob sich dort die »Herrenstube«, eine Art Adelsklubhaus, zu deren prominentesten Mitgliedern Erzherzogin Mechthild, die lebenslustige und musenfrohe Landesherrin der Grafschaft Hohenberg, und Kaiser Maximilian gehörten. Dennoch scheint man keineswegs exklusiv gewesen zu sein. Nach einem alten Chronisten waren in die Fenster nicht nur die Wappen des hohen und niederen Adels aus nächster und näherer Umgebung der Stadt eingelassen, sondern auch die angesehener Bürgergeschlechter. Einige dieser Namen haben sich in der Stadt bis heute erhalten.

Im Jahre 1813 kaufte mein Urgroßvater Ferdinand Entress das inzwischen mehrmals abgebrannte und wiederaufgebaute Haus und richtete darin seine Gürtlerwerkstatt ein. Gürtler nannte man Gold- und Silberschmiede, die Gürtelschlösser, Schuhschnallen, Trachtenschmuck, Miederstecker, Uhr- und Halsketten, Zuckerdosen, Löffel, silbertauschierte Pfeifen, sogenannte »Ulmer Köpfe«, Kelche, Tafelaufsätze und dergleichen herstellten. Ich besitze noch ein Geschäftsbuch dieses Urgroßvaters und fand darin biedermeierlich-gemütliche Einträge. Da heißt es: »der Frau Stadtrath Hofmeister Witwe ihrer Magd ein falsches Kreuzle und gelben Heiland butzen«; »dem Herr Lehrer von Boltringen an drei silb. Hemeterknöpf ringle dranmachen«; »der Jungfer Geiger, Nähre von Kiebingen, ihr falsches hohles Herzle vergolden – 38 Kr.« Da scheppert es nur so von »Perlocken«, »Klunkern«, »Hirschgulden an der Uhrkette«, »Boutons«, »Batzern«, »Döhlen«, »dombachenen Ringlen« und »Granatnustern«. Einmal bricht in dieses Register der Eitelkeiten sogar die Weltgeschichte ein und dies gleich mit einer ihrer brutalsten Manifestationen, mit einer Revolution, freilich nur der von 1848: »Herr Amtsnotar Dencklacker von hier« ließ sich »aus zehneinhalb Loth Silber ein Paar Anschraufsporen machen«. Im übrigen hieß man in diesem Geschäftsbuch noch nach Kalenderheiligen: Fidel, Sylvester, Pankraz, Apollonia, Stasia, Scholastika …

Vor einem Jahrzehnt entdeckte ich in einem Stuttgarter Antiquitätengeschäft ein paar silberne Meßkännchen mit dem Stempel »Ferdinand Entress«; ich habe sie noch.

Über drei Generationen hinweg hat sich das ehrsame Handwerk in der Familie vererbt. Meine Freude an antikem Schmuck, an Gemmen und Kleinbronzen, am Bosseln und Ziselieren von Epigrammen, der kleinsten und geschliffensten literarischen Form, halte ich für ein Erbteil dieser Vorfahren. Der letzte Goldarbeiter Entress wechselte später in den Antiquitätenhandel über und füllte die alten Räume und Stuben mit Möbeln, Heiligenfiguren, Bildern, Waffen und Teppichen und seine Schränke mit Zinn, Fayencen, Porzellan, Silberarbeiten, mit profanen und sakralen Gegenständen aller Art und aller Epochen – nur alt mußten sie sein und gediegen.

An einen großen Stahlstich, der im Schlafzimmer hing, erinnere ich mich besonders: König Wilhelm I. von Württemberg nahm darauf, hoch zu Roß, eine Parade ab. In seiner Suite tänzelte das Pferd eines Offiziers, auf den man mich Buben immer wieder aufmerksam machte: »Das ist der Oberstleutnant von Entress, ein Vetter von uns!« (Ein Zweig der Familie war irgendwann einmal geadelt worden.) Erst viel später erfuhr ich bei landesgeschichtlichen Studien Genaueres von diesem vornehmen Verwandten: Er war es, der die Schwadron kommandierte, die 1849 den Demonstrationszug des Stuttgarter Rumpfparlaments mit dem Rottenburger und Tübinger Abgeordneten Ludwig Uhland an der Spitze aufzulösen hatte. Dabei waren die bürgerlichen Entress gute Achtundvierziger. Im Laden hing zu meiner Zeit ein schwerer Pallasch mit Korbgriff und Messingscheide an der Wand, der vom Kommandeur der 48er Bürgerwehr stammte. Und die Namen Payer und Haussmann hatten in meinem Elternhaus guten Klang.

Noch jetzt erstaunt mich das sichere Gespür des unbelesenen Onkels für Echtheit und Qualität, seine Kenntnis von Stilen und Namen, womit er sich einen guten Ruf geschaffen hat, weit über das Land hinaus.

In diesem Milieu, um nicht zu sagen Museum, umgeben, fast erdrückt von alten schönen Dingen, bin ich aufgewachsen; dort lernte ich sehen, unterscheiden, beurteilen und edle Handwerksarbeit schätzen. Größer geworden, durfte ich beim Ein- und Auspacken helfen. Erst als ich die weiße Klassenmütze der Fünften trug, genierte ich mich, mit dem Handwägele Kisten auf den Bahnhof zu führen und von dort abzuholen. Aber Onkel Oskar bestritt mit »Papperlapapp!«, daß so etwas meiner Pennälerehre abträglich sei. An eine gewisse Susanne M. dachte der Selbstherrliche natürlich nicht ...

In diesem Haus hatte alles seine Geschichte und Tradition, wenn nicht gar sein Geheimnis. Im Keller befand sich in einer seiner meterdicken Fundamentmauern ein halbrunder, zugemauerter Eingang – angeblich zu einem unterirdischen Gang hinauf zum einstigen Schloß, das zum Landesgefängnis geworden war. Und unter einer Drehbank in der hinteren Hausdiele stand eine grüngestrichene uralte Truhe mit gewölbtem Deckel; ihre schmiedeeisernen Beschläge liefen in eine Bourbonenlilie aus. Darin, so erzählte man sich in der Familie, hätten die emigrierten Bourbonenprinzen, als sie, vor der Revolution flüchtend, im vorderösterreichischen Rottenburg Quartier nahmen, ihr Tafelsilber mitgebracht. Tatsächlich haben Louis-Joseph de Bourbon, Prince de Condé, sein Sohn Louis-Henri-Joseph, Duc de Bourbon, und sein Enkel Louis-Antoine-Henri de Bourbon-Condé, Duc d'Enghien (den Napoleon 1804 erschießen ließ), zweimal für längere Zeit ihr Hauptquartier in Rottenburg aufgeschlagen, 1793 und 1794. Wohnung genommen hatten sie beim Landvogt der Grafschaft, wiederum einem Entress, Simon Thaddäus mit Vornamen, in dem hohen Giebelhaus an der Schütte, das heute noch steht ... Auf alten Grabsteinen auf dem Sülchen-Friedhof las man noch in meiner Jugend hocharistokratische französische Namen, darunter den des Hofapothekers Ludwigs XVI., eines Grafen Simonetti.

Geheimnisvoll war auch die Werkstatt hinter dem Laden; auch sie stammte aus Urgroßvaters Zeit. In meiner Erinnerung hat sie die Aura einer Alchimistenküche angenommen, obwohl zwei hohe Fenster sie taghell belichteten. Vor ihnen stand der niedere Werktisch mit zwei halbkreisförmigen Ausschnitten und Lederschürzen darunter, um die bei der Arbeit abfallenden Splitter und Späne aufzufangen; davor zwei niedere Hocker. An der schmalen Wand zwischen den Fenstern waren Riemen gespannt, in denen das Handwerkszeug steckte, Punzhämmerchen von ungewöhnlichen Formen, feine Zangen, Bohrer, Pinzetten, Gravierstichel und winzige Lötkolben, darüber hing in silbernem Rähmchen das entressische Wappen mit Burg und Hecht im quergeteilten Schild und blausilbernroter Helmzier. An jedem der beiden Arbeitsplätze, an denen früher der Großvater und sein Bruder,

»der Dötte«, gewerkt hatten, war ein Schraubstock angemacht, so zierlich, daß er einem Spielzeug glich. In der hinteren Ecke des grünlich gekalkten Raums stand die rauchgeschwärzte Esse mit vielen Tiegeln und einem kleinen Amboß, dessen eine Seite in einen fingerdicken, sich zur Spitze verjüngenden Stab auslief – zum Schmieden von Ringen. Auf einem Wandbrett verstaubten Säurekolben; das Etikett auf einigen, ein Totenkopf mit zwei gekreuzten Knochen darunter, erregte kindlichen Schauder. Ein halbhoher Schrank mit Dutzenden von Schubladen und Schublädchen trennte Wasserbecken und Spültisch vom übrigen Raum. Und an der oben verglasten Türe zum Laden hing noch der grüne Arbeitsschurz mit der Messingkette als Schließe – so, als wäre der Meister eben zum Frühschoppen geschwind weggegangen. Dabei wurde die Werkstatt von Onkel Oskar seit vielen Jahren nur noch für gelegentliche Gefälligkeitsarbeiten benützt.

Ich sehe ihn heute noch am Werktisch sitzen und aus freier Hand in Zinnteller allerlei Getier und Ranken gravieren; wie oft mußte er mir und meinen Kameraden einen »Löwee« (wirklich so ausgesprochen), einen Jaguar, ein Elefäntle zeichnen; sie fielen alle sehr barock aus wie Wappentiere.

Alle Dinge in diesem Raum waren klein und zierlich, wie gemacht für Kinderhände, und diese fehlten denn auch nicht. War der Onkel auf Antiquitätenjagd verreist, dann war ich Herr all dieser Instrumente und mißbrauchte sie zum Basteln von Pfeilen und Bögen, Drachen und Tomahawks, Holzsäbeln und Böllern aus Patronenhülsen, die man auf Holzklötzchen nagelte.

Da sie längst nicht mehr, nicht einmal mehr dafür, gebraucht wurde, übergab Onkel Oskar die ganze Einrichtung Ende der dreißiger Jahre dem Stuttgarter Schloßmuseum (heute Landesmuseum); dort wurde diese älteste, vollständig erhaltene Goldarbeiterwerkstatt des Landes maßstabgerecht wieder aufgebaut. Eine Bombe im Zweiten Weltkrieg hat auch sie zerstört, nichts von ihr ist geblieben, nicht einmal das schöne Empire-Ladenschild des »Ferdinand Entress, Gürtler«, das alle die schönen Dinge zeigte, die seine kunstfertige Hand herzustellen fähig und bereit war. Darum habe ich sie hier wiederaufzubauen versucht – zum letztenmal …

Es scheint, als habe mich das Schicksal rechtzeitig, ja, sogar vorzeitig, auf die dunkleren Seiten des Lebens vorbereiten wollen:

ich verlor den Vater, bevor ich auf der Welt war. Kann man so sagen? Ist das Wesen, das da im Mutterleib heranreift, schon ein »Ich«? Mögen sich über diese Frage Biologen, Philosophen, Theologen, Ärzte und Juristen verstreiten. Sagen wir darum sachlicher: mein Vater starb zwei Monate vor meiner Geburt plötzlich an akuter Urämie. So kenne ich ihn nur aus den Erzählungen der Mutter und aus Äußerungen derer, die ihn gekannt hatten.

Er war Stadtpfleger gewesen, Stadtkämmerer, sagt man heute. Nach seiner Ausbildung zum Verwaltungsbeamten hatte ihn ein arrivierter Onkel in New York anfangs der achtziger Jahre nach Amerika kommen lassen. Er arbeitete dort in einer Wachstuchfabrik in Hoboken zu einem Tagesverdienst von »etwa 6 Mark«.

Sein erster Brief aus Amerika an die Eltern und Geschwister liegt vor mir; er trägt das Datum »Midle village, den 17. Aug. 1883«. Er ist für mich ein kostbares Erinnerungsstück, zugleich aber auch ein zeit- und kulturgeschichtliches Dokument für die Situation der damaligen Auswanderer. Um den Seinen klarzumachen, wie weit er jetzt von ihnen entfernt sei, schreibt der neue Columbus: »... wenn man von Rottenburg nach Amerika 14 Tage und Nächte ununterbrochen zu fahren braucht, so ist dies doch ein kolossaler Weg ...« Die Überfahrt selbst dauerte elf Tage, sie sei »ungünstig« gewesen: dreimal Sturm und zweimal starker Nebel, »so daß man immer Signale abgeben mußte«. Im übrigen würde er auf keinem französischen Schiff mehr fahren: »denn die Kost war fast nicht zu genießen, zu Hause würde ich sie nicht gegessen haben ...« Daß ihn sein Führer zum Landhaus von Onkel Franz um 12 Mark und sein »Banquier« um 8 Mark betrog, schlägt sich als erster Eindruck vom Land der unbegrenzten Möglichkeiten in dieser Bemerkung nieder: »Es wird übrigens jeder betrogen, welcher zum erstenmal nach Amerika kommt, denn der Schwindel ist hier zu groß ...« Dennoch: »Ich werde mich in Amerika so gut als möglich angewöhnen, aber meine liebe Heimath kann ich nie vergessen ...«

Das Sich-Angewöhnen scheint ihm aber doch nicht gelungen zu sein, denn nach kaum zwei Jahren kehrte er zurück – aus Heimweh. Er wurde Stadtpfleger und heiratete meine Mutter, Berta Entress, die ältere Schwester Onkel Oskars. Als Beispiel für die Diät eines Hochzeitsessens jener Zeit gebe ich das »Menu«

jenes 11. Novembers 1890 hier wieder. Es gab Hühnersuppe, Hecht in Rahmsauce, Englischen Braten mit Gemüsen, Sauerkraut und Schweinefleisch, Kartoffel mit Bratwürsten, Zunge in Sardellensauce mit Pastetchen, Mandelpudding mit »Chodeau«, Gans, Salat, »Kompotte«. Und zum »Souper«: Schlachtbraten mit Maccaroni, Biskuitroulade mit Hagebuttensauce. Von den Weinen schweigt die Karte...

Die Neuverheirateten bezogen im entressischen Haus eine Wohnung im zweiten Stock. Fünf Kinder sind aus der Ehe hervorgegangen, von denen die mittleren drei bereits im Tragkissen oder kurz danach starben. Nur das älteste, meine Schwester Luzie, und ich entgingen der großen Kindersterblichkeit jener Zeit. Meine Schwester war neun Jahre älter als ich.

Als Großmutter Entress im Jahre 1910 starb, zogen wir in deren größere Wohnung in den ersten Stock hinunter. An Großmutters Stelle übernahm jetzt meine Mutter die Versorgung Oskars, der als Junggeselle seine Behausung im Parterre hatte: eine große, gut vier Meter hohe Wohnstube mit einem Alkoven zum Schlafen. Genauer gesagt: Onkel Oskar hatte seinen Kosttisch bei meiner Mutter. Das Mittagessen wurde ihm auf einem Servierbrett hinuntergebracht; abends verköstigte er sich selbst, wozu ich ihm oft Süßbutter, einen Vierling »Braunschweiger« oder Käse oder Rettich holen mußte. Für Kosttisch, Wäschewaschen und Ladenhüten, wenn er verreist war, bezahlte er eine Mark am Tag. Das war nicht gerade viel, selbst wenn man die damaligen Lebensmittelpreise in Rechnung stellt (das Ei fünf oder sechs Pfennig, ein Pfund Butter eine Mark bis eine Mark zwanzig, Ochsen- und Kalbfleisch 90 Pfennig, Schweinefleisch 65 bis 80 Pfennig je fürs Pfund, und ein Pfund Kaffee kostete etwa eine Mark fünfzig). Dabei war meine Mutter eine ausgezeichnete und solide Köchin; man aß einfach, aber Schmuh und Schwindel mit Ersatzdingen kannte ihre Küche nicht. Bei der kleinen Pension als Witwe eines mittleren Beamten (80 Mark im Monat und je 20 Mark für uns Kinder) war sie jedoch auf diesen Zuschuß angewiesen. Wenn der Onkel einen »Schnitt« gemacht hatte, wie er sich ausdrückte, fiel freilich hie und da sogar ein Goldstück ab.

Mein Vater starb mit 37 Jahren, von größeren Ersparnissen konnte daher nicht die Rede sein. Wie die tapfere Frau es fertiggebracht hat, damit zwei Kinder aufzuziehen, sie in höhere

Schulen zu schicken und einen, wenn auch bescheidenen, so doch ihrem Titel gemäßen Status zu wahren, das ist mir heute noch ein Wunder. Und doch hatte ich nie das Gefühl, es gehe mir etwas ab, und ich vermisse rückblickend erst recht nichts. Verglich ich mich je einmal mit besser situierten Spielkameraden, dann wußte mir die Mutter den Unterschied so sachlich, ohne Rührseligkeit oder gar Bitterkeit als schicksalgegeben klarzumachen, daß Neid gar nicht in mir aufkommen konnte. Ich halte es für ihren größten erzieherischen Erfolg, schon den Keim dieser auszehrenden Krankheit in mir erstickt zu haben.

Noch eine, ewigen Dankes werte Eigenschaft besaß sie: Vertrauen zu erwecken. Wir Kinder sollten und konnten ihr alles sagen, was wir auf dem Herzen oder auch auf dem Kerbholz hatten. Nur die sexuelle Sphäre war tabu, wenigstens für mich, den Buben. Ohne ihn zu kennen, huldigte sie dem Grundsatz *tout comprendre c'est tout pardonner;* aber lebensklüger als die Redensart, legte sie zwischen das eine und das andere den Preis dafür, der ohne Rabatt bezahlt werden mußte. Zahlen müssen ist immer schmerzhaft, wär's auch nur an gewissen Körperteilen.

Daran erinnere ich mich sehr wohl, nicht aber daran, daß ich jemals von meiner Mutter einen Kuß bekommen hätte. Der Austausch solcher Zärtlichkeiten war bei uns nicht üblich – ich glaube, wir hätten uns voreinander geniert. Es wäre jedoch falsch, anzunehmen, ich hätte der Mutterliebe entbehrt; solche Gefühle äußerten sich nur verhaltener, ja, verschämter. Umsonst besinne ich mich darauf, wann das Wort »Zärtlichkeit« in meinen Wortschatz eingegangen ist. Für die geistige und seelische Entwicklung eines Kindes wäre es sehr aufschlußreich, feststellen zu können, wann jeweils vielleicht längst empfundene, aber umbenannt gebliebene Regungen und Erfahrungen im artikulierten Laut, also im Wort Ausdruck gefunden haben.

Die Ehe meiner Eltern muß überaus glücklich gewesen sein. Schon als Kind fühlte ich aus der Art, in der meine Mutter von Vater sprach, wie sehr sie aneinander gehangen hatten und wie schwer meine Mutter den Verlust verwand. Sie scheinen nach Art und Temperament recht verschieden gewesen zu sein. Die Mutter: vif und an allem um sie herum aufgeweckt Anteil nehmend, weichen Gemüts und doch bei Gelegenheit aufbrausend bis zum Jähzorn, mit viel Sinn für Humor, das Herz auf der

Zunge; vor allem rechtlich, auch im Kleinsten. Der Vater: von stillem Humor, von skeptischer Gelassenheit, von schweigsamer Güte. Nicht ohne Stolz zitiere ich einen Satz aus dem Nachruf, der bei seinem Tod in der Zeitung kam: die Stadt habe »den Verlust eines ihrer besten Bürger, eines humanen, pflichttreuen, gewissenhaften Beamten zu beklagen«. Und das muß wahr sein: Wann immer mich, viele Jahre danach, Vetter Franz, der Tierarzt, in der großen Vakanz bei seinen Visiten im Kütschle »über Feld« mitnahm, dann bekam ich von den Bauern zu hören: »So, der Bua' vom Stadtpfleger Eberle – des ist e' braver Ma' gsei' ...« Was ich äußerlich geerbt habe, sind die braunen Augen der Mutter und die Stirnlocke des Vaters und von beiden die mittelgroße Statur.

Eine Witwe hatte es dazumal nicht leicht. Man ließ sie in der Gesellschaft, zu der sie gehörte, eben noch soweit gelten, als es die soziale Stellung ihres verstorbenen Mannes verlangte; als Person und Bürgerin galt sie nicht mehr viel. Ich entsinne mich gelegentlicher Äußerungen meiner Mutter zu diesem Thema, sie waren voll Resignation. Aber sie wußte sich zu wehren, wenn sie sich zurückgesetzt fühlte. Dafür ein Beispiel.

Meine Schwester Luzie besuchte die Höhere Töchterschule »Sancta Clara«, die von Klosterfrauen geleitet wurde. Da sie schauspielerisch oder wenigstens deklamatorisch begabt war, durfte sie, damals um die 15 Jahre alt, in einem frommen Stück über das Wunder von Lourdes die Hauptrolle spielen, die der Bernadette Soubirous. Meine Mutter nahm mich eines Sonntagnachmittags in die Hauptaufführung mit. Eine jüngere Schwester wies uns einen Platz in der ersten Reihe an. Kaum aber saßen wir, als eine ältere Schwester herbeistürzte: »Da dürfen Sie nicht sitzen, Frau Stadtpfleger, diese Plätze sind für die Hochwürdigen Herren reserviert« – »So«, sagte meine Mutter, der das Blut zu Kopf schoß, »so, wenn ich da nicht sitzen darf, dann spielt meine Tochter auch nicht mit.« Stand auf, nahm mich resolut an der Hand, hob den Bühnenvorhang und rief in die Kulissen: »Luzie, du spielst net, mir gehet!« Und wir wären gegangen, hätte uns einer der Hochwürdigen, der just in die Aufregung hereinplatzte, nicht genötigt, wieder hinzusetzen. Meine nachherige kindlich-fromme Rührung über das arme Hirtenmädchen Bernadette hat der Zwischenfall nicht gemindert.

Zurück zum Haus! Es hat viele und originelle Besucher gesehen, die Antiquitätenhändler aus Stuttgart, Fleischhauer, Löffler, Löwenthal, Liebhaber und Sammler von überallher, Freunde des Hausherrn.

Der treuesten einer war der Maler Professor Karl Schickhardt aus Stuttgart. Er verbrachte jedes Jahr den Sommer in Bad Niedernau. Es gibt wohl kaum eine Gegend am mittleren Neckar, die sein pastoser Pinsel nicht in den schweren Tönen des schwäbischen Nachimpressionismus auf die Leinwand gebannt hätte. Er war ein rundlicher, immer gut aufgelegter Herr mittlerer Statur mit Spitzbart, Künstlerhut und Lodenmantel, und er liebte ein gutes Viertele im Freundeskreis, z. B. im »Stanis«, der alten Weinstube an der »Schütte«. Ich hatte ihn sehr gern und habe ihm oft beim Malen zugeschaut.

Ein freundschaftlicher Streit soll nicht übergangen werden. Anläßlich des Königsbesuchs im Sommer 1914, von dem noch die Rede sein wird, veranstaltete die Stadt eine Gemäldeausstellung in der »Klause« mit Bildern, deren Maler oder Gegenstände mit Rottenburg und seiner Landschaft zu tun hatten. Darunter befand sich ein Schickhardtsches Bild der Wurmlinger Kapelle. Schon bevor es öffentlich gezeigt wurde, hatte sich Onkel Oskar die Option auf dieses Bild bei seinem Malerfreund gesichert. Und gerade diese Leinwand gefiel, als sie in der Ausstellung hing, auch dem Bischof − und er kaufte sie. Ob niemand den Mut gefunden hatte, ihm zu sagen, daß das Bild bereits seinen Liebhaber gefunden, oder ob sich Seine Bischöfliche Gnaden souverän darüber hinweggesetzt hat, weiß ich nicht mehr. Jedenfalls bedurfte es langen und guten Zuredens von seiten des Stadtschultheißen und des Malers selbst, Onkel Oskars überall lauthals geäußerten Zorn zu besänftigen. »Oskar, i mal dirs doch nochmal«, sagte Schickhardt. Er hat es auch getan, aber die lockere Frische des Originals erreichte die Kopie nicht mehr, und Onkels Groll hielt noch lange an, und nicht nur deswegen …

Der in der Erinnerung heiterste Besuch war dieser: An einem heißen Sommernachmittag vor dem Ersten Weltkrieg saßen meine Mutter, meine Schwester und ich in dem langen, kühlen Gang, dessen Fenster auf den Marktplatz hinunterging, beim Vesper: Kräuterkäs', Rettich und Bier in einem Steingutkrüglein mit blauem Rankenmuster. Da hielt ein Automobil auf dem

Marktplatz. Gleich darauf kam Onkel Oskar atemlos die Treppe heraufgestürzt: »Tend euer Vesper weg – d' Königin kommt!« Und da war sie auch schon, eine hoheitsvolle Dame mit einem blaßvioletten Autoschleier über dem Strohhut, und in ihrer Begleitung Kammerherr von Soden. Beide lächelten uns freundlich zu. »Majestät« vorn und »Majestät« hinten und Bücklinge von seiten Onkel Oskars – der alte gute Demokrat war fast aus dem Häuschen. Meine Mutter dagegen fragte unbefangen: »Wollet Se mithalte', Majestät?« Und wahrhaftig, Majestät tat's – im Stehen natürlich, wie es königlicher Würde entspricht. So habe ich zum ersten- und einzigenmal eine leibhaftige Königin Kräuterkäs' und Rettich vespern sehen. Der ehrenvolle Besuch wurde anderntags in der Zeitung erwähnt, was ziemlich Furore machte in der kleinen Stadt.

Zu Onkel Oskars demokratischer Ehre muß aber gesagt werden, daß er den ihm einige Zeit später angebotenen Titel »Kgl. württembergischer Hoflieferant« – denn Majestät hatte ein paar Kleinigkeiten gekauft – höflich abgelehnt hat.

1974

Der Wohllautmaler

Josef Eberle wird am 8. September 1901 in der Verwaltungs- und Bischofsstadt Rottenburg am Neckar geboren. Zwei Monate vor seiner Geburt stirbt mit 37 Jahren sein Vater, der Rottenburger Stadtpfleger. Von den fünf Kindern überleben nur die älteste Schwester Luzie (Jahrgang 1892) und eben der Jüngste, wie sein Vater Josef genannt.

Zieht man seine Jugenderinnerungen »Aller Tage Morgen« von 1974 heran, so muß Josef Eberle trotz allem eine glückliche, überaus anregende Kindheit gehabt haben. Er wuchs im Haus seines Onkels am Marktplatz des kleinen vorderösterreichischen Landstädtchens Rottenburg auf. Dieser Marktplatz war für den wachen Knaben eine politische und gesellschaftliche Schaubühne par excellence, gleichermaßen ein Ort des Spiels wie des genauen Beobachtens kleinstädtischen Lebens, aber auch ein Spiegel der Welt mit Wanderbühnen, Kinovorführungen oder dem Besuch des Königs. Seine frühen schwäbischen Gedichte, Anfang der dreißiger Jahre zunächst für den Rundfunk und für literarische Vorträge verfaßt, führten ihn im Medium der Heimatsprache wieder in dieses Rottenburg seiner Kindheit zurück.

Die Mutter war für ihn eine »tapfere Frau«, die eine »ewigen Dankes werte Eigenschaft besaß«, nämlich »Vertrauen zu erwecken«. Sie brachte die beiden Kinder Luzie und Josef mühsam durch. Onkel Oskar Entress, Gürtler und Antiquitätenhändler, war als Junggeselle Kostgänger und Unterstützer der Familie. Die Mutter starb im Beisein ihrer Kinder (»Und du, Luzie, du sorgst für de´ Josef, daß er e´ rechter Mensch wird«) nur zwei Monate nachdem Josef Eberle am 1. September 1917 eine Buchhändlerlehre bei Heckenhauer in Tübingen angetreten hatte – just an dem Stehpult, an dem zwei Jahrzehnte zuvor Hermann Hesse »als Buchhandlungsstift und Gehilfe Ansichtssendungen zusammengestellt, Bestellungen ausgeschrieben und, wie zu vermuten, heimlich Gedichte gemacht hatte«.

An seine ihn ebenfalls für sein späteres Leben auf durchaus typische Weise prägende Lehrzeit in der Universitätsstadt Tübingen, zu der er morgens und mittags von Rottenburg mit der

Bahn fährt, erinnert sich Josef Eberle 1974: »Ein merkwürdiger Zwiespalt, den ich allerdings damals gar nicht wahrnahm: Ich blieb mit allen Fasern und Gewohnheiten in der vertrauten Enge der heimischen Kleinstadt verhaftet, zugleich bewegte ich mich tagsüber in einer völlig anderen Welt, in der Welt der Bücher, der Gelehrsamkeit, des kritischen Geistes.« Wie auf dem Progymnasium, wo ihn ein stiller, Vertrauen erweckender Lehrer besonders förderte, findet er auch hier wieder einen ihm persönlich sehr verbundenen Lehrmeister, den Herrn Hermes: »Ihm verdanke ich die Grundlagen nicht nur meines buchhändlerischen, sondern meines Wissens überhaupt.«

In Heckenhauers Buchhandlung lernt er viele ihn beeindruckende und interessierende Universitätsprofessoren und Intellektuelle kennen, auch einige, die ihm später auf seinem Lebensweg noch einmal begegnen, wie etwa Martin Lang, den Kollegen beim Süddeutschen Rundfunk und »späteren Entdecker Sebastian Blaus«, wie er in seinen Jugenderinnerungen notiert, oder den klassischen Philologen Otto Weinreich, seinen »späteren väterlichen Freund«.

DIE LITERARISCHEN ANFÄNGE

Nach Abschluß der Lehre (am 15. August 1920) geht Josef Eberle »in die Fremde« und arbeitet als Buchhändler zunächst bei seinem Vetter Joseph in Berlin, danach in Stuttgart, Karlsruhe, Baden-Baden, Leipzig und Paris. Rückblickend reimt er in dem Gedicht »Tübingen«: »Berlin und Leipzig und Paris – / ganz angenehm, gewiß, gewiß, / als Lehr- und Reifestationen, / doch nicht um dauernd dort zu wohnen.« In dieser buchhändlerischen Wanderzeit von 1920 bis 1927 beginnt er auch zu schreiben bzw. – was für einen Schriftsteller natürlich noch wichtiger ist – zu veröffentlichen. Sein eigentlicher Entdecker, vor allem aber Förderer wird Erich Schairer (1887 bis 1956), der ab 1920 zunächst in Heilbronn, später in Stuttgart die – heute würde man sagen: linksliberale bis linksradikale –, *Sonntags-Zeitung* herausgibt. Später arbeiten beide noch einmal zusammen als Herausgeber der *Stuttgarter Zeitung*; und wiederum ist Schairer – auch bei dieser Unternehmung – der brillante theoretische, politi-

sche Kopf und Eberle der sprachmächtige, hochgebildete »Feuilletonist«.

Von Beginn an, ab März 1926, erweist sich Josef Eberle mit
seinen Beiträgen für die *Sonntags-Zeitung*, mit seinen Gedichten, Glossen und satirischen Beiträgen als »Meister der kleinen
Form«. Überblickt man sein ganzes literarisches und journalisti-
sches Schaffen über sechs Jahrzehnte hinweg, von den ersten bis
zu den letzten Veröffentlichungen, versucht man eine »Quersumme«
seiner vielen poetischen Maskenspiele als Tyll und Pickelhering
(siehe Kapitel 1), als Sebastian Blau, Iosephus Apellus, Peter Squenz
und der alte Wang zu ziehen, so kann man Gerhard Storz nur
beipflichten. Dieser Philologe (und zeitweilige Kultusminister)
nämlich bescheinigte Eberle ein besonderes Organ für die
Atmosphäre der Wörter, »also für ein Erscheinen und Wirken
hinter ihrer Bedeutung, beispielsweise der Sinn für ihre Komik,
für die mancherlei Assoziationen überhaupt, die von ihnen ausgehen«.

Hinzu kommen bei seinem ausgeprägten »poetologischen
Sprachsinn« und jenem für den jeweils spezifischen Klangreiz der
Worte auch, daß Eberle zeitlebens einen besonderen Sinn für die
Möglichkeiten des Verses besitzt, für den Bau von Strophen, für
den Rhythmus, für Reimkadenzen, für Sprach- und Rollen-
wechsel seiner vielen poetischen Masken innerhalb der metri-
schen Festlegungen. All diese Fähigkeiten – nicht zuletzt auch für
die typische Pointierung am Gedichtende – sind sofort, fast ohne
stolpernde Versuche, von allem Schreib-Anfang an ein ganzes
Leben da. Josef Eberle, will man ihn dann mit einem Wort umfas-
send charakterisieren, war ein begnadeter Wohllautmaler. Diese
Fähigkeit versetzte ihn offenkundig auch in die Lage, sowohl in der
schwäbischen Dialektdichtung als auch in der lateinischen Poesie
gleichermaßen Meisterhaftes zu schaffen. Diese Art der »Zweisprachigkeit« macht ihn als Poet einmalig und unvergleichbar.

Als von poetologischen Diskursen weitgehend unbelastete Zeu-
gin dieser Fähigkeit mag seine langjährige Sekretärin in der *Stuttgarter Zeitung* zitiert werden: Als Josef Eberle in späteren Jahren
vor allem lateinische Verse schmiedete, trug er sie zunächst seiner
Sekretärin vor, die daran ein Wohlgefallen hatte. Von Redakteuren einmal darauf angesprochen, daß sie doch gar kein Latein
verstünde und ihr die Verse offensichtlich dennoch gefielen,

begründete sie ihre Haltung damit: Sie höre die Verse so gerne –
»wegen des Wohllauts«.

Die Charakterisierung als Wohllautmaler soll indes nicht übersehen lassen, daß die Grundzüge der Aufklärung seine publizisti-
sche Themenwahl bestimmte: Eberle trat schon früh in der
Sonntags-Zeitung, dann im Süddeutschen Rundfunk und nicht
zuletzt bei der *Stuttgarter Zeitung* für Geistesfreiheit, Gerechtigkeit, Frieden, Toleranz gegen Andersdenkende und Randgruppen
ein. Borniertheit, Dünkel (in jeder Ausprägung, besonders in der
nationalen Form), Antisemitismus, klerikale Bigotterie, verhockte
Provinzialität waren ihm zeitlebens ein Greuel.

Man vergleiche unter diesem Aspekt nur die frühen satirischen
Glossen mit den späteren Zeitungskommentaren und Leitartikeln
– da ist durchgehend eine bestimmte Grundhaltung, die sich in
verschiedenen Situationen, bei unterschiedlichen Gelegenheiten,
in wechselvollen Zeitläufen situationsbezogen ausdrückt, aber es
bleibt der aufklärerische Grundton – das und sein jederzeit hell-
wacher Gegenwartssinn zeichnen ihn aus als Poet und Journalist.
Josef Eberle war ein Gelegenheitsdichter mit ausgeprägtem Wunsch
nach Anerkennung und Beifall, aber er verriet seine Grundüber-
zeugungen deswegen und wegen einer möglichen Pointe, die er
ungern ausließ, niemals – auch nicht als »urechter« schwäbischer
Heimatdichter wie so viele andere in braunen Tagen.

Auf keinen Fall übersehen werden sollte auch seine besondere
Treue zu seiner jüdischen Frau Else, die er am 3. September 1929
in Stuttgart geheiratet hatte und mit der er sich immer wieder vor
den Nazis versteckte. Man mag ihn auch später in Freundes- oder
Kollegenkreisen – durchaus mit einer gewissen Hochachtung –
als einen munteren »Spring ins Geld« oder als »hochgebildeten
Pachulke« kritisiert haben, diese Treue zu seiner jüdischen Frau
wird allgemein mit großem Respekt hervorgehoben.

SCHWÄBISCHE MUNDARTDICHTUNG ALS SEBASTIAN BLAU

Nachdem Josef Eberle also ersten literarischen Ruhm – aber nur
wenige Honorare – bei der *Sonntags-Zeitung* geerntet hatte und
auch sein erstes Buch (»Mild und bekömmlich. Verse von Tyll«)
in Planung war, nimmt es angesichts seiner beschriebenen Fähigkeiten und seiner Faszination für den gesprochenen Wortlaut

nicht wunder, daß er seine erste Nach-Buchhändler-Anstellung beim Rundfunk sucht und zum 16. Februar 1927 auch findet. Hier begegnet ihm Martin Lang wieder, »der als schöpferischer ›Diener am Wort‹ und hellsichtiger Helfer ungezählten jungen Dichtern und Schriftstellern den Weg in die Öffentlichkeit und zum Ruhm gebahnt hat« (Renate Milczewski), etwa mit der Sendung »Schwäbischer Heimatabend«, wo Eberle im Januar 1931 das Gedicht »D´r Karle Hankh« vortragen konnte. Dem Rundfunk, in den Anfangsjahren ein Heimat-Sender, verdankte er ohne Zweifel seine ersten Erfolge auf dem schwäbischen Dialekt-Markt; und diese Popularität nutzte er vielfach zu Lesungen, über die dann die Stuttgarter Presse schrieb: »Aber das schönste waren doch die Gedichtvorträge von Sebastian Blau, diesem urechten und urkräftigen jungen Mundartdichter aus der Rottenburger Gegend (…) alles hat Hand und Fuß, ist ungesucht treffend und voll echter Volkspoesie« (*Völkischer Beobachter*, Württ. Ausgabe vom 1. 4. 1935). – »Als dann Sebastian Blau erschien und aus seinen beiden Gedichtbüchern las, war die Stimmung die beste. (…) Er konnte viel Beifall ernten und war gezwungen, immer wieder Dreingaben zu machen« (*Stuttgarter NS-Kurier*, Morgenausgabe vom 2. 4. 1935).

Martin Lang vom Süddeutschen Rundfunk vermittelt Eberle auch an den Stuttgarter Silberburg-Verlag, bei dem 1933 und 1934 die ersten Sammlungen seiner schwäbischen Mundartgedichte erscheinen: »Bloß hatte die Sache noch den einen Haken, daß der Name Josef Eberle im neuen Regime unbeliebt war, weil er aus seiner Meinung kein Hehl gemacht und in politisch-satirischen Versen gegen Militarismus und Reaktion gewettert hatte. Die schwäbischen Gedichte konnten deshalb nur unter einem Decknamen erscheinen.

Der Vorname ›Sebastian‹ war schon geboren (aus Verehrung für den sprachgewaltigen barocken Dichter der ›biblischen und weltlichen Komödien‹ im Reichsstift über der Donau). Nun galt es, einen klangvollen Nachnamen zu finden. Die Zeit drängte, und so meinte der wohlwollende Verleger [es handelte sich um den späteren württembergischen Kultminister Theodor Bäuerle], man solle doch einfach eine Farbe nehmen! Geschwind wählte man Blau, und das Pseudonym war fertig. Trotzdem möge es den Freunden von Sebastian Blau unbenommen bleiben, daß sie in

dem prosaischen Namen einen Anklang an den geheimnisvollsten der schwäbischen Flüsse, die aus dem Blautopf entströmen-
de Blau, zu hören glauben – an Mörikes Lieblingsfluß« (Renate
Milczewski in einer SDR-Sendung zu Eberles 60. Geburtstag).

Von Eberles Tätigkeit im Süddeutschen Rundfunk – ab Februar
1927, zunächst als Lektor, später als Leiter der Vortragsabteilung –
ist aufgrund der Kriegszerstörungen nur wenig dokumentiert. In
einem Interview im Mai 1964 erinnert er sich an seine durchaus
heikle Tätigkeit: »Ich mußte alle Vorträge durchsehen, ob sie
Anstoß erregen könnten bei dieser oder jener Partei. Und eines
Tages meldete sich ein Redner und wollte sprechen mit einem
Vortrag. Da er rein politisch war, habe ich den Vortrag abgelehnt,
ablehnen müssen und ihm folgenden Brief geschrieben: ›Sehr
geehrter Herr Adolf Hitler! Wir bedauern, von Ihrem Angebot,
im Süddeutschen Rundfunk einen Vortrag zu halten, keinen
Gebrauch machen zu können. Mit vorzüglicher Hochachtung –
Süddeutscher Rundfunk, Vortragsabteilung, Josef Eberle‹.« Am
8. März 1933 – die Nationalsozialisten hatten die Macht übernommen – wird Josef Eberle zum 30. Juni »aus Gründen der
Betriebsumstellung« entlassen. Vom 13. Mai bis zum 29. Juni
1933 war er als so genannter »Schutzhäftling« im KZ Heuberg
bei Stetten auf der Schwäbischen Alb inhaftiert.

Vor Mithäftlingen veranstaltete er dort – die Kontrolle ließ das
unscheinbare Bändchen passieren – aus seinem ersten Gedichtband »Kugelfuhr« eine ungewöhnliche Dichterlesung.

EINE ALLTÄGLICHE DENUNZIATION

Den Grund der Verhaftung durch die Gestapo lieferte eine
Denunziation: Eberle soll sich bei seiner Schwester Luzie im
Beisein eines SA-Mannes »dahin geäußert« haben, wie seine Frau
Else in einem Schreiben vom 22. Mai 1933 an die Politische
Polizei im Stuttgarter Polizeipräsidium die Vorwürfe zitiert, im
Schutzhaftlager Dachau seien drei jüdische Anwälte erschossen
worden, und er werde dafür sorgen, daß diese Nachricht in ausländischen Zeitungen verbreitet werde. Eberle selbst beteuert, er
habe nur eine Meldung ausländischer Zeitungen, also schon
etwas Bekanntes, vorgetragen. Doch er hatte sich offenbar ver-
dächtig gemacht aufgrund von Auslandskontakten. Eberle hatte

sich nach seiner Entlassung durch den Süddeutschen Rundfunk brieflich bei ausländischen Rundfunkstationen (Brüssel, Toulouse) beworben, Stationen »ohne deutschfeindliche oder regierungs- feindliche Propaganda«, wie seine Frau hervorhob – im Gegen- satz zum französischen Propagandasender Radio Straßburg, bei dem er sich *nicht* beworben hätte.

Else Eberle verteidigte ihren Mann mit Hinweis auf seine echte schwäbische Volkspoesie, frei von parteipolitischen Ten- denzen, die er jetzt pflege. Seine frühere schriftstellerische Betäti- gung als »Tyll«, seine »politischsatyrische Betätigung« habe er »spätestens seit dem Jahre 1929 eingestellt und sich vollständig auf schwäbische Heimatdichtung umgestellt«. Und sie führt in einem Schreiben vom 2. Juni 1933 an das württembergische Innenministerium, Abteilung Politische Polizei, an, daß ihr Mann in dem »scharf satirischen« Gedicht »Repräsentation« von 1929 (siehe Kapitel 1), das »überhaupt der Abschluß seiner politisch- satirischen Dichtung« war, sich »sowohl gegen die Wirtschaft der K.P.D., als auch der S.P.D. gewandt hat«. In diesem Schreiben bekennt Else Eberle: »Ich kann bestimmt versichern, daß mein Mann sich seit dem Jahre 1929 von jeder politischen Betätigung im marxistischen Sinne strengstens ferngehalten hat und auch seine Tätigkeit in der Vortragsabteilung des Südd. Rundfunks zeigt, daß er das Vortragsprogramm frei von parteipolitischen Ten- denzen gehalten hat.« All diese Hinweise, überaus schlüssig und mit der nationalsozialistischen »Logik« übereinstimmend, nutzten gleichwohl nichts; die Macht der versteckten Denunziation war im Alltag dieses politischen Systems stärker.

Hinzu kam, daß die Schwester Luzie, seit 1919 in Stuttgart ver- heiratet, nicht bereit war, als Augenzeugin des inkriminierten Gesprächs eine entsprechende »eidesstattliche Versicherung« abzu- geben. Im Eberle-Nachlaß im Deutschen Literaturarchiv Mar- bach finden sich die Durchschläge der Briefe von Else Eberle und den Rechtsanwälten. Luzie versprach zunächst, zugunsten des Bruders auszusagen, wollte dazu auch bei den Anwälten vor- beikommen, kam aber nicht und war dann schließlich auch zu Hause nicht mehr zu erreichen. Diese unwürdigen Verzögerungs- taktiken müssen tiefe, langwährende Wunden beim jüngeren Bru- der Josef hinterlassen haben.

ZUR SCHWÄBISCHEN HEIMATKUNDE

Von 1933 bis zum Mai 1936 – danach wird er beim amerikanischen Konsulat in Stuttgart als Angestellter beschäftigt – muß sich Eberle als freier Schriftsteller durchschlagen. Ein Kollege aus den *Sonntags-Zeitungs*-Tagen half ihm dabei: der Arzt Hans Erich Blaich, besser bekannt als Dr. Owlglaß. Dieser sollte für den Piper-Verlag in der Reihe »Was nicht im Wörterbuch steht« den volks- und sprachkundlichen Band »Schwäbisch« verfassen. »Den Auftrag, das Buch zu schreiben«, darauf weist Josef Eberle bei der Neuauflage des Buches 1951 ausdrücklich in einem »Notwendigen Vorbericht« hin, »hatte mir mein väterlicher Freund und schwäbischer Landsmann Dr. Owlglaß, der langjährige Redakteur und Herausgeber des ›Simplicissimus‹, in kollegialer, politischer und menschlicher Verbundenheit abgetreten. Eigentlich hätte *er* es schreiben sollen, aber er kannte meine brotlose Situation: die eines vom nazistisch gewordenen Rundfunk entlassenen Schriftstellers, dessen Arbeiten kaum mehr als ein paar besonders mutige Zeitungen zu drucken wagten; der zudem ›jüdisch versippt‹ war und wohl als einziger Deutscher damals in einem jüdischen Haus, nämlich in dem seiner Schwiegereltern in Rexingen bei Horb, Asyl gefunden hatte. Und in jenem idyllisch in einem Seitental des oberen Neckars gelegenen Dorf ist das Buch geschrieben worden.«

Nimmt man den bisherigen Lebensweg des ehemaligen armen Rottenburger »Marktplatzjodlers« (so ein erstaunlich treffendes Urteil seines Englischlehrers), der sich seine Bildung weitgehend selbst erarbeiten mußte, so ist es ein Buch von erstaunlich hoher historischer, volks- und sprachkundlicher Sachkompetenz, informativ und unterhaltsam zugleich geschrieben. Die Originalausgabe von 1936 wie auch die Neuausgaben (Wunderlich 1951 und DVA 1985) sind »Dr. Owlglaß, dem Dichter und Landsmann, dem Wiedererwecker Sebastian Sailers« gewidmet.

Ähnlich dankbar wollte er sich auch gegenüber seinem Onkel Oskar Entress zeigen und ihm die »Rottenburger Hauspostille« widmen, »ein in seiner Art vollkommenes Buch« (Theodor Heuss). Als das Buch 1946 endlich (in einem anderen Verlag allerdings) veröffentlicht werden konnte, sucht man eine solche Widmung jedoch vergeblich. Obwohl er dem Initiator, Hans Stoeger, dem kaufmännischen Leiter der »Tübinger Chronik« bereits 1943 nach Fertigstellung des Manuskripts eine Widmung für den Onkel übermittelt hatte, findet sich auch in der 1976 (extra von Stoeger) neu herausgegebenen »Hauspostille« statt dessen die Widmung »Meiner Frau und dem Andenken meiner Eltern«. Vielleicht hat ein Brief des Onkels (bzw. die Erinnerung daran), der seinem Neffen zur Hochzeit gratulierte, diesen Gesinnungswechsel zur Folge gehabt. Oskar Entress schrieb am 16. 8. 1929 an den »lieben Josef«: »Deine Zeilen sind in m. Besitz und bin ich von denselben nicht erbaut, nicht weil Du heiratest, das finde ich ganz richtig, nur durftest Du keine Braut jüdischen Glaubens nehmen, denn dazu hätten auch Deine verstorbenen Eltern niemals ihre Zustimmung gegeben, das weiß ich bestimmt.« Da der Neffe den Onkel vor eine »abgemachte Sache« stellt, an der ja wohl nichts mehr zu ändern ist, rät dieser aus »Rücksicht gegen Verwandtschaft und Tradition« davon ab, Rottenburg zu besuchen. Das Verhalten von Schwester Luzie und von Onkel Oskar in politisch schwieriger Zeit hat zu den traumatischen Erfahrungen beim Unterbrechen seiner literarischen Karriere in den dreißiger Jahren sicher auch beigetragen.

SCHREIBVERBOT

Am 25. März 1936 teilt die Reichsschrifttumskammer dem »Schriftsteller Josef Eberle, Pseudonym Sebastian Blau« mit, daß er mit sofortiger Wirkung »gemäss § 10 der ersten Verordnung zur Durchführung des Reichskulturkammergesetzes vom 1. 11. 33 (R.G.Bl. I, S. 797) ausgeschlossen« wird, »da er nicht geeignet ist, durch schriftstellerische Veröffentlichungen auf die geistige und kulturelle Gestaltung der Nation Einfluss zu nehmen. Durch vorstehenden Ausschluss wird Eberle in der Folge jegliche Veröffentlichung schriftstellerischer Arbeiten im Geltungsbereich der Reichsschrifttumskammer untersagt. Zur Abwicklung evtl. bestehender Verträge wird ihm eine Frist bis zum 1. Juni 1936 bewilligt.« Einen Tag später teilt er seinem Mentor Dr. Owlglaß dieses Schreibverbot mit und stellt verbittert fest: »Damit ist meine bescheidene Existenz, die ich mir mit Mühe und ohne Anstoß zu erregen, aufzubauen versucht habe, futsch. Zum zweiten Mal innerhalb von drei Jahren stehe ich nun wieder vor der dunklen Frage: was nun?«

Aus »Andeutungen« seiner Stuttgarter Freunde schließt er
Neid auf seine wachsende Popularität als schwäbischer Mundartdichter nicht aus: »So soll ein ›bedeutender‹ Dialektdichter
(der mich übrigens schätzte und zu fördern vorgab, solange niemand meinen Namen kannte) der wenn auch nicht ausgespro-
chenen Meinung sein, dass von zwei Dialektdichtern einer zu
viel sei.« (Man lese daraufhin im Kapitel 3 die Buchkritik »Unterwegs« aus der *Stuttgarter Zeitung* vom 13. 11. 1952). Und er bittet
Dr. Owlglaß um eine entsprechende Mitteilung, wenn »Sie zufäl-
lig irgendwo hören, dass ein junger Mann gesucht wird«. Seine
Versuche, »irgendwo irgendeine Anstellung zu bekommen«, haben
Erfolg: Am 1. Mai 1936 kann er als Angestellter beim amerikanischen Konsulat in Stuttgart beginnen; diese Tätigkeit endet am
30. Juli 1941, als das Konsulat nach dem Eintritt der Amerikaner
in den Krieg geschlossen wird. Erst im April 1942 wird er bei der
Württembergischen Feuerversicherung in Stuttgart als Korres-
pondent und Bibliothekar eingestellt.

In einem Schreiben vom 4. 4. 1936 an den Präsidenten der
Reichsschrifttumskammer hatte Eberle noch versucht, die Begründung für sein Schreibverbot (»nicht geeignet … auf die geistige
und kulturelle Gestaltung der Nation Einfluss zu nehmen«) aus-
zuräumen, indem er einige positive Urteile aus NS-Publika-
tionen zitiert: »Es ist mir unmöglich, mit solchen – leicht zu
vermehrenden – Urteilen über mein literarisches Schaffen die
Begründung meines Ausschlusses in Einklang zu bringen, zu dem
mich auf Grund meiner Veröffentlichungen z.B. die parteiamt-
liche Tageszeitung *Rottenburger Nachrichten* und die vom NS-
Lehrerbund herausgegebene Jugendzeitschrift *Der Sommergarten*
zu regelmäßiger Mitarbeit aufgefordert haben. Ich weiß aus zahlreichen schriftlichen und mündlichen Äusserungen, daß ich
mit meinen Mundartgedichten meinen Landsleuten aufrichtige
Freude bereitet habe und bei vielen Volksgenossen die Liebe
zu unserem Volkstum erweckt habe. Ich bitte deshalb, mir die
Gründe, die zu meinem Ausschluß geführt haben, mitzuteilen.«
Seine Bitten waren vergeblich, die wahren Gründe wurden dem
Opfer selbstverständlich nicht mitgeteilt.

Der Gipfel an Schrecken und Grauen muß jedoch der »Marsch-
befehl« nach Theresienstadt für Else Eberle, Stuttgart, Sandweg 7,
gewesen sein, den die »Geheime Staatspolizei« ihr am 27. Januar

1945 schickte: »Sie haben sich zu einem auswärtigen *Arbeitseinsatz* am *Montag, den 12. Februar 1945* im *Durchgangslager Bietigheim* Krs. Ludwigsburg einzufinden. Mitzunehmen sind:

Marschverpflegung für 5 Tage, 1 Koffer oder Rucksack mit folgenden Ausrüstungsgegenständen:

1 Paar Arbeitsschuhe, 2 Paar Strümpfe, 2 Hemden, 2 Schlüpfer, bezw. Unterhosen, 1 Arbeitsanzug, bezw. Arbeitskleid, 2 Wolldecken, 2 Garnituren Bettzeug (Bettbezüge mit Laken), 1 Eßnapf, 1 Trinkbecher, 1 Löffel. Lebensmittelkarten sowie polizeiliche Abmeldung hat auf 18. 2. 1945 zu erfolgen. Vorhandene Kinder unter 16 Jahren sind Verwandten in Pflege zu geben.« Josef Eberle und seine Frau Else gaben sich keinerlei Illusionen über den wahren Sachverhalt hin; sie versteckten sich am Rande von Stuttgart im Wald, bis am 21. April 1945 die französischen Truppen einmarschierten, denen die Amerikaner im Juli 1945 als Besatzungsmacht folgten.

LIZENZTRÄGER DER »STUTTGARTER ZEITUNG«

Erinnert man sich an Josef Eberles besondere Fähigkeiten als »Wohllautmaler«, so nimmt es nicht wunder, daß er nach dem Krieg am liebsten wieder zum Rundfunk zurückgekehrt wäre, der am 3. Juni 1945 als Radio Stuttgart den Sendebetrieb wieder aufnimmt. Seine Beschäftigung im amerikanischen Konsulat und seine Treue zu seiner jüdischen Frau sind für ihn wichtige »Starthilfen« beim demokratischen Neuanfang der Nachkriegsgesellschaft. »Josef Eberle war in den ersten Wochen«, so erinnert Edgar Lersch 1990 an die Südfunk-Anfänge, »für die Amerikaner als Übersetzer und als Programmberater tätig. Verdienste erwarb er sich speziell bei der Einführung der ersten schwäbischen Heimatsendung.« Doch Josef Eberle wurde bekanntlich von der amerikanischen Militärregierung als einer von drei Lizenzträgern und als Mitherausgeber der *Stuttgarter Zeitung* eingesetzt. Als Henry Bernhard (als Chefredakteur der *Stuttgarter Nachrichten*) und Karl Ackermann (als Verleger des *Mannheimer Morgen*) am 17. September 1946 ausscheiden, kommt Erich Schairer als neuer Lizenzträger dazu, neben Franz Karl Maier, nach 1950 Herausgeber des Berliner *Tagesspiegel.*

Bei der Lizenzübergabe am 17. September 1945 feiert er die

Herausgabe dieser Zeitung als »einen bedeutungsvollen Schritt zur Wiedererlangung der Freiheit des Denkens und des Wortes«. Und in der ersten Ausgabe der *Stuttgarter Zeitung* vom 18. September 1945 führt er in dem Artikel »Sieg des Geistes!« (siehe Kapitel 3) wie beiläufig seine politischen Grundbegriffe auf: »Freiheit, Gerechtigkeit, Menschlichkeit, Duldsamkeit, Selbstachtung und Achtung des Mitmenschen, Ehrfurcht vor Gott und dem Leben«. Diese Werte, Voraussetzung für ein vernünftiges menschliches Zusammenleben, hat er schon in seinen politisch-satirischen Beiträgen in der *Sonntags-Zeitung* verteidigt, und er wird es in seiner weiteren journalistischen Arbeit fundiert und angriffslustig immer wieder tun.

Einer seiner Nachfolger, Oskar Fehrenbach, Chefredakteur ab 1972, bescheinigt ihm mit Blick auf sein Lebenswerk: »Eberle war gewiß kein geborener Unternehmer, aber genau dies war für die Entwicklung dieser Zeitung in redaktioneller Hinsicht ein unschätzbares Glück, denn niemals hat er es dahin kommen lassen, daß die journalistische Qualität den Geschäfts- und Gewinninteressen geopfert wurde. In bewußter Kenntnis der Mentalität dieses Landes und unter Verzicht auf jede Sensationsgier hat er den Stil dieses Blattes geprägt und seinen Redakteuren den Freiheitsraum für eine unabhängige Meinung eröffnet.« Der Feuilletonchef der Hamburger *Zeit*, Rudolf Walter Leonhardt, lobte das Feuilleton der *Stuttgarter Zeitung* als das beste Tageszeitungs-Feuilleton, und er nannte dabei ausdrücklich Josef Eberle den »gebildetsten deutschen Journalisten«.

Und das renommierte Munzinger-Archiv listet seine Tätigkeiten und Leistungen zusammenfassend so auf: »Bis 1971 blieb Eberle alleiniger Herausgeber der *Stuttgarter Zeitung*, die er ebenso patriarchalisch regierte, wie er es verstand, sein Blatt zu einer der angesehensten überparteilich-liberalen Zeitungen der Bundesrepublik zu machen. (...) Eberle hat sich besonders um die Rettung und Erhaltung der Cotta'schen Handschriftenabteilung und des Cotta'schen Zeitungs-, Zeitschriften- und Bucharchivs verdient gemacht, deren Stiftung ihm das Deutsche Literaturarchiv in Marbach verdankt. Auszeichnungen (u. a.): Ehrendoktor [1955] und -senator [1961] der Universität Tübingen, ordentliches Mitglied der Deutschen Akademie für Sprache und Dichtung sowie des P.E.N. - Zentrums der Bundesrepublik, ferner Ehrenmitglied des Deutschen Altphilologenverbandes, Professoren-Titel (1961), Ehrenbürgerschaft seiner Heimatstadt Rottenburg [24. Oktober 1961] und Großes Bundesverdienstkreuz (1959).«

Gemessen an dieser eindrucksvollen Liste, führte Josef Eberle parallel zum wirtschaftswunderlichen Aufschwung der Bundesrepublik ein exemplarisches Leben. Der arme Rottenburger Junge wurde Millionär und auch Mäzen; so hinterließ er seiner Geburtsstadt hinreichend Geld zum Aufbau eines römischen Museums. Und er war in zahlreichen kulturellen Einrichtungen aktiv, er war im Bereich von Kunst und Literatur Organisator, Herausgeber, Vortragsredner, schrieb Vor- und Nachworte, Rezensionen und vieles mehr. Er blieb aber bis zu seinem Tode ein exzellenter Sprachspieler in verschiedenen poetischen Masken, eben ein begnadeter Wohllautmaler. Einen »späten Römer aus Schwaben« sah Peter Lahnstein, langjähriger Mitarbeiter der *Stuttgarter Zeitung*, in Josef Eberle, einen temperamentvollen, »geistvollen, blitzschnell reagierenden und brillant formulierenden Gesprächspartner«.

DIE ZWEITE LEBENSHÄLFTE

Betrachtet man Eberles literarische Produktion im chronologischen Ablauf, so zeigt sich auch ein interessanter (Neben-)Effekt der unterschiedlichen Medien, in denen er arbeitet: Der Rundfunk liefert den Anstoß, schwäbische Mundartgedichte zu schreiben (auch die Dialektpause – vgl. Kapitel 2 – könnte man dem Abschied von diesem Medium zurechnen). Und während der täglichen Arbeit beim Medium Zeitung verfaßt er lateinische Gedichte (siehe Kapitel 4) und thematisch weit gestreute Essays zur Literatur (siehe auch Kapitel 6). Vom Medium Fernsehen hielt der »alte Wang«, so sein letztes Pseudonym, nicht viel. In dem Gedicht »Interview« von 1981 reimte er:

> *Man fragte bei der Unterredung:*
> *»Nun kommt, da jegliches Zerwürfnis*
> *behoben ist, als Hauptbedürfnis*
> *das Kabelfernsehn bald in Gang –*
> *was meinen Sie dazu Herr Wang?« –*
> *»Bedürfnis? Fehlts denn an Verblödung?«*

Angesichts der Fülle von Texten, die Josef Eberle unermüdlich geschrieben und hinterlassen hat, konnten in diesem Lesebuch, das einen einigermaßen repräsentativen Überblick über den »ganzen« Autor und seine große literarische Leistung bieten soll, nicht alle Aspekte seines Schaffens gleichermaßen berücksichtigt werden. Von den rund 80 Titeln, die im Verzeichnis der Erstausgaben deutscher Dichtung, in der »Bibliographie zur deutschen Literatur 1600 – 1990« von Josef Eberle aufgeführt sind, finden sich am Schluß noch zwei schmale Bände mit Versen in »chinesischer Kostümierung« (Eberhard Zeller): »Mandarinentänze« (1979) und »Die Wandzeitung. Ein- und Ausfälle des alten Wang« (1981). Im ersten Band thematisiert Eberle seine letzte poetische Maske in zwei Gedichten: »Der alte Wang« und »Der alte Wang über Lebensweisheit«. Als Beispiel soll jedoch das Gedicht »Ein Kompliment« (aus den »Mandarinentänzen«) angeführt werden, weil durch die sonst routinierte Altersmilde der anderen Gedichte hier der spottlustige, junge Eberle noch einmal auf- und durchblitzt:

> *Es sprach ein Mann der Politik:*
> *»Gewiß, Herr Wang, Ihr seid begabt,*
> *doch braucht's in meinem Fach Geschick*
> *und andres mehr – was Ihr nicht habt.«*
>
> *Herr Wang sprach zur Verteidigung*
> *kein Wort, denn weil er jenen kennt,*
> *empfand er die Beleidigung*
> *als ehrenvolles Kompliment.*

Und so eingestimmt seien auch noch einige der letzten chinesischen »Ein- und Ausfälle« des alten Wang hier zitiert – nicht zuletzt weil hier in poetischer Form ein wenig auch die Summe oder zumindest wichtige Aspekte dieses exemplarischen Lebens angedeutet werden:

Gruß aus Pontresina

So weit weg vom Vaterland
Und so hoch darüber
wink ich mit gelöster Hand
einen Gruß hinüber.

Ob das schöne Wetter hält?
Wolken ziehn herüber,
und das Barometer fällt,
und das Licht wird trüber.

Scharfer Wind aus Nord-Nordost
bläst zur Vorbereitung –
und da bringt auch schon die Post
mir die Heimatzeitung …

Vom Lesen

Sie mögen dir viele nennen,
die hochberühmt und bekannt –
den Hut ab! Doch willst du entbrennen,
so mußt dich zu jenen bekennen,
mit denen du wahlverwandt.

ZURÜCK INS »HEIMATLICHE NEST«

Am 20. September 1986 stirbt Josef Eberle im Krankenhaus von
Samedan im Kanton Graubünden. Dort hatte er, in Pontresina,
seinen Urlaubs- und Altersruhesitz. Angesichts seiner Weltoffen-
heit, seiner im Laufe der Jahre zunehmenden Ferne von Rottenburg, seiner Geburts- und Heimatstadt, und auch angesichts
seiner lebenslangen Lust, auf Reisen Neues zu erfahren, mag es
manchen vielleicht verwundern, daß Eberle auf dem Rottenburger Friedhof beerdigt werden wollte – und nicht in Stuttgart
oder Pontresina etwa, wo er doch längere Lebenszeiten verbracht
hat als in seiner Geburtsstadt. Man mag seinen »Gruß aus

Pontresina« daraufhin noch einmal lesen. Vielleicht aber findet sich die Auflösung, wenn es denn eine sein muß, schon in der »Rottenburger Hauspostille«, und zwar in jener Ausgabe, die der Initiator des Buches, Hans Stoeger, der dem Autor Eberle in den Zeiten des Schreibverbots materielle Hilfe und ein öffentliches Forum bot, 1976 herausgab.

Josef Eberle beendet in diesem Buch sein Nachwort »Nach dreißig Jahren« so: »Heimatliebe mag als altmodisches Wort zur Zeit nicht hoch im Kurs stehen, was es aber in sich begreift, das stirbt bei einem Schwaben erst mit ihm selbst. Daß dieses Kindheits- und Jugenderlebnis kein Hemmnis ist beim Erfahren und Erfassen einer Welt mit weiteren Horizonten, bestätigt dem Autor sein eigener Lebensweg: Er hat ihn in vieler Herren Länder geführt, aber der Heimatstadt nicht entfremdet.«

Nach seinem Tod ist Eberle also in das Rottenburg seiner Jugend und seiner Heimatsprache zurückgekehrt (siehe Kapitel 6) – sicher auch eingedenk der Schlußzeile seines Gedichts »Sülche'« aus seinem ersten schwäbischen Gedichtband »Kugelfuhr« (1933): »s hots noh koaner weiter brocht / als bis Sülche' ...«. Gemeint ist damit der Sülchen-Friedhof, auf dem er beerdigt worden ist. (Der von ihm formulierte lateinisch-deutsche Text seines Grabsteins findet sich auf Seite 207.) Und wenn man ein Goethe-Zitat heranzieht, das er als Motto vor seinem Haus-postillen-Nachwort von 1976 anführt (»Der ist der glücklichste Mensch, der das Ende seines Lebens mit dem Anfang in Ver-bindung setzen kann«), dann muß dieser Josef Eberle am Ende seines Lebens ein glücklicher Mensch gewesen sein.

Eckart Frahm

ZUR TEXTAUSWAHL

Die Datierung – jeweils am Ende der Texte – bezieht sich auf deren Erstveröffentlichung. Der Wortlaut der Texte entspricht in der Regel der jeweils letzten Veröffentlichung. Die ausgewählten Texte werden im folgenden kapitelweise mit Kurztitel und Jahresangabe der Ersterscheinung aufgeführt. Die detaillierten Quellenangaben der zitierten Werke Josef Eberles sind im Literaturverzeichnis chronologisch und, so verwendet, mit Angabe seines Pseudonyms aufgelistet.

LITERARISCHE ANFÄNGE

Die Gedichte und Texte (hier in ihrer Erstfassung) sind der von Erich Schairer herausgegebenen *Sonntags-Zeitung* entnommen. Die beiden ersten Gedichte werden aus unveröffentlichten Manuskripten aus dem Eberle-Nachlaß zitiert (Deutsches Literaturarchiv Marbach am Neckar), der Text »Karikatur und Satire« ist dem Sammelband »Mit anderen Augen, Jahrbuch der Sonntags-Zeitung 1920-1929« (Stuttgart 1929) entnommen.

SCHWABEN UND SCHWÄBISCHES

Die Gedichte und Texte in diesem Kapitel stammen aus folgenden Veröffentlichungen: »Kugelfuhr« (1933); »Feierobed« (1934); »Schwäbisch« (1936); »Die schwäbischen Gedichte des Sebastian Blau« (1946); »Wir reisen« (1946); »Schwäbischer Herbst« (1973); »Die trauten Laute« (1975); »Dr Has em Pfeffer« (1978); »Schwobespiagel« (1981); »Die Arche Noah« (1989).

DER POET AUF DEM HERAUSGEBERSTUHL

Alle Texte wurden der *Stuttgarter Zeitung* entnommen.

POETA LAUREATUS

Die Texte sind aus folgenden Werken ausgewählt und zum Teil vom Herausgeber Wolfgang Urban (W. U.) übersetzt: »Horae« (1954); *Stuttgarter Zeitung* (1955); »Interview mit Cicero« (1956); »Laudes« (1959); »Amores« (1961); »Cave canem« (1962); »Sal niger« (1964); »Lateinische Nächte« (1966); »Echo perennis« (1970).

»DICHTUNG IST ERINNERUNG«

Die Jahreszahlen entsprechen folgenden Publikationen, aus denen die Texte ausgewählt wurden: »Voltaires Jungfrau« (1947); *Stuttgarter Zeitung* (1949 und 1952); Sebastian Sailer »Die Schöpfung...« (1956); Heimpel u.a. »Die Großen Deutschen« (1957); »Amores« (1961); »Jacob Picard«

(1963); »Caesars Glatze« (1977); Peter Strick »Starker Tobak« (1978); »Auf der Schiffschaukel« (1985).

SCHWÄBISCHE HEIMATKUNDE

Die Texte wurden entnommen aus: »Rottenburger Bilderbogen« (1943); »Rottenburger Hauspostille« (1946); »Aller Tage Morgen« (1974); Hans Stoeger »Liebe Heimat lebe wohl« (1988).

LITERATURVERZEICHNIS

Tyll, Meine Spieldose. Für Mimi. Handschriftlich, undatiert (um 1924).

Tyll, Mild und bekömmlich. Verse von Tyll. Stuttgart: Verlag Die Blende 1928.

Sebastian Blau, Kugelfuhr. Gedichte in schwäbischer Mundart. Stuttgart: Silberburg-Verlag 1933.

Sebastian Blau, Feierobed. Gedichte in schwäbischer Mundart. Stuttgart: Silberburg Verlag 1934.

Sebastian Blau, Schwäbisch (Was nicht im Wörterbuch steht, Bd. 6). München: Piper 1936 [Neuausgabe unter dem Titel: Ob denn die Schwaben nicht auch Leut' wären ..? Tübingen, Stuttgart: Wunderlich 1951; ab der 7. Auflage Stuttgart: Deutsche Verlags-Anstalt 1985.

Rottenburger Bilderbogen. Gedichte. Herausgegeben von der Stadt Rottenburg. Tübingen: Tübinger Chronik 1943 [Nachdruck der Ausgabe von 1943: Rottenburg: Unteregger o.J. (1981)].

Die schwäbischen Gedichte des Sebastian Blau. Gesammelt, befürwortet und herausgegeben von Josef Eberle. Stuttgart: Deutsche Verlags-Anstalt [1946].

Sebastian Blau, Rottenburger Hauspostille. Tübingen, Stuttgart: Wunderlich 1946 [Erweiterte Neuauflage Stuttgart: Stoeger 1976].

Sebastian Blau und G. Ruth, Wir reisen. Eine Fahrt durchs Schwabenländle. Stuttgart: Solitude-Verlag 1946 [Neuauflage: Sebastian Blau, Wir reisen. Eine Fahrt durchs Schwabenländle. Illustriert von Karl Groß. Stuttgart, Wien: Edition Erdmann im K. Thienemanns Verlag 1988]

Josef Eberle, Voltaires »Jungfrau«. Einleitung zu einer Verdeutschung des Gedichts. Sonderdruck. Stuttgart: 1947 [Neuausgabe in Josef Eberle, Voltaires Pucelle. Die Geschichte eines Gedichtes, Louvain 1755 – Stuttgart: Gesellschaft der Bibliophilen, anläßlich der 66. Jahresversammlung am 23. Mai 1965.

Josef Eberle, Erinnerung an Heinrich Zille. *Stuttgarter Zeitung* 1949; zitiert aus: Caesars Glatze, Stuttgart: Deutsche Verlags-Anstalt 1977.

Josef Eberle, Johann Friedrich Cotta. Stuttgart: Sonderdruck der *Stuttgarter Zeitung;* Marbach am Neckar: Schiller Nationalmuseum 1952.

Josef Eberle, Horae. Rhythmi Latini. Stuttgart: Turmhausdruckerei 1954.

Josef Eberle, Sebastian Sailer. Das Heilige und der Humor. Nachwort zu Sebastian Sailer, Die Schöpfung des ersten Menschen, der Sündenfall und dessen Strafe. In drei Aufzügen. Marbach: Schiller Nationalmuseum, Turmhahn-Bücherei 23/24, 1956 [Nachdruck in Josef Eberle, Caesars Glatze. Stuttgart: Deutsche Verlags-Anstalt 1977].

Josef Eberle, Interview mit Cicero. Gestalten und Profile. Stuttgart: Deutsche Verlags-Anstalt 1956.

Josef Eberle, Ludwig Uhland. Aus: Hermann Heimpel, Theodor Heuss und Benno Reifenberg (Hg.), Die Großen Deutschen. Bd. V (Ergänzungsband). Berlin: Propyläen Verlag bei Ullstein 1957.

Josef Eberle, Laudes. Carmina Latina. Tübingen: Wunderlich 1959.

Josef Eberle, Amores. Nova Carmina. Zürich, Stuttgart: Artemis 1961.

Josef Eberle, Vorsicht, beißt! Ein Buch Epigramme. Lateinisch und deutsch. (Nebentitel: Iosephus Eberle P.L.: Cave canem). Zürich: Artemis 1962 (= Lebendige Antike).

Josef Eberle (Hg.), Vorwort zu Jacob Picard, Die alte Lehre. Geschichten und Anekdoten. Stuttgart: Deutsche Verlags-Anstalt 1963.

Iosephus Apellus P.L., Sal Niger. Centum Epigrammata cum versione Germanica / Josef Eberle, Schwarzes Salz. Hundert Epigramme. Lateinisch und deutsch. Stuttgart: Deutsche Verlags-Anstalt 1964.

Josef Eberle, Lateinische Nächte. Essays zur Antike. Stuttgart: Deutsche Verlags-Anstalt 1966.

Iosephus Apellus P.L., Echo perennis / Josef Eberle, Nie verstummendes Echo. Elegien, Satiren, Lehrgedichte. Lateinisch und deutsch. Stuttgart: Deutsche Verlags-Anstalt 1970.

Schwäbischer Herbst. Neue Gedichte von Sebastian Blau. Stuttgart: Deutsche Verlags-Anstalt 1973.

Josef Eberle, Aller Tage Morgen. Jugenderinnerungen. Stuttgart: Deutsche Verlags-Anstalt 1974.

Die trauten Laute, Schwäbische Gedichte von Sebastian Blau. Stuttgart: Deutsche Verlags-Anstalt 1975.

Josef Eberle, Caesars Glatze und andere Berichte und Betrachtungen aus 30 Jahren. Stuttgart: Deutsche Verlags-Anstalt 1977.

Sebastian Blau: Dr Has em Pfeffer. Schwäbisches in Versen. Stuttgart: Deutsche Verlags-Anstalt 1978.

Josef Eberle, Nachwort zu Peter Strick, Starker Tubak. Lyrische Schwabenstreiche. Unveränderter Nachdruck der Erstausgabe von 1936. Kirchheim: Schweier 1978.

Sebastian Blau's Schwobespiagel. Altes und Neues, Herausgegeben von Josef Eberle. Stuttgart: Deutsche Verlags-Anstalt 1981.

Sebastian Blau, Auf der Schiffschaukel. Satiren und Epigramme. München: Schneekluth 1985.

Sebastian Blau, Liebe Heimat, lebe wohl. Herausgegeben von Hans Stoeger zum Gedenken an den Autor der Rottenburger Hauspostille Josef Eberle, 1901/1986. Regensburg: Mittelbayerische Druckerei und Verlagsgesellschaft 1988.

Die Arche Noah. Die Geschichte der Sintflut. Stuttgart, Wien: Edition Erdmann im Thienemanns-Verlag 1989.

Die Sonntags-Zeitung, Herausgegeben von Erich Schairer. Bis 31.Juni 1925: Heilbronn, ab 1. Juli 1925: Stuttgart. Erscheinungszeitraum 1920-1937. [Beiträge von Tyll aus den Jahren 1926-1930]

Stuttgarter Zeitung, Lizenzträger und Herausgeber ab 17. September 1945: Henry Bernhard, Josef Eberle, Dr. Karl Ackermann

DIE HERAUSGEBER

Eckart Frahm, geboren 1941 in Flensburg, arbeitet als Kulturwissenschaftler und Journalist in Tübingen und lebt in Rottenburg. Er veröffentlichte zahlreiche Bücher und Beiträge zu Massenmedien, ländlichen Gemeinden und zur Kulturgeschichte Württembergs.

Martin Hohnecker, geboren 1939 in Korntal. Der Journalist wurde von Josef Eberle persönlich bei der *Stuttgarter Zeitung* eingestellt, wo er das Ressort »Stuttgart und seine Region« leitet und stellvertretender Chefredakteur ist. Er lebt in Freiberg am Neckar und veröffentlichte zahlreiche Beiträge und Bücher zu heimat- und landesgeschichtlichen Themen.

Rolf Schorp, geboren 1939 in Rottenburg-Bieringen, Sachgebietsleiter im Landratsamt Tübingen, Heimatforscher und Blau-Rezitator, lebt in Bieringen. Veröffentlichungen zur Ortsgeschichte und Heimatkunde.

Wolfgang Urban, geboren 1948 in Stetten am kalten Markt. Er ist Diözesankonservator der Diözese Rottenburg-Stuttgart und Leiter des Diözesanmuseums in Rottenburg, wo er auch lebt. Zahlreiche Veröffentlichungen zu den Themen Philosophie, Kunst und Kirchengeschichte.

Edel Wetzel, geboren 1961 in Baden-Baden. Sozial- und Kulturwissenschaftlerin, lebt in Tübingen. Sie ist wissenschaftliche Mitarbeiterin der Fachhochschule Reutlingen im Bereich Weiterbildung und Fernstudien.

BILDNACHWEIS

Deutsches Literaturarchiv Marbach am Neckar: 52.
Josef Eberle, Rottenburger Hauspostille. Tübingen,
Stuttgart: Wunderlich 1946: 330.
Stuttgarter Zeitung: 150, 206, 284.
Paul Swiridoff: 2.